KB260949

유럽 알프스

유럽 알프스

수문 주말시리즈 10

김성진 지음

秀文出版社

유럽 알프스·차 례

베르너 오버란트 알프스

돌로미테 산군

몽블랑 산군

부 록

유럽 알프스의 개요

⊙ 지상에서 가장 아름다운 조화를 이루어놓은 곳 알프스

유럽 알프스는 지중해의 해안에서 시작하여 프랑스, 스위스, 이탈리아, 독일, 오스트리아, 유고 등의 여러 나라를 가로지르고 오스트리아의 수도 빈(Wien)의 숲 근처에서 끝나는 장장 1천2백km의 대산맥이다. 지질학적으로 알프스·아프리카 조산대(造山帶)의 서단(西端)에 위치한 이 알프스 산맥은 위에서 말한 여러 나라를 동서로 가로지르는데, 크게 3개로 나눈다.

즉 서부 알프스, 중부 알프스, 동부 알프스로 나누는 것이다. 지중해의 코트다쥐르에서 프랑스의 그레노블에 이르는 나폴레옹가도(街道) 일대와 프랑스의 몽블랑산군과 접경을 이루고 있는 이탈리아 서부 일대를 서부 알프스라고 한다. 여기에는 알프스의 최고봉 몽블랑(4,807m)산군을 위시하여 라 메이쥬, 바르 데 제크랭산군을 포함하는 도피네 알프스와 이탈리아의 그랑 파라디소(4,061m)산군이 있다. 그리고 아름다운 빙설의 연봉과 명봉, 기기괴괴한 화강암이 하늘을 찌를 듯 솟아 있는 샤모니 침봉군을 거느리고 있는 몽블랑산군의 기슭에 알프스 최대의 등산기지이며 국제관광도시인 샤모니가 있다.

중부 알프스는 주로 이탈리아 접경을 포함하여 스위스에 있으며 체르마트와 자스페를 중심으로 "초지의 뿔" 마터호른, "하얀 이빨" 당 블랑쉬, "하얀 뿔"의 바이스호른, 그리고 몬테로자산군과 돔을 맹주로 하는 미샤벨 연봉이 하늘 높이 솟아 있다. 이 산역을 발리스 알프스라고 부르고 있는데 4천m를 넘는 아름다운 고봉이 무려 32개나 있다. 알프스 전체를 통해서 58개의 4천m급 고봉이 있는 가운데 32개나 되므로 고봉의 대부분이 발리스 알프스에 있는 셈이다. 이 발리스 알프스는 론강 상류의 남측, 셍 베르나르고개에서 심플론고개까지의 스위스와 이탈리아 접경에 펼쳐지는 산군의 총칭이다.

이 발리스 알프스 고산대(高山帶)의 북쪽에 스위스를 동서로 흐르는 론강이 있는데, 그 건너편에 위치한 산역을 베르너 오버란트 알프스라고 부른다. 여기에는 유명한 융프라우, 묀히, 아이거의 3대 명산을 비롯하여 4천m을 넘는 핀스터라르호른(4,273m) 산군(9개)들이 그 위용을 자랑하고 있다. 그리고 톱 오브 유럽(Top of Europe)의 상징인 융프라우요흐, 그린델발트, 인터라켄과 같은 국제적 관광명소들이 있다. 또 이 론강의 상류 스위스의 동남쪽에 해당하는 지역에 하늘 높이 솟아 있는 피츠 베르니나(4,049m)를 맹주로 하는 베르니나산군이 있다. 이 베르니나산군에는 아름다운 엥가딘계곡이 있으며 여기에는 국제적 관광도시 상 모리츠가 있다. 그리고 다보스, 아로자와 같은 명승지들이 있다.

대체로 이와 같이 발리스 알프스, 베르너 오버란트 알프스, 베르니나 알프스로 이루어진 중부 알프스는 스위스 국토의 대부분을 차지하고 42개의 4천m급 고봉을 거느리고 있으므로 알프스산맥 중에서도 중심적 존재인 것이다. 그러므로 유럽 알프스하면 곧 스위스 알프스를 연상하게 되는 것이다.

한편 동부 알프스는 주로 오스트리아와 이탈리아 북부에 펼쳐 있으며 인스부르크와 티롤의 목장지대 등을 중심으로 하는 바바리아 알프스, 짤스부르크 알프스의 북부 석회암질의 알프스와 랑코펠, 치베타, 마르몰라타, 드라이 친넨과 같은 기묘한 암봉과 암벽을 거느리는 돌로미테산군을 중심으로 하는 남부석회암질의 알프스로 크게 나누고 있다. 여기에는 명승지로 유명한 코르티나 담페초가 있다. 이외에 독일·오스트리아 또는 스위스·독일의 국경지대에 솟아있는 카이저산군·베터슈다인산군 그리고 알고이 알프스 또 이탈리아·유고 국경지대에 걸쳐있는 산군들이 있는데 일반적으로 동부 알프스의 일부로 간주하고 있는 것이다.

중생대(中生代)에서 신생대 제3기(新生代 第三紀)에 걸쳐서 일어난 엄청난 지각변동 때문에 아프리카대륙의 지각을 북상시켜 유라시아대륙의 지각 사이에 있는 지중해의 퇴적물을 육지에 밀어올린 조산운동(造山運動)의 결과로 알프스의 대산맥이 형성되었다고 과학자들은 말하고 있다. 이렇게 해서 생긴 알프스의 원형은 오래 계속된 빙하기(氷河期) 동안에 빙하의 침식작용 등에 의하여 오늘날과 같은 모양의 알프스산맥이 탄생된 것이다. 알프스에는 지금도 1천을 넘는 빙하가 남아 있다. 칼날 같은 첨봉(호른·horn), 뾰족뾰족 하늘을 찌를 듯한 침봉(에귀·aiguille), 아름다운 빙하호수, 산을 뒤덮은 설원과 빙하, 울울창창한 수풀 그 삼림한

계위에 펼쳐지는 싱그러운 초원 등이 한데 어우러져 대자연의 오묘함을 연출하는 알프스가 등산인에게 열린 세계가 된 것은 가까운 근세의 일이다.

이 알프스에 빛나는 흔적을 남긴 것이 주네브 출신의 자연과학자 H.B. 드 소쉬르의 선창에 의해 몽블랑을 오른 농부인 자크 발마와 의사인 미셀 파카르였다. 그들은 1786년 몽블랑을 초등정함으로써 근대등산의 문을 열었던 것이다. 이것은 알프스 등산사의 여명을 알리는 기념비적인 제일보라고 말할 수 있을 것이다. 이리하여 그후 순수등산을 위한 산행이 활발해지면서 알프스의 고봉은 하나하나 인간에 의해 등정되었다.

당시 난공불락으로 여겨왔던 베터호른을 1854년 인간이 정복을 시작으로 1865년 E. 윔퍼 일행이 마터호른을 초등정할 때까지 10년 동안에 무려 60개가 넘는 고봉들이 초등정되었다. 이것이 이른바 등산사상의 "황금시대"이다. 이 시대에 산을 순수한 스포츠의 대상으로 생각한 것은 세계의 어느 지역에서도 생각하지 못한 일이므로 알프스산맥이 바로 알피니즘의 발상지라고 말할 수 있을 것이다.

이어 황금의 시대가 은의 시대에 접어들면서 알프스에는 일찍이 등산철도가 출현하게 된다. 영국에서 처음 발달한 철도 기술은 스위스까지 건너와 스위스 최초의 등산철도가 1871년 리기산에 개통되었다. 이리하여 1900년 전후에 알프스의 여러 곳에 차례로 등산철도, 로프웨이가 부설되어 일부 등산가뿐만 아니라 일반인에게도 접근하기 쉬운 알프스로 변모해 갔다. 마침내는 1912년에 높이 3,454m의 융프라우요흐에 등산철도가 개통되었다. 이것은 등산철도의 극치를 이룬 대역사(大役事)였다.

이와 같이 알프스에 부설한 등산철도, 로프웨이 케이블 카 등의 교통수단은 알프스산맥의 주축을 이룬 4천m급 고봉들이 모여 있는 베르너 오버란트 알프스, 발리스 알프스 베르니나 알프스와 몽블랑산군에 대한 등산의 접근을 쉽게 해줄 뿐만 아니라 그 사이사이에 펼쳐지는 대자연의 오묘함과 아름다움을 만끽할 수 있는 여행과 하이킹을 즐겁게 해주고 있는 것이다. 그러므로 등산 기차나 케이블 카를 편하게 타고 알프스의 오지에 들어가서 갑자기 웅장한 대자연의 파노라마가 전개되는 가운데에 여행이나 하이킹이나 등산을 할 수 있다는 것은 알프스 아니고는 찾아보기 힘들 것이다.

내가 만난 알프스 사람들

⊙ 스위스 명등산가이드들과의 뜻깊은 교우록

취리히에 내린 우리는 우선 공항의 안내소를 찾았다. 우리의 댄디보이가 옆에서 자꾸 치근덕거리는 농담을 그녀는 알아들을 리 없다. 미모의 이 스위스 아가씨는 연해 입가에 미소만 띨 뿐이다. 누르스름한 피부색을 이제 와서 바꿀 수는 없지만 윤곽만은 뚜렷한 미남형의 댄디보이인지라 이국의 여성들이 호기심을 가질 만도 하다. 덕택에 분위기는 명랑하다. 힐데가르드 양은 체르마트의 반호프 호텔 주인 파울라 비너 양과 오랫동안 편지 왕래를 하는 사이였다.

다음날 우리는 일찍 취리히를 떠났다. 한참동안 흘끔거리며 기회를 노리던 우리의 댄디보이는 마침내 눈짓 몸짓으로 통한 모양이다. 갑자기 셔터소리가 요란하다. 관능미 넘치는 30대 초반의 여인과 무릎을 맞대고 앉아 있으니 그럴 만도 하다. 건너편에 있던 우리는 그를 빈정댔지만 싫지는 않은 모양이었다.

얼마쯤 달렸을까 옆자리에 앉은 촌부에게 나도 말을 걸었다. 베트머알프의 고향 집에 돌아간다는 말에 우리는 자연히 그곳에 있는 알레치호른(4,195m)에 대해 이야기를 나누게 되었다. '하얀 괴물'이라는 별명을 가진 알레치호른은 알프스에서 제일 긴 빙하를 거느린 베르너 알프스의 명봉. 그 알레치 빙하의 혀끝에 이 촌부의 고향인 베트머알프가 있다. 이 조그만 산마을은 블라텐, 리더알프 그리고 피쉬 마을과 함께 알레치호른의 등산기지이며 알프스 특유의 산간휴양지이기도 하다. 브리크에서 론강을 따라 달리는 기차는 베텐에서 잠시 멈춘다. 플랫폼만 있는 이 간이역에서 케이블 카로 올라가야 닿는 마을이 베트머알프다. 인구는 약 150명. 하지만 호텔 등 숙박시설이 잘 갖춰져 있는 휴양지이다.

베텐에서 10km 떨어진 이 마을은 베르너 알프스와 미샤벨 연봉이 연출하는 파노라마로 사람들의 마음을 사로잡는다. 맑은 날에는 바이스호른 너머로 마터호른도 아스라이 보인다. 촌부의 설명을 듣고 있는 동안 어느덧 열차는 브리크에 도착했다. 여기서 체르마트로 들어가는 열차로 갈아타는 것이다.

우리는 반호프 호텔을 찾아갔다. 묘령의 아가씨로 생각한 비너 양은 70이 넘은 노파였다. 힐데가르드 양의 소개로 찾아왔다고 했더니 반갑게 우리를 맞아준다.

로트호른과 메텔호른 그리고 브라이트호른 등정을 마치고 상 모리츠의 오지에 있는 베르니나봉(Piz Bernina)을 오르기 위해 날씨가 호전되기를 기다리고 있던 중 나는 우연히 미셸 다르벨레이를 만났다. 그는 아들의 스키 트레이닝을 돌보기 위해 반호프 호텔을 찾아온 것이었다.

1963년 아이거 북벽을 단독 초등정한 업적으로 한때 유명했던 그와 대화를 나누면서 나는 새로운 사실을 알게 됐다. 그가 아이거 단독등반한 몇년 후 파울 에터와 함께 마터호른 북벽을 올랐는데, 츠무트노즈(Zmutt nose)를 오를 기회를 영영 놓치고 말았다는 것이다.

마터호른의 북벽에는 3개의 루트가 나 있다. 우리에게는 북벽 중앙부로 오르는 루트가 많이 알려져 있지만, 츠무트노즈 옆으로 따라붙는 루트가 마터호른 북벽의 노멀루트(V+)라고 그는 일러준다. 그러나 이 북벽 중에서 가장 어려운 루트는 츠무트노즈를 바로 올려치는 루트인데, 등급 VI+라는 것이다.

이 루트는 1969년 7월 14일부터 17일 사이에 이탈리아의 체루티(L. Cerruti)와 고냐(A Gogna)가 초등했다. 고도차는 1,281m. 회른리산장을 출발하면 한 번이나 두 번의 비박을 각오해야 한다고 60을 바라보는 초로의 등산가는 말해준다.

아무리 그를 살펴보아도 매끈한 몸매는 아니었다. 작은 눈에 길쭉한 얼굴, 유창한 말솜씨라기보다는 차분한 어조, 조용한 성품, 어쩌면 산간마을에서 양을 치는 목동 같은 체취를 풍기고 있었다. 곁에서 거들어준 아들은 오히려 활달했다. 그는 스키챔피언이 꿈이었다.

그에게 베르니나봉의 비안코릉과 스팔라릉에 대한 조언을 청하자, 8월에 오르는 것이 바람직하다며 이보다는 등로가 짧은 알라린호른을 추천했다. 10월~11월에는 신설로 인해 설층이 불안정해지고 크레바스와 베르크슈룬트를 제대로 가려내기 힘들며 갑작스런 폭설로 러셀이 어려워지는 지역이 많아지기 때문이다. 그래서 우리는 그의 조언에 따라 '알프스의 진주' 자스페로 달려가기로 했다.

오늘은 체르마트에서 가이드축제가 벌어지는 날이다. 우리는 아침 일찍부터 서

반호프 호텔 여주인 비너 양(오른쪽)의 집에 초대받은 필자 일행. 가운데 앉은 사람이 아이거 북벽 단독 초등자인 다르벨레이 씨이다.

둘렀다. 슈바르츠호(2,582m)에서 열리는 축제에 참가하기 위해서였다. 산물고기가 노니는 이 작은 '검은 호수'는 하이커들의 중간휴식처이자 마터호른의 회른리 릉으로 오르는 길목이기도 하다.

가이드축제는 2부로 나뉘어 열리는데, 1부는 이 슈바르츠호에 있는 작은 예배당 앞뜰에서 예배와 산제를 지내고, 2부는 마을로 장소를 옮겨 체르마트호프에서 파티로 이어진다. 저녁이면 나는 으레 비너 양과 함께 알프스 등반 이야기로 꽃을 피웠다. 어느날 헤르만 요셉 비너의 얘기가 나왔는데, 책을 통해 그를 잘 알고 있다고 했더니 자기도 그를 잘 알고 있다며 매우 놀라는 표정이었다. 그래서 그와 통화를 해 가이드축제에서 만나기로 했다.

진눈깨비를 맞으며 우리는 빈켈마텐에서 곤돌라에 몸을 실었다. 슈바르츠호는 며칠 전과는 달리 완전히 하얀 세계로 돌변해 있었다. 앞을 가리기 힘들 정도로 눈이 내렸다. 결국 연못가 예배당에서의 야외축제는 취소되고, 슈바르츠제 호텔의 홀에서 거행됐다.

여기서 나는 요셉 비너를 만났다. 그는 전(全) 스위스 가이드협회 회장이었다. 스위스에는 지역별 가이드협회가 있는데, 그는 이 모든 협회를 관장하는 일을 맡고 있다. 나는 그가 나이 많은 노등산가이겠거니 했는데 만나 보니 40대였다. 구

체르마트 가이드축제에 참가한 노(老) 가이드들.

레나룻을 턱밑까지 기른 그의 얼굴은 퍽이나 인상적이었다. 그는 먼저 자기 아내와 장인을 소개하고 안덴마텐 리호이트를 비롯한 여러 가이드들을 소개했다. 장인 베르너 페렌은 체르마트 가이드협회 회장으로 이 행사의 호스트였다.

장인은 큰 키에 늘씬한 몸매를 지니고 있었지만 인상은 시골 할아버지였다. 아버지를 닮아 날씬한 딸은 남편보다 키가 더 커 보였다. 노상 웃어 주면서 자리를 지켜주는 그녀에게 우리의 댄디보이는 말할 것도 없고 그동안 줄곧 점잔을 빼던 사람도 오늘따라 신이 난 듯 셔터를 계속 눌러댄다.

1년에 한 번 10월 초에 열리는 체르마트 가이드축제가 시작됐다. 150명 남짓한 사람들이 좁은 홀을 메운 가운데 하얀 가운을 입은 신부의 집례로 미사가 열렸고, 얼마 후 악대의 주악이 울려 퍼졌다. 그런데 여기서 놀란 것은 그 악대에 섞여 나팔을 부는 요셉 비너를 발견하면서였다. 모두가 가이드로 구성된 악대였다. 그들이 연주하는 모습은 정말 순수하고 진솔했다.

바깥에는 여전히 눈이 내리고 있었다. '얼음의 산' 몬테로자도, 브라이트호른도, 마터호른도 볼 수가 없었다. 비너 부부는 우리를 체르마트호프의 파티에 초대한다는 말을 남기고 준비를 위해 먼저 내려갔다. 우리는 며칠 전 브라이트호른의 가이드를 맡아준 로니와 함께 푸리를 거쳐 체르마트로 내려왔다.

약 90개의 호텔이 들어선 체르마트에서 마운틴 세르빈 호텔과 체르마트호프 호텔이 가장 고급으로 트윈룸이 250프랑, 싱글만 해도 130~140프랑이니 우리가 묵고 있는 반호프 호텔에 비하면 4배쯤 되는 비싼 가격이다.

비너와 페렌은 찾기 힘들었다. 아마도 바쁜 모양이다. 우리는 맥주와 포도주를 마시며 비너의 아내와 가이드들과 환담을 나누었다. 그런데 댄디보이가 보이지 않았다. 아니나 다를까, 그는 우모복을 벗어던지고 말끔히 차리고 등장했다. 그제서야 우리도 우모복을 벗었다. 곧 만찬회가 열리는 모양인데 모두들 2백 프랑을 회비로 내고 있었다. 액수가 만만치 않으니 참석을 포기하자는 의견을 나누고 있는데, 비너가 우리를 찾고 있다는 전갈을 가지고 댄디보이가 다가왔다.

2부 역시 신부의 기도로 시작됐고, 체르마트게마인데 회장 — 우리나라의 읍장에 해당한다—과 페렌 회장의 인사에 이어 비너 전국회장의 인사말이 있었는데, 멀리 한국에서 귀한 손님이 왔다는 소개를 했다. 때문에 예기치 않은 답사를 하게 됐고 박수소리만 요란하게 들려왔다.

만찬 석상에서 우리는 주위에 앉은 다른 가이드들도 알게 됐다. 체르마트의 가이드들은 모두 80명 정도인데, 이 축제에는 자스페와 브루이유(이탈리아쪽 산마을)의 가이드들도 여럿 참석해 가이드만 1백여 명이 모인 자리였다.

1948년 상 모리츠 동계올림픽 크로스컨트리 금메달리스트인 안덴마텐 부만이 우리 곁에 앉아 있었다. 그는 지금 자스페 가이드협회 회장을 맡고 있다. 헤르만 부만과 한스 부만은 그들의 조카였다. 이들은 스위스의 어느 산군에서도 가이드를 할 수 있는 자격을 가지고 있는데, 히말라야를 오른 경력을 가진 중견 산악인들이었다. 한스 부만은 우리가 계획한 알라린호른 북동릉 바로 옆의 북동벽을 1972년 기도 부만과 함께 초등하기도 한 가이드였다.

우리는 그에게 우리를 가이드할 알폰스 수퍼삭소에 대해서 물어 보았다. 알폰스는 65세의 베테랑이며 대대로 가이드업을 이어온 가문의 출신이라고 한다. 스위스에는 지역 가이드와 전국 가이드로 자격이 나뉜다는 설명을 듣고 있는 찰나에 댄디가 나를 부추겼다. 91세의 노등산가가 아직도 4천m 고봉을 오르고 있으니 분발하라는 것이었다.

그래서 우리는 그 노등산가에게 다가갔다. 체구는 왜소했지만 눈동자는 빛나고 있었다. 지난해 90의 노구를 이끌고 회른리릉으로 마터호른 정상에 오른 그에게 감탄하지 않을 수 없었다. 다름 아닌 그가 로니의 삼촌이었다. 그제서야 로니는 멋쩍다며 엉클 로니의 이야기를 털어 놓기 시작했다. 그는 발리스 알프스의 모든 4천m봉을 여러 번씩 올랐다는 것이다.

체르마트의 밤공기는 차가웠다. 아쉬운 작별인사를 나누고 반호프 호텔로 돌아오니 비너 양이 우리를 기다리고 있었다. 나는 그녀에게 축제 분위기를 전달했다. 바로 일주일 전 젊은 가이드가 빙벽등반 중 추락사하는 사고가 일어나 올해 축제에는 춤과 노래를 생략하고 젊은 가이드의 명복을 빌며 조촐하게 치러졌다.

내일이면 우리는 체르마트를 떠난다. 이 마지막 밤에 비너 양의 집으로 초대를 받았다. 비너 양 가문의 보배는 결코 값진 물건이 아니었다. 두꺼운 노트가 그녀의 보배였다. 그녀의 아버지 알로이스 비너는 훌륭한 등산가이자 가이드였다. 그녀의 오빠도 유능한 가이드였다. 두 사람 모두 세상을 떠나고 지금은 비너 양이 반호프 호텔을 운영하고 있다.

그동안 반호프 호텔을 거쳐간 인사들의 메모를 적어 둔 노트가 바로 가문의 보배라고 했다. 그 노트에는 한국에서 찾아온 몇몇 산악인의 글도 적혀 있었다. 이 보배의 종이 위에 우리들의 마음과 정성을 담은 글로 수놓았다.

이튿날 절름거리는 다리를 이끌며 플랫폼에서 손수건을 흔들며 우리를 전송해 주던 비너 양의 모습은 지금도 잊을 수가 없다.

며칠 후의 일이다. 알라린호른 북동릉을 마치고 자스페로 돌아왔을 때 한 독일인이 다가와 등정을 축하한다며 정상에 다가서는 우리들의 모습을 사진에 담았으니 보내주겠다는 것이다. 귀국 후 그의 이름을 알았다. 한스 괴츠였다. 그리고 쉔빌산장을 찾아가던 여인과 아이들, 칼버마텐에서 북벽을 바라보며 이야기를 나누었던 호주 아가씨, 로트호른을 오르던 중 퇴석지대에서 만난 취리히대학의 산악부원들 — 이 모든 사람들이 나에게는 소중한 사람들이다.

어디 그들뿐인가? 그동안 점잔을 빼고 살림을 도맡다시피한 이수용 씨와 우리의 댄디보이 최창렬 씨도 알프스에서 만난 사람들이 아니고 누구란 말인가? 이 모두가 그리운 사람들이다. 알프스에서 만난 사람들….

발리스 알프스

발리스 알프스의 개요

⊙ 중부 알프스의 기점

　마터호른으로 유명한 발리스 알프스의 산군은 스위스의 동서를 가로지르는 론강 남쪽에 있는 알프스 최대의 산군이다. 산세는 모두 웅장하고 그 규모가 크다. 알프스의 최고봉, 몽블랑이 프랑스의 몽블랑산군에 속해 있다고는 하지만 알프스 고봉의 대부분이 알프스산맥의 제2고봉 몬테로자(4,634m)를 필두로 이 발리스 알프스에 모여 있다. 알프스산맥의 58개의 4천m급 고봉에서 32개봉이 이 발리스 알프스에 속해 있다.

　발리스산군하면 마터계곡의 오지를 중심으로 하늘 높이 늘어서 있는 고봉들을 생각하기 쉬우나 엄밀히 말하면 동쪽은 심플론고개에서 서쪽은 그랑 셍 베르나르 고개까지의 스위스 · 이탈리아 국경에 걸쳐 뻗고 있는 연봉을 말한다.

　한편 옛날부터 페닌 알프스라고도 부르고 있는 이 발리스 알프스 산역 중 마터 계곡의 주변에 있는 고봉들은 이 산역의 동쪽에 치우친 위치에 솟아 있으며 서쪽의 스위스 · 이탈리아 국경에 걸쳐 있는 산들은 높이 4,314m의 그랑 콤벵을 제외하고는 모두 3천m급의 고봉들이다. 이 서쪽의 연봉은 그랑 셍 베르나르고개를 사이에 두고 몽블랑산군과 인접하고 있다.

　그리고 론강을 사이에 두고 발리스산군의 북쪽에는 베르너 오버란트의 알프스산군이 솟아 있다. 그러나 발리스 알프스의 중심은 역시 마터계곡과 그 동편에 인접한 자스계곡 주변의 고봉들이다. 마터계곡의 제일 깊숙한 곳에 발리스 알프스 최대의 등산기지인 체르마트가 있고 이곳에서 쉽게 오를 수 있는 유명한 클라인 마터호른(3,883m)과 고르너그라트(3,131m)의 전망대가 있다.

　우선 스위스 · 이탈리아 국경에 걸쳐 있는 산군을 살펴보면 스위스의 상징 마터호른(4,487m)에서 동편으로 브라이트호른(4,165m), 폴룩스(4,092m), 카스토르

(4,228m), 리스캄(4,527m) 10개의 봉우리를 거느리는 수려한 몬테로자가 하늘 높이 솟아 있다.

그리고 이 산과 산에서 흐르는 빙하들이 모여서 고르너글레처라는 큰 빙하를 이루어 도도히 흐르고 있다. 마터호른 서편에는 당 블랑쉬(4,357m), 오버 가벨호른, "치날의 붉은 산"이라는 의미를 가진 치날로트호른(4,221m), 바이스호른(4,505m)의 산들이 솟아 있다.

특히 바이스호른은 먼 데서 봐도 유난히도 피라미드 같은 꼴을 한 모습이 얼른 눈에 띈다. 마터계곡의 동쪽에 있는 자스계곡을 안고 있는 산역에는 돔(4,545m)을 맹주로 한 빼어난 명봉들이 늘어서 있다. 이름하여 미샤벨산군이다. 이 자스계곡의 또 동쪽에는 바이스미스(4,023m), 라긴호른(4,010m)의 고봉이 나란히 서 있다. 그리고 미샤벨산군의 끝자락에 알프후벨(4,206m), 알라린호른(4,027m)의 명봉이 하늘 높이 솟아 있는 것이다.

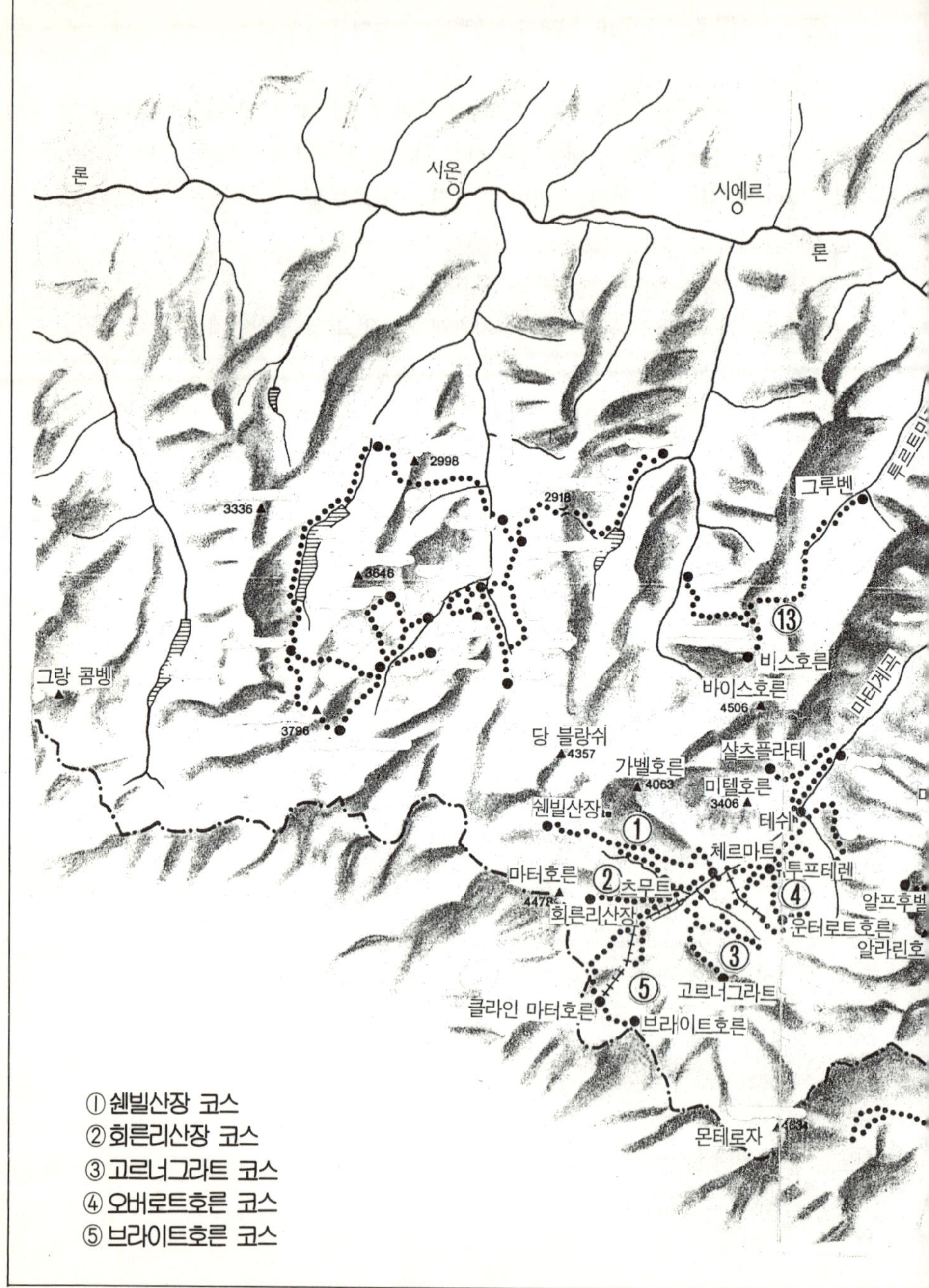

① 쉔빌산장 코스
② 회른리산장 코스
③ 고르너그라트 코스
④ 오버로트호른 코스
⑤ 브라이트호른 코스

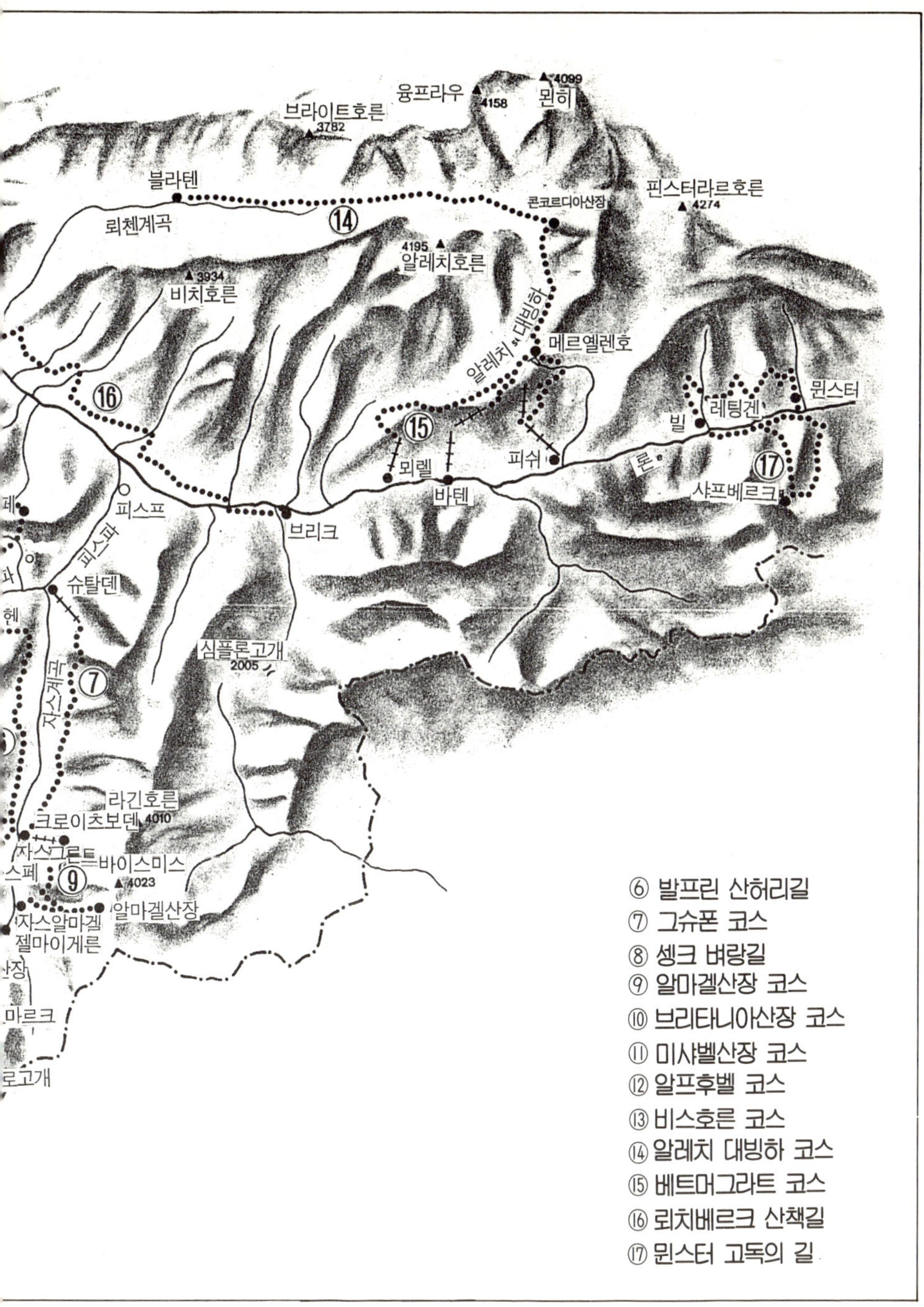

⑥ 발프린 산허리길

⑦ 그슈폰 코스

⑧ 셍크 벼랑길

⑨ 알마겔산장 코스

⑩ 브리타니아산장 코스

⑪ 미샤벨산장 코스

⑫ 알프후벨 코스

⑬ 비스호른 코스

⑭ 알레치 대빙하 코스

⑮ 베트머그라트 코스

⑯ 뢰치베르크 산책길

⑰ 뮌스터 고독의 길

■ 관광 안내

체르마트(Zermatt)

스위스의 상징, 마터호른의 그림을 보면 꼭 한번은 가고싶은 체르마트는 마터계곡의 오지에 위치하고 있다. 마을에서 한눈에 들어오는 마터호른의 강렬한 첫 인상은 매우 감동적이다. 등산전차나 케이블 카를 타고 체르마트 주변의 전망대에 올라 보면 발리스산군의 경치는 정말 최고다. 어느 전망대에서 바라보아도 스위스 알프스의 왕자, 마터호른(4,478m)은 위풍도 당당하게 그 찬란한 모습을 하늘 높이 보여주고 있다.

표고 1,616m. 인구 약 4천 명.

체르마트는 원래 매우 가난한 한촌에 불과했다. 그런데 상인 알렉산더 자일러가 이곳에 작은 "호텔 몬테로자"를 개업하면서부터 점점 번영의 길에 들어서게 되었다. 지금으로부터 약 130여 년 전 스미스 형제가 몬테로자를 오른 것을 시작으로 이어 발리스의 고봉들이 차례로 등정되었다. 이때 이 호텔은 알피니스트의 거점이 되었고 그들의 사교적 모임의 장이 되었다.

마터호른을 초등정한 윔퍼도 늘 이 호텔에 머물렀다. 지금도 이 호텔이 메인스트리트에 남아 있다. 마터호른이 1865년에 초등정되고 불과 30년 후에 체르마트 ~브리크 간의 등산철도가 개통되었다. 이어 얼마 후 곧 고르너그라트의 등산철도도 개통을 보게 되었다. 이리하여 체르마트는 관광객들이 쉽게 접근할 수 있는 마을이 된 것이다. 그리고 1980년 클라인 마터호른(3,883m)의 어깨까지 케이블 카가 개통되므로써 체르마트는 국제적 관광휴양지로서의 확고한 위치를 얻게 된 것이다.

체르마트는 역에서부터 마을이 시작된다. 역을 나오면 바로 큰길이 좌우로 뻗어가는데 우측 통로가 메인스트리트다. 이 길을 따라 각종 상점이 늘어서 있다. 그리고 역전광장의 맞은편이 고르너그라트 등산철도역이다.

이 등산철도역 근처에 관광안내소가 있다. 역에서 메인스트리트를 350m쯤 걸어가면 가이드조합이 나오고 그 모퉁이를 돌아서 골목길을 조금 걸어 들어가면 산악박물관이 나타난다. 작은 2층 목조건물 안에 마터호른을 처음으로 오른 윔퍼와 알프스등산의 선구자의 기념품과 사진, 체르마트의 옛날 생활용품들이 전시되어 있다. 특히 윔퍼가 애용하던 피켈, 마터호른 초등정 직후에 비극을 발생시킨 끊어진 자일, 알피니즘의 황금시대에 활약한 등산가들이 이름을 서명한 숙박부가 더욱 사람들의 시선을 끈다.

박물관에서 큰길로 다시 나와 또 350m가량을 더 걸어가면 왼쪽에 카톨릭교회가 나온다. 그리고 그 옆에 마터호른을 오르고 하산하다가 추락사한 미셸 크로를 비롯하여 많은 알피니스트가 잠들고 있는 묘지가 있다. 이 교회를 지나면 거리는 한산하고 적적하다. 그러므로 역에서 교회까지의 7백m구간이 체르마트의 번화가인 셈이다.

교회를 지나고 한적한 거리를 얼마동안 걸어가면 마터피스파천이 나타난다. 다리를 건너서 언덕길을 올라가면 클라인 마터호른 전망대에 오르는 케이블 카역에 이른다. 클라인 마터호른행의 중간역인 푸리에서 슈바르츠호로 오르는 케이블 카가 있다. 이 슈바르츠호는 마터호른의 회른리릉을 오르는 출발점이다.

또 하나의 전망대는 수네가. 체르마트에서 제일 가까운 전망대다. 수네가행 케이블 카역은 고르너그라트 등산철도역의 차고 뒤편에 있다. 마터피스파천을 건너지른 다리를 건너서 개천까지 조금만 걸어가면 나타난다. 체르마트역에서 약 5분 거리다. 이어 수네가 전망대(2,290m)에서 운터로트호른의 전망대(3,103m)에 오르면 시야는 더 넓어진다. 케이블 카의 소요시간은 12분.

체르마트에는 호텔이 1백 개쯤 있다. 하이시즌 때는 로시즌 때보다 1.5배 정도 비싸진다. 알프스의 경우는 대개 로시즌의 5, 6월, 9월 중순에서 11월 중순을 제외하고는 하이시즌으로 생각하면 된다. 체르마트의 호텔은 비싼 편이며 제일 화려한 호텔 몽 세르벵의 경우는 싱글이 145~290SFr(스위스 프랑)선이다. 값이 제일 싸고 하이커나 등산객에 알맞는 호텔은 아마도 체르마트역 바로 건너편에 있는 호텔 반호프(Bahnhof 전화 : 028-672406)일 것이다. 싱글이 25~65 SFr선이다.

이 호텔은 저명한 등산가들이 자주 숙박하는 곳이며 한국산악인도 더러 찾는 곳이다. ⓘ 전화 028-661181 교통은 "주요 등산기지의 접근"란을 참고.

쉔빌산장 코스

체르마트~트리프트호텔~슈바르츠리거~쉔빌산장~칼버마텐~츠무트~체르마트

⊙ 마터호른과 당데랑 북벽을 정면으로 볼 수 있는 대표적 워킹 코스

알프스는 지중해의 프랑스와 이탈리아의 국경지대에서 시작해 오스트리아의 빈 근처에 이르기까지 유럽대륙의 중심부에 전개되는 1천2백km의 대산맥이다.

알프스는 서부, 중부, 동부로 크게 나뉘는데, 지중해의 코트다쥐르에서 북상해 프랑스의 그레노블에 이르는 나폴레옹가도(街道)의 동쪽 일대를 서부 알프스, 스위스에서 이탈리아 국경에 이르는 지역을 중부 알프스, 이탈리아 북부와 오스트리아에 걸쳐 있는 지역을 동부 알프스라 부른다.

서부 알프스에는 라 메이쥬, 바르 데 제크렝과 같은 아름다운 암봉과 빙설의 봉우리가 솟아 있는 도피네 알프스와 알프스 최고봉인 몽블랑이 솟아 있는 몽블랑산군으로 구성되어 있는데, 특히 몽블랑산군의 샤모니침봉군은 그 빼어남을 한껏 자랑하며 높이 솟아 있다. 알프스 최대의 등산기지인 샤모니는 몽블랑산군의 기슭에 자리잡고 있다.

중부 알프스는 3개 산역으로 다시 나뉜다. 론강 상류의 남쪽, 셍 베르나르고개에서 심프론고개까지 펼쳐지는 발리스 알프스와 론강 북쪽의 베르너 알프스, 그리고 인강 상류 스위스와 이탈리아 국경에 솟아 있는 베르니나산군이 그것이다.

발리스 알프스(발리저 알프스 또는 페닌 알프스)에는 알프스 제2고봉인 몬테로자(4,654m)와 스위스 영내에서 제일 높은 돔(4,545m), 그리고 알프스에서 최고의 위용을 자랑하고 있는 마터호른을 비롯해 당데랑, 당 블랑쉬, 바이스호른, 브라이트호른, 알라린호른, 쉬트랄호른, 나델호른 등의 4천m급 명봉들이 하늘 높이 솟아 있다. 그 기슭에는 등산뿐만 아니라 관광의 명승지로 이름난 체르마트와 자스페가 자리잡고 있다.

베르너 알프스에는 악명 높은 아이거와 묀히, 융프라우의 3대 명산이 솟아 있

쉔빌산장에서 본 당데랑 북벽. 쉔빌산장 코스는 마터호른과 당데랑 북벽을 정면으로 바라볼 수 있는 체르마트의 대표적인 하이킹 코스이다.

고, 베르니나산군에는 맹주 피츠 베르니나를 비롯해 여러 봉우리들이 솟아 있다. 이 산군들의 기슭에는 인터라켄, 상 모리츠, 다보스, 아로자와 같은 등산 스키 및 관광의 명승지들이 자리잡고 있다.

동부 알프스는 인스부르크, 쿠프시타인, 마이어호펜 등을 중심으로 하는 석회암질의 북티롤과 우리에게 돌로미테로 잘 알려져 있는 역시 석회암질의 남티롤로 크게 나뉜다. 남티롤은 랑코펠, 드라이 친넨, 치베타, 마르몰라다 등을 거느린 암봉의 천국이기도 하다. 남티롤의 근거지로는 보첸(일명 볼차노)과 코르티나 담페초가 있다.

바로 이 유럽 알프스가 1786년 미셸 파카르와 자크 발마가 최고봉 몽블랑을 초등한 이래 근대등산의 발상지가 된 것이다.

첫째로 소개하는 발리스 알프스는 앞서 말한 바와 같이 베르너 알프스와 베르니나산군과 함께 중부 알프스를 형성하고 있다. 산군의 대부분이 스위스에 치우쳐 있고 일부가 이탈리아 국경과도 맞물려 있는 이 발리스 알프스는 스위스의 발리스주(州)에 있다. 발리스주는 두 개의 언어권, 즉 독일어와 프랑스어가 겹치는 넓은 주인데, 독일어로는 발리스(Wallis), 프랑스어로는 발래(Valais)라고 부른다.

발리스주를 관통하고 있는 아름다운 론강의 좌우에는 수려한 계곡과 산들이 산재해 있어 많은 사람들이 휴양지로 자주 찾고 있다. 이 중에서 가장 유명한 곳이 바로 체르마트와 자스페이다.

알프스에서 가장 인상적인 산을 꼽으라면 대개 마터호른(4,477m)을 꼽는다. 이 명봉이 솟아 있는 산마을이 바로 체르마트(Zermatt·1,616m)로 세계적으로 이름난 휴양지이다. 인구는 약 4천 명.

체르마트 주위에는 2천~3천m급은 물론 스위스에 솟은 4천m급 42개 봉 중 32개가 집중되어 있어 산악인들뿐만 아니라 하이커들도 동경하고 있는 곳이다. 이곳에 나있는 트레일 코스도 다양한데, 그 중 많은 사람들이 찾는 코스가 쉔빌산장 코스다.

쉔빌산장(Schönbielhütte·2,694m) 코스는 체르마트에서 시작, 트리프트-회발멘를 거쳐 쉔빌산장까지 오른 다음 츠무트를 경유해 체르마트로 하산하는, 도보시간만 8시간이 걸리는 하루 또는 이틀 코스다. 이 코스는 마터호른의 북벽을 정면에서 바라볼 수 있으며 체르마트에서는 마터호른 북벽에 가려 볼 수 없는 당데랑(Dent d'Heren·4,171m)의 아름다운 모습도 볼 수 있는 대표적인 코스다.

체르마트는 일찍이 13세기 초부터 사람들이 이주해와 살게 되었고, 중세기에는

◉ 코스정보

시즌 : 6월 말~10월 초

고도차 : 1,200m

소요시간 : 8시간

지도 : 1:50,000 스위스지도 5006호 1:25,000 등산용 지도

문의전화 028-661181

휴게소 : 츠무트계곡의 칼버마텐 간이레스토랑(음식 및 빵 취급)

숙박 : 에델바이스 호텔(알터하우프트), 트리프트 호텔, 쉔빌산장, 바일러 츠무트

인근 코스 : ① 체르마트~트리프트~로트호른산장(등산 5시간 하산 3시간)

② 체르마트~트리프트~메텔호른(왕복 10시간)

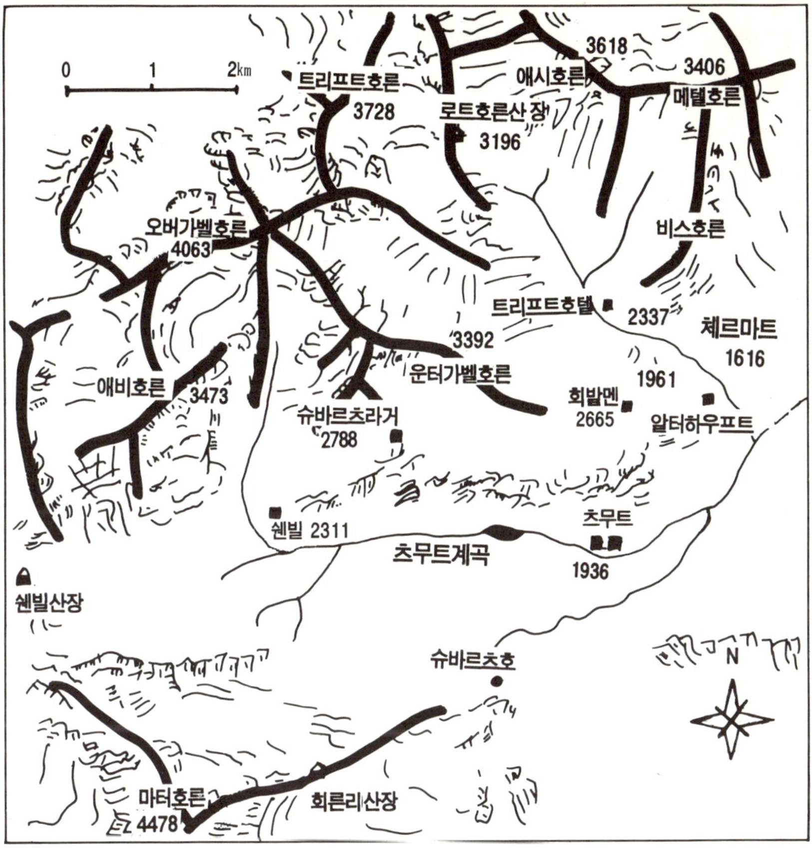

0 1 2km
트리프트호른 3728
애시호른 3618
3406
로트호른산장 3196
메텔호른
오버가벨호른 4063
비스호른
트리프트호텔 2337
체르마트 1616
운터가벨호른 3392
회발멘 2665
1961
알터하우프트
애비호른 3473
슈바르츠라거 2788
쉔빌 2311
츠무트
츠무트계곡
1936
쉔빌산장
슈바르츠호
N
마터호른 4478
회른리산장

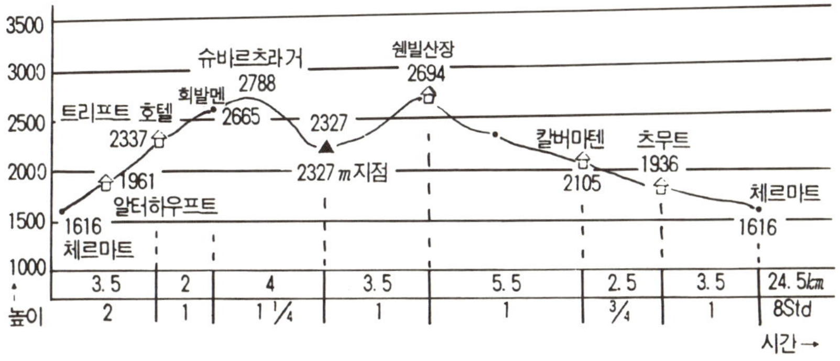

3500
3000
슈바르츠라거 2788
쉔빌산장 2694
2500
트리프트 호텔 2337
회발멘 2665
2327
칼버마텐 2105
츠무트 1936
2327 m지점
1961
알터하우프트
체르마트
2000
1500
1616
체르마트
1616
1000
3.5 2 4 3.5 5.5 2.5 3.5 24.5km
높이 2 1 1¼ 1 1 ¾ 1 8Std
시간 →

이미 체르마트와 발투르난체(이탈리아) 사이에 활발한 상거래가 있었다. 당시 기후는 오늘날과 달리 매우 온화해 삼림한계선이 약 2천6백m였고 지금의 빙하지대에 해당하는 고지대를 버새나 노새, 또는 당나귀 등이 넘어다녔다고 한다.

18세기 중엽까지만 해도 여행자나 외지 사람들을 도둑으로 간주하고 숙박을 선뜻 내주지 않을 정도로 오지였던 이곳이 교통수단의 발달로 샤모니나 그린델발트와 같이 좋은 방문지가 되었다.

그러나 여전히 이 계곡의 여행은 위험해 지식욕이 강한 소수의 학자들만이 모험을 무릅쓰고 이곳을 방문했다. 19세기 중엽에 이르기까지 체르마트를 찾은 등산자의 수는 1백 명에 불과했다.

이즈음 바로 알피니즘의 황금시대가 시작된 것이다. 1860년 체르마트 상부에 솟은 봉우리들에 대한 초등경쟁이 불붙은 것이다. 1865년 영국의 에드워드 윔퍼가 마터호른의 정상에 섬으로써 인간 초유의 대위업이 달성됐다. 그리고 훨씬 후에야 사람들은 북벽에 그 시선을 돌리게 된다.

회발멘(Höhbalmen · 2,665m)의 산길을 오르면서 줄곧 눈앞에 바라볼 수 있는 마터호른의 인상적인 북벽은 1931년 슈미트 형제에 의해 초등된다.

쉔빌산장으로 가는 코스는 별다른 등산기술이나 보조수단이 필요없다. 다만 튼튼한 다리만 있으면 된다. 초보자는 물론 마터호른이나 당데랑의 북벽을 노리는 산악인들에게도 정찰코스로 추천할 만한 코스이다.

체르마트역에서 우체국 쪽으로 가다보면 삼거리가 나오는데, 이 삼거리에 에델바이스, 트리프트, 로트호른산장으로 가는 표지판이 있다. 이 길을 따라나서면 바로 등산은 시작된다. 이 입구는 쉔빌산장을 비롯하여 로트호른산장, 메텔호른(Mettelhorn · 3,486m), 운터가벨호른(Untergabelhorn · 3,899m), 치날로트호른(Zinalrothorn · 4,221m)으로 가는 시발점이기도 하다. 로트호른산장(Rothornhütte · 3천m)는 4천m 전후의 봉우리들에 대한 등산기점이 되고 있다.

알프스의 암석지대에 사는 야생염소를 모는 울타리와 꼬불꼬불한 산길을 약 1시간 정도 오르면 알터하우프트(Alterhaupt · 1,961m 일명 에델바이스)에 도달한다. 간판에는 호텔이라고 적혀 있지만 우리나라의 깨끗한 여관으로 간주하면 된다. 6~9월에 열고 10월이면 문을 닫는데, 대개의 경우 알프스의 고산에 있는 호텔들은 10월이면 문을 닫는다.

이후 우리나라에서는 볼 수 없는 알프스 특유의 트리프트(Trift) 협곡을 따라 1시

쉔빌산장으로 가는 도중 바라본 마터호른 북벽.

간 정도 올라 협곡을 빠져 나오면 트리프트 호텔(2,337m)에 도달한다. 이곳에 도달하면 체르마트가 자랑하는 알프스의 대파노라마의 전망대인 고르너그라트와 눈부신 빙설의 왕자 몬테로자(Monte Rosa · 4,634m)의 산군을 한눈에 볼 수 있다. 밤에는 계곡 깊숙이 박혀 있는 체르마트의 반짝이는 불빛도 인상적이다.

이 트리프트에서 산길은 세 갈래로 나뉜다. 곧장 오르는 길은 로트호른산장으로 오르는 길이고, 오른쪽으로 돌아가는 길은 메틀호른으로 가는 길이다. 왼쪽 길이 회발멘으로 가는 길인데, 약 1시간 정도 올라 닿으면 지금까지 보이지 않았던 마터호른이 위풍도 당당하게 장엄한 모습을 드러낸다. 그리고 양쪽으로 알프스의 대파노라마가 펼쳐진다.

그러나 츠무트계곡 너머로 하늘 높이 솟아난 마터호른의 매혹적인 자태가 가장 두드러지는 것은 어쩔 수 없다. 얼음이 얼어붙어 있는 이 마터호른의 북벽과 츠무트그라트(Zmuttgrat)의 크레바스 투성이의 빙하와 더불어 예기치 않은 마터호른의 출현은 회발멘을 오르는 그 누구도 감탄하지 않고는 배겨내지 못할 것이다.

그리고 "마터호른은 알프스에서 경쟁자가 없으며 세계 어느 곳에서도 거의 경쟁자가 없을 것이다. 외경과 장엄 바로 그 자체이다"라고 적은 에드워드 윔퍼의 「알프스등반기」를 상기할 것이다. 이 회발멘 산비탈에는 온종일 따뜻한 햇살이 닿는

당 블랑쉬를 배경으로 한 예배당.

양지바른 곳에 여러 가지 색깔을 띤 고산의 야생화가 피어 있다.

이어 슈바르츠라거(Schwarzlager)에 도달하는데, 이 지점이 쉔빌산장 코스 중에서 가장 높은 곳이며 해발 2,788m이다. 이 곳에 도달해서야 마터호른의 그늘에 가려 오랫동안 모습을 보이지 않고 있던 당데랑이 처음으로 그 모습을 드러낸다. 티프마텐 빙하(Tiefmattengletcher)에서 깎아지르듯 오른 설벽이 마치 눈으로 커튼을 친 듯한 당데랑 북벽 역시 일대장관이다. 아르벤계곡으로 가는 동안에도 마터호른에서 몬테로자산군 너머와 바이스그라트에서 미샤벨 연봉에 이르기까지 경탄의 파노라마가 이어진다.

슈바르츠라거에서 등산로는 쉔빌로 이어진다. 여기에서 모레인지대를 약 4백m 오르면 목적지인 쉔빌산장에 도달한다. 슈바르츠라거에서 약 2시간 15분 거리다.

이 산장은 1955년 쉔빌테라스 하단부까지 흐르는 쉔빌 빙하와 츠무트 빙하가 합류하는 지점의 상부에 낡고 쓰러져 가는 산장을 다시 지은 것이다. 비길 데 없이 아름다운 장소에 세운 이 산장의 수용인원은 80명. 야채와 간단한 음식도 준비되어 있으며 등산에 대한 정보도 얻을 수 있다.

여기서 크레바스가 많기로 유명한 티프마텐 빙하와 슈토키 빙하를 지나 서쪽으로 가는 티프마텐요흐, 발펠린콜, 당데랑콜, 그리고 시온(일명 시텐)으로 연결하는 정보를 얻을 수 있다.

하산길은 다시 쉔빌로 되돌아오면 만나는 갈림길에서 츠무트계곡을 따라서 내려간다. 좁은 오르막길이 부분적으로 비탈길로 이어지면서 수정같이 맑은 폭포도 지나게 될 것이다.

1시간 정도 내려서면 칼버마텐(Kalbermatten · 2,105m)에 도달하게 되는데, 이곳 간이레스토랑에서 휴식을 취하며 마터호른을 다시 뇌리에 새겨 두는 것도 좋을 것이다. 산장관리인이 유고에서 온 청년인데 영어와 독일어가 아직 서툴지만 사람은 좋다. 대부분의 하이커들이 쉬어가는 곳이기 때문에 여러 사람들과 대화를 즐길 수도 있어 한층 여정을 돋울 수 있다.

당데랑은 이쯤에서 모습을 감추고 만다. 그리고 희미한 오후 햇빛을 받아 푸르른 계곡의 분지에 잠긴 바일러 츠무트(Weiler Zmutt · 1,936m)에 다다르는데, 이 집은 1599년에 지은 것이며 당시 행상들의 숙박지로 이용되었다고 한다. 이곳에는 1797년에 지은 예배당도 볼 수 있다.

이곳에서 체르마트까지는 약 1시간 거리다.

회른리산장 코스

체르마트 ~ 춤제 ~ 헤르메티 ~ 슈바르츠호 ~ 슈바르츠제 호텔 ~ 히를리 ~ 회른리산장 ~ 하산 ~ 슈바르츠호 ~ 헤르메티 ~ 춤제 ~ 체르마트

⊙ 마터호른 턱밑까지 오르는 회른리산장 코스

마터호른은 험준한 4개의 암릉이 뚜렷한 윤곽을 이루며 정상을 향해 치닫고 있다. 그리고 암릉 사이에 깎아지른 벽들이 형성되어 있다. 이 벽들 중 동벽과 북벽이 산악인들에게 악명이 자자한데, 특히 북벽의 츠무트노즈 루트는 마터호른에서 가장 어려운 루트로 소문이 나 있다.

마터호른을 오르는 가장 쉬운 루트는 회른리릉 루트다. 푸르겐릉, 츠무트릉, 그리고 리온릉에는 곳곳에 IV급이 도사리고 있어 III급인 회른리릉에 비하면 어렵다. 그래서인지 회른리릉으로 마터호른 정상에 오르는 사람들이 많다.

하늘 높이 우뚝 솟아 강력한 인상을 주는 마터호른(4,477m)을 오르려면 하이커나 산악인들은 체르마트에서 먼저 회른리산장으로 오른다. 암릉등반 경험이 없는 하이커라 할지라도 회른리산장까지는 갈 수 있으므로 산의 전형인 마터호른을 그만큼 가까이 다가가서 보는 것도 좋은 일일 것이다.

체르마트에서 남서쪽으로 개천가에 난 널찍한 도로를 따라가다가 표지판이 서 있는 지점의 나무다리를 건넌다. 이어 낙엽송숲을 지나 완만한 비탈길을 올라가면 춤제(Zumsee · 1,776m)라는 작은 촌락에 도달한다(체르마트에서 1시간 거리). 이어 산길을 따라 45분쯤 올라가면 간이식당이 있는 헤르메티(Hermettji · 2,053m)에 다다른다. 여기가 산림한계선이다. 지금까지 숲에 가려 보이지 않던 마터호른이 육중한 모습으로 눈앞에 버티고 있는 것을 볼 수 있다. 체르마트에서 본 것과는 달리 섬뜩한 느낌마저 주는 몰골을 하고 있을 것이다.

간이식당에서 커피 한 잔을 마신 후 사방이 탁 트인 비탈길을 오르면서 아름다운 발리스 알프스산군을 바라보는 사이에 어느덧 슈바르츠호(Schwarzsee · 2,583m)에 도달한다(헤르메티에서 1시간 15분 거리). 이곳에는 물고기가 노니는 검은 호

슈바르츠호에서 회른리산장으로 오르는 도중에 보이는 당 블랑쉬.

수'라는 별명을 가진 작은 연못이 있고, 물가에는 아주 오래 된 작은 예배당이 있다. 그리고 언덕 위에는 유명한 슈바르츠제 호텔이 있다.

이곳이 하이커들에게는 더없이 좋은 중간 휴식처이며, 회른리릉을 오르려는 등산인들의 기점이기도 하다. 해마다 10월 초에 체르마트 가이드축제가 시작되는 예배당을 바라보며 남쪽을 돌아오르면 히를리(Hirli · 2,888m)로 오르는 비탈길을 만난다. 여기서 암릉이 시작되는 지점까지는 1시간 걸린다.

산장으로 가는 바윗길을 따라 오르다 보면 얼마 가지 않아 히를리에 도착한다. 일명 회른리(Hörnli)라고도 부르는 이 지점에서 실제로 이 하이킹 코스 구간에서 제일 아름다운 풍경을 즐길 수 있다. 건너편의 당 블랑쉬(4,356m), 오버가벨호른(4,063m)이 가까이 보이고, 눈앞에 넓은 어깨를 가진 브라이트호른(4,165m)이, 그리고 남동쪽으로 빙하에 둘러싸인 몬테로자산군이 하늘 높이 우뚝 서 있고, 북동쪽으로 길다랗게 뻗어 있는 미샤벨 연봉이 솟아 있다. 그 아래에는 깊숙한 마터계곡에 체르마트 마을이 움틀고 있는 모습을 볼 수 있다.

이윽고 암릉이 움푹 파인 곳을 지나면 회른리산장(3,260m)에 도달한다(슈바르츠호에서 2시간 15분 거리). 여기가 일반 하이커들의 목적지가 되는데, 여름에는 많은 사람들로 붐빈다. 숙박이 가능하므로 이 산장에서 하룻밤을 묵는 계획도 잡을 수 있다.

마터호른에는 해마다 2천 명 정도가 등정을 위해 나서는데, 성공률은 50%라고 한다. 주로 날씨와 고소적응 때문에 도중하차하는데 지금까지 5백 명 이상이 이 산에서 목숨을 잃었다. 그럼에도 불구하고 '어떠한 희생을 치르더라도 마터호른 정상에' 라는 표현이 많은 야심가들의 슬로건이다. 날씨가 몹시 나빴던 1987년 여름 일주일 이상 가이드들이 활동을 하지 못한 것은 물론 많은 등산객들이 발길을 돌려야 했다. 그 해에 7명이 마터호른에서 조난사한 비극이 일어났다. 훈련된 산악인이 아니라면 마터호른을 오를 때 가이드를 동반하는 것이 바람직하다. 날씨가 조금만 나빠져도 등반이 어려워지기 때문이다.

그리고 단 며칠이라도 체르마트의 기후와 풍토에 익숙하도록 하는 것이 좋고, 마터호른 정상에 오르려 한다면 리펠호른 등지에서 암벽등반을 경험하는 것이 바람직하다. 이 충고들은 체르마트 가이드협회에서 일러 주는 것이다.

하산길은 올라왔던 길을 되돌아가면 된다. 우선 슈바르츠호로 내려선다(1시간 15분 거리). 하얀 예배당이 연못의 수면에 비치는 영상은 매우 아름답다. 여기서 체르마트까지 하산하는 데에는 2시간이 걸린다.

⊙ 코스정보

시즌 : 6월~10월

고도차 : 1,650m(정상까지는 2,850m)

소요시간 : 8시간30분(슈바르츠호까지 케이블 카를 이용할 경우 5시간 30분)

지도 : 1 : 50,000 스위스지도(도엽 번호 5006호)

휴식처 : 춤제(1,766m), 헤르메티(2,053m), 슈바르츠호(2,583m)의 레스토랑.

숙박 : 슈바르츠제 호텔(전화 028-67 22 63 · 셀프서비스 레스토랑)

　　　회른리산장(3,260m · 스위스산악회 소속. 6.15~9.15 개장. 전화 028-672769)

　　　벨베데르 호텔(체르마트시에서 건립. 6.15 ~9.15 개장. 전화 028-672264)

인근코스 : ① 체르마트~츠무트~스타펠알프 호텔~슈바르츠호~춤제~체르마트

　　　　　(5시간 30분 소요)

　　　　② 체르마트~헤르브리겐~후벨~츠무트~체르마트(4시간 소요)

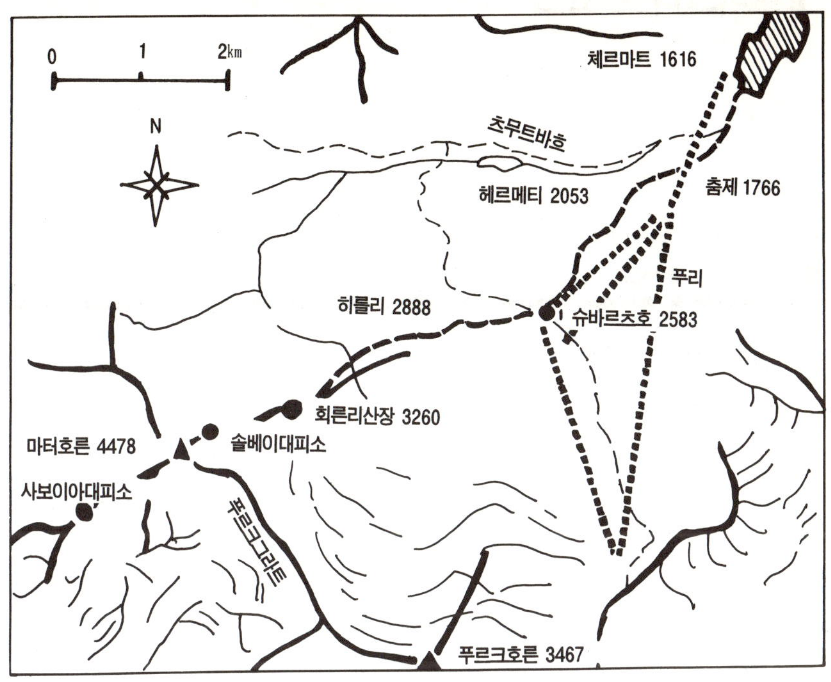

0 1 2km
N
체르마트 1616
츠무트바흐
헤르메티 2053
춤제 1766
푸리
히를리 2888
슈바르츠호 2583
회른리산장 3260
마터호른 4478
솔베이대피소
사보이아대피소
푸르크그라트
푸르크호른 3467

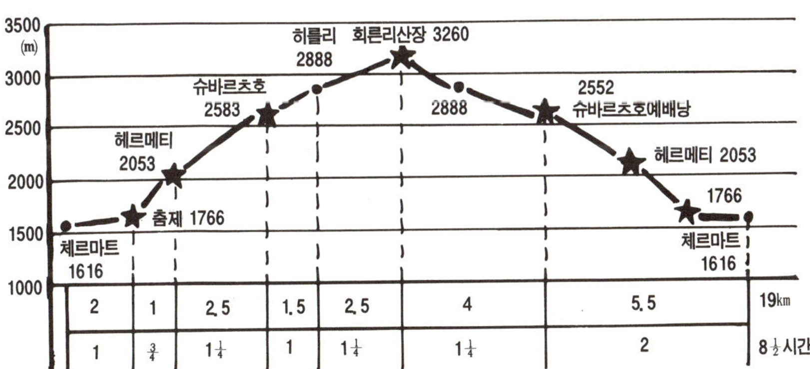

3500 (m)
3000
2500
2000
1500
1000
히를리 2888
회른리산장 3260
슈바르츠호 2583
2552 슈바르츠호예배낭
헤르메티 2053
춤제 1766
2888
헤르메티 2053
1766
체르마트 1616
체르마트 1616
2 1 2.5 1.5 2.5 4 5.5 19km
1 3/4 1 1/4 1 1 1/4 1 1/4 2 8 1/2 시간

고르너그라트 코스

체르마트～리펠알프～리펠베르크～고르너그라트역～리펠알프～그륀호～핀델른 글레처 호텔～핀델른～티프마텐～체르마트

⊙ 알프스 최고의 전망대

고르너그라트(Gornergrat · 3,090m)는 체르마트가 자랑하는 관광지이자 하이킹의 좋은 대상지이다. 빙하의 바다에 위치한 고르너그라트에는 스위스에서 두번째로 높은 전망대(제일 높은 것은 융프라우요흐 전망대로 3,454m)가 있으며, 알프스에서 가장 아름다운 조망을 즐길 수 있는 곳이다.

또한 이곳까지 등산철도가 놓여 있고 중간중간에 역이 있으므로 산행 도중 컨디션에 따라 열차를 탈 수 있어 대단히 편리하다. 아예 체르마트부터 등산열차를 타고 고르너그라트에 오른 다음 하산을 하이킹으로 즐길 수도 있다.

여름에는 고르너그라트역에서 케이블 카를 이용해 호텔리(Hohtälli · 3,286m)를 경유, 슈토크호른(Stockhorn · 3,532m)까지 오를 수 있다. 이 등산철도는 1898년에 완공된 것으로 1백년 가까운 역사를 자랑하고 있다.

체르마트 주도로를 지나 교회와 공동묘지에 다다르면 여기서 왼쪽으로 돌아 피스파개천의 다리를 만난다. 다리를 건너 마지막 민가를 통과하면 빈켈마텐의 작은 예배당이 보인다. 예배당은 1607년에 지은 것으로 성인의 가족(예수와 그의 부모)을 모신 곳이다. 체르마트 주민들은 해마다 다섯 번 이곳을 찾는다.

핀델른바흐의 개울을 건넌 다음 그늘진 태고의 숲이 나타나는데, 이 숲에는 늦봄에서 여름까지 백색 또는 담홍색의 알펜로제가 무성하게 피어난다.

이윽고 리펠알프(Riffelalp · 2,222m)에 들어서는데, 이곳에는 체르마트와 마터계곡을 개발한 알렉산더 자일러가 1856년 최초로 지어 놓은 산장이 있다(체르마트에서 1시간 45분 거리). 이 산장은 알프스 제2고봉 몬테로자(4,634m)의 등산을 원하는 사람들에게 중요한 등산기점이 되는 역할을 했었다. 그러나 유감스럽게도 1961년 화재로 타버렸고 지금은 1987년에 개축한 작은 산간호텔과 아담한 아파트

고르너그라트 산행도중 리펠알프 휴게소에서 쉬고 있는 필자 일행. 마터호른의 위용이 잘 나타나 있다.

가 하나 서 있다.

리펠베르크로 가는 길은 폭이 넓고 비교적 완만한 비탈길이며 체르마트 너머로 아름다운 산군의 광경이 시야에 들어온다. 오버가벨호른, 벨렌쿠페, 치날로트호른, 바이스호른의 모습은 정말 아름답다.

리펠베르크(2,566m)에 당도하면 남쪽으로 몬테로자가 드디어 그 화려함을 자랑하며 모습을 드러낸다(리펠알프에서 1시간 15분 거리). 리펠베르크에서 등산열차를 이용해도 좋고 계속 걸어서 고르너그라트로 올라도 좋다. 등산열차를 타면 20분이 걸린다.

걸어 오르면서 하얀 설릉에 우뚝 솟은 몬테로자와 리스캄(4,527m), 브라이트호른(4,165m)에서 비롯된 거대한 빙하가 계곡으로 흐르는 장관을 감상하는 것도 좋다. 태양에 반사된 핀델른, 고르너, 슈베르첸, 테오둘 빙하들의 눈부신 장관과 아스라이 보이는 마터호른이 강력한 인상을 심어 줄 것이다.

하산시에는 리펠호(Riffelsee · 1시간 15분 거리) 쪽으로 내려가면서 고산의 아담한 호수를 감상하는 것도 잊을 수 없는 추억이 될 것이다. 계속해서 내려가면 리펠알프(리펠호에서 45분 거리)에 도달하는데, 여기서부터 매혹의 산길이 숲속으로 펼쳐진다. 약 1시간 정도 내려가면 그륀호(Grünsee · 2,316m)의 언덕길에 닿는다.

여름에는 그륀호의 수면이 줄어들지만 이른 여름에 리펠발트의 숲을 지나는 하이커들에게는 더없이 아름다운 광경을 제공해 준다. 이때쯤 가지가지 색상의 알펜로제의 꽃들이 만발하고 맑은 호수에 반사되면서 하이커들의 발길을 멈추게 한다. 이 호수에서 5분 거리에 핀델른 글레처 호텔이 있다.

호텔 앞의 표지판에는 여러 갈래의 하산길이 안내돼 있는데, 핀델른 개천 쪽으로 하산하면 다리 건너 양지바른 사면에 작은 산촌 핀델른(Findeln · 2,051m, 그륀호에서 45분 거리)에 다다른다. 이 산간마을은 원시적인 정경을 풍겨주는 집들이 군락을 이루고 있다. 그리고 1691년에 지은 예배당의 고딕양식으로 장식한 성찬대가 사람들의 마음을 끈다. 마을 주변에는 3백 종의 나비들이 날아다니는 것으로도 유명하다.

여기서 지름길로 내려가면 체르마트까지 1시간에 닿을 수 있고, 수네가 쪽으로 돌아가면 2시간 30분 정도 걸린다. 대개 태고의 침엽수림지대를 지나 구릉지대를 넘은 다음 갈대가 무성한 늪지대로 가기 전에 티프마텐(Tiefmaten · 1,872m) 쪽으로 내려서는 길을 하산길로 잡는다. 티프마텐의 목초지를 지나면 곧 체르마트로 내려선다는 표지판이 서 있다. 핀델른에서 티프마텐을 거쳐 체르마트로 하산하는 데에는 1시간 30분이 걸린다.

초등 당시의 체르마트는 초라한 알프스의 산촌에 불과했지만 지금은 각급 호텔들이 들어서 있고 휴가철에는 민가의 거실까지 임대해 주는 등 명실상부한 관광명

⊙ 코스정보

시즌 : 6월 말~ 10월 초

고도차 : 1,520m

소요시간 : 7, 8시간

지도 : 1 : 50,000 스위스지도(도엽번호 5006호)

숙식 : 각 역마다 레스토랑이 있다. 리펠베르크 호텔, 고르너그라트 호텔이 있다.

인근코스 : 체르마트~핀델른바흐~리펠알프~리펠베르크~로텐보덴~고르너 빙하~
　　　　　 몬테로자산장~체르마트(1, 2일 소요)

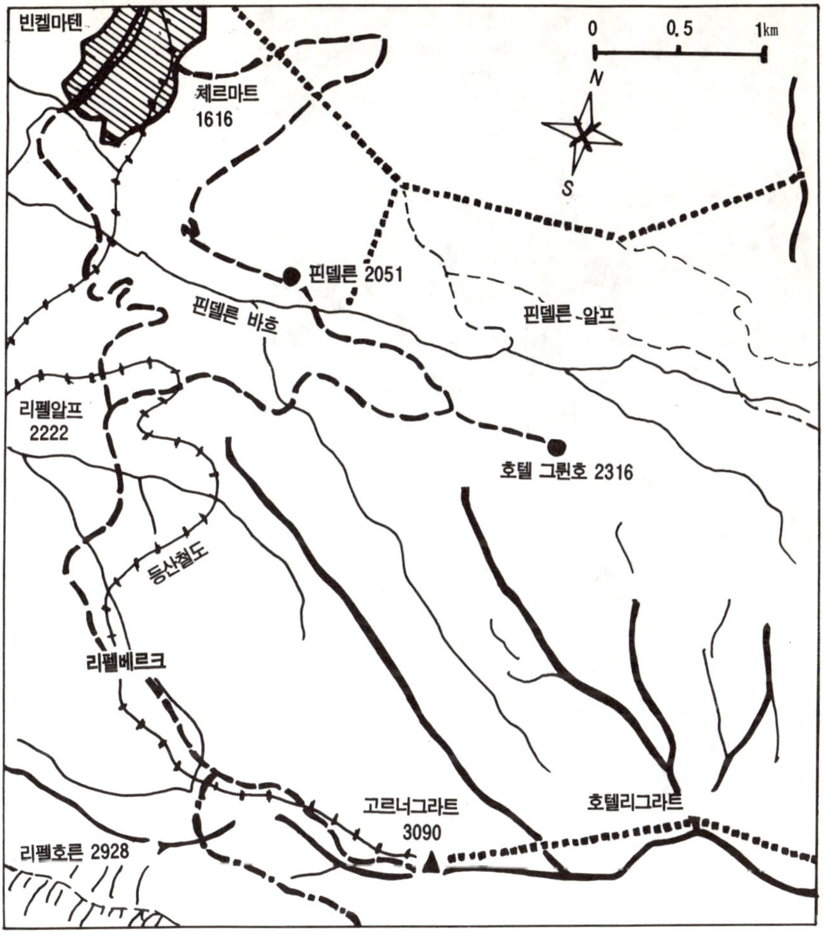

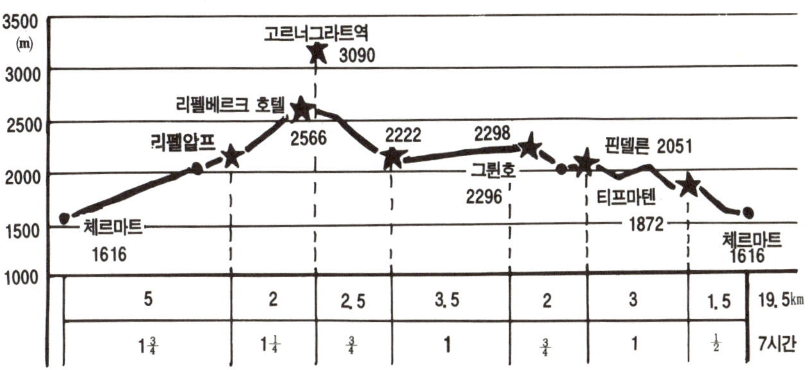
빈켈마텐
체르마트
1616
핀델른 2051
핀델른 바흐
핀델른 -알프
리펠알프
2222
호텔 그륀호 2316
등산철도
리펠베르크
고르너그라트
3090
호텔리그라트
리펠호른 2928
0 0.5 1km
N
S
3500
(m)
3000
2500
2000
1500
1000
고르너그라트역
3090
리펠베르크 호텔
2566
리펠알프
2222 2298
그륀호
2296
핀델른 2051
티프마텐
1872
체르마트
1616
체르마트
1616
5 2 2.5 3.5 2 3 1.5 19.5km
1¾ 1¼ ¾ 1 ¾ 1 ½ 7시간

고르너그라트를 오르면서 내려
다본 체르마트, 뒤로 험준한
바이스호른이 흐른다.

승지답게 활기를 띤다. 초등 이후 산에서 사망한 등산인 묘지와 1904년 개설한 산
악박물관은 산을 애호하는 사람들이 많이 찾는 곳이기도 하다.

　이외에도 막영지와 수영장, 테니스장 등이 잘 갖춰져 있고, 겨울은 말할 것도
없고 여름에도 스키를 탈 수 있는 테스타 그리지아(Testa Grigia · 3,480m)와 클
라인 마터호른(Klein Matterhorn · 3,883m) 사이의 플라토로사 사면이 있다.

　체르마트 가이드협회에는 80명의 가이드가 등록되어 있는데, 당일 가이드 비용
은 300~350SFr이다(4천m급 고봉일 경우).

△ 마터호른 초등과 체르마트

  마터호른은 오랫동안 난공불락의 요새였다. 처음으로 마터호른 등반을 시도한 것은 1854년 장 안트와느 카렐과 이탈리아의 브레이유에서 온 네 명의 친구들이었다. 그들은 높이 3천8백m 이상을 오르지 못했다. 그후 1860년 영국의 존 틴달이 가이드와 함께 4천m에 육박하는 고도를 따냈으나 역시 정상에 오르지는 못했다. 그 무렵 체르마트 출신들도 활발한 등산활동을 시작하게 되어 1861년에는 이 봉을 등정하려는 경쟁이 최고조에 이르렀다.

  런던의 한 서적상의 주문으로 젊은 에드워드 윔퍼는 알프스 스케치여행을 하게 된다. 처음 마터호른을 본 그는 그 웅장한 모습에 매혹돼 마터호른을 오를 결심을 하게 된다. 그동안 몽블랑산군과 발리스 알프스에서 탁월한 등산과 모험을 경험한 에드워드 윔퍼는 마침내 1865년 체르마트를 찾아왔다.

  그리고 그는 당시 최고의 가이드 장 안트와느 카렐과 함께 결행할 계획을 세웠다. 그런데 카렐이 조국 이탈리아의 영광을 위해 이미 전력을 다하고 있다는 것을 7월 11일 알고난 윔퍼는 실망, 체르마트의 가이드 타우그발더를 채용했다. 카렐보다는 못했지만 그 역시 훌륭한 가이드였다.

  7월 13일 허드슨, 더글라스, 해도우와 윔퍼 네 사람은 크로즈와 타우그발더 부자 등 3명의 가이드를 대동하고 마터호른을 향해 출발했다. 도중에 지금의 회른리산장쯤 되는 곳에서 비박을 하고 다음날 특별한 어려움 없이 최초로 마터호른의 스위스봉에 섰다.

  그러나 승리의 기쁨도 순간, 마터호른의 용마루를 넘어 하강길에 들어섰을 때 공포의 대참사가 일어났다. 등산경험이 없는 해도우가 미끄러지면서 크로즈를 내려쳤다. 그리고 더글라스와 허드슨도 함께 추락하고 말았다. 순간적으로 타우그발더가 있는 힘을 다해 제동을 걸었으나 로프는 끊어지고 네 사람은 영영 심연 속으로 추락하고 말았다. 겁에 질린 윔퍼는 타우그발더 부자와 함께 허둥지둥 체르마트로 돌아왔다. 마터호른에서의 최초의 비극이 초등정과 함께 벌어진 것이다.

  경쟁자였던 카렐은 사흘 후에 이탈리아쪽 브레이유에서 출발, 마터호른의 이탈리아봉에 섰다.

오버로트호른 코스

체르마트 ~ 수네가 ~ 블라우헤르트역 ~ 플루에알프 ~ 푸르기 ~ 오버로트호른 ~ 푸르기 ~ 운터로트호른~
리첸그라트 ~ 투프테렌 ~ 리드 ~ 체르마트

⊙ 리첸그라트의 짜릿한 암릉

슈탈덴(Stalden)과 체르마트 사이의 계곡을 거슬러 오르는 하이커들은 마터계곡
위로 솟아오른 많은 봉우리들을 보게 된다. 알프스산맥을 대표하는 명산답게 그
위용을 자랑하고 있는 것이다. 그러나 이 위풍도 당당한 3천m급 고봉을 오르려면
본격적인 등반능력을 갖추어야 한다.

그런데 체르마트의 남동쪽에 위치한, 비교적 손쉽게 오를 수 있을 것만 같은,
인상적인 봉우리가 하이커들의 마음을 유혹한다. 높이 3,415m의 오버로트호른
(Oberrothorn)이 바로 그 봉우리다.

먼저 남동쪽으로 체르마트를 빠져나오면 노목이 우거진 숲속의 오르막으로 접어
든다. 울창한 숲 밑에 깔린 알프스의 아름다운 꽃들이 만발한 정경 속으로 빨려들
면 때때로 다람쥐가 적막을 깨고 찍찍거리는 소리를 들을 수도 있고, 방목하는 양
들의 방울소리도 들을 수 있다.

이 숲을 빠져나오면 이윽고 수네가(Sunnegga · 2,288m 체르마트에서 2시간 거
리)에 도달한다. 이곳에선 발리스 알프스의 맹주 몬테로자와 강력한 인상으로 마
음을 사로잡는 마터호른을 비롯한 알프스산군의 파노라마가 한눈에 들어온다.
1980년대 개통한 지하 케이블 카를 타고 올라갈 수도 있다(소요시간 3분, 1회 수
송능력 260명).

이 역에서 얼마 떨어지지 않은 곳에 목가적인 정취가 물씬 풍기는 라이호
(Leisee)가 있다. 수면에 담긴 멋진 마터호른을 그림이나 달력에서 가끔 볼 수 있
는데, 바로 이 라이호가 그런 장면을 만들어내는 곳이다. 화창한 날에는 마터호른
뿐만 아니라 오버가벨호른과 벨렌쿠페의 산세까지도 아름답게 담는 호수다.

이어서 수네가에서 곤돌라를 타고 발리스 알프스의 파노라마를 만끽하면서 블라

리첸그라트에서 바라본 당 블랑쉬와 치날로트호른.

우헤르트역(2,575m)를 경유해 운터로트호른(Unterrothorn · 3,103m)까지 오를 수 도 있다.

그러나 걸어서 오르는 것이 더욱 알프스풍의 하이킹을 진하게 경험할 수 있다. 블라우헤르트에서 표지판을 따라 동쪽으로 나서면 슈텔리호(Stellisee · 2,537m)로 오르게 된다. 이 호수 역시 라이호처럼 티없이 맑은 수면에 알프스를 담고 하이커 를 기다리고 있다.

이어 도착하게 되는 블라우헤르트에서 비교적 완만하게 이어지는 길을 따라 오 르면 플루에알프(Fluealp · 2,607m 수네가에서 45분 거리)에 닿는다. 아침 햇살을 받은 바이스룽의 최고봉 치마디야치(Cima di Jazzi · 3,803m)의 설봉이 불쑥 나타나 고, 그 기슭에 흘러내리는 핀델른 빙하가 눈앞에 다가온다.

이 핀델른 빙하를 오른쪽으로 바라보면서 왼쪽의 비탈길을 오르면 푸르기 (Furggi · 2,981m 플루에알프에서 1시간 15분 거리)에 도달한다. 푸르기는 운터로 트호른과 오버로트호른 사이에 있는 안부인데, 여기서 그동안 시야가 가려 있던 마터계곡의 아름다운 광경을 다시 내려다볼 수 있다.

오버로트호른은 여기서 남쪽 비탈길을 오르면 된다. 드문드문 가파른 곳이 나타나기도 하지만 대체적으로 완만하기 때문에 그다지 위험하지 않다. 소요시간은 푸르기에서 1시간 30분 정도인데 정상에 오르면 그동안 고생한 피로를 싹 가시게 하는 알프스의 웅장한 파노라마가 펼쳐진다.

고르너그라트에 전혀 뒤지지 않는 대파노라마가 여기서 펼쳐지는 것이다. 마터호른 건너편으로 '하얀 뿔' 바이스호른과 '붉은 뿔' 치날로트호른이 보이고, 눈앞에는 우뚝 솟은 림피시호른을 비롯해 돔을 향해 치닫고 있는 알라린호른, 알프후벨, 테쉬호른의 미샤벨 연봉이 눈과 얼음으로 장식하면서 깎아지른 벽을 심연으로 늘어뜨린 어마어마한 장관도 볼 수 있다.

하산은 일단 푸르기로 내려선 다음(45분 소요) 오른 길로 다시 내려가든가 다른 길을 결정한다. 주요 하산길은

(1) 푸르기~투프테렌(Tufteren · 2, 215m)~테쉬 (또는 체르마트),

(2) 푸르기~투프테렌~수네가~체르마트(수네가에서 케이블 카 이용 가능),

(3) 푸르기~운터로트호른~체르마트(몸이 피곤하거나 시간에 쫓길 경우 운터로트호른에서 케이블 카 이용 가능),

(4) 푸르기~운터로트호른~리첸그라트~투프테렌~리드(Ried · 1, 791m)~체르마트 등이 있다.

⊙ 코스정보

시즌 : 7월~ 10월초

고도차 : 등산1, 100m 하산1, 850m

소요시간 : 7시간 30분(휴식시간 제외)

식당 : 투프테렌, 운터로트호른, 리드

숙박 : 수네가와 블라우헤르트에 숙식 겸용 호텔. 플루에알프산장(전화 028-672551)

인근코스 : ① 체르마트~핀델른~플루에알프~블라우헤르트(4시간 45분 소요. 하산 시 케이블 카 이용 가능)

② 체르마트~수네가~투프테렌~아터멘첸~테쉬(7시간 30분 소요. 테쉬에서 기차로 체르마트로 돌아온다)

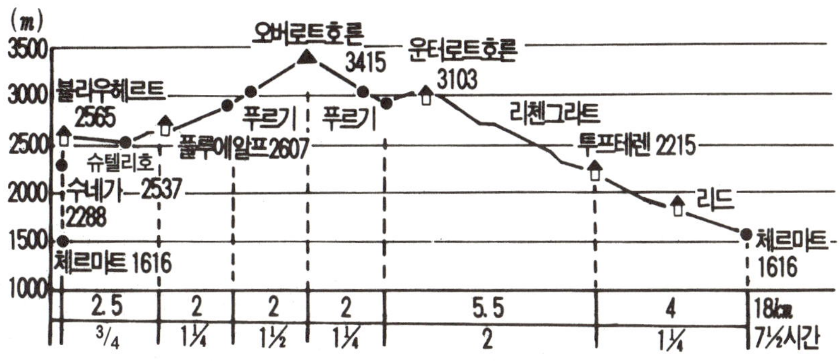
뵈젠트리트
3248
N
마터계곡
리드 1791
슈투츠플라텐
2763
투프테렌
2215
리첸그라트
오버로트호른
3415
체르마트1616
푸르기
2981
운터로트호른
3103
수네가 2288
블라우헤르트
2565
플루에
2607
핀델른알프
슈텔리호
핀델른 바흐
핀델른 빙하
0   0.5   1km
(m)
3500
오버로트호른
운터로트호른
3000
블라우헤르트
2565
3415
3103
푸르기
푸르기
리첸그라트
2500
슈텔리호
풀루에알프 2607
투프테렌 2215
2000
수네가 2537
2288
리드
1500
체르마트 1616
체르마트
1616
1000
2.5   2   2   2   5.5   4   18km
3/4   1¼   1½   1¼   2   1¼   7½시간

운터로트호른으로 오르는 케이블 카.
그 건너편에 오버란트호른의 정상이 구름에 가려져 있다.

　어느 코스를 택하더라도 등산로 표지판이 적소에 서 있으므로 큰 어려움없이 하산할 수 있다. 그러나 ⑷번 하산코스가 계곡을 향해 탁 트인 산길을 따라 내려가는 코스로 맞은 편의 산군들이 멋진 풍경을 제공해 주므로 추천하고 싶다. 특히 만년설에 덮인 3개의 암릉이 균형을 이루며 정상에서 만나는 바이스호른의 모습은 거의 완벽에 가까울 정도다.

　암릉인 리첸그라트를 오르내릴 때에는 장소에 따라 아슬아슬한 지점이 있으므로 확실한 보행이 요구된다.

　리첸그라트를 내려서서 투프테렌을 지나 리드로 내려서면서 마터호른을 바라보면 매우 낯선 모습으로 우리에게 다가온다. 이 모습이 마터호른 본연의 모습일는

아름다운 산중호수 라이호(Leisee).

지도 모른다. 이윽고 송림숲을 지나면 체르마트로 내려서게 된다. 이 코스로 하산하는 데는 3시간 30분 정도 소요된다.

브라이트호른 코스

체르마트 ~ 헤르메티 ~ 간데크산장 ~ 트로케너 슈테크 ~ 클라인 마터호른 ~ 브라이트호른 ~ 클라인 마터
호른역 ~ 푸르크역 ~ 체르마트

◉ 만년설원을 걷는다

하이커들에게는 다소 힘겨운 대상이기는 하지만 발리스 알프스에서 브라이트호른을 빼놓을 수는 없다. 4천m급 명봉인 브라이트호른을 오르려면 피켈과 아이젠, 그리고 자일을 다룰 줄 알아야 하지만, 그렇다고 등반성을 추구하는 고도의 기술이 필요한 코스는 아니다.

물론 브라이트호른 북벽은 등반의 대상이 되고 있기는 하다. 하지만 간데크산장을 경유해 남서쪽 설면을 오르는 노멀루트는 4천m급 중에서는 비교적 쉬운 코스로 평가되고 있어 용기있는 사람은 가이드를 대동하고 한번쯤 시도해볼 만한 대상지다.

이 코스는 대개 이틀을 계획하고 나선다. 첫날은 체르마트에서 헤르메티(Hermettji · 2,053m)를 거쳐 푸르크바흐 개천을 건너 간데크산장(Gandeghütte · 3,029m)까지 오른다. 체르마트에서 4시간 30분의 먼 거리지만 장엄하게 펼쳐지는 광경이 너무나도 매혹적이서 하루의 나머지 시간이 전혀 길게 느껴지지 않을 것이다.

이 산장은 상부 테오둘 빙하와 하부 테오둘 빙하 사이에 형성된 지의류(地衣類) 식물지대에 있는데, 빙하의 한복판에서 하룻밤을 보내는 것도 색다른 정취를 맛볼 수 있을 것이다.

다음날은 트로케너 슈테크(Trockener Steg · 2,939m 30분 소요)로 가서 클라인 마터호른(Klein Matterhorn · 3,820m)까지 케이블 카를 타고 간다. 여기서 브라이트호른의 설원으로 나설 때 길이 약 170m의 터널을 통과하게 된다.

브라이트호른 남서면까지 거의 평탄한 설원으로 이어지기 때문에 가로질러가는 데에는 큰 어려움이 없다. 이어 정상부로 오른다. 45도 경사의 설사면 하단에 닿

간데크산장에서의 전망. 멀리 베르너 알프스가 보이고 가까이에 미샤벨 연봉이 솟아 있다.

으면 아이젠을 착용한다. 4천~4천1백m 사이에 있는 이 설사면에선 정신적인 균형만 잃지 않으면 기술적인 어려움은 없는 구간이다.

날씨에 따라서는 설면이 얼어 있을 수도 있는데, 이때에는 프런트포인팅 기술을 구사하고 피켈을 잘 사용해야 한다. 이 구간이 브라이트호른의 가장 어려운 구간이다. 그러나 이 지대만 극복하면 곧 정상이다. 클라인 마터호른에서 1시간 30분 거리다.

7개의 봉우리로 이루어져 있어 그만큼 정상의 폭이 넓어 브라이트호른은 그렇게 불린다. 북쪽으로는 융프라우, 묀히, 핀스터라르호른, 알레치호른이 펼쳐지는 베르너 알프스가 시야에 들어온다. 남쪽으로는 그랑 파라디소, 서쪽으로는 몽블랑까지 바라볼 수도 있다.

북서쪽에는 마터계곡 상공에 솟은 당 블랑쉬, 오버가벨호른, 치날로트호른, 바이스호른이, 북동쪽으로는 돔, 태시호른, 알프후벨, 알라린호른, 나델호른 등 미샤벨 연봉이 보인다. 그리고 가까이에 마터호른과 몬테로자가 양쪽에 버티고 서 있다.

정상에서 눈앞에 펼쳐지는 파노라마를 만끽하면서 잠시 휴식을 취한 다음 클라인 마터호른(정상에서 1시간 거리)역으로 내려선다. 여기서 손쉽게 체르마트까지 케이블 카로 곧바로 내려갈 수 있다. 그러나 날씨가 좋고 시간이 남으면 푸르크역(Furgg · 2,432m)에서 내려 체르마트계곡으로 내려가는 것이 더없이 낭만적일 것이다. 푸르크역에서 체르마트까지는 걸어서 2시간 거리이다.

만일 시간에 쫓겨 당일로 브라이트호른을 다녀오고 싶다면 체르마트에서 케이블 카를 이용해 클라인 마터호른까지 오른 다음 앞서 설명한 남서면 노멀루트로 정상을 다녀오면 된다.

시간이 남는 사람은 테스타 그리지아(Testa Grigia) ~테오둘파스(Theodulpaß) ~테오둘 빙하 상부를 거쳐 간데크산장으로 하산하는 것도 좋다. 만년설을 밟으며 테오둘파스에 이르면 이탈리아쪽에 테오둘산장이 나타난다. 마터호른을 바라보며 산행하다가 간데크산장(테오둘산장서 1시간 30분 거리)으로 내려서면서 되돌아보는 브라이트호른은 새로운 감각으로 다가설 것이다.

⊙ 코스정보

시즌 : 6월 중순~ 10월 초

고도차 : 등산 1,760m 하산 1,160m(변형코스 2,040m)

소요시간 : 9시간 30분(변형 13시간)

지도 : 축척 1 : 50,000 스위스지도 5006호(체르마트와 그 주변)

식당 : 헤르메티, 바일러 춤제, 트로케너 슈테크, 테스타 그리지아

숙박 : 간데크산장, 테오둘산장

특징 : 2일이 소요되는 하이킹과 고산등반의 혼용코스로 상부에서 빙하와 설사면(설벽) 등반으로 이어진다. 따라서 최소한 자일, 피켈, 아이젠, 고글스톡 등을 필히 휴대해야 한다.

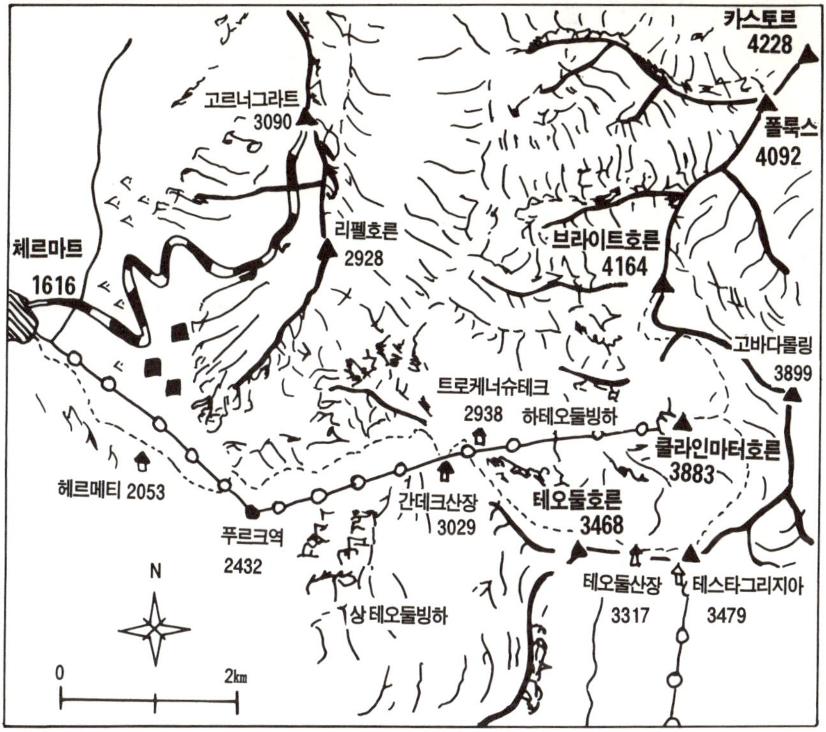

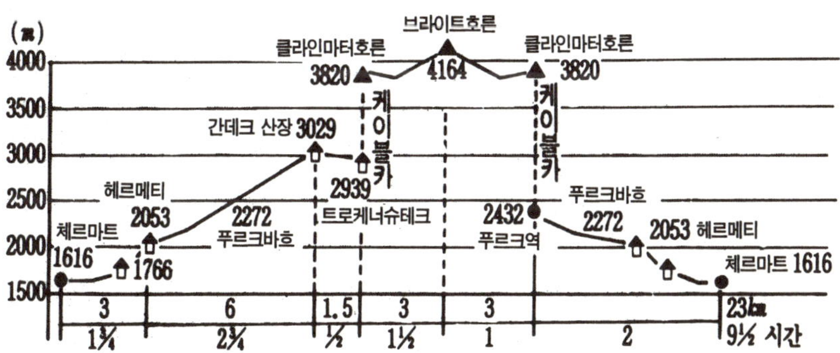
카스토르
4228
고르너그라트
3090
폴룩스
4092
리펠호른
2928
브라이트호른
4164
체르마트
1616
트로케너슈테크
2938
하테오둘빙하
고바다롤링
3899
헤르메티 2053
클라인마터호른
3883
간데크산장
3029
테오둘호른
3468
푸르크역
2432
N
테오둘산장
3317
테스타그리지아
3479
상 테오둘빙하
0
2km
(m)
4000
3500
3000
2500
2000
1500
브라이트호른
클라인마터호른
3820
4164
클라인마터호른
3820
케이블카
케이블카
간데크 산장 3029
2939
헤르메티
2053
2272
푸르크바흐
트로케너슈테크
2432
푸르크역
푸르크바흐
2272
2053 헤르메티
체르마트
1616
1766
체르마트 1616
3
6
1.5
3
3
23km
1¾
2¾
½
1½
1
2
9½ 시간

발프린 산허리길

자스페 ~ 셍그보덴 ~ 비더바흐 ~ 람마그라베 ~ 슈바이프바흐 ~ 로텐빌 ~ 한니히알프 ~ 그레헨

⊙ 낭만적인 오지 하이킹 코스

이번에는 알프스에서도 '빙하촌'으로 유명한 자스페를 중심으로 한 하이킹 코스를 소개한다. 자스페는 체르마트와 더불어 발리스 알프스의 명승지이자 이름난 산간휴양지이다. '알프스의 진주'라 일컫는 이 산간마을을 반원형으로 둘러싼 빙하와 4천m를 넘는 미샤벨 연봉의 대파노라마가 하이커들의 마음을 사로잡는다. 이곳에 스위스 영내에서 제일 높은 돔(Dom · 4,545m)이 하늘 높이 솟아 있다.

자스페 상부의 알라린호른과 알프후벨의 설원에는 훌륭한 스키장을 제공하고 있어서 유럽 각지에서 뿐만 아니라 멀리 미국이나 캐나다에서까지 전지훈련지로 택하고 있을 정도다. 자스페로 진입하려면 체르마트나 브리크에서 철도를 이용하여 슈탈덴(Stalden) 역에서 하차, 역전에서 1시간 간격으로 운행하는 자스페행 정기버스편을 이용하면 된다.

자스페 지역의 첫 소개 코스는 발프린 산허리길 코스다. 수려한 자스계곡을 오른쪽에 끼고 솟아 오른 발프린(Balfrin · 3,795m) 산군의 허리를 가로지르고 그 산자락을 오르내리며 그레헨까지 나아가는 워킹코스가 바로 이 코스다. 자스탈(계곡)은 슈탈덴을 기점으로 피스파계곡에서 남동쪽으로 갈라진 계곡을 말한다.

이 발프린 코스는 가이드를 고용할 필요도 없고 낭만이 깃든 고산의 하이킹을 즐길 수 있다. 이 코스는 자스계곡의 오지에 위치한 자스페(1,792m)에서 마터계곡가에 있는 그레헨(Grächen · 1,619m)까지이다. 출발점은 자스페의 동쪽에 아담하게 자리잡고 있는 공원이 된다.

먼저 자스페를 관통하는 중앙로를 지나서 빌디베렌팔레를 향해 북쪽으로 방향을 잡는다. 얼마쯤 가면 한니히 케이블 카 역에 닿는데, 계속해서 포장도로를 따라 올라간다. 그리고 목초지대를 가로질러 앞이 탁 트인 숲 사이를 지나 베렌팔레 쪽

자스계곡 지역의 마지막 마을이자 등산스키의 거점인 자스페. 바이스미스봉이 배경을 이루고 있다.

으로 오른다. 베렌팔레란 옛날 곰을 잡기 위한 올가미를 숨겨 두던 사냥터에서 비롯된 지명이지만 그렇게 으슥한 곳은 아니다. 베렌팔레를 지나면 얼마 후 셍그보덴에 이른다. 높이는 2,041m로 자스페에서 45분 거리다.

이윽고 이따금 싱그러운 산골바람이 불어오는 비더발트의 숲속을 통과하게 된다. 동쪽으로 얼마쯤 오른 지점에서 셍그플뤼에라고 불리는 거대한 바위가 갑자기 앞을 가로막지만 손쉽게 오를 수 있다. 이 바위를 넘어 슈타인발트의 산길로 들어선다. 비더바흐의 개울을 건너기 위해 계곡의 깊숙한 벼랑을 조심스럽게 타고 이곳을 빠져나와야 한다(2,167m 셍그보덴에서 45분 거리).

이쯤 오면 두메산간의 적막이 감돈다. 발프린 중턱의 비더바흐 빙하에서 흘러내리는 물소리만이 괴괴하게 들려올 뿐이다. 빙하의 혀에 가까울수록 물소리는 거칠어지고 여기저기 갈라진 빙하는 위협하듯 그 몰골을 드러낸다. 이 황량한 모퉁이를 빠져나오면 수많은 꽃들이 울긋불긋 피어나는 슈타펠엘피의 고원목장을 만난다. 이름 모를 알프스의 꽃들이 그동안의 피로를 말끔히 가시게 할 것이다.

이어 큰 바위들이 흩어져 있는 람마그라베(Lammagrabe)의 퇴적지대를 지나서 해발 2,329m의 고지에 이른다. 발프린의 지맥인 람멘호른(3,190m)의 허리에서 불쑥 나온 이 고지에서 한동안 휴식을 취하며 바라보는 자스발렌의 마을, 흐르는 물줄기, 건너편 갈렌호른과 로트호른의 산세가 조화를 이루며 산정(山情)을 북돋우어 준다. 계곡가에 하얗게 빛나는 둥근 교회 지붕이 유난히도 사람들의 시선을 끈다. 정말 한 폭의 그림처럼 아름답다.

2,329m 고지에서 다소 내리막을 통해 2,095m 지점까지 내려선 다음 다시 2,270m 봉으로 올라서면 멋진 조망이 펼쳐진다. 동쪽 너머 플레치호른과 라긴호른, 그리고 바이스미스가 하늘 높이 솟아 있다.

이윽고 슈바이프바흐(Schweibbach · 2,043m)의 개울을 건너 적요한 발프린알프의 고원목장에 닿는다. 이곳에서는 그레헨, 아이스텐, 슈탈덴에서 온 목동들이 양떼를 치고 있다. 이 고원목장에서 2,227m 지점에 이르면 후테겐으로 내려서는 갈림길이 나타난다. 후테겐에서 슈탈덴과 자스페행 정기버스가 있다. 갈림길에서 후테겐까지는 1시간 거리.

계속해서 나아가면 로텐빌(Roten Biel · 2,280m 비더바흐에서 2시간 15분 거리)에 닿는데, 아우구스트 파리스라는 조각가가 바위에 새겨 놓은 조각과 비명을 볼 수 있다. 여기서 가벨호른의 산허리로 진입하게 되는데, 어깨로 뻗어가는 비탈진 사면에는 발디딤이 좋은 밴드가 형성되어 있다. 그 위에 발달한 높은 권곡지대에서 노니는 산양의 울음소리를 들을 수도 있다.

티렌베르크에서 마지막 오르막을 만난다. 2,272m 지점에 닿으면 아름다운 론강을 아스라이 바라볼 수 있고, 론강 뒤로 웅장한 베르너 알프스 연봉이 하늘 높이 솟아 있는 것을 볼 수 있다.

⊙ 코스정보

시즌 : 6월 중순~10월말

고도차 : 등산 900m 하산 1,100m

소요시간 : 6시간

지도 : 1 : 50,000 스위스지도 274번(Visp) 와 284번(Mischabel)

숙식 : 자스페~한니히알프 도중에는 하나도 없다. 한니히알프 아래 산장이 있다.

인근코스 : ① 그레헨~제탈호른~아이스터제탈~슈톡~한니히알프(5시간 소요)

　　　　　② 그레헨~리드~세베텐~알프야~보르디어산장(5시간. 도중 빙하 등행)

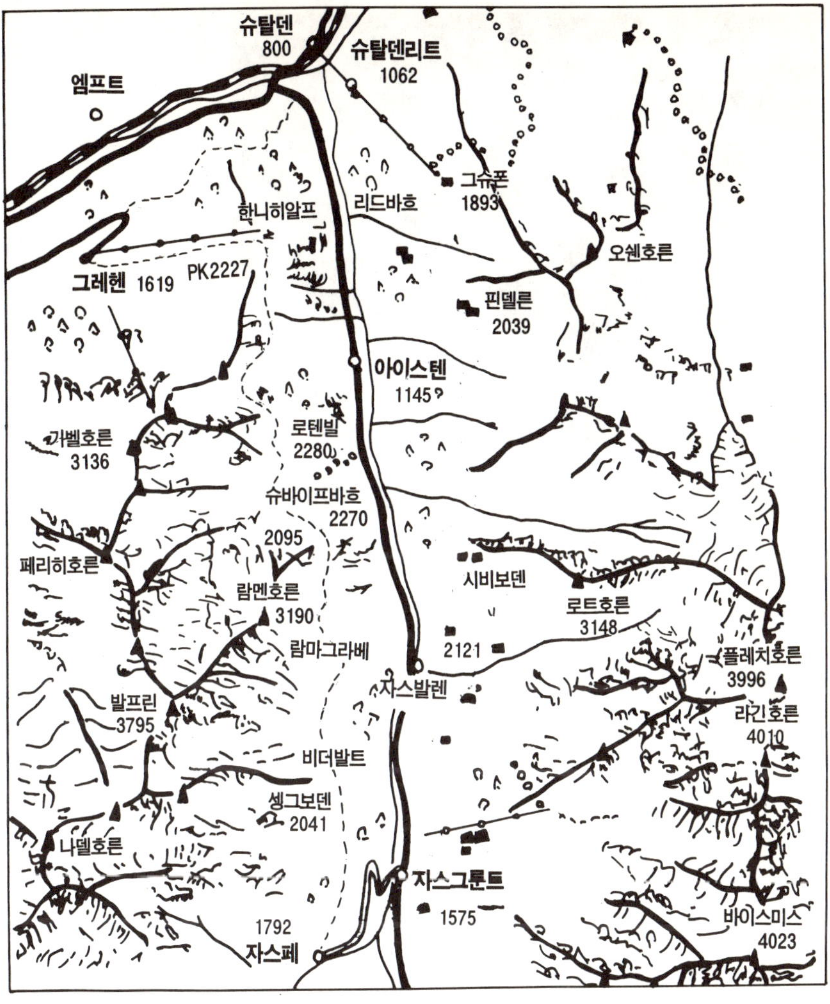

엠프트
슈탈덴
800
슈탈덴리트
1062
그슈폰
1893
한니히알프
리드바흐
오쉔호른
그레헨 1619
PK 2227
핀델른
2039
아이스텐
1145
가벨호른
3136
로텐빌
2280
슈바이프바흐
2270
2095
페리히호른
람멘호른
3190
시비보덴
로트호른
3148
람마그라베
2121
플레처호른
3996
발프린
3795
자스발렌
라긴호른
4010
비더발트
셍그보덴
2041
나델호른
자스그룬트
1575
1792
바이스미스
4023
자스페

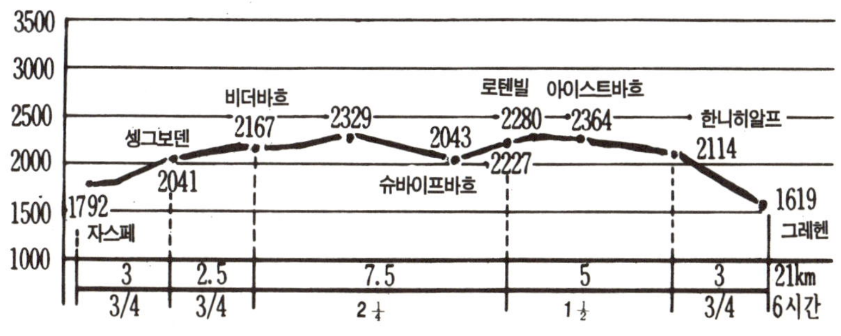

3500
3000
2500
2000
1500
1000
비더바흐
2167
2329
로텐빌
2280
아이스트바흐
2364
한니히알프
셍그보덴
2043
2227
2114
2041
슈바이프바흐
1792
1619
자스페
그레헨
3
2.5
7.5
5
3
21km
3/4
3/4
2¼
1½
3/4
6시간

발프린봉을 배경으로
걷고 있는 하이커들.

　마침내 산길은 서쪽으로 마지막 관문인 한니히알프(2,214m)로 굽이쳐 내리닫는
다. 로텐빌에서 한니히알프까지는 1시간 30분 거리. 여기에서 피로를 느끼는 사람
은 곤돌라에 몸을 싣고 그레헨으로 내려갈 수도 있다. 그레헨까지 도보로는 45분
거리다. 아쉬운 작별을 고해야 할 무렵 노을지는 미샤벨 연봉의 아름다움을 결코
잊을 수 없으리라.

△ '알프스의 진주' 자스페

　험준한 바위와 가파른 산비탈을 이루고 있는 자스계곡은 그 험한 산세 때문에 오랫
동안 인간의 왕래가 없었다. 옛 문헌에 따르면 사람들이 이곳에 이주한 것은 13세기
경이며 지금의 자스계곡 오지와 이탈리아쪽 안자스카계곡의 오지 사이에 있는 높은
고개를 몬테모로라고 부른 기록이 있다. 이 고개를 스위스와 이탈리아 상인들이 이미
1267년경부터 넘어다녔다고 한다.
　이른바 게르만족이 마쿠냐가(Macugnaga, 지금은 이탈리아령)에서 자스계곡으로 이
주해 왔고, 또 이탈리아 농부들이 안자스카계곡에서 몬테모로고개를 넘어 자스계곡과

피스파계곡으로 이주해 왔다. 이리하여 14세기 말경에 임쟁(Imseng), 부르게너(Burgener), 칼버마텐(Kalbermatten), 추르브리겐(Zurbriggen)과 같은 성이 나타났다.

정말 옛날에는 그 험준한 야성적인 산세 때문에 자스계곡으로 들어가는 길은 위험했다. 알피니즘이 싹트기 전에는 소수의 사람들만이 어려운 생활을 하고 있었다. 그런데 18세기 말에 이르러서 이 외딴 골짜기에 과학자, 화가, 모험가, 등산가들이 찾아오기 시작했다. 그리고 마침내는 20세기의 1930년대에 슈탈덴과 자스그룬트 사이에 도로가 개설되고 1951년에 자스페까지 도로가 들어오게 됐다.

자스그룬트는 자스계곡 일대의 중심지이다. 아득한 옛날인 1398년 피스프 출신 비안드라테 백작이 막대한 돈을 들여 이 지방을 사들인 다음, 자스그룬트, 자스발렌, 자스알마겔, 자스페 등 네 개의 마을을 건설하고 전통적인 마르티스발트라는 지역사회를 만든 이래 이 고장은 서서히 발달해 왔다.

이 고장이 오늘날처럼 풍요로운 산간휴양지로 발달할 수 있었던 효시는 요셉 임쟁 신부의 공적에 있다. 그는 19세기 중엽 이 지방의 성직에 부임하면서 혼신의 힘을 기울여 지역 발전에 매진, 길을 닦고 호텔을 지으며 관광객과 등산객을 유치했다.

현재 자스페는 8천5백개 침대를 갖추고 있고 등산학교와 가이드협회가 있으며 1983년에 개축한 박물관이 있다. 펠스킨까지 공중 케이블 카가, 그 이후 메트로알핀까지 지하 케이블 카가 운행되고 있는데, 여기에 유명한 알라린호른 스키장이 있다. (관광안내소 : 전화 028-571457).

그레헨에는 침대가 4천5백개 정도 마련돼 있고, 겨울철 스포츠시설이 좋으며 스키학교도 있다. 한니히알프와 제탈호른행 케이블 카가 있다(관광안내소 : 전화 028-561300).

자스그룬트에는 침대가 4천8백개 정도 마련돼 있고 크로이츠보덴행 케이블 카가 있다. 바이스미스 등반은 이 케이블 카로 접근한다. 6월 중순부터 8월 말까지 매주 화요일에 호자스(Hohsaas 바이스미스 중턱) 일출맞이 안내산행이 있다(관광안내소 : 전화 028-572403).

슈탈덴은 브리크~체르마트간 열차를 이용해 피스프에서 정기버스편으로 들어가면 된다. 호텔 등이 잘 구비돼 있고, 슈탈덴리트와 그슈폰행 케이블 카가 있다(관광안내소 : 028-521124).

그슈폰 코스

슈탈덴역 ~ 슈탈덴리트 ~ 그슈폰 ~ 비스퍼터미넨 ~ 핀델른 ~ 마르발트알프 ~ 시비보덴 ~ 하이미쉬가르텐
~ 브렌트 ~ 테발디 ~ 자스그룬트

⊙ 자스계곡의 전모를 돌아본다.

그슈폰 코스는 발프린 맞은편의 바이스미스와 라긴호른 산군의 산허리를 걷는
워킹코스다. 알프스풍의 무성한 초원과 목장, 울창한 소나무와 낙엽송숲, 그리고
통나무집 사이사이를 걸으며 때때로 빙하에서 흘러내리는 개울을 건너는 정취는
일품이다.

걷다가도 시선은 계속 자스계곡 위로 솟아 오른 산정을 향하게 되는데, 앞이 탁
트어 전망이 좋다. 양쪽의 미샤벨 연봉과 바이스미스, 라긴호른 산군의 기기묘묘
한 파노라마는 정말 천하의 절경임에 틀림없다.

슈탈덴역에서 하차해 슈탈덴리트(Staldenried · 1,062m) 케이블 카 역으로 간다.
1,893m인 그슈폰(Gspon)을 도보로 오르는 것도 좋지만 곤돌라에 몸을 싣고 단번
에 오르는 것도 색다른 맛이 있다. 그슈폰이 바로 하이킹의 기점이 되고 있다.

낭만적인 바로크형의 예배당과 어우러진 작은 산간마을은 소박하고 평화롭고 목
가적인 전원풍경을 보여 주고 있다. 15분쯤 걸어가면 아름다운 론강의 물줄기와
아스라이 멀게 솟은 베르너 알프스의 연봉이 한눈에 들어온다. 이 아름다운 파노
라마는 그슈폰에서 비스퍼터미넨까지 걸어 오르는 동안 마음껏 즐길 수 있다.

유럽에서 가장 높은 곳에 위치한 포도밭이 있는 비스퍼터미넨에서 리드바흐 개
울을 건너 얼마쯤 오르면 핀델른(2,039m 그슈폰에서 45분 거리)에 이른다. 핀델
른에서 계속 오르면 2,232m 지점의 분지형 지형에 조성된 마르발트알프에 도달하
게 된다. 이 목장을 가로질러 개울 하나를 건너면 시비보덴목장이 나타난다. 이쯤
에서 자스페마을 상부로부터 흘러내리고 있는 거대한 빙하를 볼 수 있다.

이윽고 숲을 숨아서 빈터를 만든 하이미쉬가르텐(2,121m)에 닿게 된다. 고향의
정원이라는 뜻에 걸맞게 주위는 조용하고 아늑하다. 여기서 바이스미스와 라긴호

그슈폰 하이킹 코스 도중에 만나는 통나무집.

른의 등반기점인 바이스미스산장으로 길이 나 있고, 동쪽에 자리잡은 아담한 산중 호수와 갱쪽으로 차도가 나 있으며 레스토랑도 있다. (핀델른에서 2시간 거리).

하이미쉬가르텐에서는 크로이츠보덴(Kreuzboden · 2,397m)을 경유해서 케이블 카로 자스그륀트로 내려서는 코스도 있다. 1987년에 새로이 낸 이 길을 따라 크로 이츠보덴까지는 1시간 45분이 걸린다.

그슈폰 풀코스는 하이미쉬가르텐에서 브렌트(Brend · 1,960m)를 경유하여 테발 디(Tewaldji · 1,820m) 쪽으로 나아가야 한다. 테발디에 도착하면 자스피스파계곡 의 전경이 거의 한눈에 다 들어온다. 사태방지용 보안림과 성 요셉 예배당을 지나 면 얼마 가지 않아 자스그룬트의 교외로 접어든다(하이미쉬가르텐에서 2시간 15분 거리).

자스그룬트에서 하루 산행을 마감하고 슈탈덴행 버스에 몸을 싣고 빠져나가는 것도 좋겠지만, 자스페 쪽으로 더 나아가 17, 18세기에 지은 15개의 로자리오 예 배당이 모여 있는 곳을 들러 보기를 권한다. 비길 데 없이 아름다운 바윗길의 가 장자리에 붙어 서있는 로자리오들의 수많은 봉납현판들은 신자들이 얼마나 많은

그슈폰 하이킹 코스의 스타트점인 슈탈덴으로 가는 브리크 역의 모습.

도움을 제공했는가를 보여 주고 있다. 특히 가을에 이 길을 걸으면 온통 황금빛 옷으로 갈아 입은 낙엽송의 숲이 매혹적이다. 자스그룬트에서 자스페까지는 약 1시간 거리다.

◉ 코스정보

시즌 : 6월 중순~10월 말

고도차 : 등산 750m 하산1,050m

소요시간 : 5, 6시간(그슈폰까지 케이블 카 이용)

지도 : 발프린과 동일

식당 : 그슈폰, 하이미쉬가르텐, 크로이츠보덴에 레스토랑이 있다.

인근코스 : ① 그슈폰~리디~비스퍼터미넨~슈탈덴리트(3시간 30분 소요)

② 그슈폰~비스퍼터미넨~피스프(4시간 소요)

③ 심플론~호스피츠~비스퍼난츠~게비둠고개~비스퍼터미넨(6시간 소요. 심플론고개까지 버스 이용)

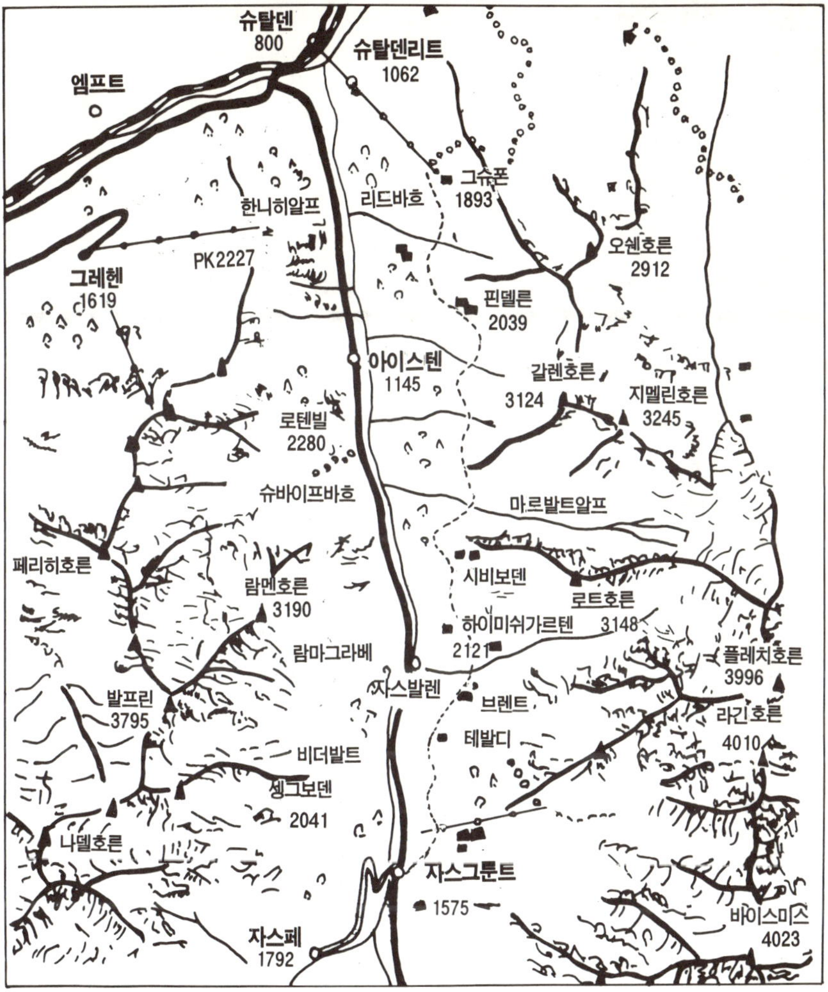

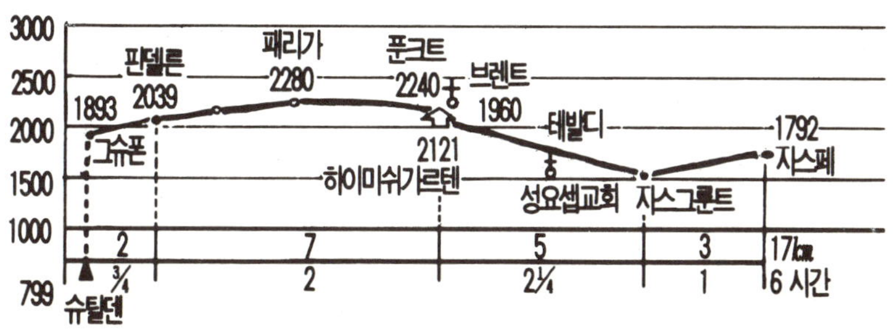
엠프트
슈탈덴
800
슈탈덴리트
1062
그슈폰
1893
리드바흐
한니히알프
PK 2227
오쉔호른
2912
그레헨
1619
핀델른
2039
아이스텐
1145
갈렌호른
3124
지멜린호른
3245
로텐빌
2280
슈바이프바흐
마르발트알프
페리히호른
람멘호른
3190
시비보덴
로트호른
3148
람마그라베
하이미쉬가르텐
2121
플레치호른
3996
발프린
3795
짜스발렌
브렌트
라긴호른
4010
비더발트
테발디
젱그보덴
2041
나델호른
자스그룬트
1575
바이스미스
4023
자스페
1792
3000
2500
2000
1500
1000
799
판델른
2039
패리가
2280
푼크트
2240
브렌트
1960
데발디
1792
1893
그슈폰
2121
하이미쉬가르텐
성요셉교회
자스그룬트
자스페
슈탈덴
2
7
5
3
17km
3/4
2
2 1/4
1
6 시간

셍크 벼랑길

자스페~한니히회에~멜리히~게비둠~셍크 벼랑길~발프린베크~비더알프~셍크~자스페

⊙ 게비둠의 암릉길이 정수

관광지로 유명한 자스페는 비록 철도는 없지만 도로망이 좋아서 접근이 매우 쉽다. 체르마트로 가는 도중 중간역인 슈탈덴에서 내려 버스편으로 약 20km만 들어가면 자스페에 닿는다.

깊숙한 피스파계곡 서쪽 멀리로 펼쳐지는 4천m가 넘는 미샤벨 연봉을 바라보며 얼마쯤 들어서면 '가이드의 왕' 이라 불리는 명가이드 알렉산더 부르게너가 1846년 태어난 아이스텐에 닿는다. 알프스 등반의 '은의 시대'에서 '철의 시대'로 옮겨가던 1890년대에 부르게너 없이는 어려운 등반이 거의 불가능했었다.

"나에게는 아무 일도 일어나지 않았다" 라는 그의 말대로 그와 함께 한 등반은 모두 성공적이었다. 그러나 그렇게 자신이 넘치던 그에게도 운명의 날이 닥쳐왔다. 1910년 8월7일 그는 아들과 가이드 3명, 그리고 손님 2명과 묀히요흐에서 베르글리산장으로 가던 도중 눈사태를 만났던 것이다. 아이스텐의 묘지에는 그를 기리는 비석이 서 있다.

이어 닿게 되는 마을이 자스발렌(해발 1,487m). 골짜기 바닥의 푸른초원에 위치하고 있는 이 마을 위로 발프린(3,795m)이 우뚝 솟아 있다. 미샤벨 연봉의 제일 북쪽에 있는 발프린에서 자스계곡과 마터계곡으로 갈라진다. 이 마을에 있는 성 마리아 교회는 순례지로 꼽히는 곳이다. 이 교회말고도 볼 만한 교회가 여러 곳에 있다.

자스발렌에서 '발리스의 빙하촌' 자스페까지는 4km거리. 이윽고 알프스 고산에 둘러싸인 매혹의 자스페에 도달하는 것이다.

슈타인빌트파트의 셍크 벼랑길은 자스페를 출발해 호에네게(Hohenegge) 를 지나 한니히회에(Hannighöhe) 를 거쳐 멜리히(Mälig) 에 오른 다음 이 코스에서 제일 높

자스발렌의 원형교회.

은 곳인 게비둠(Gebidum · 2,764m)을 오른 후 비더알프(Bideralp)를 경유해서 하산하는 코스이다.

자스페에서 한니히회에 산간역이 가깝게 보이는 듯하지만 경사가 급한 편이어서 시간이 제법 걸린다. 케이블 카를 이용하면 10분밖에 걸리지 않지만 걸어 오르면서 사람을 보고도 놀라지 않는 산짐승들을 보는 것이 이 코스의 정수이다.

마을 한복판에 있는 교회 뒤를 돌아서면 '슈타펠발트-호에네게-한니히알프'라고 적힌 표지판을 만나게 된다. 이 표지판을 기점으로 등산로를 따라 오르면 된다. 자스페에서 한니히회에(2,350m)까지는 2시간 거리.

한니히회에에 올라서면 경사가 완만해지면서 주위에 산풍경이 멋지게 펼쳐진다. 발 아래에는 자스페와 자스알마겔이 한눈에 내려다보인다. 여기서 암봉을 이룬 멜리히(2,700m)까지는 1시간 15분 거리. 산비탈 초원에서 암갈색의 암봉으로 오르는 변화가 좋은 구간이다.

멜리히 정상에 서면 사방으로 펼쳐지는 알프스의 파노라마에 넋을 빼앗기게 된다. 북쪽으로는 알레치호른과 융프라우산군이, 동쪽으로는 바이스미스산군이, 남쪽으로는 몬테모로고개 너머 산군이 펼쳐지고, 서쪽으로는 미샤벨 연봉이 진을 치

셍크 벼랑길에서 본 발프린.

고 있다. 돔(4,545m) 정상에서 내리꽂는 암·빙벽들이 장관이다.

멜리히부터 몇 개의 암봉을 거쳐 이 코스에서 제일 높은 게비둠에 이르게 된다. 미샤벨 연봉 중에서 제일 뾰족한 나델호른(4,327m)의 지릉에 솟은 이 봉은 정상

⊙ 코스정보

시즌 : 6월~10월

고도차 : 등산 1,000m 하산 1,000m(한니히회에까지 케이블 카를 이용할 경우 등산 400m)

소요시간 : 6시간(케이블 카를 이용할 경우 4시간)

지도 : 1 : 50,000 스위스지도 274번(Visp)과 284번(Mischabel)

휴식처 : 카페 알펜블릭

숙식 : 호에네게 호텔, 플레치호른 호텔, 한니히회에 레스토랑

인근코스 : ① 한니히~트리프트~빙하호수~카페·빙하동굴~폭포~플라텐(3시간 30분 소요)

② 자스페~칼버마텐~플라텐(2시간 15분 소요)

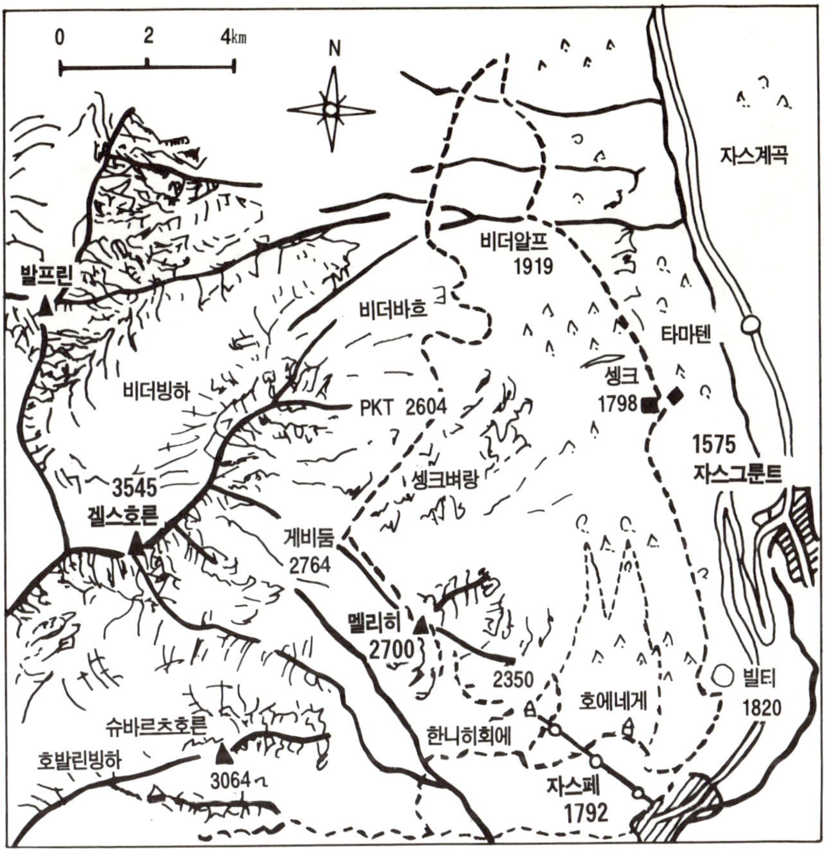

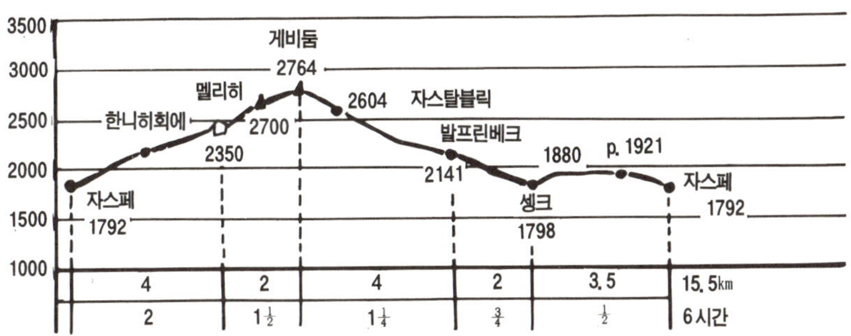
0 2 4km
N
자스계곡
비더알프
1919
비더바흐
타마텐
발프린
셍크
1798
비더빙하
PKT 2604
1575
자스그룬트
3545
겔스호른
셍크벼랑
게비둠
2764
멜리히
2700
2350
빌티
1820
슈바르츠호른
호에네게
호발린빙하
한니히회에
3064
자스페
1792

3500
3000
게비둠
2764
2500
멜리히
자스탈블릭
한니히회에
2700
2604
2000
2350
발프린베크
1880
p. 1921
2141
자스페
1500
셍크
자스페
1792
1798
1792
1000
4 2 4 2 3.5 15.5km
2 1½ 1¼ ¾ ½ 6시간

멜리히로 가는 고산길가에 앉아 있는 야생 염소.

부근이 넓은 슬랩이지만 중간중간에 스탠스가 좋은 밴드가 발달해 있어 가벼운 암벽등반을 즐기며 오를 수 있다. 이곳에서는 바위지대에서 서식하는 야생염소떼를 흔히 만날 수 있다.

게비둠에서부터 하산이 시작되는데, 여기서 2,604m봉까지 낭떠러지 위로 난 바윗길이 이어진다. 바로 슈타인빌트파트의 셍크 벼랑길이다. 이 벼랑길을 통과하면 좁은 협곡으로 내려서고, 동쪽으로 돌아서면서 발프린으로 오르는 길과 만나는 지점인 발프린베크(2,142m)에 닿는다. 게비둠에서 1시간 15분 거리다.

인공개천을 건너면 표지판이 방향을 가르쳐 주는데, 이곳에서 조금 더 내려서서 북쪽으로는 발프린 코스로 빠져 그레헨으로 이어지고, 남쪽으로는 자스페로 되돌아가게 된다. 비더발트의 울창한 수림과 비더알프의 초원, 변화무쌍한 바위의 미로를 거쳐 셍크(1,798m) 마을로 나선 후 자스페로 내려가는 데에는 다시 1시간 15분이 소요된다.

△ HELVETIA 라는 나라

스위스의 우표에는 어느 것을 보나 "SWISS" 라는 철자를 인쇄한 표기가 없다. 모두 HELVETIA 라는 글자만이 표기되어 있다. 이것은 스위스의 옛이름 "헬베티아"에서 따온 특별한 "국명"이다. 독·불·이의 3개의 공용어(실제는 레토로만어를 포함하여 4개의 공용어이다)를 가진 나라로서 좁은 우표면에 3개국어로 국명을 인쇄한다는 것은 번거로운 일이므로 옛날 이름을 사용하게 되었다는 것이다. 이 국명은 라틴어에서 온 이름인데 이 아이디어는 자동차의 국적 약호에도 쓰이고 있다.

유럽과 같이 나라가 오밀조밀 붙어 있는 국경을 갖는 여러 나라에서는 독일은 D, 프랑스는 F 등과 같이 국적을 표시하는 약호를 차체에 붙이도록 되어 있다. 그래서 스위스의 경우 S는 스웨덴의 약호이므로 CH를 붙인다. C는 Confederatio (연방) H는 Helvetia의 약어다.

이 헬베티아의 나라 스위스는 면적이 41,293㎢의 작은 나라다. 그리고 국토의 70%는 산악지대 나머지30%는 중부평원이다. 그러나 평원이라고는 하지만 중부평원은 평균표고가 580m이며, 산간지대가 많으므로 과연 산악국가이다. 인구는 약 670만 명 그 중 외국인이 약 96만 명이 있다. 이 작은 나라는 26개의 주정부가 스위스 연방국을 이루고 있다. 그러므로 각주의 자치의식이 강하고 게다가 3,029개의 시, 읍, 면이 독자(獨自)의 자치권을 가지고 있다.

이 헬베티아의 나라 스위스를 여행할 때는 관광안내소를 활용하는 것이 정보를 얻는데 큰 도움이 될 것이 다. 독일어권에서 Verkehrsbüro (Verkehrsverein) 프랑스어권에는 Office du Tourisme. 이탈리아어권에서 Ente Touristico라고 부르고 있다. 관광안내소 입구에 ⓘ의 표기가 붙어 있으므로 참고

알마겔산장 코스

자스알마겔 ~ 추엘브루니 ~ 알마겔알프산장 ~ 알마겔산장 ~ 산장 ~ 크로이츠보덴 ~ 자스그룬트

⊙ 알마겔계곡의 최신코스

바이스미스(Weißmies · 4,023m) 산자락을 누비는 이 코스는 알마겔계곡의 상류인 비스계곡에 산장이 들어서기 전까지는 사람의 발자취를 거의 찾아볼 수 없었던 인적미답의 외딴 계곡이었다.

1987년에 세워진 이 산장덕으로 바이스미스는 드리회른리(Drihörnli · 3,095m), 포르텐그라트, 손니히그라트를 경유할 수 있는 1일 등산대상지가 되었다. 이 산장에서 비교적 쉬운 설릉인 남릉을 타고 정상까지 4, 5시간이면 오를 수 있고, 해돋이 구경으로 유명한 호자스를 등산하는 데에도 2시간이면 된다.

자스알마겔 마을에서 옛마을터를 지나 낙엽송이 우거진 슈피스발트의 숲을 향해 오른다. 약 1시간 정도 오르면 알마겔바흐의 개울을 건너는 지점인 추엘브루니(2,053m)에 닿는다.

여기서 30분쯤 더 오르면 고색창연한 알마겔알프산장(2,194m)이 나타낸다. 이 산장에는 하루에 한두 번 나귀가 싱싱한 식품을 나르는데, 그 모습이 전형적인 알프스의 정경이라 향수에 젖게 한다. 나머지 생필품은 헬기가 담당한다.

길은 북동쪽 계곡 오지로 이어진다. 비바람이 치는 나쁜 날에는 비스계곡과 로트계곡에서 개울물이 넘쳐 흐르므로 조심해야 한다. 산장에서 고개 하나를 넘어서면 이탈리아인 곤도로 가는 호젓한 오솔길이 이어진다. 옛날에는 밀수꾼들이 다니던 길이었다고 한다. 그때가 오히려 좋은 시절이었다고 하는 한 촌로의 어감에서 젊은 시절에는 장사가 꽤 잘 되었다는 것을 알 수 있었다.

약 1시간 정도 더 오르면 산장으로 가는 길을 일러주는 표지판(2,560m)을 만나게 되고, 다시 1시간쯤 더 올라 단이 진 너럭바위를 넘어서면 마침내 알마겔산장(2,894m)에 이른다. 산장 경영인은 알마겔 출신의 명가이드 알프레트 안다마텐으

알마겔 고원 목장에 있는 호텔에서 본 미샤벨 연봉. 왼쪽부터 테쉬호른, 돔, 렌츠슈피체.

로, 그는 손님들과 얘기를 나눌 때마다 "사랑스런 나의 알마겔산장"이라며 자랑이 대단하다.

산장 테라스에 자리를 잡고 사방을 바라보면 바이스미스~포르텐그라트~손니히그라트~알마겔호른 연봉과 알프후벨, 테쉬호른, 돔, 렌츠슈피체의 파노라마가 우리를 놀라게 한다.

하산은 다시 알마겔알프산장까지 내려선 다음(1시간 15분 소요) 크로이츠보덴으로 발길을 돌린다. 이 산장에서부터 크로이츠보덴까지는 2천m대를 유지하면서 여러 산자락을 가로지르게 된다. 바이스플루에의 거대한 낭떠러지 바윗길, 아름다운 마트마크의 댐과 푸른 호수, 우거진 낙엽송숲, 꽃밭 초원길… 변화무쌍한 산길을 따라 북으로 북으로 나아간다.

알마겔알프산장에서 약 1시간 전진하면 자스그룬트로 내려서는 갈림길에 닿는다. 여기서 계속 북진해서 약 2시간 15분이면 목적지인 크로이츠보덴(2,397m)에 이른다. 여기서 마을까지 도보로는 2시간 거리. 그러니까 9, 10시간의 긴 산행이 된다. 석양 무렵에 크로이츠보덴에 닿았다면 케이블 카를 이용해 일단 아랫마을로

자스 알마겔 마을 전경.

내려선 다음 자스알마겔행 버스를 이용하면 된다.

⊙ 코스정보

시즌 : 6월 말~10월 초

고도차 : 등산 1,650m 하산 900m

소요시간 : 7시간

휴식처 : 크로이츠보덴 레스토랑, 트리프트의 레스토랑

숙식 : 알마겔알프산장(6~9월 오픈), 알마겔산장(6월 말~10월 초 오픈, 전화 028-
　　571179, 028-572955·가이드 신청 가능) 바이스미스산장(8월 중순~9월 말
　　오픈, 028-57 25 54, 028-57 18 22, 가이드 신청 가능), 호자스산장(6월 중순
　　~10월 중순 오픈)

인근코스 : ① 자스알마겔~알마겔산장(1박)~안부~곤도(등산 4시간 30분,
　　　　하산 5~6시간)
　　　　② 자스그룬트~호자스~전망대~자스미스산장~크로이츠보덴~자스그룬
　　　　트(3시간 15분 소요, 도중 버스와 케이블 카 이용)
　　　　③ 호자스산장~바이스미스산 정상(등산 3시간 30분, 하산 2시간)
　　　　④ 바이스미스산장~바이스미스 정상(등산 4시간 30분, 하산 2시간 30분)

*바이스미스산장을 오르려면 인근산장에서 하루 묵어야 하며, 자일, 피켈, 아이젠,
스키폴과 행동식을 준비해야 한다.

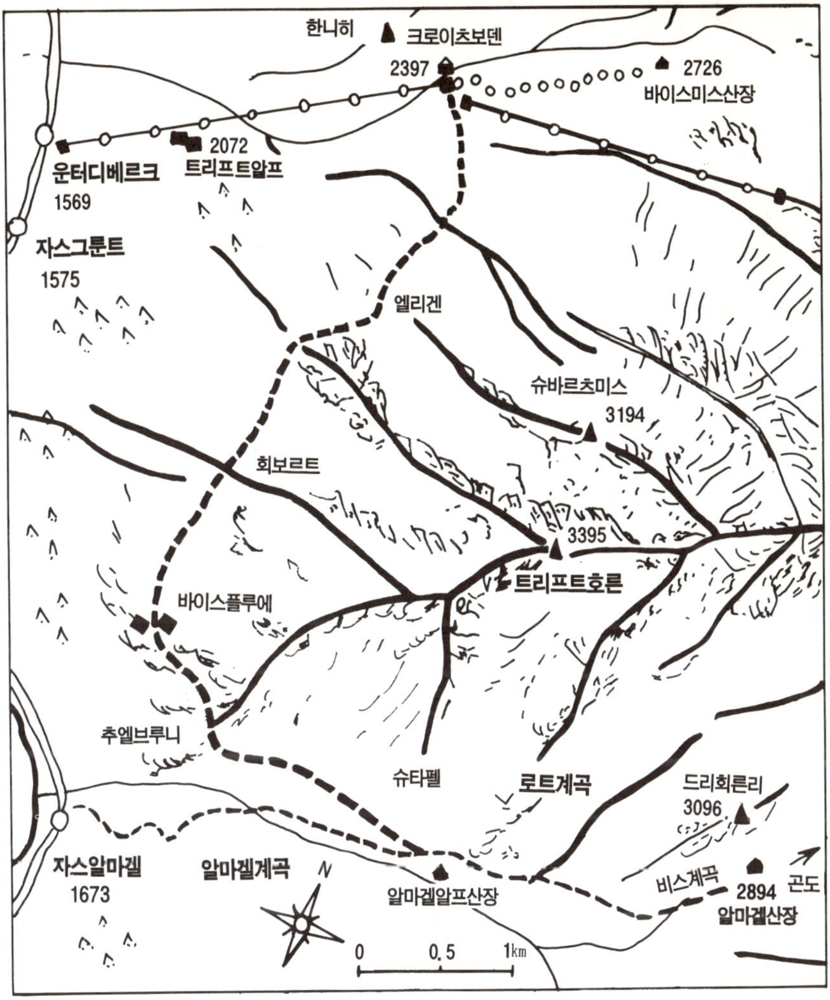

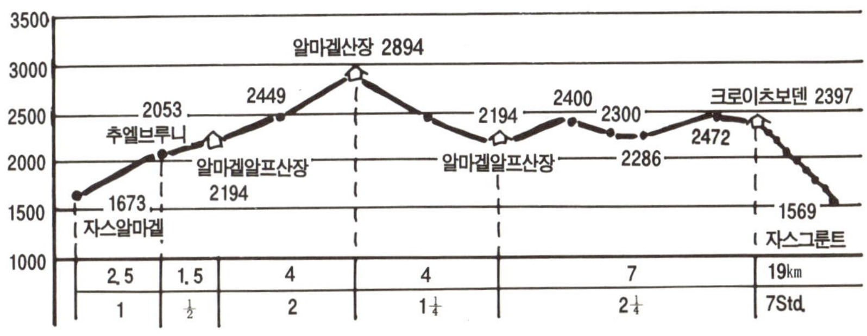
한니히
크로이츠보덴
2397
2726
바이스미스산장
운터디베르크
1569
2072
트리프트알프
자스그룬트
1575
엘리겐
슈바르츠미스
3194
회보르트
3395
트리프트호른
바이스플루에
추엘브루니
슈타펠
로트계곡
드리회른리
3096
자스알마겔
1673
알마겔계곡
N
알마겔알프산장
비스계곡
2894
알마겔산장
곤도
0   0.5   1km
알마겔산장 2894
3500
3000
2500
2000
1500
1000
2449
2053
추엘브루니
2194
2400
2300
크로이츠보덴 2397
2472
2194
알마겔알프산장
2286
알마겔알프산장
2194
1673
자스알마겔
1569
자스그룬트
2,5   1.5   4   4   7   19km
1    $\frac{1}{2}$ 2 $1\frac{1}{4}$ $2\frac{1}{4}$ 7Std.

브리타니아산장 코스

자스페~펠스킨~미텔알라린역~메트로알핀~펠스킨~체스엔 빙하~브리타니아산장~클라인 알라린~2,732m~젤 마이게른~자스알마겔~자스페

(2,732m~에기너~미탁호른~플라티엔)

⊙ 1986년 지하철도 개통으로 각광

이 하이킹 코스는 1986년 말 미텔알라린(Mittelallalin · 3,456m)에 이르는 등산열차의 지하궤도가 개통되고, 또한 최신형의 회전 레스토랑인 '메트로알핀(Metro Alpin)'과 스키장이 들어섬으로써 일약 각광을 받게 되었다. 이 지하등산철도는 베르너 알프스의 융프라우요흐로 오르는 지하궤도와 체르마트의 고르너그라트로 오르는 철도와 함께 세계에서 가장 높은 곳까지 사람을 실어 나른다.

명물로 등장한 메트로알핀은 단순 관광객뿐만 아니라 스키어는 물론 하계 전지훈련을 위한 세계적인 선수들까지 찾는 곳이 되었고, 알피니스트들에게도 사랑받는 곳이 되었다. 4천m급인 알라린호른의 등산거점이 되어주고 있기 때문이다.

예전에는 렝플루에(지금도 이 코스를 택하는 사람들이 있다)를 기점으로 알라린호른을 올랐기 때문에 6시간 반 정도가 걸리던 것이 이제는 3시간 반이면 알라린호른 위에 설 수 있게 됐다. 그래서 본격파 알피니스트들은 알라린호른을 '여성용 4천m봉'이라고 혹평을 하지만, 이것은 노멀루트를 두고 하는 말이고, 그 누구도 알라린호른을 과소평가할 수는 없다.

알라린호른의 루트는 말할 것도 없이 까다롭고 종종 입을 벌리고 있는 크레바스를 만나게 되는데, 이를 극복할 수 있어야 정상에 설 수 있는 것이다. 따라서 자일, 피켈, 아이젠 기술을 구사할 줄 알아야 하고, 경우에 따라서는 가이드를 대동해야 한다.

자, 이제 하이킹을 시작하자. 먼저 자스페에서 높이 2,991m의 펠스킨(Felskinn)으로 카를 타고 올라간다. 그리고 펠스킨에서 지하궤도열차로 갈아타고 미텔알라린 산간역에서 하차하여 터널을 빠져 나오면 메트로알핀이다. 앞이 탁 트인 광막한 백색의 설원이 한 눈에 들어온다.

미텔알라린 정상에서 본 메트로알핀 레스토랑. 1986년 개통된 지하등산열차로 쉽게 도달할 수 있다.

여기서 조난사한 자스페 출신의 가이드를 추모하기 위해 세워 놓은 기념비를 둘러보는 것도 좋다. 주변에는 4천m급 고봉들이 검푸른 감청색의 하늘을 향해 으스대며 높이 솟아 있다.

그 중에서도 손에 닿을 듯 가까운 거리에 알라린호른, 럼피시호른, 바이스미스가 그 위용을 뽐내고 있다. 이 미샤벨산군 너머로 아스라이 몬테로자산군이 하늘 높이 솟아 있다. 그리고 북쪽으로는 비치호른에서 핀스터라르호른에 이르기까지 론계곡 위로 베르너 오버란트 알프스산군이 펼쳐지고 있다.

고산의 알프스 풍경을 만끽하고 돌아오는 길에 다시 펠스킨으로 내려간 다음에 널따란 응회암 돌길을 따라 하산하면서 오른쪽으로 꺾어들어 에기너요흐를 지나서 체스엔 빙하로 진입한다. 이 빙하를 얼마쯤 거슬러 올라가면 유명한 브리타니아산장(3,030m 펠스킨에서 40분 거리)에 도달하게 된다.

체스엔 빙하는 별다른 장애가 없는 쉬운 설상 코스다. 따라서 특별한 장비는 필요없고 등산화만 있으면 된다. 산장이 자리잡고 있는 고산의 알프스적인 위치와 환경은 매우 인상적이다.

산장에서 조금만 더 오르면 넓은 대지를 이루고 있는 클라인 알라린의 정상에 도달할 수 있으며, 아름다운 주변의 파노라마를 만끽할 수 있다. 1천m를 넘는 험한 급사면이 자스알마겔의 계곡과 마트마르크의 거대한 저수지 아래로 내리닫고 있다.

이곳 역사기록을 보면, 아득한 마트마르크 저수지 빛깔에서 신비스럽게도 이 지방의 개척자였던 요한 요셉 임젱 신부의 삶이 1869년에 끝나지 않았다는 것을 알 수 있을 것이다. 그가 지방 발전을 위해서 헌신한 흔적을 곳곳에서 찾아볼 수 있기 때문이다.

산뜻하게 꾸며 놓은 브리타니아산장에서 아쉬움을 남긴 채 체스엔 빙하의 다소 가파른 설사면을 따라 얼마쯤 내려서면 아담한 두 개의 산중 호수를 지나쳐 모레인지대로 들어선다. 이 모레인지대를 지나면 2,732m 고지에 도달한다.

체스엔 빙하는 부분적으로 얼음위에 소금을 뿌려 놓은 듯 만년설로 덮여 있다. 2,732m 고지까지의 빙하길은 상태가 좋다. 산장을 출발하여 약 45분이면 도착할

⊙ 코스정보

시즌 : 7~10월

고도차 : 등산100m 하산1,300m

소요시간 : 4시간(미텔알라린 정상의 가이드 추모비까지 오르면 4시간 30분)

지도 : 1 : 50,000 지도 284호(Mischabel)

휴게소 : 미텔알라린의 메트로알핀, 펠스킨의 산간레스토랑, 플라티엔의 레스토랑

숙박 : 브리타니아산장(스위스산악회 주네브지부 건립, 113명 수용, 2~10월 초 개
　　　장. 전화 028-572288). 플라티엔산장

등산정보 : 자스페(전화 028-571457), 자스그룬트(028-572403), 자스알마겔(028-
　　　572653)

인근코스 : ① 자스알마겔~오펜탈파스~안트로나파스~푸르크알프~푸르크슈탈덴~
　　　자스알마겔(9시간)

　　　② 자스그룬트~카펠렌베크~자스페~빙하동굴~렝플루에산간역~발트베
　　　크~자스알마겔(4시간 30분)

　　　③ 젤 마이게른~브리타니아산장~블라텐~자스알마겔~젤 마이게른

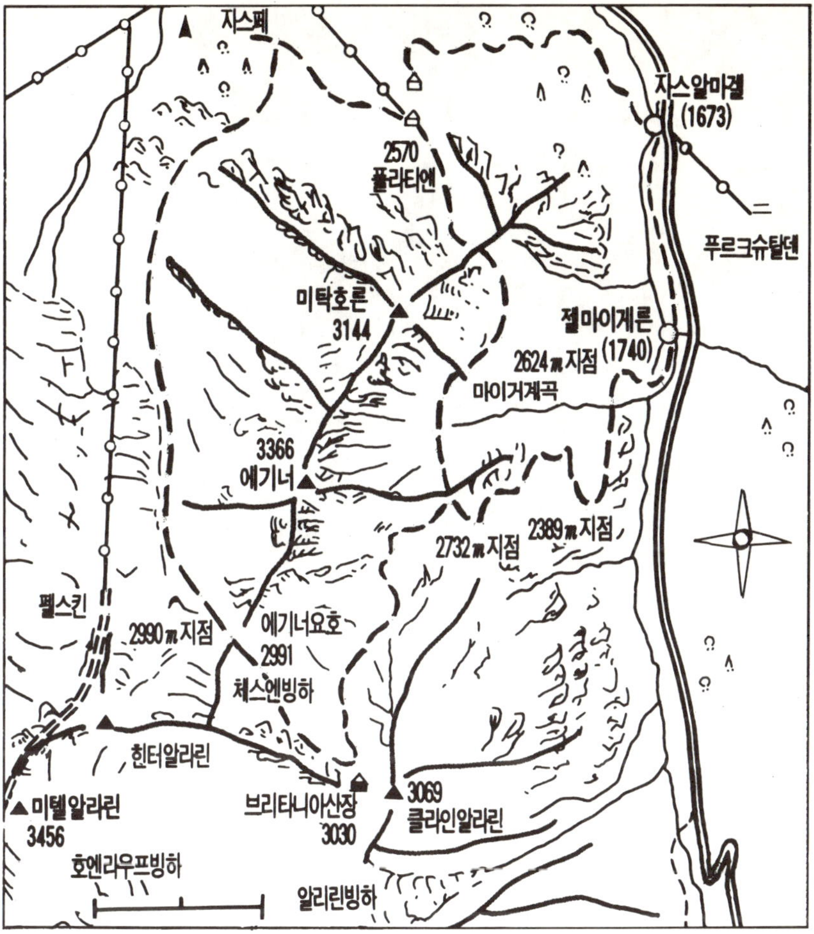

자스페
자스알마겔
(1673)
푸르크슈탈덴
2570
플라티엔
미탁호론
3144
젤마이게른
2624m 지점 (1740)
마이거계곡
3366
에기너
2389m 지점
2732m 지점
펠스킨
2990m 지점
에기너요호
2991
체스엔빙하
힌터알라린
미텔알라린
3456
브리타니아산장
3030
3069
클라인알라린
호엔라우프빙하
알리린빙하

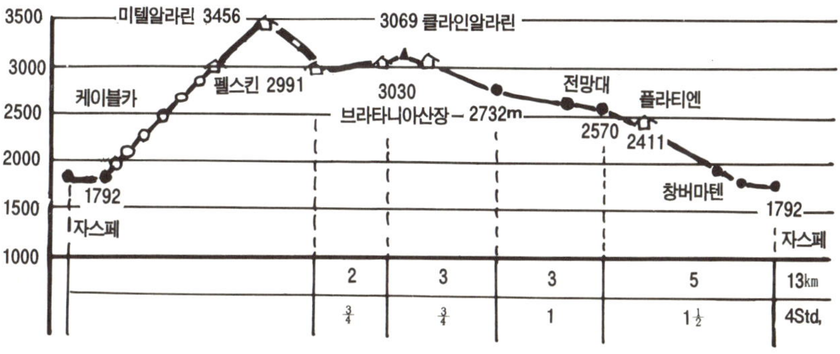
3500
3000
2500
2000
1500
1000
미텔알라린 3456
3069 클라인알라린
케이블카
펠스킨 2991
3030
브라타니아산장 - 2732m
전망대
플라티엔
2570
2411
창버마텐
1792
자스페
1792
자스페
2
3
3
5
13km
3/4
3/4
1
1 1/2
4Std,

미텔알라린 아래에 있는 지하 등산열차역의 동굴 통로.
이 동굴을 빠져나가면 메트로알핀에 닿는다.

수 있다. 이 고지는 바위더미가 선명하게 노출되어 있어 쉽게 눈에 띈다. 여기서 젤 마이게른(Zer Meiggern · 1,740m) 쪽으로 빠질 수도 있고, 그대로 하산해 플라티엔 쪽으로 내려설 수도 있다.

이 고지에서 자스계곡을 향해 아래쪽으로 꺾어들어 약 1시간 반 정도 내려서면 젤 마이게른에 도달한다. 하산로는 아주 쾌적하다. 여기서 자스피스파 계곡을 따라 20분쯤 걸어가면 자스알마겔 마을이 나온다. 자스알마겔에서 자스페까지는 1시간 거리. 버스가 왕래하고 있으므로 버스를 이용해도 좋다.

그리고 2,732m 고지에서 에기너(3,366m)와 미탁호른(3,144m)의 산자락을 가로지르며 북쪽으로 내려가면 플라티엔에 도달한다. 전망이 젤 마이게른 코스보다 더 좋고 길도 더 좋다. 처음 이곳을 찾는 사람은 플라티엔쪽 하산을 권하고 싶다.

이 고지에서 얼마쯤 가면 에기너에서 내려오는 암릉에 솟아난 거대한 암괴를 만난다. '하이데프리드호프(Hidefriedhof)'라 불리는 이 암괴를 지나 계속 내려가면 2,624m 지점에 도달한다. 이곳에 이르면 앞이 탁 트이며 자스계곡의 아름다운 전경이 한 눈에 들어온다.

펠스킨으로 가기 위하여 자스페에서 케이블 카를 기다리는 사람들.

하산코스 중에서 제일 전망이 좋은 곳이어서 이 지점을 하이킹 코스의 전망대라 부르고 있는데, 오후 안개로 인해 연출되는 연하고 부드러운 파스텔 색조를 통해 머나먼 베르너 알프스산군이 실루엣을 이루면서 아스라이 떠오른다.

이윽고 미탁호른에서 뻗어내리는 비탈이 암릉을 이루는 산릉에 닿으면 앞이 트이면서 테쉬호른, 돔, 렌츠슈피체, 나델호른이 하이커의 마음을 사로잡는다. 여기서 얼마간 내려서면 플라티엔 산간역(2,570m · 2,732m 고지에서 1시간 거리)에 닿는다. 이 산간역에서 자스페까지는 1시간 반 거리. 몸이 피곤할 경우 케이블 카를 이용하는 것이 좋다.

시간이 허락하는 사람은 메트로알핀행 지하궤도를 이용하지 말고 걸어서 브리타니아산장으로 오른 다음, 앞서 말한 하산로를 택하면 알라린호른에서 뻗어내리는 에기너와 미탁호른을 잇는 산군을 한 바퀴 도는 훌륭한 하이킹 코스를 경험하게 될 것이다.

미샤벨산장 코스

자스페～한니히～토렌바흐～겜스베크～플라티엔～쉐네게～2,806m～필 빙하～미샤벨산장
하산은 역코스로

⊙ 고산등반의 멋 만끽

빙하의 마을 자스페는 체르마트와 더불어 알프스의 산간휴양지로 유명하지만, 현대 독일 문학의 거성 중의 한 사람으로 독일문학을 이끌었던 칼 추크마이어(Carl Zuckmayer 1896～1977)가 2차대전 전에 이곳에 이주해와 생애를 마친 곳으로도 유명하다. 그래서 자스페를 찾는 사람들 중에 그를 흠모하는 사람은 그의 이름을 딴 레스토랑에 들르고 마을 한복판에 있는 교회의 묘지에 잠든 그의 묘를 찾는다. 등산과 하이킹을 사랑한 그가 쓴 수필집 중 「오르막길」의 등행기는 유명하다.

페 빙하를 마을 바로 앞에 두고 평평하게 들어간 권곡의 분지에 깃든 알프스풍의 산마을 자스페는 브리타니아산장과 미샤벨산장으로 그 유명도를 더하고 있다. 미샤벨산장은 해발 3,329m에 위치해 있어 비교적 높은 곳에 있고 오르막도 비교적 가팔라 고산을 등반한다는 기분을 만끽할 수 있다.

10월 초순만 되어도 해발 3천m에서는 이미 상당한 눈이 쌓이기 때문에 허리까지 빠지는 겨울등산의 맛을 느낄 수 있다. 오히려 이 맛 때문에 전문 하이커들은 이 시기에 이 코스를 찾기도 한다. 그러나 특별히 어려운 기술을 요하는 코스는 아니다.

미샤벨산장은 이 지역 4천m급 고봉을 본격적으로 등산하는 알피니스트들의 등산기지이기도 하다. 자스페에서 미샤벨산장까지는 약 4시간 반 거리. 그러나 한니히(2,350m)까지 케이블 카를 이용하면 1시간 정도 단축할 수 있다. 한니히에는 산간역이 있고 그 상부로 비교적 넓은 산길이 이어진다.

이 산길을 따라 오르면 토렌바흐 계곡물이 흐르는 깊은 골짜기로 접어든다. 주변에는 고요한 고원목장들이 싱그러운 초지 위에 펼쳐지고 양떼들이 한가로이 풀을 뜯고 있는 것을 만날 수 있다. 그러나 개울에 들어서면 눈앞에 난잡하게 늘어

나델호른으로 오르는 빈트요흐에서 바라본 라긴호른과 바이스미스

서 있는 호발름 빙하가 을씨년스런 몰골을 드러낸다.

토렌바흐 개울물을 건너면 알프스 영양들이 다니는 길(영양들이 자주 나타나는 길목에는 길이 나 있는데, 이것을 겜스베크(Gemsweg) 즉 영양의 길이라 부르며 등산이나 하이킹 코스로 이용되고 있다. 안내판에도 가끔 '영양길'이라는 표시가 되어 있다)을 25분 정도 오르면 등산로가 다시 나타난다.

이곳에도 '영양길'이라 표기한 안내판을 만나게 되는데, 이 안내판이 가리키는 방향으로 들어서면 '빙하호수'와 '빙하동굴' 쪽으로 가게 된다. 빙하호수와 동굴 너머로 빙하동굴 레스토랑이 있다.

이 레스토랑에서 휴식을 취한 후 울창한 트리프트발트의 숲을 지나면 아름다운 플라티엔에 닿는다. 플라티엔에서 등산로를 따라 오르면 상부 호발름 빙하의 혀에서 흘러내린 빙하수가 모여 눈밭을 이루고 있는 지대를 만나게 된다. 옛날에는 거대한 설원을 이루고 있었다고 하지만 여름에는 눈을 보기 힘들다.

이 '영양길'을 오른쪽으로 꺾어올라가면 마치 우리나라 산에서 흔히 볼 수 있는 암벽길 표시처럼 바위에 '미샤벨산장'이라고 크게 쓴 글자를 만나게 된다. 이윽고 모레인 등 위로 완만하게 올라가는 오르막길을 오르다보면 쉐네게(2,448m)에 도달한다. 이 지점은 전망이 좋아서 잠시 쉬어가는 곳이다(한니히에서 45분 거리).

여기서 목장 초원길을 따라 약 2시간쯤만 오르면 동쪽으로 플레시호른, 라긴호른, 바이스미스의 아름다운 모습이 보이기 시작한다. 이어 디스텔호른(2,806m) 남쪽 비탈로 가시돋친 엉겅퀴밭이 고도를 높인다. 이 디스텔호른의 남쪽 비탈의 산릉을 돌고 돌아 오르면 마치 독수리의 보금자리처럼 미샤벨산장이 높은 바위 위에 자리잡고 있는 것을 보게 된다.

1시간쯤 오르면 2,806m 고지에 이르는데, 여기서 서쪽 산길을 따라 올라 퇴석지대를 통과해 45분쯤 오르면 팔 빙하의 하단에 닿는다. 2천9백m지점부터 나타나는 암석지대를 가벼운 암벽등반으로 4백m 고도를 따내야 한다.

이 암벽등반 구간은 다소 아슬아슬하기는 하지만 홀드와 스탠스가 좋아서 어렵지는 않다. 그저 사람들이 다닌 흔적을 따라 지그재그로 오르면 된다. 그러나 발을 잘 디뎌야 하고 약간의 고도감을 각오해야 한다. 하산할 경우, 바위가 젖어 있다면 각별한 주의를 요하기도 한다.

이 구간을 넘어서면 완만한 산비탈이 이어지면서 이어 미샤벨산장에 닿는다(2천9백m지점에서 1시간 거리). 산장에서는 주변의 아름다운 전망을 마음껏 즐길 수 있다. 바로 눈앞에 돔이 솟아 있고, 남쪽에는 알라린호른과 알프후벨이 눈부신 자태로 버티고 있다.

지도를 보며 동쪽으로 솟은 바이스미스산군들을 일일이 확인해 보는 것도 흥미있을 것이다. 포르트엔호른, 포르트엔그라트, 푼타디사스, 그레스타디사스, 놀렌

⊙ 코스정보

시즌 : 6~10월(10월은 날씨 조심)

고도차 : 등산 1,050m 하산 1,600m

소요시간 : 한니히까지 케이블 카를 이용할 경우 6시간 30분, 자스페에서 도보로 출발하면 7시간 30분.

지도 : 1 : 50,000 지도 284호(Mischabel)

숙박 : 미샤벨산장(취리히학사산악회 건립. 120명 수용. 전화 028-571317)

인근코스 : 자스페~가세~쉐네게~한니히~자스페(2시간 30분)

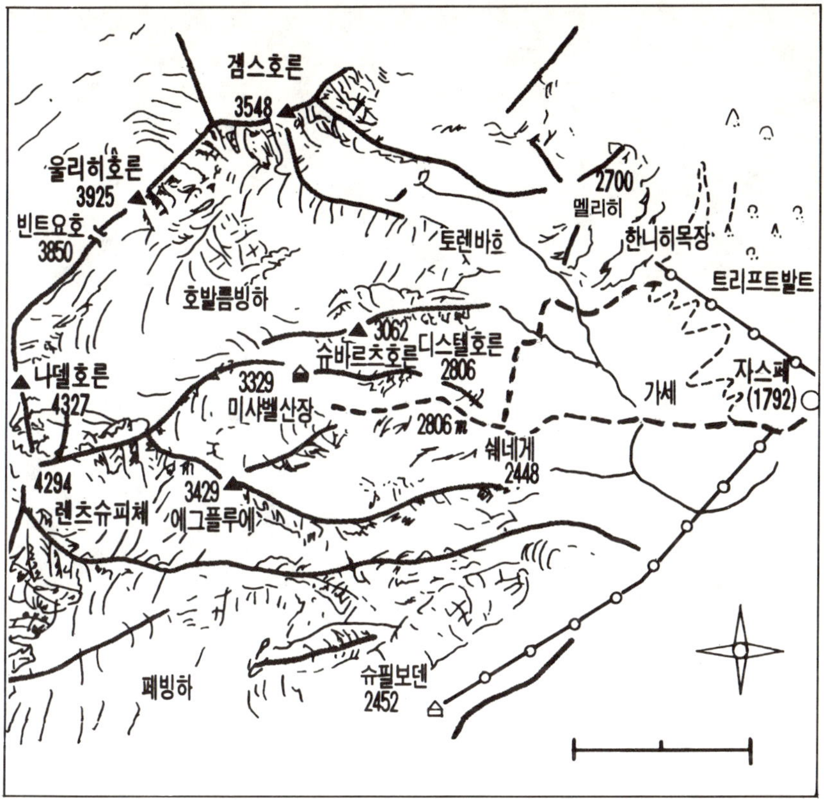

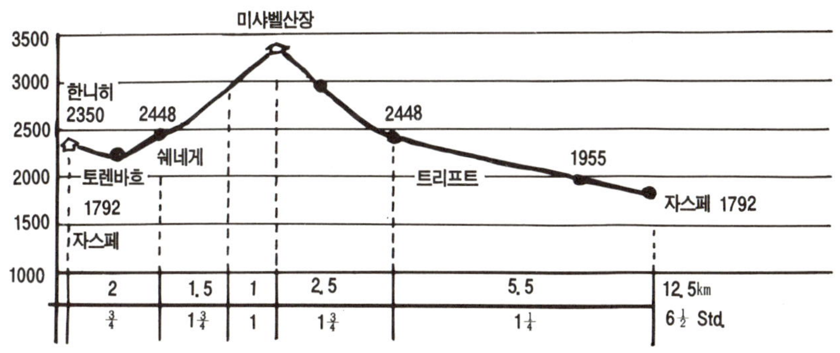
겜스호른
3548
울리히호른
3925
빈트요호
3850
토렌바흐
2700
멜리히
한니히목장
트리프트발트
호발름빙하
3062
슈바르츠호른
디스텔호른
2806
자스페
(1792)
나델호른
4327
3329
미샤벨산장
2806m
가세
4294
렌츠슈피체
에그플루에
3429
쉐네게
2448
페빙하
슈필보덴
2452
미샤벨산장
3500
3000
2500
2000
1500
1000
한니히
2350
2448
쉐네게
2448
1955
토렌바흐
1792
트리프트
자스페
자스페 1792
2
1.5
1
2.5
5.5
12.5km
3/4
1 3/4
1
1 3/4
1 1/4
6½ Std.

한니히에서 본 알라린호른(왼쪽)과 알프후벨(오른쪽).

호른, 슈텔리호른 등등. 이 모두가 알피니스트와 하이커의 대상이 되고 있는 산들이다.

이 산장은 연중 몇 주를 제외하고는 영업을 하지 않으므로 날씨가 나쁜 날에는 알피니스트들의 피난처가 되고 있다. 그러나 성수기에는 잠자리는 물론이고 이불마저 얻을 수 없고 바닥에서 자야 하는 불편을 각오해야 한다. 그러나 이런 불편도 알프스 하이킹의 추억거리로 지닐 만한 경험이 될 것이다.

하산길은 올라온 코스로 되내려가는 것이다. 도중 만나게 되는 눈사태 방파제와 초원에 핀 민들레, 석남화, 엔치안, 에델바이스 꽃밭은 잊지 못할 좋은 추억이 될 것이다.

△ 스위스의 영세중립과 국민개병

• 스위스의 영세중립

이 나라가 어떤 나라하고도 군사동맹을 맺지 않는다는 것은 잘 알려져 있는 일이다. 이 영세중립이 프랑스를 비롯하여 유럽 여러 나라에 인정을 받게 된 것은 1815년 11월 20일 파리 회의에서였다. 그후 스위스는 줄곧 중립을 표방하고 이를 지켜오고 있다. 그러나 만일의 경우를 대비하여 스위스는 국민개병제(皆兵制)를 실시하고 있다.

• 스위스의 국민개병

스위스의 국민개병제도는 대단히 엄격하고 굳건한 것이다. 스위스의 남자는 20세가 되면 먼저 17주간의 "입문훈련"을 받고 그후 12년간은 합계 24주간의 재훈련, 33세 이후는 예비역에 편입되어 50세까지의 사이에 합계 8주간의 재훈련을 받지 않으면 안된다. 50세까지는 제복, 철모, 자동소총을 항상 자기 집에 두고 유사시에 언제라도 소집에 응할 수 있는 태세에 들어가 있지 않으면 안된다. 이 제도가 잘 이뤄지고 있기 때문에 유사시에는 48시간내에 62만 명의 군대를 동원할 수 있다고 한다. 스위스에서 철도나 버스여행을 하고 있으면 열차 안에나 역에서 또 버스 안에나 버스정류장에서 자동소총을 휴대하고 소집 또는 귀성 중에 있는 군인의 모습을 자주 볼 수 있다.

알프후벨 코스

자스페～자스호프～글레처그로테～겜스베크～슈필보덴～렝플루에～베르크슈룬트～알프후벨 정상
～렝플루에～자스페

⊙ 알프후벨 코스 만년설 밟으며 1박 2일

아름다운 알프스의 휴양지 자스페의 하늘 높이 우뚝 솟아 있는 알라린호른
(Allalinhorn · 4,027m)과 알프후벨(Alphubel · 4,206m)은 4천m가 넘는 고산이지
만 경험있는 하이커들에게는 장비만 잘 갖추면 오를 수 있는 멋진 코스다. 고산의
등산맛을 만끽할 수 있고, 알피니스트의 영역에 들어선 뿌듯한 감정마저 불러 일
으켜 주는 코스이기도 하다.

자스그룬트에서 자스페 쪽으로 로사리오 예배당 길을 올라가는 사람이면 누구나
동쪽으로 낙엽송 가지 사이로 눈부시게 반짝이는 알프후벨의 만년설봉을 바라보게
된다. 돌 위에 서 있는 작은 로사리오 예배당 뜰을 지나는 오르막길에서 바라보는
그 광경은 정말 강력한 인상을 남겨준다.

이 알프후벨의 초등은 알프스 등산사에 자주 등장하는 한 영국 산악인에 의해
이뤄졌다. 이름하여 레슬리 스티븐 경, 그는 1860년 8월에 가이드 안데렉과 페터
페렌을 대동하고 이 봉을 초등했다.

오늘날에는 케이블 카가 운행되고 높은 곳에 산장이 들어서 있으므로 옛날에 비
하면 1천m 이상의 고도를 벌고 있지만, 당시에 이런 높은 봉을 오르려면 많은 고
생을 치러야 했을 것이다.

알프후벨은 사람들의 눈을 끄는 4천m급 명봉일 뿐만 아니라 인기있는 고산등반
대상지이다. 페 빙하에서 시작되는 넓고 완만한 정상 일대의 플라토까지 스키등산
을 할 수 있는 지형을 이루고 있어서 스키어들에게도 사랑을 받고 있다. 여름 등
산객들에게 좋은 루트를 제공하는 등로로는 마터계곡쪽의 테쉬산장에서 출발, 알
프후벨 빙하와 알프후벨요흐를 거쳐 정상으로 오르는 코스가 제일 일반적이다. 하
지만 자스계곡에서 오르는 코스에 사람들이 더 몰리고 있다. 이곳에서 케이블 카

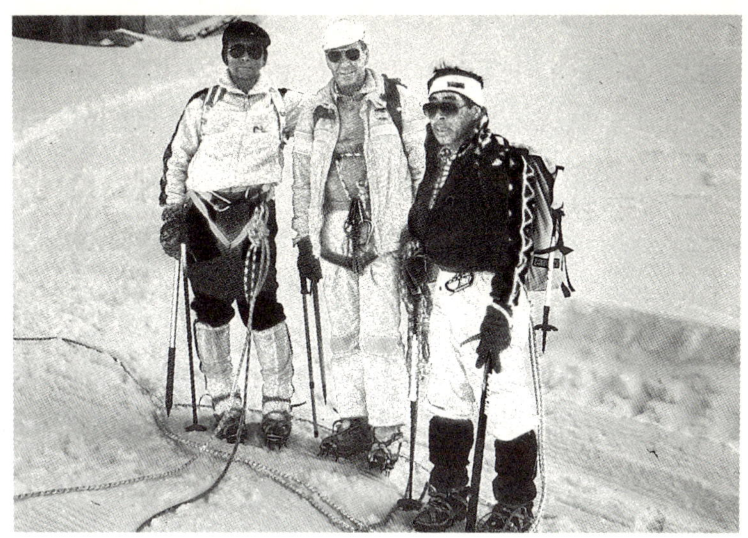

알라린호른 정상으로 오르는 필자의 일행.

를 이용해 쉽게 정상에 접근할 수 있기 때문이다.

체력에 자신이 있는 사람은 알라린호른에서 알프후벨을 잇는 종주등산을 시도해 봄직하다. 이 경우에는 펠스킨까지 케이블 카를 타고 오른 다음 다시 미텔알라린의 메트로알핀까지 지하궤도 등산열차를 타고 오른다. 여기서 알라린호른을 오른 후 알프후벨요흐를 거쳐 알프후벨 정상까지 능선을 타는 것이다. 하산은 렝플루에로 내려선 다음 케이블 카를 이용해 자스계곡으로 내려온다.

회전레스토랑인 메트로알핀이 들어서기 전까지 알라린호른과 알프후벨의 등산기점은 렝플루에였다. 그러나 이제 등산기점은 알라린호른은 미텔알라린으로, 알프후벨은 렝플루에로 분리된 것이다.

이번에는 알프후벨을 오르는 1박 2일 코스를 소개해 본다. 먼저 자스페를 관통하는 중앙로를 얼마쯤 가다가 오른쪽으로 꺾어 자스호프를 통과한다. 길은 지형에 알맞게 피스파 개울의 왼쪽을 끼고 나 있다. 계속 따라 오르면 빙하에서 흘러내려 쌓인 퇴석지대의 기슭에 다다른다. 이곳에는 장쾌한 낙엽송숲이 펼쳐진다.

조금 더 올라 빙하호수를 지나면 목가적인 정경이 물씬 풍기는 글레처그로테(빙하동굴이라는 뜻인데, 호수 직전 빙하의 하단에 실제의 빙하동굴이 있다)라는 이름의 레스토랑이 있다. 여기서 바라보는 테쉬호른과 돔의 거무스름한 암벽은 매우 인상적이다. 암벽은 정상 쪽으로 꽤 가파르게 뻗어 오르고 있다.

레스토랑을 지나면 이윽고 한니히와 플라티엔을 잇는 알프스 영양길에 들어선다. 전항에 소개한 겜스베크이다. 이 영양길 도중에 슈필보덴(Spielboden)으로 가는 표지판이 나타난다.

다소 가파른 목장지대를 넘어서기 위해 오른쪽으로 꺾어들면 얼음으로 뒤덮였지만 풍요로운 인상을 주는 목초지가 간간이 나타난다. 이쯤에서 웅장한 미샤벨 연봉 기슭 사이로 흘러내리는 육중한 페 빙하의 지류들을 볼 수 있다. 이 야성적인 사면에 아름다운 알프스의 꽃들이 무성하게 초원을 장식하고 있다.

알프스 고산 초원에 취한 발길은 다시 담황색 모르모트의 서식처를 지나 슈필보덴을 향한 오르막을 오르게 된다. 슈필보덴은 높이 2,452m 지점으로 글레처그로테 레스토랑에서 1시간 45분 거리다.

이어 호젓한 오솔길은 눈부신 빙하로 이어지고 영원한 얼음의 세계로 고도를 높

⊙ 코스정보

이 코스는 알프스에서 하이킹과 설산등산을 겸한 코스로 1박 2일을 잡는 것이 여유가 있다. 자일, 피켈, 아이젠, 선글라스, 겨울용 장갑과 모자 등 설산장비와 헤드랜턴을 준비해야 한다. 빙하등산과 설릉등산을 경험해 보지 못한 사람은 가이드를 대동하는 것이 안전하다.

시즌:7월 중순~10월

고도차 : 등산 2,440m 하산 1,340m(자스페에서 렝플루에까지 케이블 카를 이용할 경우 등산1,100m)

소요시간 : 11시간 30분(케이블 카를 이용할 경우 4시간 단축)

지도 : 1 : 50,000 스위스지도 제284호(도엽명 Mischabel)

식사 : 글레처그로테 레스토랑(2월 중순~5월 1일 및 6월 중순~10월 말 개점. 전화 028-572160), 슈필보덴 산간레스토랑

숙박 : 렝플루에의 파노라마 레스토랑(숙박 가능. 전화 028-572132)

등산기지 : 자스페

인근코스 : 렝플루에~브리타니아산장~마트마르크댐(4시간 30분 소요. 이 코스도 빙하등산의 경험이 있어야 한다)

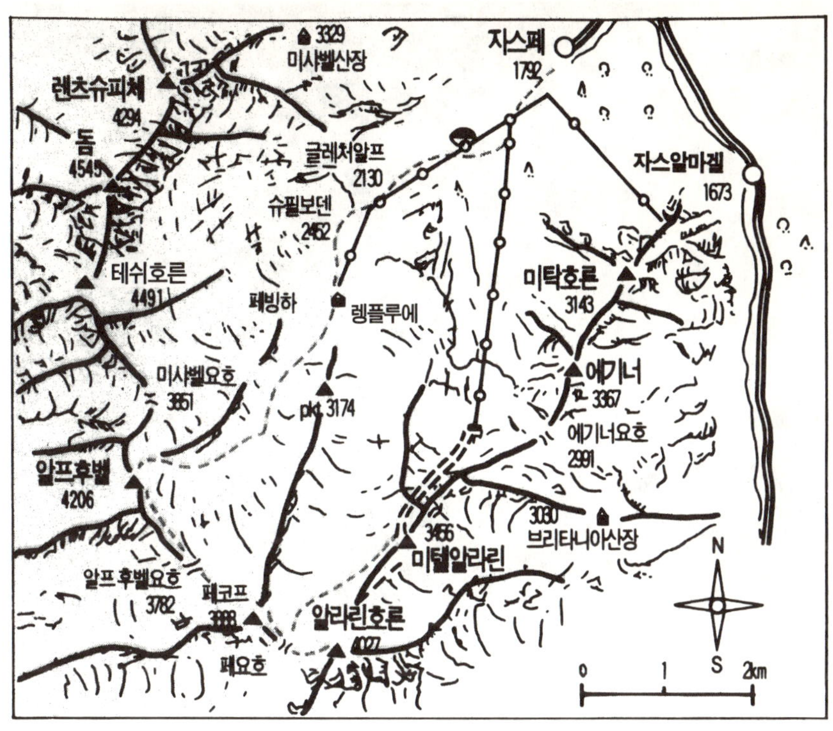
3329
미샤벨산장
자스페
1792
렌츠슈피체
4294
돔
4545
글레처알프
2130
슈필보덴
2452
자스알마겔
1673
테쉬호른
4491
페빙하
렝플루에
미탁호른
3143
미샤벨요호
3851
pkt. 3174
에기너
3367
에기너요호
2991
알프후벨
4206
3030
브리타니아산장
3466
미텔알라린
알프 후벨요호
3782
페코프
3088
알라린호른
4027
페요호
N
S
0   1   2km

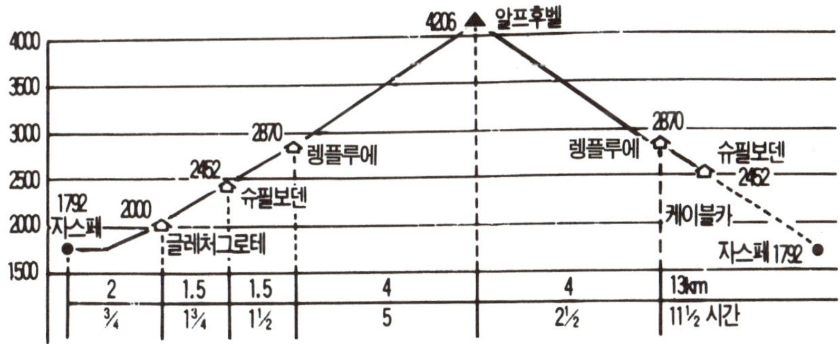
4206 알프후벨
4000
3500
3000
2870 렝플루에
2870
렝플루에
슈필보덴
2452
2452 슈필보덴
2500
2000
1792 2000
자스페
글레처그로테
케이블카
1500
자스페 1792
2   1.5   1.5   4   4   13km
¾   1¾   1½   5   2½   11½ 시간

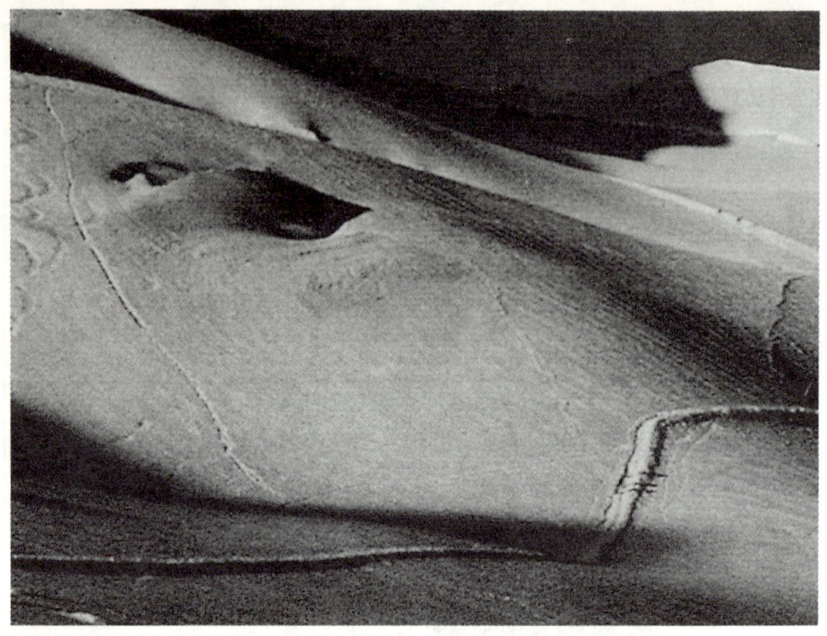

메트로알핀에서 알라린호른으로 오르는 설원에 새겨진 등산로 자국이 선명하다.

여간다. 모레인 등성이를 따라 올라서면 등산가들의 고향인 렝플루에가 나타난다. 높이 2,870m지점인 렝플루에는 슈필보덴에서 1시간 30분 거리. 이곳에 올라서면 케이블 카를 타고 올라온 많은 관광객들을 만나게 된다.

렝플루에에서 가쁜 숨을 고르고 주위의 웅장한 산들을 바라보고 있노라면 자신도 모르게 그 절경에 감탄을 연발할 것이다. 발 아래 계곡으로 흐르고 있는 페 빙하를 내려다보면 현기증이 날 정도로 아찔하다. 게다가 가로 세로로 아가리를 벌리고 있는 크레바스를 발견하면 두려움마저 든다.

대개 이곳에서 1박한다. 그 이유는 새벽에 안정된 빙하를 통과하기 위해서다. 이곳에서 알프후벨 왕복시간이 7시간 30분 정도 걸리기 때문에 자스페에서 하루에 등하산을 마치는 것은 조금 무리가 따르기 때문이기도 하다.

이튿날 출발은 날이 밝아오기 한 시간 전쯤에 출발한다. 희미하게 밝아오는 새벽 어둠에 눈동자가 익숙해져 사물을 분간하게 되고 결국 날이 밝아오기 시작해 머리에 둘러맨 램프를 벗어버릴 즈음 북극 같은 몰골에 일출을 받은 페 빙하가 환상적인 장면을 연출한다.

상황에 따라서는 크레바스와 스노브릿지(눈다리)에 각별한 주의를 요구한다. 마침내 베르크슈룬트를 만나게 된다. 피켈이 절대 필요한 지점이다. 이러한 과정을 거치는 사이에 마침내 알프후벨의 정상에 서게 된다. 하룻밤을 지낸 렝플루에를 출발한지 5시간이면 정상에 도달할 수 있다.

뒤쪽에서 림피시호른과 슈트랄호른, 그 남쪽으로 빙하의 바다를 사이에 두고 몬테로자산군이 그 위용을 자랑하고 있다. 그리고 남서쪽에 발군의 위용을 자랑하는 마터호른이 하늘을 향해 높이 솟아 있는 모습도 보인다. 서쪽으로는 당 블랑쉬, 오버가벨호른, 바이스호른이 당당하게 솟아 있고, 북쪽으로 눈을 돌리면 웅대한 테쉬호른과 돔 능선 너머로 아스라이 베르너 알프스의 연봉들이 그 모습을 드러내고 있다.

얼마 동안 정상에서 휴식을 취한 다음 아침에 올라왔던 길을 따라 하산해 렝플루에로 돌아온다. 정상에서 렝플루에까지 하산시간은 2시간 30분 정도. 여기서 다시 자스페까지는 약 2시간 거리. 그러나 등정을 마친 피로를 덜기 위하여 케이블카를 타고 내려올 수도 있다.

비스호른 코스

그루벤 ~ 브랜디 ~ 2, 250m ~ 2, 281m ~ 투르트만산장 ~ 게세 ~ 쉘리요흐 ~ 브루넥빙하 ~ 삼각형지점
~ 트라퀴콜 ~ 트라퀴산장 ~ 비스호른 ~ 산장 ~ 콤바우타나목장 ~ 치에소 ~ 치날

⊙ 바윗길과 빙하길 어우러져

이 코스는 그루벤(Gruben · 1,822m 일명 마이덴)에서 출발하여 해발 4,153m의
비스호른(Bishorn)을 오르고 치날(Zinal · 1,675m)로 빠지는 장장 32km의 알프스
고산등산 코스다. 종착점인 치날은 주민수가 1천 명이 채 못되는 조그마한 산간마
을이지만 비스호른을 비롯해 치날로트호른과 바이스호른의 등산기지로서, 「어느
등산가의 회상」이라는 불후의 명작을 남긴 에밀 자벨이 19세기 후반 알프스등반의
은(銀)시대에 이곳을 중심으로 활약했던 곳이기도 하다.

론강변에 자리잡고 있는 피스프와 시에르(일명 시덴)사이에 발달한 투르트만계
곡(Turtmanntal)은 외국 관광객들에게는 잘 알려져 있지 않지만, 자국민들에게는
산수가 수려하기로 이름난 곳이다. 지형적으로 계곡 왼쪽 사면에 형성돼 있는 마
을들은 대개 케이블 카로 연결된다.

투르트만계곡의 최상단 마을인 그루벤은 바로 아랫마을인 에르기쉬(1,138m)에
서 10km 더 올라가야 한다. 에르기쉬까지 협곡을 이룬 계곡이 이 마을서부터 비
교적 넓게 전개되고 그 위로 빙하가 형성되어 있다.

먼저 그루벤을 출발해 브랜디(Brandji)까지 오른다. 브랜디에서 왼쪽으로 난 넓
은 길을 따라 전진, 상부 협곡으로 진입한 다음 숲에서 빠져나와 동쪽 사면에 발
달한 뚜렷한 밴드로 이어지는 가파른 오르막을 올라선다. 여기서부터 등산로는 다
시 완만하게 2,250m지점까지 이어진다.

저수지에서 나오는 길과 만나는 2,281m지점을 지나 약 30분 정도 오르면 투르
트만산장(2,519m 그루벤에서 3시간 거리)이 나타난다. 이 아담한 산장에서 하룻
밤을 보내고 다음날 일찍 산장을 나선다.

산장 남동쪽으로 보이는 암벽 사이의 발달한 꿀르와르를 통해 상단으로 올라선

바이스호른과 비스호른의 파노라마.

다. 게세(Gässe)라고 불리는 이 꿀르와르 상단에서 길이 갈라지는데, 곧바로 쉘리요흐 쪽으로 전진한다. 쉘리요흐에 올라서면 오른쪽으로 방향을 바꿔 눈길을 따라 브루넥 빙하로 들어선다.

2천8백m지점에 걸린 빙폭 상단의 거대한 암괴를 트래버스하기 위해 빙하등산을 계속한다. 이어 삼각형지점(해발 2,913m)에 도달하면 투르트만 빙하 서쪽 지류를 따라 오른다. 부분적으로 부스러기돌로 뒤덮인 얼음지대가 나타나는데, 이 지역은 넓은 플라토를 이루고 있다.

이어 나타나는 분지를 가로지르든지, 아니면 처음부터 너덜지대 사면을 따라 올라 레 디아블롱(Les Diablons · 3,592m) 아래의 다소 평평한 사면을 올라간다. 이 구간은 낙석의 위험 때문에 때때로 빙폭을 넘어 빙하 언저리를 횡단하기도 한다.

이어 나타나는 비탈진 세락지대를 횡단해 오르면 이윽고 만년설 사면에 도달하게 된다. 여기서 서쪽으로 보이는 설원 중간의 바위섬으로 올라선다. 이 바위섬을 올라서면 트라퀴콜(안부)로 올라서게 된다. 이 안부에서 트라퀴산장(Cabane de Tracuit 투르트만산장에서 4시간 거리)은 지척이다.

　　해발 3,256m 지점에 있는 트라퀴산장에서 바라다보는 전망은 정말 매혹적이다. 약 30개 정도의 4천m급 봉우리들과 광막한 빙하와 그 빙하에 주름처럼 갈라진 크레바스가 한눈에 들어오며, 밀롱(Tete de Milon · 3,691m)의 설봉이 손에 잡힐 듯 다가온다. 산장서 밀롱 정상까지는 왕복 2시간 30분이면 족하다. 트라퀴산장에 도착해서도 시간이 남으면 밀롱을 오르고 내려와 산장서 일박하고 이튿날 비스호른 정상을 향하는 것이다.

　　이 지역에서는 바이스호른(Weißhorn · 4,505m)이 주봉이고 비스호른이 그 다음으로 높은 봉우리이지만 비스호른 역시 오를 만한 가치가 있는 당당한 4천m급 봉우리다.

　　산장을 나서서 투르트만 빙하의 가파른 만년설을 오른다. 넓은 설원을 거쳐 3,590m의 설릉을 넘어 남동쪽으로 전진해 올라 비스호른 정상부의 작은 안부로 올라선다. 여기서부터 좁은 눈처마 설릉이 정상까지 이어진다(산장에서 3시간 거리). 정상에 서면 바로 눈앞에 황량하기 이를 데 없는 바이스호른의 북벽과 대면

⊙ 코스정보

2박을 요하는 하이킹과 고산등산을 겸한 코스다. 장비는 알프후벨의 경우처럼 동계 기본장비를 갖추어야 하고 기본적인 암빙벽 등반경험이 필요하다. 초보자의 경우 가이드를 대동하는 것이 안전하다.

시즌 : 7월~9월

고도차 : 등산 2,700m 하산 2,900m

소요시간 : 15시간

지도 : 1:50,000 스위스지도 제273호(도엽명 Montana), 274호(Visp), 283호(Arolla)

숙박 : 투르트만산장(침상 50개, 7~9월 개점, 전화 028-421455), 트라퀴산장(침상 112개, 6~9월 개점, 전화 027-651500)

등산기지 : 투르트만과 치날에 숙박시설과 캠핑장이 갖춰져 있다. 투르트만 관광안내소 전화 028-421543, 치날 관광안내소 전화 027-651370

인근코스 : ① 상록~바이스호른 호텔~몬타뉴 드 나바~알프 드 바누사~치날(5시간 30분 소요)

　　　　　② 치날~소레브와(3시간 소요)

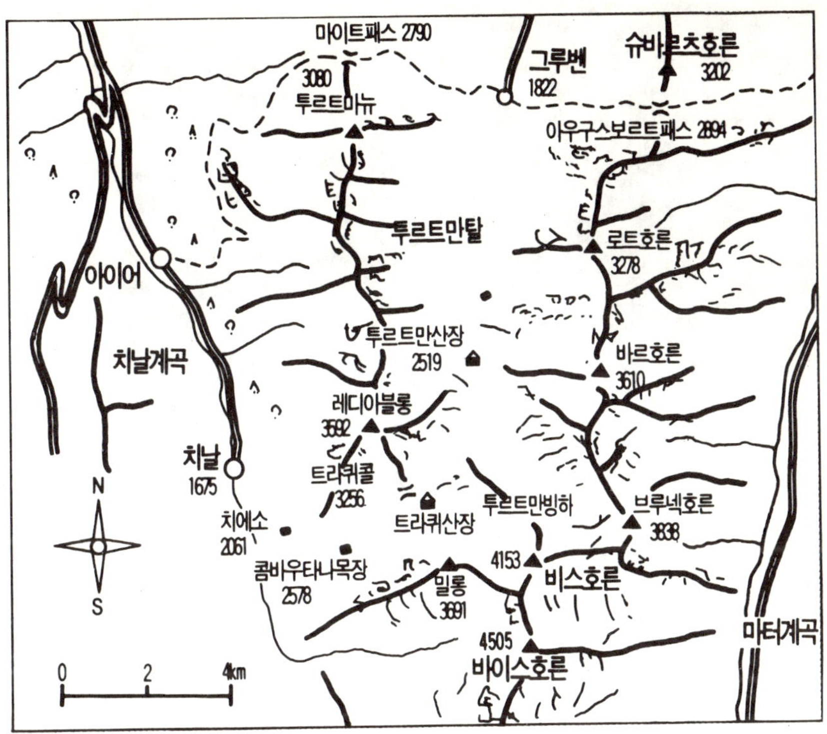
마이트패스 2790
그루벤 1822
슈바르츠호른 3202
3080
투르트마뉴
아우구스보르트패스 2894
투르트만탈
로트호른 3278
아이어
투르트만산장 2519
바르호른 3610
치날계곡
레디아블롱 3592
트라퀘콜 3256
투르트만빙하
브루넥호른 3638
치날 1675
N
치에소 2061
트라퀘산장
4153
비스호른
콤바우타니목장 2578
밀롱 3691
S
4505
바이스호른
마터계곡
0 2 4km

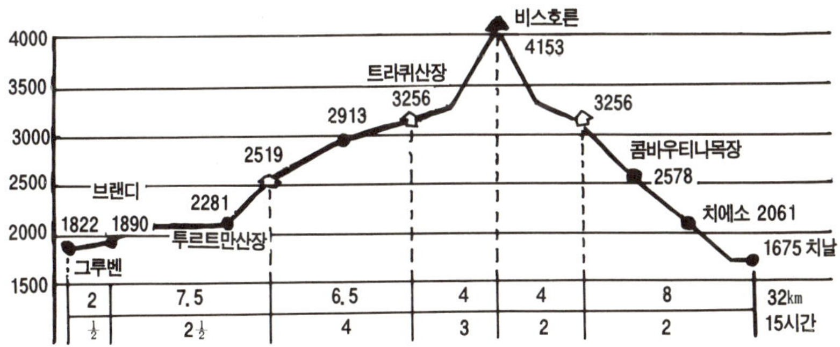
비스호른
4000
4153
3500
트라퀘산장
2913
3256
3256
3000
콤바우티나목장
2519
2578
2500
브랜디
2281
치에소 2061
2000
1822 1890
투르트만산장
1675 치날
그루벤
1500
2 7.5 6.5 4 4 8 32km
½ 2½ 4 3 2 2 15시간

치날의 옛거리에서 선 필자. 『어느 등산가의 회상』을 지은 에밀 자벨이 19세기 후반에
자주 찾았던 곳이다.

하게 된다.

  하산은 등산길을 역으로 2시간 정도 내려가면 산장에 닿는다. 산장에서 트라퀴
콜로 되내려와 가파른 바위길을 내려간다. 이 구간은 짧지만 온통 바위투성이이므
로 조심해야 한다. 이어서 나타나는 꿀르와르를 따라 하산하면 초원의 비탈길에
닿는다.

  콤바우타나목장(2,578m)에 이르러 잠시 휴식을 취한 후 치에소로 하산한다. 취
에소에서 가파른 수림지대에 난 길을 돌고 돌아서 내려가면 치날(트라퀴산장에서
3시간 거리)에 닿는다.

  치날은 조그만 산간마을이지만 소레브와(Sorebois)까지 케이블 카와 리프트가 설
치돼 있고 교통도 편리하다. 예전에는 주민들이 5개월 정도 머물다가 겨울이 다가
오면 아래로 내려가 살던 마을이 지금은 등산과 스키의 기지가 되어 관광휴양지로
변한 것이다.

치날에서 소레브와로
오르는 도중에 있는 무인산장.

트라퀴산장 부근에서 본 치날로트호른의 위용.

알레치 대빙하 코스

블라텐~아이스텐~퀴마트~파플러알프~구기슈타펠~구기호~2,323m~뢰첸뤼케~홀란디아산장~콘코르디아산장~메르옐렌~퀴보덴

⊙ 거대한 빙하 직접 밟는다

브리크는 발리스 알프스의 관광중심지인 체르마트와 베르너 알프스의 중심지인 인터라켄 중간쯤에 있는 교통의 요지이다. 체르마트를 출발한 빙하특급열차가 스위스 남동부에 위치한 상 모리츠로 가기 위해 이곳을 통과한다.

바로 이 브리크에서 북쪽으로 6km밖에 떨어지지 않은 곳에 알레치호른(Aletchhorn · 4,195m)에서 비롯된, 알프스에서 제일 거대한 빙하의 혀가 널름거리고 있다. 이 알레치 대빙하 주변에서는 3천~4천m급 고봉들이 즐비하게 솟아 있어 빙하를 오르는 동안 좋은 전망을 제공해 준다. 이 대빙하 아래 계곡이 뢰첸계곡이다.

브리크 북서쪽 가까운 곳에 있는 론계곡에는 아름다운 산간휴양지들이 여럿 자리잡고 있다. 이 계곡에 있는 감펠(Gampel)에서 북쪽으로 뢰첸계곡이 깊숙이 들어가고 있다. 이쯤에서 일찌감치 베르너 알프스의 3천~4천m대 17개 고봉들을 가늠할 수 있다. 특히 발리스 알프스쪽의 계곡은 원시적인 모습을 그대로 보여준다.

칸더슈테크로 가는 뢰첸베르크의 터널을 지나면 고펜시타인역에 이르는데, 도중에 좁고 굴곡이 심한 까다로운 커브길이 나온다. 마을 뒤로 넓은 계곡이 시원스럽게 펼쳐지는 고펜시타인에 이어 페르덴에 이르러 계곡다운 뢰첸계곡에 들어서는 것이다.

이 계곡은 북동쪽으로 뢰첸뤼케(Lötchenlücke · 3178m)까지 이어지는데, 하이킹은 이 계곡의 요충지인 키펠(Kippel)을 거쳐 빌러와 리드를 지나 블라텐(Blatten)에 들어서면서 시작된다.

계곡 양쪽 사면에 펼쳐지는 고원목장들과 낙엽송숲, 그리고 고도를 높이면서 나타나는 고산야생화들이 펼치는 매혹적인 경관에 취해 아이스텐(1,580m)을 지나면

그라이허그라트에서 본 알프스 최대의 알레치 빙하.

퀴마트(1,633m)라는 작은 마을에 닿는다. 이 마을은 봄에만 주민들이 올라와 묵고 내려가는 임시마을이다. 마을에는 17세기에 순례자들을 위해 세운 교회가 눈길을 끄는데, 지금도 7월 2일 성모마리아 축일에 아랫마을 주민들이 많이 찾아온다고 한다.

등산로는 방목지를 지나서 파플러알프(Fafleralp · 1,788m 블라텐에서 1시간 30분 거리)의 고원목장으로 이어진다. 목장 주변에는 나무로 지은 아담한 산장과 집들이 들어서 있다. 여름철 바캉스 시즌에 대여해 주는 숙소들이다(여름에는 이곳까지 버스가 들어온다).

해발 1,919m인 구기슈타펠(Guggistafel)에 올라서면서 물살이 매서운 개울과 함께 알레치 대빙하 하단의 황량한 빙하지형이 그 모습을 드러낸다. 조금 더 올라서면 구기호(Guggisee · 2,007m)라는 아담한 산중호수를 만난다.

얼마 후 알레치 빙하의 한 갈래인 예기 빙하에서 흘러 내려오는 안넨바흐의 개울을 건너 해발 2,323m지점에 오른다(파플러알프에서 3시간 거리). 초보자들은 이쯤에서 빙하 위로 우뚝 솟은 신호른(Schinhorn · 3,797m), 브라이트호른

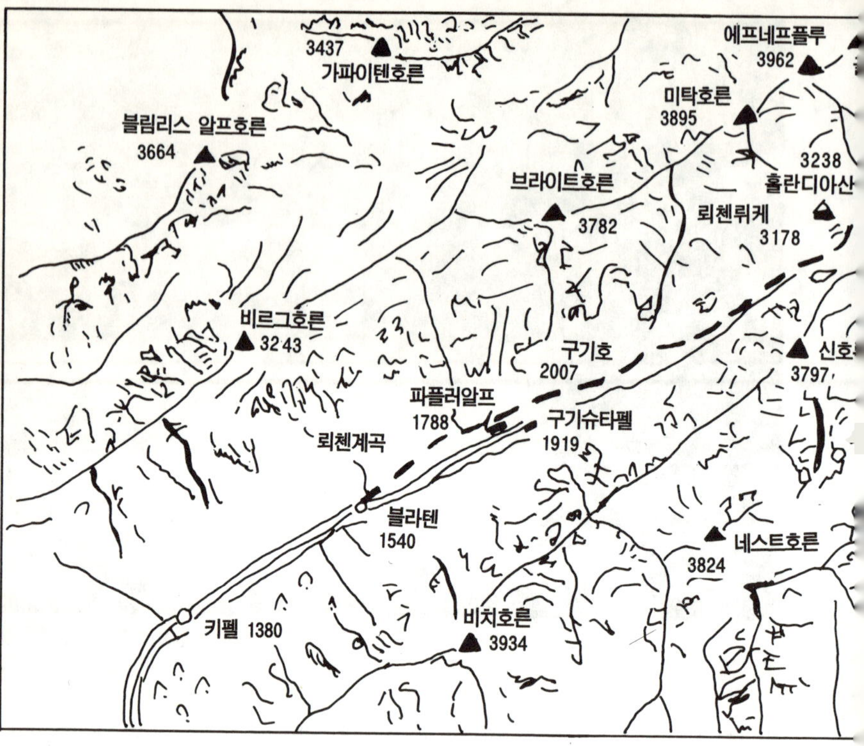

(Breithorn · 3,782m), 비치호른(Bietchhorn · 3,934m)등의 험준한 기암절벽과 빙벽들을 경이의 눈으로 바라보면서 휴식을 취한 후 하산한다(하산은 3시간 소요).

빙하지식과 등산경험이 많은 하이커들은 여기서부터 시작되는 알레치 대빙하 등산을 계속한다. 빙하 중심선을 따라 고도를 높여가면 뢰첸뤼케를 지나 곧 광막한 빙하 위로 삐져 나온 바위 위에 세운 홀란디아산장(3,288m)에 도달한다(2,323m 지점에서 3시간 거리).

'독수리둥지'라고도 불리는 이 산장은 콘코르디아산장과 함께 알레치 대빙하 위에 세워진 유명한 산장이다. 산장 주변에 전개되는 대파노라마는 상상을 초월한다. 이 산장이 지금 소개하는 코스에서 제일 높은 지점이다.

홀란디아산장에서 하루 묵고 이튿날 콘코르디아산장으로 향한다. 두 산장 구간에는 빙하수가 괴어 있는 곳이 여럿 나타나므로 그것들을 피해 진로를 잡아야 한다. 알레치호른의 위용을 감상하면서 해발 2,750m지점에 이르면 콘코르디아산장

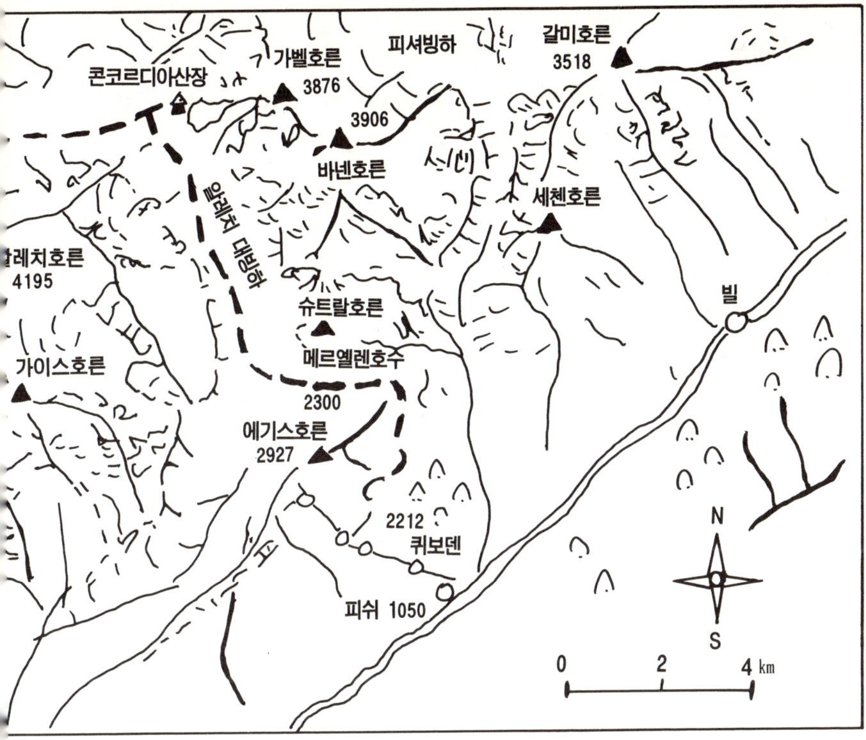

콘코르디아산장
가벨호른
3876
피셔빙하
갈미호른
3518
3906
바넨호른
알레치 대빙하
세쳰호른
레치호른
4195
빌
슈트랄호른
가이스호른
메르엘렌호수
2300
에기스호른
2927
2212
퀴보덴
피쉬 1050
N
S
0   2   4 km

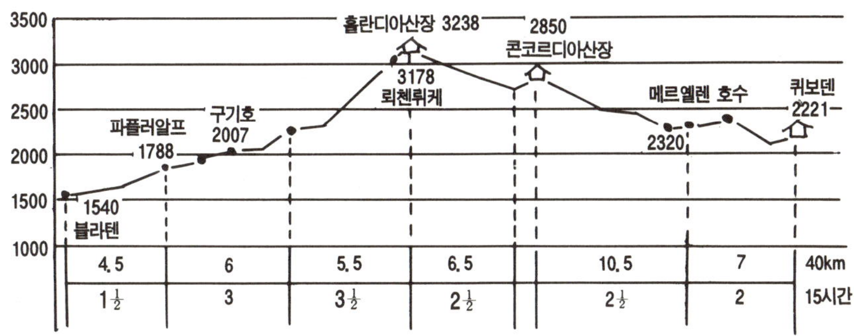
3500
3000
2500
2000
1500
1000
홀란디아산장 3238
2850
콘코르디아산장
3178
뢰첸뤼케
메르엘렌 호수
퀴보덴
2221
파플러알프
1788
구기호
2007
2320
1540
블라텐
4.5   6   5.5   6.5   10.5   7   40km
1½   3   3½   2½   2½   2   15시간

⊙ **코스정보**

이 코스는 2일이 소요되는 고산 하이킹 코스로 빙하등산의 경험을 전제로 하지만, 가이드를 대동할 경우 초보자들도 가능하다. 적어도 자일, 피켈, 아이젠, 그리고 고글은 필수적이다.

시즌 : 7월 중순~10월

고도차 : 등산 1,700m(파플러알프부터는 1,500m) 하산 1,000m

소요시간 : 15시간(파플러알프부터는 13시간 30분)

지도 : 스위스1 : 50,000 지도 제264호(Jungfrau)

숙박 : 홀란디아산장(스위스산악회 베른지부 소속, 침상 106개, 4월 1일~5월 31일과 7월 1일~8월 31일, 부활절과 성령강림절에 오픈, 전화 028-491135). 콘코르디아산장(그린델발트지부 소속, 침상 129개, 3월 말~9월 말 오픈, 전화 036-551394). 메르옐렌호수 상부에 피난막사가 있다. 퀴보덴에 융프라우 호텔(전화 028-711988)과 알피나 호텔(028-712425)이 있다.

등산기지 : 알레치지역쪽에는 피쉬, 뫼렐, 브리크, 뢰첸지역쪽은 페르덴, 키펠, 빌러, 리드, 블라텐이 있고, 여름에는 파플러알프까지 버스가 운행되고 있다. 문의전화 028-491388

인근코스 : ① 파플러알프~펠리알프~베리츠알프~호켄알프~페르덴(7, 8시간 소요, 고원목장을 잇는 코스로 이 지역에서 가장 일반화된 하이킹 코스)

② 빌러~라우체른알프~뢰첸파스(등산 4시간, 하산 3, 4시간 소요, 칸더 계곡 북쪽으로 내려서는 것이 일반적)

은 조금 더 높은 바위 위에 있는데, 이곳까지 철제 계단이 설치되어 있다.

콘코르디아산장에서 다시 알레치 대빙하의 크레바스지대를 내려선다. 여기저기 아가리를 벌리고 있는 크레바스지대를 지나면서 간혹 뛰어 건너기도 해야 하는데, 이때 주의를 요한다. 뛰는 순간 발밑 눈얼음이 무너져 불의의 사고를 당할 수도 있기 때문이다.

빙하의 모레인지대는 마치 넓은 도로처럼 남쪽으로 휘돌아 빠지는데, 그 중간쯤 슈트랄호른(Stralhorn · 3,026m)과 에기스호른(Eggishorn · 2,927m) 사이 안부로 이어지는 작은 고개를 넘어서면 메르옐렌(Märjelen · 2,300m)의 목가적인 호수에

콘코르디아 플라츠에서 바라본 투르그베르크, 왼쪽으로 묀히의 남서릉이 보인다.

이른다(콘코르디아산장에서 2시간 30분 거리). 모레인지대는 그다지 어렵지 않게 내려설 수 있다.

메르엘렌은 산간휴양지로 유명한 리더알프(Riederalp)나 베트머알프(Bettmer-alp), 또는 에기스호른을 찾는 관광객들의 하이킹 경유지로 많이 찾는 곳이다. 베르엘렌호수의 물은 리더알프의 식수로 사용되고 있다.

호수의 상단부에 도달하면 그 아래로 넓게 펼쳐지는 목장을 지나 텔리그라트의 산릉을 오르내리면서 에기스호른의 산허리로 접어든다. 그리고 '귀족들의 산책길'이라는 별명이 붙은 비탈길을 따라 퀴보덴(Kühboden · 2,221m)으로 내려선다(메르엘렌에서 2시간 거리). 이 '귀족들의 산책길'을 내려서면서 론계곡 건너편으로 발리스 알프스의 고봉들이 펼치는 장관을 만끽할 수 있다.

하이킹의 종착지인 퀴보덴에는 피쉬(Fiesch)~에기스호른 간에 케이블 카의 중간역이 있다. 여기서 케이블 카에 몸을 싣고 피쉬로 내려온 다음 열차편으로 브리크로 돌아오면 된다.

베트머그라트 코스

베트머알프~베트머그라트~파노라마 호텔~로티춤마~메르옐렌호수~로티춤마~빌~리더푸르카
~리더알프~뢰렐~브리크

◉ 알레치 대빙하 전망 일품

이 코스는 알레치 대빙하를 내려다보며 베트머그라트와 그라이허그라트의 산허리를 걷는 매혹의 하이킹 코스다. 브리크에서 기차나 버스를 타고 베텐을 경유해 일단 베트머알프로 가서 곤돌라에 몸을 싣고 베트머그라트로 오른다.

리더알프와 함께 베트머알프는 부호들의 멋진 별장들이 자주 눈에 띄는 호화로운 산간휴양지로 여름에는 관광객, 겨울에는 스키어로 붐빈다.

특히 산봉우리들이 아름다운 장미빛으로 물드는 날에는 베트머그라트를 찾아온 자신이 자랑스러울 정도다. 발리스 알프스의 플레치호른, 돔, 바이스호른의 위용이 보란 듯이 뽐내고 있고, 청명한 날에는 아스라이 마터호른이 그 얼굴을 내미는 것이 장관이다.

베트머알프의 산간역에서 10분이면 베트머그라트에 닿는데, 이 암릉에 서야만 비로소 알프스 최대의 빙하인 광막한 알레치 대빙하를 바라볼 수 있다. 융프라우요흐와 알레치호른에서 시작된 일대장관의 대빙하는 봉우리와 비탈 사이사이로 평화롭게 흐르고 있다.

이 빙하는 콘코르디아고원에서 높이 7백m의 빙벽을 가로지르고 벨알프에서 그 혀를 널름대고 있다. 빙하 주위에는 여러 하이킹 코스가 개발되어 있고, 모험을 요하는 3일간의 빙하트레킹 코스도 있으며, 알레치호른 등산코스도 있다. 이 지역만의 독특한 전통놀이로 9월 첫 주말에 목동들이 검은 양떼 2천 마리를 알레치고원목장에서 벨알프로 몰고 내려오는 행사가 있다.

알레치 빙하 오른쪽 너머에 있는 푸스호른과 가이스호른의 험악한 암벽 아래에 나터스지방 사람들의 공동소유 목초지가 펼쳐져 있는데, 5월 해빙기가 되면 나터스 농부들이 블라텐의 농장으로 올라가서 집과 가축들을 손보는 것이다. 7월이 되

태고의 울창함을 지니고 있는 알레치수림.

면 목동들은 2천8백m 높이의 위험한 영양길까지 양떼를 몰고 다닌다. 그리고 여름에는 등산객들의 하이킹 코스로 이용되는 것이다.

베트머그라트 코스가 갖는 또 하나의 특색은 아기자기한 암릉길과 산허리길, 웅대한 산들을 배경으로 무성하게 우거진 수림지대를 걷는 것이다. 이 숲의 75%는 소나무이다. 이 숲속을 거닐다가 수령 8백년이 넘는 고목을 발견하고 놀랄 것이다. 스위스는 220헥타르가 넘는 이 수림지대를 자연보호림구역으로 지정했고, 어네스트 카셀 경이 1900년 리더푸르카에 여름용 별장을 지은 카셀빌라에서 자연보호세미나를 1974년 개최한 후 이를 계기로 이곳에 자연보호센타와 식물원이 마련되었다.

알레치지역을 방문하는 사람은 베트머알프를 놓칠 수 없다. 베트머알프의 종점에 해당하는 베트머그라트에서 1시간 30분 정도 빙하 쪽으로 내려가면 이 지역에서 제일 아름다운 코스로 들어선다. 관광객들은 베트머그라트 위에 있는 파노라마 호텔에서 발길을 돌리지만, 하이커들은 빙하 쪽으로 발걸음을 재촉하게 된다.

여기서 베트머그라트의 정상인 베트머호른(2,856m)을 오를 수도 있다. 발디딤이 안전하고 30분이면 도달할 수 있다. 그러나 대부분의 하이커들은 베트머호른까지 오르지 않고 몇 분 후면 도달하는 빙하 전망대에서 웅장한 베르너 알프스의 파노라마와 알레치 대빙하의 장관을 만끽하고 로티춤마(2,348m)로 향한다.

다소 가파른 내리막 너덜을 따라 내려서면 로티춤마에 도달한다. 전망은 이루 말할 수 없고, 빙하에서 불어오는 바람 또한 싱그럽다. 칼로 갈라 놓은 듯한 바윗길을 넘으면 얼마 후에 말등바위가 나타난다. 이 말등바위는 에기스호른과 메르옐렌호수를 잇는 암릉상에 기이한 모습을 띠고 있다.

얼음덩이가 떠 있는 청록색의 메르옐렌호수가 가물가물 내려다보이고, 빙하등 위로 아가리를 크게 벌리며 갈라져 있는 크레바스의 몰골은 괴기스럽기조차 하다. 주름진 음험한 빙벽 너머로 올덴호른의 봉우리가 빛과 그늘 사이를 오가면서 요염한 자태를 자랑하기도 한다.

로티춤마에서 메르옐렌의 호수까지는 30분 거리. 로티춤마로 되돌아 와서 빙하길로 접어들어 빌(Biel · 2,292m)로 내려간다(로티춤마에서 1시간 거리). 이 구간

⊙ 코스정보

이 코스는 알레치 대빙하 코스에 비하면 매우 쉬운 코스다. 특히 하루산행을 원하는 사람에게는 더없이 좋은 코스다.

시즌 : 7~10월

고도차 : 등산 250m 하산 950m

소요시간 : 4시간 45분

숙식 : 베트머그라트의 파노라마 레스토랑과 베트머알프, 리더알프, 리더푸르카, 메르옐렌, 퀴보덴에 여러 형태의 숙식시설이 완비돼 있다.

등산기지 : 브리크, 뫼렐, 피쉬, 에기스호른의 관광기점인 피쉬에서 케이블 카를 타고 에기스호른에 오른 다음, 메르옐렌호수로 내려가서 전술한 하이킹 코스로 들어서는 경우도 많다.

인근코스 : ① 벨알프~알페네셀 비르기시(3시간 30분 소요. 알프스 고산화 관찰코스)

② 벨알프~오버알레치산장(3시간 30분 소요. 하산시 빙하를 건너므로 요주의)

③ 리더알프~리더푸르카~리더호른~리더알프(4시간 소요)

④ 리더알프~리더푸르카~융모레인~알테슈타펠~그라이허그라트~블라우호~리더알프(4시간 30분 소요)

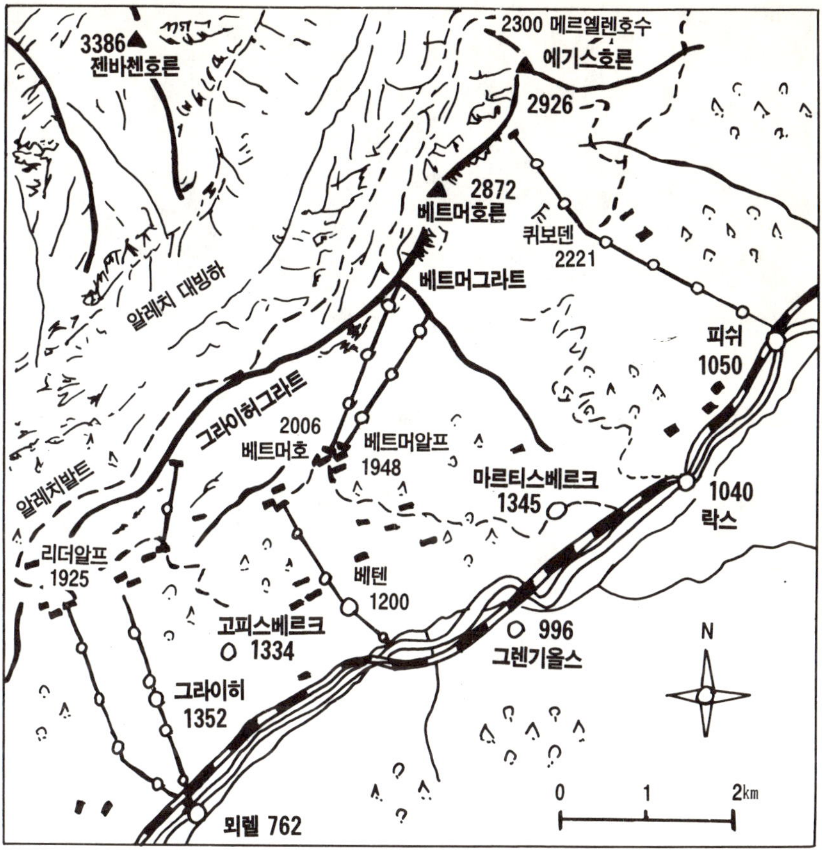

3386▲ 젠바첸호론
2300 메르엘렌호수
에기스호론
2926
알레치 대빙하
2872 베트머호론
퀴보덴 2221
베트머그라트
피쉬 1050
그라이허그라트
2006 베트머호
베트머알프 1948
마르티스베르크 1345
1040 락스
알레치발트
리더알프 1925
베텐 1200
고피스베르크 1334
996 그렌기올스
그라이히 1352
뫼렐 762
N
0 1 2km

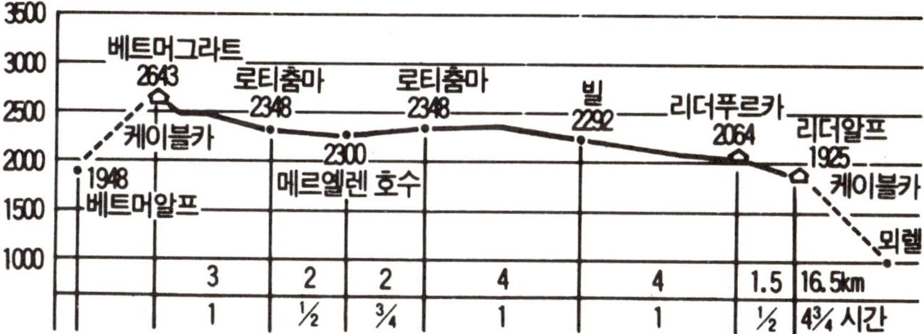

3500
3000
2500
2000
1500
1000
베트머그라트 2643
케이블카
1948 베트머알프
로티춤마 2348
로티춤마 2348
2300 메르엘렌 호수
빌 2292
리더푸르카 2064
리더알프 1925
케이블카
뫼렐
3 2 2 4 4 1.5 16.5km
1 ½ ¾ 1 1 ½ 4¾ 시간

메르옐렌에서 건너다보이는 올덴호른.

은 수년 전에 길을 새롭게 개축한 곳이어서 안전하게 걸을 수 있는 상쾌한 구간이다. 빌은 리더알프 상부 암릉에서 시작해 베트머호른으로 뻗어가는 그라이허그라트 상에 있다.

여기서 1시간 정도면 무스플루나 베트머알프로 내려설 수 있다. 그러나 눈앞에 펼쳐지는 알레치의 수림이 강하게 유혹한다. 빙하 퇴석지대로 나서는 길을 따라 내려서서 태고의 수풀길로 들어서면 여기저기 흩어져 있는 고사목 사이사이에 알펜로제가 만발한 비탈길을 따라 내려서게 된다. 알프스 아니고는 맛볼 수 없는 정취다.

그라이허그라트에 서 있는 이정표.

　알레치의 수풀이 끝나는 언저리에서 리더푸르카까지는 1시간 거리. 여기서 알프스 식물들을 전시해 놓은 정원을 구경한 후 리더알프(Riederalp · 1,925m)로 내려가서 곤돌라에 몸을 싣고 뫼렐로 하산하면서 하이킹을 마감한다. 뫼렐에서 열차편으로 브리크로 돌아오면 되는 것이다.

뢰치베르크 산책길

호텐 ~ 뤼에글리히 ~ 리덴 ~ 율리계곡 ~ 브레기 ~ 비치계곡 ~ 세인트게르만 ~ 만킨토벨 ~ 아우서베르크 ~ 트로그도르프 ~ 테레지엔 ~ 발트시더계곡 ~ 에거베르크 ~ 랄덴 ~ 브리거바트 ~ 브리크

⊙ 매혹의 론강 산비탈길

이 코스는 론 빙하에서 발원한 론강을 따라 그 비탈 위에 오밀조밀 자리잡고 있는 산간마을들을 구경도 하며 거니는 매혹의 산책길이다. 이 지방은 발리스주 생활권의 동맥이 되어 왔다. 중세는 물론, 근세 1백년에 걸쳐 격동하는 역사의 변화 속에서 근대화의 중요한 역할을 한 곳이어서 산업시설들이 교회, 수도원, 성곽 그리고 고풍스런 상점들과 함께 잘 어우러져 있는 곳이다.

게다가 마을 사이사이에 펼쳐진 푸른 목초지와 풍요로운 과수원들이 알프스의 전원 풍경을 더욱 아름답게 연출하고 있다. 시간이 허락하는 사람은 이 뢰치베르크의 산책길에서 시에르(Sierre)의 상부에 있는 무조트(Muzot)까지 가보는 것도 좋을 것이다. 독일의 유명한 시인 라이너 마리아 릴케가 살았던 집을 구경할 수 있기 때문이다.

이 산책길은 원래 1960년경에 만들어졌으나 1987년 새로 개축되었고, 그 주변에 스위스의 수도 베른으로 가는 철도가 달리고 있는데, 1988년 철도 개통 1백주년을 기념하는 축제가 크게 열린 후부터 더욱 관광을 위한 하이킹 코스로 각광을 받게 되었다.

이 코스의 길이는 약 26km쯤으로 하루 꼬박 걸리는 거리이지만, 주위에 펼쳐지는 풍경이 변화무쌍하여 결코 지루하지 않다. 산뜻하게 꾸며 놓은 공장, 목가적인 전원 풍경, 그리고 이따금 수려한 자작나무 수림과 급류 사이로 형성된 좁고 깊은 골짜기, 또 하늘을 찌르듯 솟아 있는 기암절벽들이 하이커의 동반자가 되어 준다. 또한 쨍쨍 내리쬐는 뙤약볕 아래 살수기에서 뿜어오른 물보라를 통해 피어난 아름다운 무지개마저 우리의 동반자가 되어 준다.

이 지방은 발리스의 다른 지역에 비해 비가 적고 건조한 편이다. 스위스에서 연

레팅겐의 하얀 예배당의 배경을 이루고 있는 알프스산군.

중 강우량이 제일 적은 곳이다. 그래서 이곳 사람들은 예부터 물을 성스럽게 대했고, 이런 환경 때문에 유독 관개시설이 잘 되어 있다. 가정에서나 목초지, 과수원에서 살수기를 이용해 물을 뿌리고 있는 모습을 흔히 볼 수 있는 것도 관개시설이 잘 구비되어 있기 때문이다.

하이킹의 출발점은 철도가 가깝고 교통망이 좋아서 여러 곳에서 시작할 수 있다. 그러나 보통 호텐(Hohten) 아니면 브리크(Brig)를 출발점으로 잡는 것이 일반적이다. 먼저 감펠(Gampel)에서 버스편으로 호텐(1,079m)에 간다. 호텐을 출발해 얼마쯤 가면 암장이 나타난다.

이 암장에 내닫고 있는 바윗길을 따라 걸어가면 뤼에글리히 묘지에 이른다. 그리고 곧이어 높이 50m의 작은 고지를 만난다. 루오겔킨비아두크트(Luogel-kinviadukt)라고 부르는 곳인데, 베른-뢰치베르크-심플론간 철도에서 첫번째 고지대인 이곳에 터널이 뚫려 있다. 이 터널 위쪽 길을 따라 계속 걸어가면 리덴마을이 나온다.

리덴을 지나서 위쪽으로 올라가면 욜리계곡이 나타난다. 이 계곡은 이 코스에서

시톡칼퍼 성의 화려한 원형 옥탑 장식.

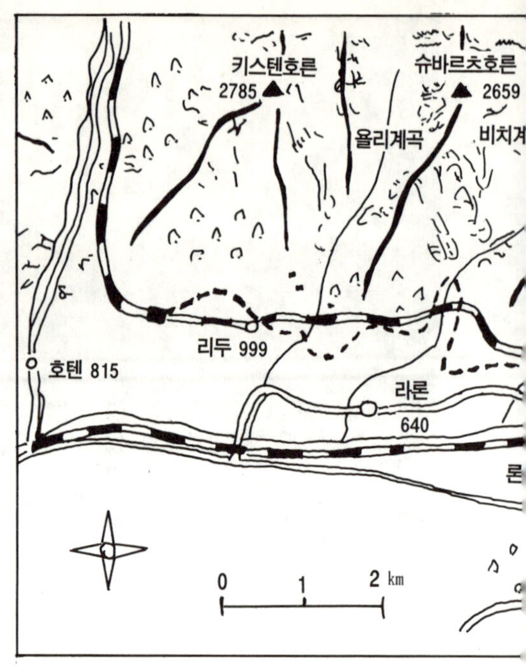

처음으로 만나는 계곡이다. 욜리바흐의 개천을 가로지른 후 전망이 좋은 브레기에 이르는데, 계속해서 계곡 아래쪽으로 내려간다. 그리고 물줄기를 따라 휘어오른 다음 라너쿰메의 평탄한 길을 한참 걸어가면 발 아래에 사적으로 유명한 라론 (640m)마을이 한눈에 내려다 보인다.

이 지점에서 리츠보데의 울타리를 따라 90m쯤 올라가면 야성미 넘치는 비치계곡으로 접어드는 오르막이 나타난다. 낭만이 깃든 이 길을 얼마쯤 가면 갈림길이 나온다. 그 배후에 바로 비치계곡이 오지를 향해 그 높이를 더해가고 있다. 이 지점은 해발 1,080m의 고지이며 출발점인 호텐에서 1시간 30분 거리이다.

여기서 산모퉁이를 돌아들면 숲속을 빠져 나와 비치바흐를 건너는 다리에 이른다. 주변의 경치가 너무 좋아 잠시 물소리와 새소리에 귀를 기울이고 있노라면 비로소 자신이 적막한 산간유곡에 들어섰다는 느낌을 가지게 된다. 이런 감정은 협곡 양쪽에 솟아 있는 괴괴한 응회암의 특이한 풍경을 대하면서 더욱 색다르게 각색된다.

아래쪽으로는 긴 철교가 놓여 있는데, 길이는 136m. 이곳을 지나면 전망대가

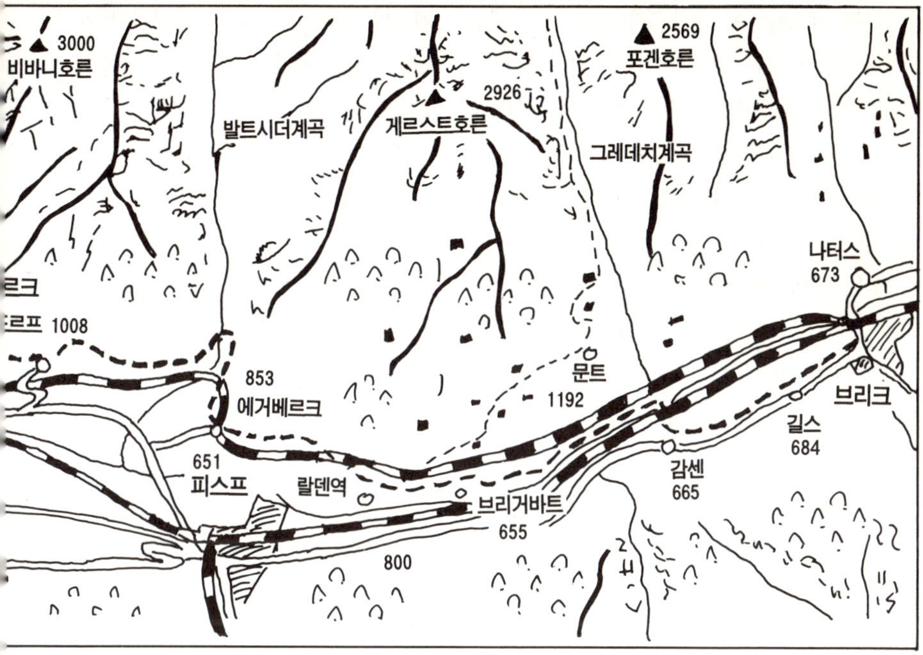

3000
비바니호른
발트시더계곡
게르스트호른
2926
2569
포겐호른
그레데치계곡
나터스
673
르크
르프 1008
853
에거베르크
문트
1192
브리크
길스
684
651
피스프
랄덴역
감센
665
브리거바트
655
800

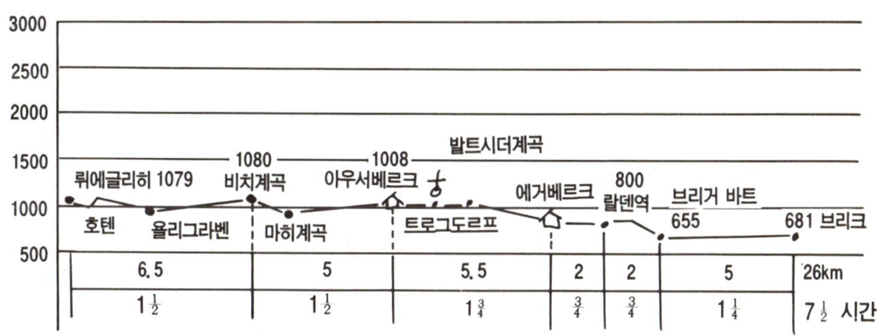

3000
2500
2000
1500
1000
500
발트시더계곡
1080
1008
뤼에글리히 1079
비치계곡
아우서베르크
에거베르크
800
랄덴역
브리거 바트
호텐
욜리그라벤
마히계곡
트로그도르프
655
681 브리크
6. 5
5
5. 5
2
2
5
26km
1½
1½
1¾
¾
¾
1¼
7½ 시간

있는 리드갈텐에 다다른다. 얼마동안 세인트 게르만(Saint German)을 내려가면 마네라로 빠지는 갈림길이 나온다. 여기서 이정표를 보고 얼마간 전진하면 이윽고 앞이 탁 트인 수림지대로 접어들며 길은 만킨토벨로 이어진다.

여기는 아름다운 론강이 제일 잘 보이는 구간이다. 또한 처음으로 남쪽 하늘 아래 우뚝 솟은 심플론산군을 바라볼 수 있는 구간이기도 하다. 심플론에는 스위스와 이탈리아의 국경이 접하는 심플론고개가 있는데, 두 나라 사이에 교역이 빈번했던 고개이자 역사상 숱한 애환이 깃들어 있는 고개이기도 하다.

이윽고 아우서베르크(931m)의 역에서 오른쪽의 호텔과 레스토랑을 지나서 그대로 나아가면 트로그도르프마을에 진입한다. 높이 1,008m에 자리잡은 이 마을은 갈림길에서 1시간 30분 거리이다.

고색창연한 마을 풍경을 구경하면서 한참 동안 산책길을 걸어가면 이윽고 테레

⊙ 코스정보

시즌 : 5~10월. 특히 가을이 으뜸.

고도차 : 등산 400m 하산 800m

소요시간 : 7시간 30분

지도 : 1 : 50,000 스위스지도 제274호(도엽명(Visp))

숙박 : 아우서베르크, 에거베르크, 피스프까지 정기버스 운행. 에거베르크는 발트시더계곡의 자연보호구역 입구. 감센에는 문트(Mund · 1,192m)로 오르는 케이블카가 있는데, 아름다운 등황색의 사프란속의 크로커스 군생지가 있다. 028-461273

주요캠핑장 : 호텐, 브리크, 피스프, 아우서베르크. 이용 안내전화 028-231901(브리크), 028-464181(피스프). 발트시더산장을 경유하는 베르너 알프스 등산을 희망하는 사람은 아우서베르크를 등산기지로 삼는 것이 좋다.

인근코스 : ① 브리크~비르기시~문트~카스틀러~핀넨~에거베르크(약 5시간 30분)

② 로이커바트~겜미파스~칸더슈테크(약 6시간 소요. 케이블 카나 철도 중간역을 이용하면 시간 단축)

③ 사이론~살게시(시에르가 출발점이기도 한 이 코스는 발리스주에서 가장 유명한 포도농장을 거치는 코스로 많이들 찾는 코스이다.)

지엔의 예배당에 도달한다. 이 사적을 살핀 다음 맷돌이라는 뜻의 이름을 가진 뮈레 마을에서 작은 산길을 따라 내려가면 세번째 계곡에 해당하는 발트시더계곡에 이르고, 여기서 스위스산악회 소속의 발트시더산장 가는 길을 만난다.

아우서베르크를 출발점으로 하는 베르너 알프스행 등산객들은 이 산장길을 애용하지만, 하이커는 이정표에 노란색으로 표시해 둔 화살표를 따라 계속 전진, 개천을 건너 에거베르크(853m)로 나아간다. 트로그도르프에서 1시간 45분 거리이다. 여기서부터 시작되는 이 코스의 마지막 구간은 스위스 최남부 테신주의 풍토와 닮은 데가 많다. 이른바 고대 로마시대의 향내와 이탈리아풍의 내음이 물씬 풍기는 것이다.

이윽고 시타델과 루를리 마을을 지나고 해발 8백m의 랄덴을 지나면 피스프를 한눈에 내려다 볼 수 있는 브리거바트(해발 655m)에 닿는다. 이곳은 온천 마을로 유명하다. 이 브리거바트와 브리크 간의 5km 구간은 사람들이 가장 많이 왕래하는 산책길이다. 편도 소요시간은 1시간 15분.

드디어 시원한 저녁 바람이 그레데치 산골에서 불어올 무렵 뢰치베르크 코스의 종착점인 브리크에 도착한다. 시간이 허락하면 이튿날 시내를 관광하는 것도 좋은 추억거리가 될 것이다.

이곳은 론강 일대에 걸쳐 예부터 교통의 요새지이며, 특히 둥근 양파모양의 탑머리를 얹은 시톡칼퍼의 호화로운 성곽은 이곳을 찾는 관광객들의 눈요기감이 되어 왔다. 성은 17세기경 스위스에서 세력이 가장 센 영주 시톡칼퍼의 저택이자 상업의 중심지였다. 그는 굴지의 대상(大商)이어서 '왕관을 쓰지 않은 왕'으로 행세했는데, 그 큰 저택이 지금은 주요행사장으로 이용되고 있다.

특히 해마다 5월 하순에 열리는 청소년 취주악대 경연대회 때는 스위스의 각주를 대표하는 청소년악대들이 이곳에 모이고 관광객들이 합세해 대성황을 이룬다. 이 대회는 시가행진을 겸하고 있어 좋은 볼거리를 제공하고 있다.

뮌스터 고독의 길

뮌스터 ~ 아이게트 ~ 베르벨목장 ~ 메레제바흐계곡 ~ 알프첼러목장 ~ 제델 ~ 호수 ~ 샤프베르크 ~ 호바흐호호수 ~ 뢰비비바흐 ~ 첼러목장 ~ 레킹겐 ~ 뮌스터

⊙ 목장길 따르는 적적한 산길

알프스 빙하급행열차의 철도 연변에 위치하고 있는 뮌스터(Münster)는 중세의 교회와 성당이 돋보이는 곳인데, 특히 부근에 넓고 아늑한 초지가 펼쳐져 있어 온갖 꽃들이 만발하는 7월 초가 되면 하이커들의 넋을 빼앗는 곳이기도 하다.

이 코스는 슈토키봉(Stockji · 2,602m)을 휘돌아 샤프베르크(Schafberg · 2,573m)를 오르고 레킹겐마을로 돌아 내려오는 이른바 '고독의 등산길'이다. 앞에서 소개한 뢰치베르크의 산책길은 많은 관광객과 도보여행자, 트레커 그리고 하이커들이 찾아와서 비교적 붐비는 곳이지만, 이 뮌스터 코스는 조용히 산행을 즐기는 등산객들이 적적한 산길을 오른다 하여 고독의 길이라고 부르고 있다.

이 지방은 역사적으로 곰스(Goms)부족이 제일 많이 살고 있고, 종교예술의 고장으로 널리 알려져 있는 곳이다. 특히 파이프오르간과 조각예술품의 산지로 유명한데, 그 전성기는 13세기로 거슬러 올라가지만 지금까지도 곰스부족의 전통과 기술은 이어지고 있다. 소 사육을 주요 영농으로 삼고 있는 이 부족은 피부와 머리칼이 비교적 거무스름하고 체구가 작으면서도 강인해 고산족과 같은 체질과 기질을 갖고 있다.

얼마 전까지만 해도 관광과는 거리가 멀었지만 최근 사람들이 몰리고 있어 철도역내에 여행안내소를 운영하고 있다. 역에서 남쪽으로 방향을 잡고 건널목을 건너 론강(독일어권에서는 로텐강이라 부른다)에 걸린 다리를 건넌다.

다리를 건넌 다음 산자락을 올라가면 아이게트(Eiget · 1,371m)에 이르고 계속 좁은 산길을 따라 오르면 울긋불긋하게 칠해 놓은 울타리를 만난다. 이곳이 해발 1,534m의 베르벨(Berbel) 고원 목장이다(뮌스터에서 45분 거리).

눈 아래로 평화스러운 뮌스터와 울리헨 마을 지붕들이 햇빛에 반사되어 눈부신

오버곰스의 산군.

광경을 이룬다. 이어 닿게 되는 곳이 적막한 메레제바흐계곡. 이 계곡을 따라 한참 오르면 산허리를 옆으로 가로지른 다음 로제호른과 뢰펠호른의 능선을 넘는다. 그리고 짙게 우거진 숲을 통과해 남동쪽으로 계속 고도를 높여 간다.

얼마 후 발 아래로 메레제바흐계곡 아래로 깎아내린 협곡을 만나게 되는데, 이 지점을 조심스럽게 통과해야 한다. 협곡을 다그치는 물소리만 고요함을 뚫고 들려올 뿐 주위는 괴괴한 적요 속에 싸여 을씨년스런 느낌마저 준다. 이윽고 수풀을 쳐서 만들어 놓은 간벌지에 제법 큰 목장 건물이 나타난다. 알프첼러목장(해발 1,846m. 베르벨목장에서 1시간 거리)이다.

여기서 잠시 휴식을 취한 후 계곡 왼쪽을 따라 오르면서 두 번 계곡을 건너야 하는데, 이따금 낙석이 떨어지는 경우가 있으므로 조심해야 한다. 얼마 후 곱사등이 능선에 이르게 되는데, 해발 2,232m의 제델봉(Sädel)정상으로 뻗어 있는 이 능선을 타고 정상 직전까지 비교적 가파른 구간을 올라가야 한다.

이 구간에서 이 지역에서는 제일 높은 슈토키가 지척에 보이지만 생략하고 샤프베르크를 향해 산중호수 쪽으로 계속 전진한다. 도중 남서쪽의 약간 내리막에 들어서게 되는데, 지금은 폐허가 되어버린 산장 옆을 지나서 새로 개축한 등산로를 찾아 다시 오르막을 오른다. 이쯤 오면 한여름에도 늦봄을 연상케 하는 서늘한 냉기를 맛볼 수 있다.

　두번째 나타나는 산중호수를 오른쪽에 끼고 목적지인 샤프베르크에 오른다. 하지만 이 호수를 통과하기 전에 첫번째 호수인 라케호수(해발 2,413m)에 들러 잠시 휴식을 취하면서 주위를 감상하는 것이 더욱 낭만적이다. 대개 이 호숫가에서 준비해 온 도시락을 먹게 된다.

　샤프베르크 정상을 향해 마지막 피치를 올린다. 호수와 정상 사이에 암벽이 나오는데 이 지대를 넘고 2,498m 지점에서 방향을 북서쪽으로 돌린다. 여기서부터는 등산로가 보이지 않는다. 말하자면 길이 사라지고 눈 덮인 사면이 이어진다. 여름산의 눈을 사뿐사뿐 밟아가며 오르는 맛이란 또다른 정취를 자아내고 있다.

　이윽고 만년설에 뒤덮인 정상에 서면 남쪽으로 아름답게 솟아 있는 블린넨호른이 이 등정자를 맞아준다. 뮌스터에서 샤프베르크 정상까지는 약 4시간 남짓 걸린다.

　하산은 목가적인 풍경이 물씬 풍기는 호바흐의 호수 쪽으로 잡는다. 여기서부터 얼마간 제법 경사가 급하지만 조심해서 서서히 내려가면 호바흐의 동굴이 나타난다. 이 동굴을 통과하고 뢰비비바흐의 계곡을 따라 내려가면 첼러목장(2,207m)에 도착한다. 정상에서 약 1시간 거리다.

⊙ 코스정보

시즌 : 6월 말~10월

고도차 : 등산 1,250m 하산 1,250m

소요시간 : 7시간

숙박 : 숙박시설이나 음료수를 파는 곳이 전혀 없으므로 출발 전에 준비해야 한다.

지도 : 1 : 50,000 스위스지도 제265호(도엽명 Nufenen), 오버곰스(Overgoms) 관광국
　　　에서 발행한 하이킹용 지도.

등산기지 : 뮌스터 또는 레킹겐

인근코스 : ① 뮌스터~브루델호른~울리헨(9시간 소요의 장거리)

　　　　② 울리헨~누페넨파스(또는 그리스파스) 사적 답사코스로 약 4시간 30분
　　　　소요.

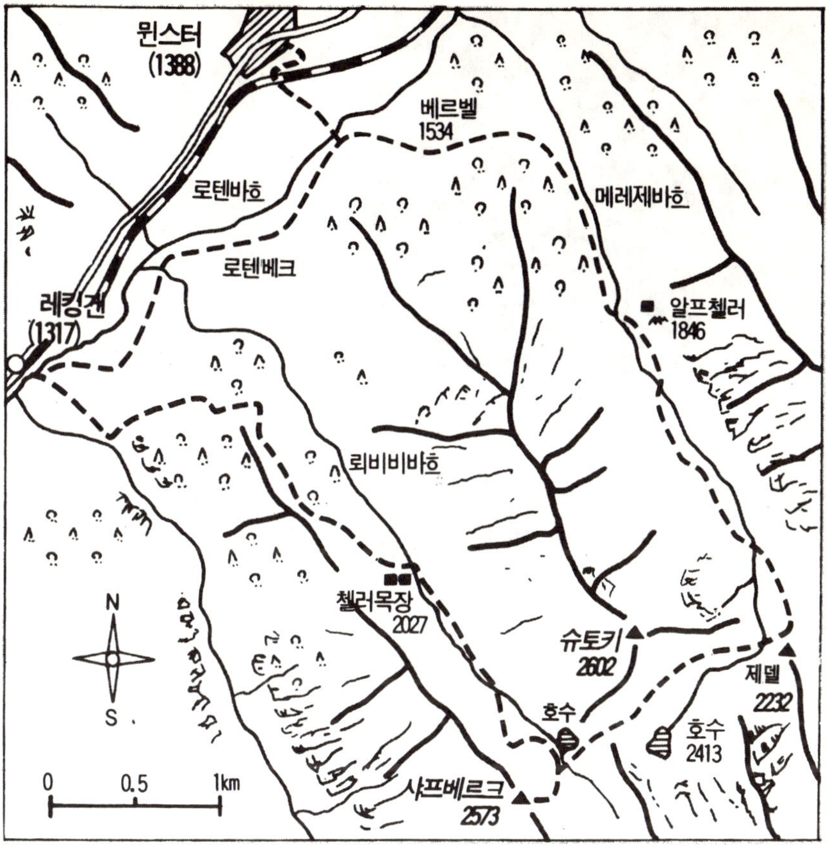

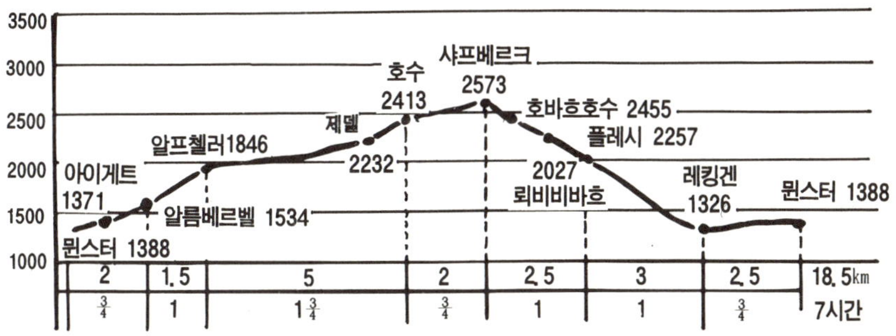
뮌스터
(1388)
베르벨
1534
로텐바흐
메레제바흐
로텐베크
알프첼러
1846
레킹겐
(1317)
뢰비비바흐
N
S
첼러목장
2027
슈토키
2602
제델
2232
호수
호수
2413
샤프베르크
2573
0   0.5   1km

3500
3000
2500
2000
1500
1000
호수
2413
샤프베르크
2573
제델
2232
알프첼러1846
호바흐호수 2455
플레시 2257
아이게트
1371
2027
뢰비비바흐
알름베르벨 1534
레킹겐
1326
뮌스터 1388
뮌스터 1388
2   1.5   5   2   2.5   3   2.5   18.5km
¾   1   1¾   ¾   1   1   ¾   7시간

곰스 지방의 농가.
이러한 집에서 파이프오르간이 만들어진다.

　여기서 개울을 건너 내려서면 폭넓고 쾌적한 차도가 계곡을 가로지르면서 이어진다. 그러나 여기에서 목장 건물 뒤쪽에 서 있는 황색 이정표의 화살표 방향을 따라 레킹겐 쪽으로 하산길을 잡는다.

　무성한 수풀과 아름다운 알펜로제의 꽃밭길을 내려가다 보면 도중에 갑자기 길이 끊어지는 지점에 닿게 되는데, 당황하지 말고 주위를 살피면서 간벌지 쪽으로 나아가서 조금 떨어진 지점으로 내려서면서 호이발트의 수림으로 이동한다. 여기서 다시 산길을 만나게 된다.

　비탈이 비교적 가파르고 좁은 내리막이 숲 사면 허리를 가로지르면서 구불구불 이어진다. 거의 햇빛이 들지 않는 짙은 침엽수림 속에서 뿌리를 드러낸 산사태 지역도 만날 수 있다. 조심조심 이 험로를 통과하고 산비탈의 목초지와 수림지대를 빠져 나오면 마침내 레킹겐 마을의 하얀 교회가 반겨 준다.

　이윽고 로텐베크에 내려서서 이 길을 따라 뮌스터로 돌아오면 된다. 뮌스터까지는 45분 거리다.

■ 관광 안내

브리크(Brig)

  발리스와 베르너 오버란트의 각 산역의 중간쯤에 위치하고 있는 브리크(표고 684m)는 관광객, 하이커, 등산객에게는 다소 낯익은 역일 것이다. 베르너 오버란트방면에서 체르마트에 들어갈 때나 발리스방면에서 그린델발트에 들어갈 때 브리크에서 열차를 옮겨 타고 또 체르마트에서 몽블랑산군 방면에 이동할 때도 이 역이 기점이 되기 때문일 것이다. 또 브리크에서 이탈리아 쪽으로 달리는 철도 간선은 유럽 최장을 자랑하는 심플론터널을 통과한다.

  이 역은 또한 동부 스위스로 가는 FO철도(FO=Furka Oberalp)의 시발역이기도 하다. 이와 같이 론강 일대에 걸쳐 예부터 교통의 십자로의 역할을 하고 있다.

  이 편리한 브리크마을에는 교통의 십자로답게 하이킹 코스도 많이 산재해 있다. 본문에서 소개하고 있는 것처럼 브리크를 기점으로 키펠, 블라텐, 뢰치베르크, 리더알프, 베트머알프, 피쉬 방면에 좋은 하이킹 코스들이 있다. 그리고 나아가 심플론고개 주변에도 아름다운 하이킹 코스들이 있다.

  BVZ철도(BVZ=Brig · Visp · Zermatt의 약어)나 FO철도역의 홈은 브리크 국철역을 나와 오른편에 있다. 버스정류장은 왼쪽에 있다. 보기에는 4천 명 전후의 전형적인 알프스마을과 별로 차이가 없는 규모의 마을처럼 보이지만 나터스마을과 작은 마을들이 지척에 있으므로 브리크일대는 만 명에 가까운 사람들이 살고 있다. 이러한 환경 탓인지 브리크에는 발리스주에서 제법 큰 것에 속하는 슈퍼마켓이 역에서 좌측으로 조금 떨어진 곳에 있다.

  그리고 역전에서 바로 중앙로가 이어지는데, 주요건물들이 줄지어 있다. 이 메인스트리트의 더 안쪽에 구시가(舊市街)가 있다. 이 구시가의 막다른 길목에서 구부러진 모퉁이를 따라가면 브리크의 명물, 둥근 양파모양의 탑머리를 이고 있는 시톡칼퍼의 호화로운 성곽과 궁궐 같은 저택이 있다. 이 성곽과 대궐을 지은 시톡칼퍼는 17세기경 스위스에서 세력이 가장 센 영주이자 대상(大商)이었다. 그는 '왕관을 쓰지 않은 왕'으로 행세하였고 이 성곽을 상업의 중심지로 만들었다. 지금은 이곳이 관광명소로 바뀌고 브리크의 주요행사장으로 이용되고 있다.

  특히 해마다 5월 하순에 열리는 청소년 취주악대 경연대회 때는 스위스의 각주

브리크에서 열리는 청소년 취주악대의 가두행진.

를 대표하는 청소년악대들이 이곳에 모이고 관광객과 함께 대성황을 이룬다.

브리크에는 소문난 요리전문학교가 있으며 우리나라에서 온 유학생도 있다. 브리크 바로 북쪽에 이웃하고 있는 나터스마을도 빼놓을 수 없는 관광지이다. 여기에는 12～14기경에 건축된 기념비적인 건축물들이 있다.

호텔은 20개 남짓이 있는데 외부에서 드나드는 사람이 많은 탓인지 호텔값도 다소 비싼 편이다. 앞에서 말한 시톡칼퍼의 성곽 정문 바로 옆에 브리크에서 제일 오래된 목조건물이 있다. 이 앞의 작은 광장을 중심으로 그 주변에 비교적 싼 호텔이 몇 개 있다.

ⓘ 관광안내소는 성에 가까운 잘티나의 시냇가에 있으므로 문의하면 된다. 교통은 주네브에서 2시간 30분 정도(급행). 체르마트까지 1시간 25분 전후. (등산전차)

베르너 오버란트 알프스

베르너 오버란트 알프스의 개요

⊙ 아이거, 묀히, 융프라우의 자태를 한눈에

아이거 북벽으로 유명한 알프스의 수도 그린델발트와 "톱 오브 유럽"의 융프라우요호를 거느리고 있는 베르너 오버란트의 알프스산군은 론강을 사이에 두고 발리스 알프스산군의 북쪽에 위치하고 있다.

동서 1백km에 걸쳐 하늘 높이 솟아 있는 베르너 오버란트산군의 중심은 만년설과 빙하에 뒤덮인 명봉이 집중하고 있는 융프라우산역이다. 이 산군의 최대 등산기지는 그린델발트이며 이어 라우터브룬넨이다. 이 그린델발트의 알프에서 한눈에 바라볼 수 있는 산이 아이거(Eiger · 3,970m), 묀히(Mönch · 4,099m), 융프라우(Jungfrau · 4,158m)이다.

이 3대 명산은 베르너 오버란트산군의 대표격이다. 아이거와 묀히의 산속을 뚫고 융프라우요호까지 등산전차가 달리고 있으며 각국에서 찾아오는 많은 관광객들이 대자연의 오묘함을 만끽하는 것이다. 그리고 융프라우의 노멀루트와 묀히의 남서릉을 오르는 사람들의 접근을 쉽게 하고 있는 것이다.

등산사를 보면 이 산군 중에서도 융프라우는 제일 먼저 초등정되었다. 그러나 끝까지 인간의 접근을 거부한 것은 아이거 북벽이었다. 높이 1천8백m를 자랑하는 아이거 북벽은 몽블랑산군의 그랑드 조라스 북벽, 발리스 알프스의 마터호른 북벽과 함께 알프스의 3대 북벽이라는 이름 아래 전위 알피니스트들의 주목을 끌었다. 그러나 많은 알피니스트의 목숨을 앗아간 북벽도 1938년 헤크마이어와 하인리히 하러 일행에 의해 초등정되었다.

또 이 산군 오지에는 알프스에서 가장 긴 알레치 빙하가 도도히 흐르고 있다. 그리고 이 빙하를 따라 웅장한 피셔호른(4,049m)과 알레치호른(4,195m)이 하늘 높이 솟아 있다. 베르너 오버란트 알프스의 최고봉 핀스터라르호른(4,274m)은 피

라우버호른 정상에서 본 베르너 알프스 연봉.

셔호른에서 남동쪽으로 뻗어오는 설릉과 만나는 곳에 위풍도 당당하게 하늘 높이 솟아 있다. 광막한 알레치 빙하와 그 일대의 산군을 관망하려면 베르너 오버란트의 남쪽에 흐르는 론강가의 피쉬에서 에기스호른(2,927m)에 오르면 된다.

그린델발트에서 바라보이는 아이거 북벽 왼쪽에 우람한 모습으로 하늘 높이 솟아 오른 대암벽이 베터호른(3,701m)이다.

그리고 그 기슭에 흐르고 있는 그린델발트 빙하의 오지에 개성미 넘쳐 흐르는 슈렉호른(4,078m)이 있다. 융프라우 서쪽으로 이어가는 산군은 라우터브룬넨계곡을 따라 깊숙이 라우터브룬넨 브라이트호른(3,782m), 친겔호른(3,576m)과 같은 거봉이 하늘 높이 솟아 있다. 그리고 뤼첸계곡에는 비치호른(3,934m)을 비롯한 아름다운 산들이 솟아 있고 칸더계곡의 동쪽에는 수려한 에시넨 호수와 아름다운 블륌리스알프(3,664m)가 있다. 이 광막한 산역에 수많은 멋진 하이킹 코스가 있는 것이다.

△ 그린델발트 사람들

스위스의 중앙에 위치한 이 베르너 오버란트의 기원전 선주민은 켈트족인데, 오늘날 그들의 흔적을 지명에서 찾아볼 수 있다. 그린델발트(Grindelwald) 라는 지명도 켈트어에서 유래한 것이다.

인터라켄(Interlacken) 은 호수와 호수 사이라는 뜻으로, 라틴어 'inter lacus' 에서 유래한 것이다. 인터라켄은 일찍이 12세기 초 아우구스트파의 수도원이 세워진 종교의 중심지였다. 그러나 16세기의 종교개혁으로 수도원이 없어지고 차차 시민의 휴양지로 그 면모를 바꾸기 시작했고, 19세기에 들어서서 1824~1827년간에 그린델란트로 오르는 도로가 개설됨으로써 더욱 알프스의 오지로 향하는 여행이 빈번하게 이루어지기 시작했다.

이 그린델발트는 동서로 16㎞를 뻗어오르는 뤼첸계곡의 가장 오지에 있다. 여름에는 몽블랑산군의 샤모니, 발리스 알프스의 체르마트와 함께 알프스의 국제적인 산간 휴양지가 되며, 그 인기는 '알프스의 수도' 라는 별명을 가질 정도로 대단하다.

비교적 평지를 이루고 있는 17,130ha의 넓이에 아름답고 아담한 집들이 점재하는 그린델발트는 베른주에서 두번째로 큰 산간마을이다. 이 넓은 분지 위로 하늘 높이 알프스의 고산들이 가까이 솟아 있고, 예부터 주민들은 목축으로 생활을 영위해 왔다. 그러나 지금은 상황이 달라졌다. 20세기 초만 해도 목축과 농업에 의존한 주민이 약 70%였으나 지금은 10%에 불과하고, 65%가 숙박업, 상업 및 운수업에 종사하고, 25%가 건설업과 공업에 종사하고 있다.

그린델발트 사람들은 1404년에 인터라켄의 가톨릭 본당에서 이곳의 아름다운 목초지에 수도원을 세우려는 것을 결사적으로 반대하면서 그들의 땅을 지켰다. 그 면 옛날에 이곳 주민들은 교회측을 설득시켜 일종의 불가침협약을 맺고 오늘날까지 이 땅을 지켜왔는데, 지금도 이 협약은 유효하다. 최근의 약정은 1923년에 체결된 것으로, 주요내용을 살펴보면 △ 목초지의 사용은 마을의 협동조합에서 관장하며 △ 목초지는 어떠한 경우에도 교회의 부속영지로 매각할 수 없고 △ 목초지의 사유권을 인정하지 않으며 △ 목축권은 광업권에 우선한다는 것이다.

이곳 주민들이 자기들 고장을 위해 얼마나 충실하게 노력했는가를 알 수 있다.

① 클라이네 샤이데크 코스
② 아이거 산허리길
③ 슈렉호른산장 코스
④ 4천m급 뫼른히등반 코스
⑤ 빌트개르스트 코스
⑥ 파울호른 코스
⑦ 로젠라우이계곡 코스
⑧ 핀스터라르호른 코스
⑨ 모르겐 베르크호른 코스
⑩ 미탁호른 코스
⑪ 라우터브룬넨계곡 코스
⑫ 트륌멜계곡 코스
⑬ 롭호른산장 코스
⑭ 자우스계곡 코스
⑮ 피츠 글로리아
⑯ 아벤트베르크 코스
⑰ 로트호른 코스
⑱ 하슬리베르크 코스
⑲ 겔리호른 코스

■ 관광 안내

그린델발트 (Grindelwald)

베르너 오버란트의 3대 명산인 아이거, 묀히, 융프라우의 북쪽에 위치한 그린델 발트는 동서 16km에 걸친 뤼첸계곡의 제일 끄트머리에 있다. 융단같이 아름다운 꽃밭과 초원이 펼쳐지는 구릉 그 기슭에 우람하게 솟아오른 아이거와 베터호른의 북벽, 나란히 은백의 왕관을 쓰고 있는 묀히와 융프라우의 설봉, 주변에 풍광 발군의 관광명소를 가지고 있는 그린델발트는 몽블랑산군의 샤모니와 발리스 알프스 의 체르마트, 베르니나 알프스의 상 모리츠와 함께 알프스가 자랑하는 알펜리조트 이다.

아이거, 묀히, 융프라우를 비롯해 압도적인 모습으로 하늘 높이 솟아 오른 청백 의 고봉들, 그 사이사이에 펼쳐지는 초록의 목초지, 그리고 점점이 흩어져 있는 목장, 샬레, 농가, 또 은은한 방울소리를 울리면서 한가롭게 풀을 뜯는 소떼와 양 떼, 그 사이를 가르며 굽이쳐 달리는 등산열차. 이 모두가 정말 매혹의 세계다.

그리고 베르너 오버란트를 대표하는 인구 1만4천 명의 인터라켄과 베르너 알프 스의 고봉을 노리는 산사나이의 등산기지 그린델발트는 누구나 가고 싶은 국제적 인 관광도시이자 산마을이기도 하다.

표고 1,050m에 인구 약 4천 명.

그 인기는 "알프스의 수도"라고 불릴 정도로 대단히 높다. 1854년의 베터호른 등정부터 1865년의 마터호른 초등정까지의 이른바 "등산의 황금시대"에 베르너 오버란트의 등산기지로 갑자기 각광을 받게 된 그린델발트는 1912년에 14년간이 라는 기나긴 각고 끝에 등산철도가 융프라우요흐까지 개통되므로써 일약 세계적으 로 유명한 관광지로 등장하게 되었다.

역에서 오른쪽으로 이어지는 중앙로가 그린델발트의 메인스트리트이다. 조금만 걸어가면 넓은 주차장과 버스터미널이 나온다. 이 주차장 앞에서 길은 두 갈래로 갈라지고 얼마후 곧 합류한다. 역에서 이 중앙로를 2백m쯤 간 지점의 오른편에 스포츠 센터가 있고 그 1층이 관광안내소이다. 입구에 매일같이 기상도가 붙어 있 으므로 참고하면 좋다.

이 근처가 번화가이므로 은행, 슈퍼마켓, 등산장비점, 레스토랑 선물가게 등 각종 상점이 빼곡히 늘어서 있다. 그리고 등산장비점에서 조금 내려가면 가이드 조합 및 등산학교의 건물이 나타난다. 가이드를 고용할 때는 이곳에 문의하면 된다. 그리고 쉥크 벤트제의 유명한 피켈을 볼 수 있다. 그들은 그린델발트 출신의 훌륭한 명인들이었다. 이어 중앙로를 따라 계속 걸어가면 왼편에 등산화 전문점(역에서 1천m남짓 떨어진 지점)이 나타난다. 이 모퉁이로 접어들어서 언덕길을 조금 올라가면 피르스트행 케이블 카 역이 나온다. 높이 2,167m의 피르스트 전망대에서는 그린델발트의 분지가 한눈에 가득 들어오고 베터호른, 슈렉호른, 아이거, 묀히, 융프라우 연봉의 파노라마의 절경을 바라볼 수 있다.

또 하나의 전망대는 멘리헨. 역에서 계곡을 가로 질러 1천5백m쯤 걸어내려가면 그룬트역이 나타난다. 이 역을 지나서 개천을 따라 조금 가면 큰 주차장이 보인다. 여기에 멘리헨전망대로 오르는 케이블 카 역이 있다.

또 하나 더 있는데 등산화전문점에서 한 블록을 더 가면 오른쪽으로 꺾어지는 차도가 나타난다. 이 차도를 따라 내려가면 프핑슈테크 전망대행 케이블 카 역이 있다. 이곳은 피르스트전망대의 반대편이다. 슈렉호른을 오르는 길목이며 그린델발트 북쪽 방면의 풍경을 폭넓게 바라볼 수 있다. 그리고 마을 언저리에 묘지가 있는 마을교회(Dorfkirche)가 있고 그옆에 향토박물관이 있다.

마을의 남동쪽 아이거와 베터호른 사이의 메텐베르크 좌우에는 그린델발트 명물의 빙하, 상부 그린델발트 빙하와 하부 그린델발트 빙하가 있다. 이곳은 철도가 들어오기 훨씬 이전부터 이 빙하를 구경하기 위하여 많은 사람이 찾아 왔기 때문에 말하자면 그린델발트 관광의 원초라고 말할 수 있겠다.

버스로 갈 수 있는 그로세 샤이데크, 등산전차를 타고 가는 클라이네 샤이데크 주변에는 훌륭한 하이킹 코스가 산재해 있다. 클라이네 샤이데크에서 전차를 갈아타고 아이거와 묀히의 긴 굴을 빠져 나오면 표고 3,454m를 자랑하는 "톱 오프 유럽"의 눈과 얼음의 별천지에 이르게 되는 것이다.

잠깐 여기서 놓쳐서는 안될 것이 있다. 클라이네 샤이데크의 호텔 앞에 열서너 개의 국기가 휘날리고 있다. 거기에 태극기도 바람에 함께 나부끼고 있다. 이것은 공포의 거벽, 아이거의 북벽을 오른 나라를 상징하는 것이다.

또한 그린델발트에는 4개의 캠프장이 있다. 그중에서도 보덴발트의 캠프장이 좋다고들 한다. 교통은 "주요등산 기지의 접근" 란을 참고하기 바란다.

ⓘ 전화 036-531212.

클라이네 샤이데크 코스

그린델발트 ~ 알피글렌 ~ 부스티글렌 ~ 산간레스토랑 ~ 멜리헨정상 ~ 클라이네 샤이데크 ~ 이트라멘발트
~ 부스티글렌 ~ 하브스히트 ~ 그린델발트

⊙ 멘리헨을 왕복하는 환상의 여로

그린델발트에서 클라이네 샤이데크를 경유해 멘리헨을 오르는 왕복코스는 이 지역에서는 가장 잘 알려진 코스다. 그린델발트에서 알피글렌(1,616m)까지 벤겐알프반(WAB)의 등산열차를 이용(걸어서 2시간 거리), 여기서 부스티글렌의 숲을 지나 클라이네 샤이데크를 오른다.

비교적 넓은 길을 따라 약 45분쯤 오른 다음 오른쪽 샛길로 들어서서 소나무숲을 빠져 나가면 부스티글렌(1,878m)의 목장에 도달한다. 여기까지는 1시간 소요된다. 이곳에는 스키용 리프트역이 있으며, 그 위쪽으로 2천m급 고산 하이킹 코스가 나 있다.

그대로 왼쪽 상부로 올라가면 클라이네 샤이데크가 나오지만 먼저 멘리헨 정상을 오르기 위해 오른쪽(북쪽)으로 방향을 틀어 오른다. 환상의 길이라고 부르는 이 길을 따라 소나무숲을 헤치고 1시간 정도 오르면 산허리에 비스듬히 펼쳐진 목초지가 나오는데, 이곳을 가로지르면 클라이네 샤이데크에서 오르는 좁고 험한 산길과 만난다.

가련한 청자색 엔치안이 피어 있는 풀밭을 거쳐 오르면 이윽고 멘리헨 산간 레스토랑에 도착한다. 부스티글렌에서 1시간 30분 거리다. 여기에는 그린델발트와 벤겐으로 내려가는 케이블 카 역이 있으며, 시즌에는 많은 사람들로 붐빈다. 7월 첫 주말과 8월 중순에 이 지방 특유의 의상을 입고 알프스 목동들의 건강을 기원하는 축제가 이곳에서 해마다 열리고 있다.

멘리헨 칠비(Männlichen Chilbi) 라고 부르는 이 축제는 1959년부터 시작됐는데, 축제가 시작되면 이곳 주민들은 알프스 산악지대 특유의 의상을 입고 춤과 노래, 특히 요들송과 알프스 혼이 산에서 메아리치며 울려 퍼지는데, 관광객들의 대단한

클라이네 샤이데크에서 본 융프라우 연봉.

인기를 끌고 있다.

여기서 멘리헨 정상(2,342m)까지는 30분 거리. 정상에 서서 사방을 둘러보면 웅대한 알프스의 파노라마가 펼쳐진다. 묀히의 검은 단애에서 시작된 라우터브룬넨의 계곡, 어렴풋이 산허리에 오밀조밀 자리잡은 뮈렌의 산마을, 남쪽으로 준엄하게 솟은 아이거, 하얗게 눈을 이고 있는 묀히와 융프라우, 아슴프레한 뤼첸계곡가에 흩어져 있는 푸른 목초지, 그리고 그린델발트, 이 모두가 아름다운 한 폭의 그림이다.

멘리헨 정상에서 클라이네 샤이데크까지는 '파노라마 길'이다. 좌우에 전개되는 설봉과 암봉의 웅장한 절경에 압도되어 발걸음을 잃어서는 안된다. 주위의 경치는 일품이지만 등산로가 좁고 험한 편이어서 조심해야 한다. 다소 내리막이므로 더욱 조심해야 한다. 1시간 30분이면 클라이네 샤이데크에 내려갈 수 있다.

클라이네 샤이데크는 그린델발트와 라우터브룬넨, 그리고 융프라우요흐로 이어지는 철도의 중심지이다. 그래서 많은 관광객들로 붐비는 곳이다. 샤이데크 호텔에는 아이거 북벽을 오른 나라들의 국기가 나부끼고 있는데, 물론 태극기도 휘날리고 있다.

클라이네 샤이데크에서 이트라멘발트의 숲속으로 하산길을 잡는다. 이정표의 화살표를 따라 북동쪽으로 약 30분쯤 내려가면 부스티글렌에 도달한다. 여기서 알피글렌쪽을 택하지 말고 아이거 북벽 산록으로 가로질러 나아간다. 양치식물이 무성하고 마요라나라가 1m정도 키로 자라는 수풀을 뚫고 내려가는 이 하산길은 야성적인 낭만과 적막한 고요를 만끽할 수 있다.

길은 잘 나있지 않지만 수풀을 다 빠져나가면 마침내 앞이 탁 트이면서 목가적인 한 쌍의 연못이 나타나면서 그동안 곤두세웠던 긴장이 풀린다. 왼쪽으로 높다란 나무에 둘러싸인 아담한 연못과 엔치안과 황새풀이 만발해 있는 풍경은 정답기 그지없다.

다시 하산을 계속하면 적막한 숲이 나오면서 북쪽으로 아스라이 파울호른의 연봉과 깎아 세운 듯한 베터호른 북벽, 그리고 으슥한 모습으로 그린델발트 빙하가

⊙ 코스정보

시즌 : 6월 초~10월 말

고도차 : 등산 750m 하산 1,400m

소요시간 : 7시간 30분

지도 : 1 : 5,000 스위스 지도 제254호 (도엽명 Interlaken)

숙박 : 알피글렌(1,616m · 여름에만 개장). 멘리헨 레스토랑(2,227m · 여름에만 개장). 클라이네 샤이데크(2,061m)

등산기지 : 그린델발트(1,050m) 캠프장 4곳(이중 본데발트 캠프장이 좋다. 인터라켄 오스트에서 40분 거리). 그린델발트에는 약 1만 명을 수용할 수 있는 숙박시설과 등산학교, 등산가이드조합이 있다. 여행정보 문의처 : 036-531212

인근코스 : ① 멘리헨~벤겐~슈덴알프~부르크라우에넨(3시간 30분 소요)

② 그린델발트~클라이네 샤이데크~벤겐~라우터브룬넨(6시간 30분)

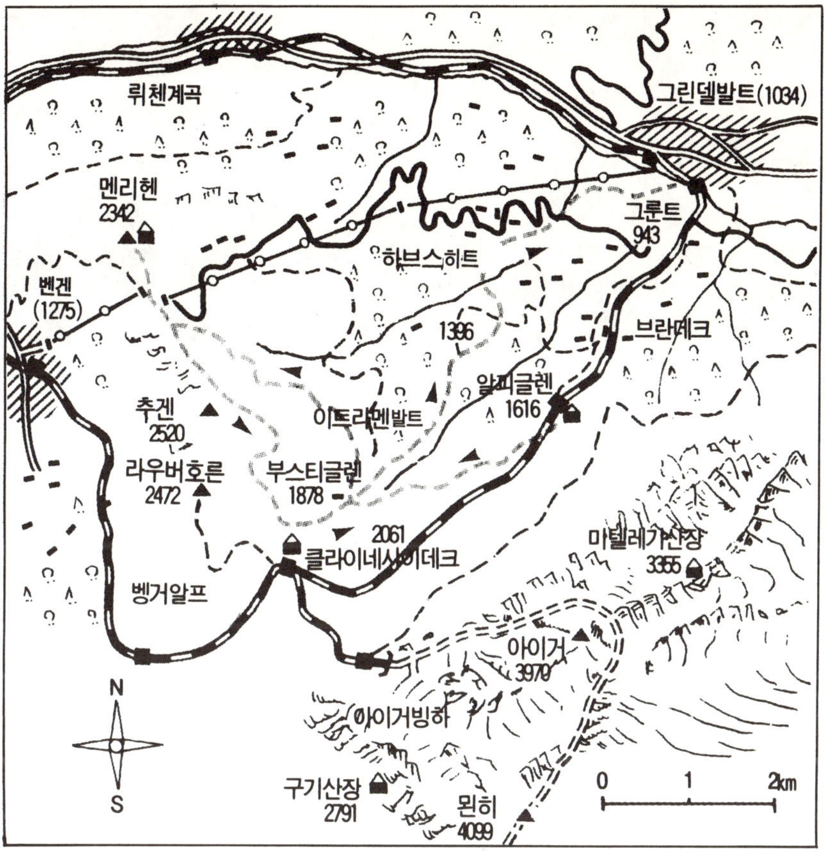

뤼첸계곡
그린델발트(1034)
멘리헨
2342
하브스히트
그룬트
943
벤겐
(1275)
1396
브란데크
알피글렌
1616
추겐
2520
이트라멘발트
라우버호른
2472
부스티글렌
1878
2061
마텔레가산장
3355
클라이네사이데크
벵거알프
아이거
3970
N
아이거빙하
구기산장
2791
뫼히
4099
0 1 2km
S

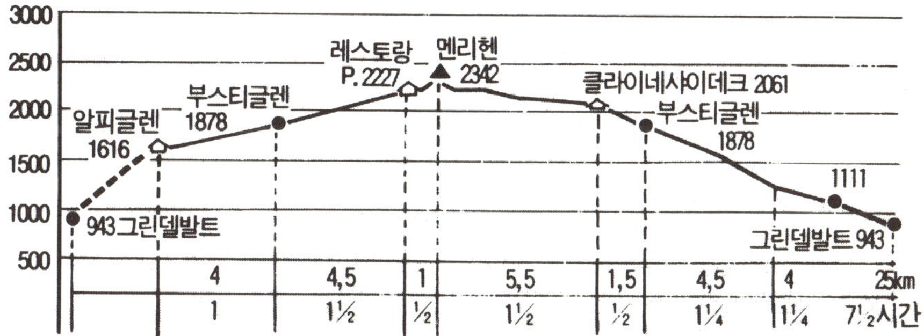
3000
2500
2000
1500
1000
500
레스토랑
P.2227
멘리헨
2342
부스티글렌
1878
클라이네사이데크 2061
알피글렌
1616
부스티글렌
1878
943 그린델발트
1111
그린델발트 943
4 4,5 1 5,5 1,5 4,5 4 25km
1 1½ ½ 1½ ½ 1¼ 1¼ 7½시간

라우버호른과 멘리헨으로 가는 이정표와 그 정상들.

시야에 들어온다. 1,396m 지점에 왔을 때 브란데크 쪽으로 가지 말고 이정표를 살핀 다음 하브스히트로 내려선다. 부스티글렌에서 하브스히트까지는 1시간 5분 거리다.

　하브스히트에서는 버스편을 이용해 하산할 수도 있지만 띄엄띄엄 흩어져 있는 농가들을 구경하면서 하산하는 것이 더욱 인상적일 것이다. 하브스히트에서 그린델발트까지는 1시간 15분이 소요된다.

△ 16년 걸린 등산철도 '벤겐알프반(WAB)'

유럽에서 제일 높은 산간역 융프라우요흐

　1751~1923년 사이에 그린델발트 빙하 주변에 살던 사람들은 부근에서 대리석을 채굴하여 생활했는데, 스위스의 수도 베른에 있는 국회의사당도 바로 이곳 대리석으로 지은 것이다. 그러나 빙하의 흐름으로 약 1백년 동안 대리석광이 얼음으로 뒤덮여서 대리석 대신 얼음덩어리를 도려내서 냉장용으로 팔아 생계를 유지하기도 했다.

　그러나 얼음이 인터라켄에 도착할 무렵이면 30%는 녹고, 수송에도 애로가 많았는데, 1890년 이 뤼첸계곡에 철도가 들어서면서 얼음수송은 한층 수월해졌다. 하지만 얼마 후 제빙산업이 대두하면서 얼음장사도 시들해졌다. 이어 등산철도가 부설되면서 관광객들이 찾아오기 시작한 것이다.

이 지방은 등산철도가 잘 발달되어 있어 아이거, 뮌히, 융프라우 등 웬만한 곳이면 당일치기로 즐길 수 있을 정도다. 특히 융프라우요흐까지 오르는 지하등산철도는 세계 철도발달사상 빼놓을 수 없는 일대 거사였다.

스위스에서 처음으로 등산철도(톱니바퀴를 이용한 등산철도)가 부설된 것은 1871년이다. 이때 리기(Rigi:지명) 철도가 부설됐다. 그후 오래지 않아 취리히출신 철도 기술자 첼러(Adolf G. Zeller)가 융프라우 정상까지 철도를 놓겠다고 제안했다. 그는 비현실적이라는 반대여론을 극복하고 10년만인 1893년 6월 라우터브룬넨-클라이네 샤이데크-그린델발트를 잇는 벤겐알프철도(Wengenalpbahn-WAB)를 개통했다.

이어 그는 고소노동에 대한 의학문제를 과학적으로 연구하고 아이거와 뮌히 사이의 산속을 뚫어 융프라우로 가는 대역사를 착공하여 2년 후 지금의 아이거 글래처역(해발 2,320m)까지 철도를 부설했다. 그리고 1899년 3월 아이거 내부 깊숙이 파들어가 아이거반트역까지 진출했다.

그러나 아이거반트역까지 진출한 지 한 달도 되지 못해 애석하게도 총지휘한 첼러는 심장마비로 사망하고 말았다. 지하등산철도 공사는 계속 이어져 4년 후인 1903년 아이거반트역(해발 2,865m)까지 열차가 운행되기에 이르렀고, 1905년 7월 최초의 관광단이 아이스메르(해발 3,159m)까지 도달할 수 있었다.

그후 공사는 융프라우요흐까지 진행되고 마무리지었다. 그동안 노동자들의 파업이 수시로 있었고, 30톤이 넘는 다이너마이트 상자가 폭발하는 대참사도 있었다. 그러나 다행히 인명피해는 없었다.

이러한 온갖 난관을 무릅쓰고 인간은 기계의 힘과 다이너마이트의 힘으로 뮌히 산속을 뚫고 마침내 1912년 2월 융프라우요흐까지 진출했고, 그해 8월에 16년이라는 기나긴 공사를 마무리했다. 해발 3,454m 유럽에서 제일 높은 산간역을 개통하게 된 것이다.

당초에는 4천m가 넘는 융프라우 정상까지 철도를 부설할 계획이었으나 1차 대전이 터지는 바람에 융프라우요흐에서 종지부를 찍고 대단원의 막을 내렸다.

아이거 산허리길

그린델발트~클라이네 샤이데크~라우버호른~클라이네 샤이데크~아이거 빙하~아이거 글레처역
~1,638m~보네라목장~트리첼텍~그린델발트

⊙ 모험과 낭만이 교차하는 거친 산길

아이거의 산허리를 가로지르는 코스는 라우버호른(해발 2,472m)을 오르고 아이거 북벽을 가까이에서 음미하는 데 그 의미가 있다. 이 코스 중에서 라우버호른~클라이네 샤이데크 구간에서는 해마다 1, 2월에 스키경기가 열려 많은 사람들이 몰린다. 이 코스는 월드컵 코스 중에서도 길고 험한 하강 코스로 이름나 있다. 그러나 여름에는 비교적 조용한 편.

먼저 그린델발트에서 철도편으로 클라이네 샤이데크까지 올라가서 도보로, 또는 케이블 카를 이용해 라우버호른을 오른다. 검푸른 계곡을 뚫고 솟은 아이거 북벽의 위용, 아침 햇살을 받아 황금빛으로 물든 융프라우산군의 요염한 자태, 이 모두가 나그네의 마음을 유혹한다.

서쪽으로는 브라이트호른, 친켈호른, 그슈팔텐호른, 브림리스알프가 하얀 왕관을 쓰고 눈부시게 빛나고 있다. 라우버호른 정상에서 하산길에 들어서면 눈앞에 얼음으로 무장한 단애가 깎아 세운 듯 하늘 높이 솟아 있어 하이커의 마음을 압도한다.

클라이네 샤이데크를 뒤로 하고 아이거 빙하로 진입한다. 샤이데크에서 여기까지는 약 1시간 거리. 여기서부터 본격적인 하산이 시작된다.

아이거 허리길은 인적이 드문 편이므로 길이 희미하거나 중간에 끊어져 있기도 한다. 험상궂게 깎아지른 아이거 북벽 바로 밑을 가로지르게 되는데, '살인적인 북벽'이라는 별명을 가진 이 북벽의 악명대로 등산로 역시 분위기가 으슥하고 섬뜩하다.

게다가 이정표나 길잡이가 없기 때문에 감각에 의존해 길을 잡아야 한다. 베르너 알프스에서 가장 악명 높은 이 북벽은 특히 낙석의 위험이 항상 도사리고 있

아이거 허리길로 진입하는 지점에서 본 아이거 서벽.

다. 등산로는 초입에 아래쪽의 옴폭 들어간 분지로 이어지다가 도중에 돋보이는 언덕에서 희미해진다. 이곳에 돌로 쌓아 올린 휴식용 벤치가 있다.

이후로 길은 흔적을 감춰 버린다. 뇌조의 울음소리가 고요를 뚫고 들려올 뿐이다. 띄엄띄엄 잔디밭과 자갈밭 비탈이 번갈아 나타나고, 베터호른의 측벽이 보이는 쪽으로 조금 우회하면서 그린델발트 쪽으로 계속 하산한다. 오른쪽에 그린델발트 빙하를 끼고 내려서는 동안 빙하에서 흘러내린 개울을 건넌다.

제대로 길도 나 있지 않은 아이거 북벽 허리길은 또다른 매력을 느낄 수 있다.

북벽에서 흘러내린 물줄기가 이윽고 물보라가 되어 괴괴한 산소리와 함께 어우러져 귓가에 들려오면 을씨년스런 감상에 젖어들 것이다. 이따금 산록의 대지 위에 쳐놓은 텐트를 발견할 수도 있다. 아이거 북벽을 오르려는 산악인들이 친 것이다.

북벽으로 고개를 돌리면 등반에 나선 산악인들을 볼 수 있다. 그 북벽으로 들어서는 길이 희미하게 눈에 띄지만 벽으로 들어서지 말고 시야가 좋은 지형을 골라 내려간다. 도중에 란게네크그라벤을 만나게 되는데, 여기서부터 알피글렌으로 내려가는 뚜렷한 하산길을 발견할 수 있다. 알피글렌에서 등산열차를 타고 그린델발트로 갈 수도 있다.

그러나 계속 허리길을 가로지르면 1,638m지점을 지나 전망이 좋은 보네라목장에 도달한다. 여기서 앞서 말한 그린델발트 빙하를 오른쪽에 끼고 트리첼텍으로 하산하면 그린델발트가 지척이다.

아이거 글레처역에서 1,638m 지점까지는 1시간 30분 거리, 1,638m 지점에서 그린델발트까지는 2시간 30분 거리다. 특히 그린델발트 분지에서 알피글렌 일대가 목가적인 서정을 가장 물씬 풍겨 주는 곳이다.

조금은 모험적인 이 아이거 허리길은 처음에는 바윗길, 암벽길, 너덜길이 빙하 협곡에 가까워질 때까지 거칠게 이어지다가 갑자기 서정적인 전원으로 탈바꿈할 적에 그 묘미를 강하게 느낄 수 있는 코스다.

마지막으로 그린델발트 빙하의 하단부 협곡 근처에 들어서면 걷기가 여전히 까다롭지만 약 1천1백m 지점에 내려서면 방향을 일러주는 이정표를 만날 수 있다. 여기서 빙하 협곡 입구로 들어서지 말고 트리첼텍 쪽으로 하산해 낭만적인 주변 정경에 취해 걷노라면 어느새 몸은 그린델발트에 와 있을 것이다.

◉ 코스정보

시즌 : 6월 말~10월 초

고도차 : 등산 300m 하산 1,850m

소요시간 : 6시간

지도 : 1 : 50,000 스위스지도 제254호 (도엽명 Interlaken)

인근코스 : ① 클라이네 샤이데크~라우버호른~홀렌슈타인~그린델발트(5시간 소요)

② 그린델발트~알피글렌~클라이네 샤이데크(4시간 30분 소요)

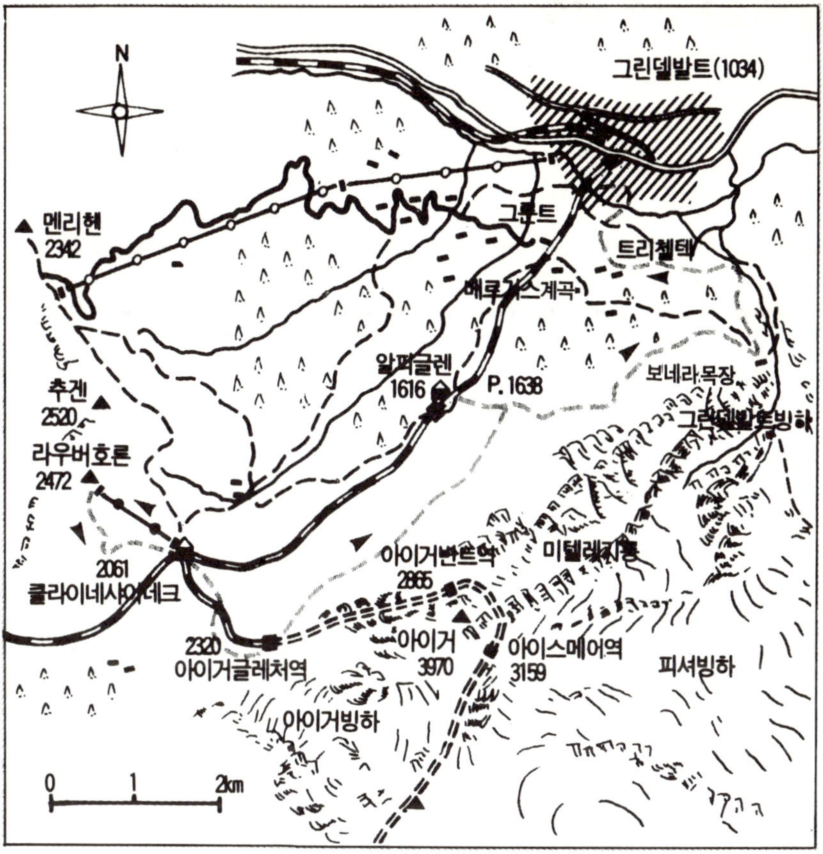

N
그린델발트(1034)
멘리헨 2342
그룬트
트리첸텔
베르거스계곡
추겐 2520
라우버호론 2472
알펴글렌 1616
P. 1638
보네라 목장
그린델발트 빙하
2061
클라이네샤이데크
아이거반트역 2865
미텔레기훈
2320
아이거글레처역
아이거 3970
아이스메어역 3159
피셔빙하
아이거빙하
0 1 2km

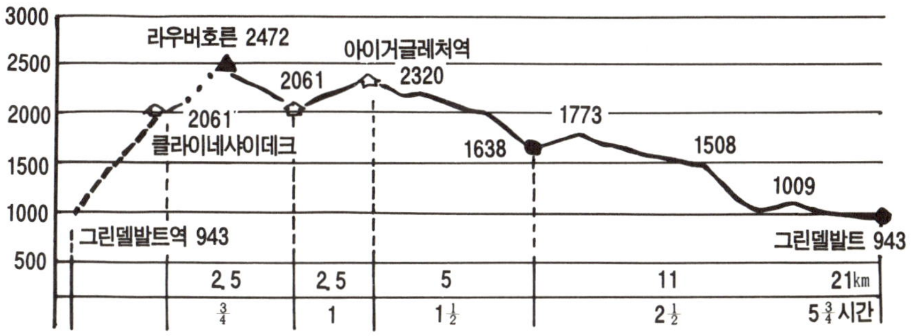

3000
2500
2000
1500
1000
500
라우버호론 2472
아이거글레처역
2061
2320
2061
클라이네샤이데크
1773
1638
1508
1009
그린델발트역 943
그린델발트 943
2.5
2.5
5
11
21km
¾
1
1½
2½
5¾시간

슈렉호른산장 코스

그린델발트~협곡호텔~마르모산장~비세플루에~슈티렉~배니섹~로츠구퍼~슈렉호른산장~배니
섹~슈티렉~마르모산장~그린델발트

⊙ 빙하협곡의 경치 일품

그린델발트 빙하의 협곡을 따라 오르는 이 코스는 베르너 오버란트 알프스산군
에서도 잘 알려져 있다. 그린델발트에는 두 개의 빙하가 인접해 있다. 슈렉호른
연봉을 끼고 상 그린델발트 빙하와 하 그린델발트 빙하가 있는데, 이 코스는 하
그린델발트 빙하를 따라 오른다.

산기슭에 융단처럼 깔린 고산식물군락 사이로 난 등산로를 따라 오르면 알레치
대빙하나 샤모니의 빙하들처럼 웅장하면서도 을씨년스런 모습으로 그린델발트 빙
하가 전개된다. 이 코스에서는 상 그린델발트 빙하가 보이지는 않으나, 상부 빙하
가 해마다 높이를 더해가고 있다고 한다.

사람들이 하부 빙하에 접근해 살기 시작한 것은 1146년경의 일이지만, 빙하를
생활수단으로 이용한 것은 훨씬 훗날의 일이다. 일부 농민들은 17세기 초에 빙하
부근에 집을 짓고 빙하의 얼음을 팔아서 생계를 유지했었다.

이제는 그러한 흔적을 찾아볼 수 없지만, 11세기 초에 성 페테레넬라 교회를 세
웠다는 기록이 전해지고 있다. 이 교회에는 당시의 것으로는 보기 드물게 훌륭한
종이 있었다고 하는데, 수백 년이 지난 어느날 빙하가 덮쳐 교회는 산산조각이 났
고, 가까스로 건져낸 종이 그린델발트의 수녀원으로 옮겨졌으나, 1892년 이곳에
큰 화제가 발생해 종도 불속에 녹아 버렸다고 한다.

하부 빙하의 어귀는 1800년경 해발 1천m까지 내려와 있었다는데, 그렇다면 지
금 농가들이 점점이 흩어져 있는 그린델발트의 언덕받이까지 내려온 셈이다. 물론
피해도 많았지만 이재에 밝은 농부들은 빙하동굴의 냉장고 덕택으로 재미를 톡톡
히 보았다고 한다. 그 전성기는 1855~1865년경.

그러나 빙하의 어귀는 점점 위로 올라가 1919년에는 해발 2천m까지 올라가고

그린델발트 빙하로 진입하기 전의 오리나무 숲.

말았다. 그 후 다시 조금씩 내려오고 있는 경향이 있으나 현재로는 빙하협곡에서 멈춘 상태다. 여기서 빙하수는 성난 파도처럼 사납게 출렁거리며 흐르고 있다. 빙하는 이 협곡에서 제멋대로 그 양상을 바꿔가며 상부로 치닫고 있다.

협곡 어귀에 가면 좁은 얼음길과 얼음터널 안에서 실로 자연의 오묘한 신비를 만날 수 있다. 특히 얼음협곡은 지질학적인 관점에서도 매우 흥미로운데, 오랜 세월 빙하의 침식작용으로 변모한 여러 암벽의 단층을 볼 수 있다. 반들반들하게 윤기나는 단층을 보면 푸르디 푸른 그린델발트 골짜기에 웅대한 빙하가 있었다는 것을 상상할 수 있다.

건너편 파울호른 연봉에서 보는 이 빙하협곡의 경치 또한 가관이다. 이 하부 빙하협곡 위로 솟은 4천m의 피셔반트는 주위의 경관을 압도하고 만다. 더욱 멋진 광경은 로츠구퍼로 오르는 등산로에 있다.

그린델발트를 출발하면 빙하협곡 가까이에 있는 협곡 호텔 쪽으로 간다(30분 소요). 얼마쯤 걸어가면 오리나무가 우거진 숲이 나온다. 이 산책길을 이 고장사람들은 '오리나무 숲의 프롬나드' 라고 부른다. 그늘진 오리나무 숲길은 제법 가팔진 오르막이다. 이 가팔막을 올라서서 다리를 건너면 길은 기기묘묘한 빙하의 협곡으로 들어서게 된다.

마르모산장 이후 구불구불한 길을 계속 따라 한 시간 정도 오르면 비세플루에 (1,386m)에 도달한다. 이곳에 그린델발트에서 올라오는 케이블 카 역이 있고, 프핑슈테크에서 오르는 길과 만난다.

여기서부터 로츠구퍼와 슈렉산장으로 오르는 길은 이 길 하나뿐이다. 계속 올라가면 레스토랑이 있는 슈티렉(1,650m)에 도달하기 전에 중간쯤에서 아담한 휴게소를 만난다. 호투르넨이라는 이름의 암벽 기슭에 주변의 경관을 관망할 수 있도록 아담한 벤치들이 자리잡고 있는 것이다.

이즈음이면 태양이 중천을 향해 어느 정도 높이 떠 있을 시간이 된다. 그리고 파울호른 연봉의 산허리에 펼쳐진 목장과 초원에, 따사로운 햇살이 뿌려진다. 그러면 안개 속에 잠긴 그린델발트가 완연하게 눈앞에 펼쳐진다.

전설에 따르면, 옛날에 그린델발트 사람들은 아이거와 메텐베르크 산이 서로 때려 눕혀 주기를 성 마르틴에게 기도 드리곤 했다. 해가 비치는 낮이 짧았으므로 더 오랜 시간 계곡까지 잘 비춰지기를 바라는 마음에서였다고 한다.

빙하의 협곡은 오를수록 그 폭이 넓어가고 청록빛으로 반짝이는 피셔 빙하와 합

⊙ 코스정보

시즌 : 6월 말~10월

고도차 : 등하산 1,100m. 프핑슈테크까지 케이블 카 이용하면 350m 단축.

소요시간 : 6시간 30분

지도 : 1 : 50,000 스위스지도 제254번

식수 : 빙하협곡 레스토랑(1,014m)과 프핑슈테크(1,392m)

숙박 : 마르모산장(1,120m · 036-531318), 슈티렉산장(1,650m · 036-531766), 슈렉호른산장(2,520m · 036-551025)

등산기지 : 그린델발트

인근코스 : ① 그린델발트~베터호른 호텔~글렉슈타인산장(4시간 45분 소요)

② 그린델발트~프핑슈테크~밀히바 레스토랑~베터호른 호텔~그린델발트(4시간 소요)

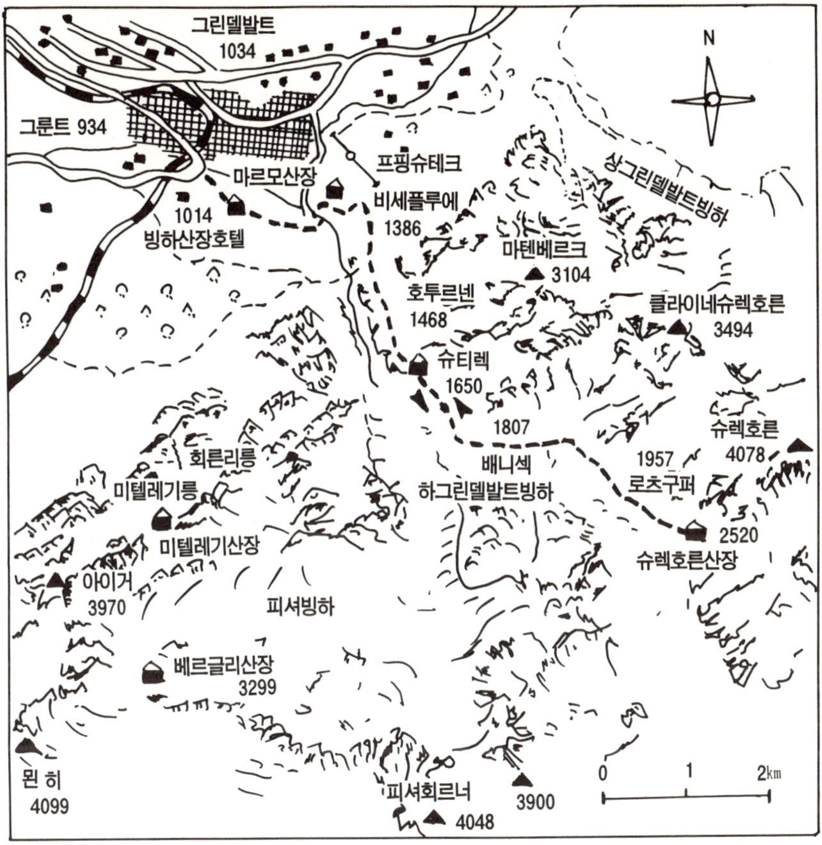

그린델발트
1034
그룬트 934
프핑슈테크
상그린델발트빙하
N
마르모산장
비세플루에
1386
마텐베르크
3104
1014
빙하산장호텔
호투르넨
1468
클라이네슈렉호른
3494
슈티렉
1650
1807
슈렉호른
4078
배니섹
하그린델발트빙하
1957
로츠구퍼
회른리릉
2520
미텔레기릉
슈렉호른산장
미텔레기산장
아이거
3970
피셔빙하
베르글리산장
3299
뫼 히
4099
피셔회르너
3900
4048
0   1   2km

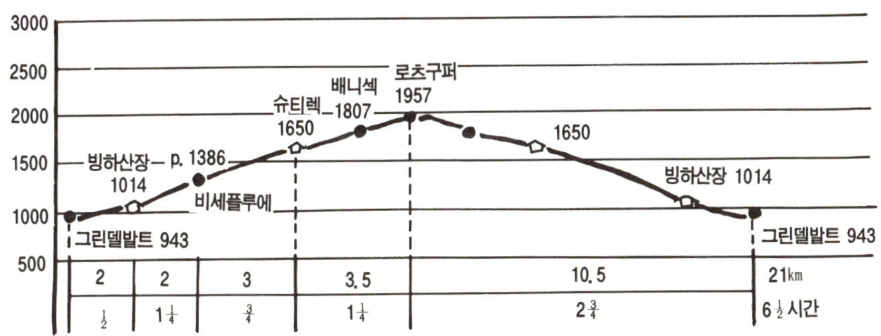

3000
2500
로츠구퍼
1957
2000
슈티렉
1650
배니섹
1807
1500
빙하산장
1014
p. 1386
1650
빙하산장 1014
비세플루에
1000
그린델발트 943
그린델발트 943
500
2   2   3   3. 5   10. 5   21km
1/2   1¼   ¾   1¼   2¾   6½시간

류한다. 눈앞에는 서쪽으로 아이거의 회른리와 미텔레기의 암릉이 옹골차게 정상을 향해 솟구치고 있다. 그리고 선반처럼 내민 암벽 밴드 사이로 찰리반트의 만년설원이 펼쳐진다. 이 지역은 알피니즘을 추구하는 산악인들에게 더없이 좋은 대상지를 제공하고 있다.

비세플루에서 슈티렉까지는 45분 거리. 여기까지가 아이들을 데리고 가족등산을 즐길 수 있고, 혼자서도 쉽게 오를 수 있는 하이킹 코스다.

여기서 고도를 더 높이면 배니섹(1,807m)으로 통하는 좁은 등산로가 약간 험한 암벽의 허리를 따라 올라간다. 배니섹에 닿은 다음에는 방향을 동쪽으로 틀어 가파른 오르막을 오르다가 불안정한 눈사태지역에 통나무를 단단히 쌓아올린 축대 사이를 통과한다. 차츰 적막한 태고의 세계로 깊숙이 들어서는 것이다. 도중에 무섭게 흘러내리는 급류를 건널 때에는 정신을 바싹 차려야 한다. 슈티렉에서 출발한지 1시간 15분이면 일반등산객의 목적지인 로츠구퍼에 도달한다. 이곳은 빙하 위에 솟은 가파른 낭떠러지의 언저리에 사뭇 넓다란 대지(臺地)가 형성되어 있고, 전망대와 휴식공간이 마련되어 있다.

이곳에 이르면 메스너의 표현대로 흰 고독과 검은 고독이 교차하는 오묘한 지역에 선 자신을 발견하게 된다. 빙하가 녹아 형성된 설벽 속의 폭포, 발 아래로 펼쳐지는 빙하는 늪 등 모두가 기이하기만 하다. 그들은 이것을 '이시머(Ischmer)의 얼음바다' 라고 부른다.

알피니스트들은 여기서 더 올라 슈렉호른산장(2,520m)까지 진출한다. 로츠구퍼에서 슈렉호른산장으로 오르려면 제법 험한 암벽에 설치된 인공사다리와 쇠줄을 잡으며 가끔 확보를 봐 가면서 올라야 한다.

산장까지는 다시 2시간이 걸린다. 원래는 45분쯤 더 오른 2,680m지점에 슈트랄렉산장이 있었는데, 1977년 눈사태로 파괴되고 지금의 안전한 장소에 슈렉호른산장을 지은 것이다. 이 산장은 슈렉호른뿐만 아니라 라우터라르호른과 핀스터라르호른 등 4천m급 고봉들의 등산기지 역할도 하고 있다.

하산길은 올라왔던 길을 되내려가게 되는데, 배니섹에서 슈티렉 구간의 바윗길이 미끄러우므로 조심해야 한다. 마르모산장에 내려가면 오전과는 달리 프핑슈테크에서 올라온 많은 관광객과 산책인들로 붐비는 광경을 볼 수 있다. 테라스에 앉아 석양의 그린델발트를 바라보면서 옆자리의 낯선 사람들과 담소를 즐기는 것도 좋은 추억이 될 것이다.

그로세 샤이데크와 그린델발트 사이에 있는 그린델발트 빙하(상부)와 산간 농부의 집.
가운데 슈렉호른의 정상이 보인다.

4천m급 묀히 등반 코스

그린델발트역 ~ 융프라우요흐역 ~ 스핑크스슈톨렌 ~ 묀히요흐산장 ~ 묀히정상 ~ 융프라우요흐역

⊙ 가장 많은 등산객들이 찾는 묀히

세계에서 가장 높은 열차역이 있는 융프라우요흐(3,454m)까지 오르는 등산열차에 몸을 맡기고 있노라면 눈앞에 펼쳐지는 알프스의 파노라마에 도취해 버리지 않을 사람은 없다. 융프라우요흐에서 만년설원을 가로질러 묀히 정상으로 오르는 이 코스는 이렇게 화려한 자연경관 속에서 시작된다.

철도요금이 결코 싼 편은 아니지만 날씨만 맑으면 그래도 좋다. 게다가 새벽 첫차는 25% 할인해 준다. 우선 등산열차편으로 그린델발트나 라우터브룬넨에서 클라이네 샤이데크(2,061m)로 향한다. 이곳에서 융프라우요흐 철도로 갈아타고 아이거 빙하역, 아이거 반트역, 아이스 메어역을 거쳐 융프라우요흐역에 도착한다.

아이거 빙하역에서는 1914년부터 극지탐험용 개를 사육해 왔다. 당시 벤겐과 아이거 빙하역 씨이의 철도공사에 동원된 것이 유래가 되었던 것이다. 이 개들이 지금은 융프라우설원과 알레치 빙하를 횡단하는 관광용 개썰매에 이용되고 있다.

융프라우 철도는 아이거와 묀히의 산속을 뚫은 길이 7,561m의 터널철도로 융프라우요흐역까지 약 45분이 걸린다. 바위 속에 마련된 역사라서 '바위 속의 역'이라고도 불리는데, 이 역사 계단을 올라서면 1987년에 완공한 '톱 오브 유럽'이라는 호텔의 현관으로 들어서게 된다. 이곳에서 바라보는 알레치 빙하와 융프라우의 위용은 융프라우요흐만이 가질 수 있는 자랑이다.

1924년 통나무로 지은 멋진 '구름 속의 산장'은 융프라우 철도의 명물이었는데, 1972년 10월 21일 폭풍이 사납게 몰아친 밤에 불의의 화재로 불타 버리고 말았다. 그후 철도당국은 강력한 계획을 수립해 1983년 당시로서는 가장 매력적인 계획의 하나였던 대규모 호텔을 건설하기에 이르렀다.

융프라우요흐에서 '바위 속의 역'까지 대대적인 구멍을 뚫어 공간을 만들고 호

융프라우요흐에서 본 묀히의 위용. 융프라우 설원 너머에 보이는 오른쪽 능선이 일반 루트다.

텔은 지상 밖으로 모습을 드러나게 만든다는 이 건설작업에 융프라우 철도는 수년 간 낮에는 승객운반에, 밤에는 건축자개 운반에 투입된다.

당시 이곳을 찾는 관광객과 산악인들은 그후 몇 년 동안 이렇게 높은 산 위에, 때로는 시속 260km의 강풍 속에서도 거대한 기중기가 하늘 높이 서 있는 것을 보곤 몹시 놀라기도 했다. 1985년 외부공사가 다 끝났을 때까지도 기중기는 호텔 지붕 위로 하늘 높이 솟아 그 위용을 자랑하고 있었다.

후에 이 기중기의 분해는 헬리콥터에 의해 이루어졌고, 새 호텔의 후면벽은 세계에서 유일하게 적외선공법을 동원했다. 혹독한 강풍과 폭풍설은 건물 외각의 보호벽을 여러 번 크게 파손시켰고, 폭설이 내리면 공사장을 덮치는 눈사태에 대한 기술적인 대책을 강구해야 했다.

4년 동안의 공사가 마무리된 1987년은 융프라우 철도가 개통된 지 75주년 되는 해였다. 호텔 신축과 함께 철도 개통기념식이 함께 벌어진 것은 당연한 일이다.

그린델발트 상공에 높이 솟아 오른 융프라우, 뮌히, 아이거 등 3대 고봉 중 뮌히(4,099m)는 융프라우철도와 뮌히요흐산장 덕으로 접근하기가 제일 쉽다. 그래서인지 베르너 알프스의 4천m급 고봉 중에서 가장 많은 등산객들이 찾는 봉우리이기도 하다.

접근이 쉬운 관계로 고소순응과 고산등반 훈련장으로 이용되는데, 보통 새벽 열차를 이용하면 하루에 등하산을 마칠 수 있다. 하지만 고소순응을 위하여 뮌히요흐산장에서 하루 밤을 지낸 다음 정상을 오르는 것이 좋다. 뮌히요흐산장은 암릉이 끝나는 남벽의 기저부에 있는데, 태양열을 이용한 난방설비가 좋고 내부도 그린델발트의 어느 샬레나산장에 뒤지지 않는다.

흔히들 뮌히를 비교적 쉬운 4천m급이라고는 하지만 경솔하게 과소평가해서는 안된다. 실수나 능력부족으로 이곳에서도 이따금 추락과 조난사고가 일어난다. 뮌히 동릉은 상당히 어렵다. 단단한 청빙으로 이루어진 동릉을 등반할 때에는 완벽한 빙설기술을 갖춰야 한다.

일반 루트는 전술한 융프라우요흐에서 호텔로 들어서지 않고 스핑크스슈톨렌의 굴을 빠져나온 다음 융프라우설원으로 나선다. 여기서 방향을 동쪽으로 잡고 한 시간쯤 만년설원을 가로 지르면 암릉 기슭에 자리잡은 아담한 뮌히요흐산장(3,650m)이 나타난다.

사방을 둘러봐도 백색의 설원뿐이다. 도중에 크레바스가 나타나기도 하므로 안자일렌을 하는 것이 안전하다. 설원의 경사는 완만하다. 본격적인 등반 개시점은

⊙ 코스정보

빙하횡단과 빙설암 혼합지대로 구성된 코스이므로 자일과 피켈, 아이젠은 필수다.

시즌 : 5월 하순~10월 초. 단 눈의 상태를 잘 판단할 것.

고도차 : 등하산 645m

소요시간 : 6시간

지도 : 1 : 50,000 스위스지도 제264호(Jungfrau)

식수 : 융프라우요흐의 호텔(레스토랑 위주로 숙박은 취급하지 않음)

숙박 : 뮌히요흐산장(그린델발트 가이드조합 소유. 침상 125개. 4, 5월, 6월 말~9월
　　　 말 개장. 036-713472)

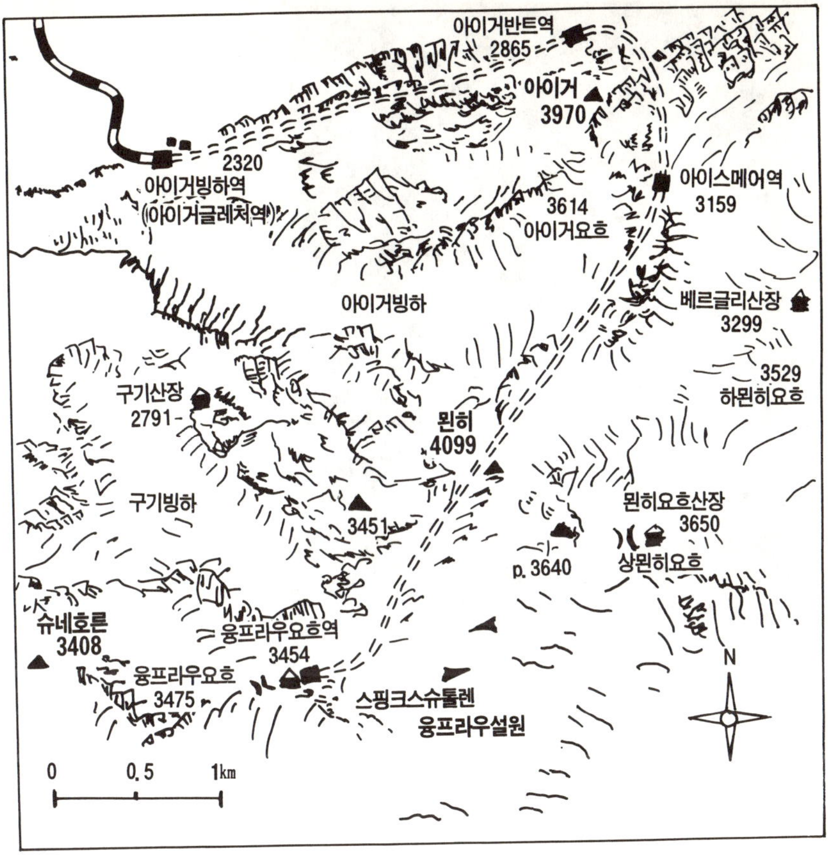

아이거반트역
2865
아이거
3970
2320
아이거빙하역
(아이거글레처역)
아이스메어역
3159
3614
아이거요흐
아이거빙하
베르글리산장
3299
3529
하묀히요흐
구기산장
2791
묀히
4099
뫼히요흐산장
3650
구기빙하
3451
p. 3640
상묀히요흐
슈네호른
3408
융프라우요흐역
3454
융프라우요흐
3475
스핑크스슈톨렌
융프라우설원
N
0   0.5   1km

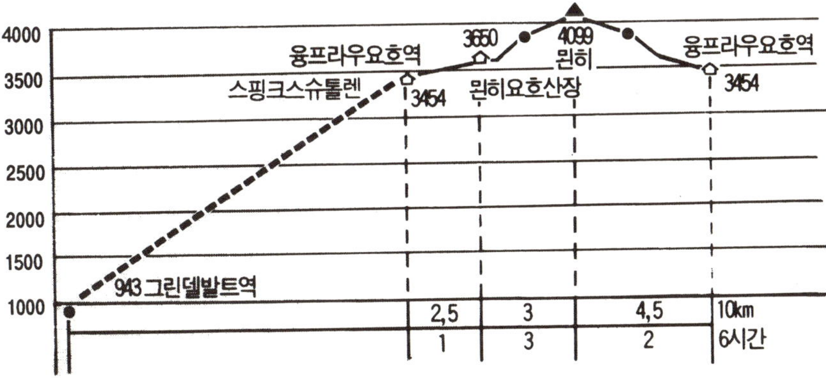

4000
3500
3000
2500
2000
1500
1000
융프라우요흐역
3650
4099
묀히
융프라우요흐역
스핑크스슈톨렌
3454
묀히요흐산장
3454
943 그린델발트역
2,5   3   4,5   10km
1   3   2   6시간

뮌히 등정 후 뮌히요흐산장으로 하산한 필자와 프라이 씨(왼쪽에서 두 번째).

3,640m 부근의 남측릉이다.

필자는 얼마 전 그린델발트 출신의 산악인 프라이 씨와 함께 뮌히를 오른 적이 있다. 여름에 왔을 때와는 달리 5월의 날씨는 변덕스러웠다. 이날따라 쾌청하던 날씨가 무너졌다. 등반고도는 460m에 불과하지만 암벽과 설벽, 그리고 빙벽이 뒤섞인 코스는 제법 까다로웠다.

이 루트는 대략 3단계로 나누어진다. 3,640m부터 시작되는 암릉지대, 3,750m 부터 이어지는 암빙설 혼합지대, 3,900m부터 마무리짓는 설릉지대가 그것이다. 혼합지대에 들어선 우리는 강풍에 휘날리는 눈보라 때문에 앞을 거의 볼 수 없었 다. 이따금 바위에 부닥치는 아이젠 소리가 신경을 날카롭게 했다. 철수를 하고 싶었지만 프라이 씨는 막무가내였다. 그때의 무서웠던 일을 지금 회상하면 그저 쓴웃음만 나올 뿐이다.

일단 3,887m까지의 혼합지대를 넘어서면 노출된 바위는 사라지고 다소 가파른 설릉이 이어진다. 이따금 얼어 붙은 짧은 빙벽구간이 나타난다. 빙벽은 오른쪽(동 쪽)의 남벽과 맞닿아 있는 구간이라 비교적 가파르다. 당연히 아이젠과 피켈이 필수적이다.

암릉 초입에서 약 3시간 오르면 정상으로 이어지는 완만한 설릉에 올라설 수 있다. 설릉은 동쪽으로 치우쳐 눈처마를 이루고 있으므로 동쪽으로 발을 옮겨서는 안된다. 눈에 빠지는 한이 있더라도 남쪽 사면으로 발을 옮기며 전진해야 한다.

이러한 긴장 속에서 정상에 서면 베르너 알프스의 전모가 시야에 들어온다.

△ 용병의 이야기

스위스인의 군대가 지금도 강한 것인지 잘 알 수는 없지만 그 옛날 스위스의 병사가 강했다는 것은 유럽에서는 유명했다. 가난했던 스위스에서는 먹고 살기 위한 수단의 하나가 용병(傭兵)이었다. 용병이란 옛날 유럽의 어떤 군주나 영주에게 돈을 받고 고용되어 전투에 임하는 병사를 말한다. 현재는 1859년부터 법률로 용병제도를 금하고 있지만 유일한 예외가 바티칸의 위병의 경우이다.

이것은 싸우는 군인이라기 보다는 바티칸을 지키는 호위병이라는 좋은 의미에서 이를 허락하고 있다. 바티칸의 그 줄무늬제복을 입은 용병은 지금도 스위스인들이 있다. 이런 전통의 탓인지 스위스에는 졸로투른(Solothurn)을 비롯하여 모르쥬 (Morges:로잔에서 10km 떨어진 호반의 마을) 상 모리스(St. Maurice) 등 여러 곳에 무기박물관이 있다. 대포, 선차, 검, 창, 궁, 총, 갑옷, 군복 등 다양하고 많은 전시물을 보고 있으면 몸이 오싹 움츠러들 정도이다. 적에게 공포심을 주고 효과적인 살인을 위한 이 잔혹한 발명품은 보기만 해도 소름이 끼칠 정도다.

"가난했던 스위스인은 그렇게 해서 오랫동안 유럽의 여러 곳에서 우수한 용병으로서 싸운, 말하자면 전쟁프로로서 활약했다. 나폴레옹이 아무리 강했다고 말할지라도 실제 그 군을 지휘한 장군이 죠미니라는 스위스인이었다"고 말하는 안내인의 이야기가 그렇다.

하지만 이것은 무서운 군국주의와는 관계가 없고 오히려 가장 스위스다운 소박한 박물관인 것이다.

빌트개르스트 코스

그린델발트 ~ 피르스트 ~ 바흐호 ~ 하겔호 ~ 휘너텔리 ~ 핵센셀리 ~ 바르트 ~ 빌트개르스트 ~ 그로세 크린네 ~ 크린넨보덴 ~ 피르스트

⊙ 알프스 최장 케이블 카를 타고 오르며 만끽하는 하이킹 코스

  알프스 고봉을 오르거나 구경하는 사람들의 관광기지로서 가장 인기있는 곳은 그린델발트이다. 아이거와 베터호른의 넓은 산록에 펼쳐진 느슨한 초원의 구릉지대에 옹기종기 산재해 있는 마을과 마을, 점점이 흩어져 있는 아름다운 농가와 샬레, 그리고 푸르른 초록과 하얀 빙하가 대조를 이루는 자연의 미는 발리스 알프스의 체르마트와 함께 스위스에서 가장 으뜸가는 풍광을 자랑하고 있다.

  이 그린델발트에는 융프라우요흐를 오르는 철도 외에 세 군데에 관광용 케이블카가 설치돼 있다. 멘리헨(Männlichen · 2,222m), 프핑슈테크(Pfingstegg · 1,392m), 그리고 피르스트(First · 2,167m)가 그것이다.

  넓은 그린델발트계곡은 일명 검은 뤼치네의 계곡이라고 부르고 있다. 계곡이라고 부르기보다는 분지라고 호칭해도 될 만큼 넓디 넓은 그린델발트계곡은 북쪽에서는 파울호른과 슈바르츠호른의 산군과 맞닿아 있고, 남쪽에서는 빗장처럼 서 있는 우람한 베터호른, 메텐베르크, 아이거산군으로 계곡의 진로가 가로막혀 있다.

  먼 옛날에는 원시림을 이루어 인간의 접근이 힘들었으나 이제는 푸르디 푸른 초원과 목초지로 그 모습이 바뀌었다. 고대 독일의 켈트어에서 유래한 그린델(Grindel)은 우거진 수풀을 뜻하며 울타리처럼 서 있는 나무들이 빗장같이 외부와 차단하고 있다는 뜻에서 그린델발트(Grindelwald)라고 부르게 되었다고 한다.

  전설에 의하면, 약 2천년 전에 이교도인 산악 켈트족이 하슬리계곡에서 그로세 샤이데크를 넘어서, 또 일부는 라우터브룬넨계곡에서 클라이네 샤이데크를 넘어서 그린델발트의 숲지대로 옮겨 왔다고 한다.

  이 고산의 선주민은 알퍼글렌, 부스티글렌, 부스알프와 그린델 등지의 삼림의 경계선까지 진출하여 그곳에서 온갖 고난을 무릅쓰고 황무지의 땅을 일구었다. 짚

바흐호와 하겔호 사이에서 바라본 피셔 반트, 피셔 빙하, 그리고 아이거의 미텔레기 암봉.

푸른 원시림이 주는 두려움, 그리고 무서운 맹수들이 주는 공포심을 차차 극복하고 선주민들은 계곡의 분지 쪽으로 생활의 터전을 옮겨 갔으며 마침내 그린델발트의 마을을 형성하기에 이른 것이다.

1133년 인터라켄에 세운 아우구스트교파의 수도원 관련기록에서 '그린트발트(Grinddwalt)' 라는 이름을 찾아볼 수 있는데, 이것이 오늘날 그린델발트의 마을이름의 효시가 되었다.

그린델발트의 마을역사는 중세기경까지 온 천하에 교권의 위세를 떨쳤던 기독교와 수도원과 깊은 관계를 가지고 있다. 그러나 그린델발트 사람들은 교회당국의 끈질긴 알프스침입을 결사적으로 막았다. 이유는 선조로부터 물려받은 농사와 목축의 생활터전을 사수하기 위해서였다.

1191년 체링겐 출신의 베르히톨트 공작은 베른(지금의 스위스 수도)시를 건설하
고 1224년에는 인터라켄의 수도원 일대를 장악했다. 그리고 교회 당국과 그린델발
트 사람들 사이에는 잦은 충돌이 일어났었다. 당국은 포교의 일환으로 교회와 수
도원을 황금의 초원 위에 세우려고 하였기 때문이었다.

교권이 온세상을 휘두른 암흑시대에 농민들은 결연히 이에 항거하여 폭동을 일
으켰다. 1349년과 1445년에 일어났던 폭동은 당시로선 대사건이었다. 1528년 종
교개혁이 일어난 영향으로 수도원은 문을 닫게 되고 소유지는 국유화가 되었다.
그리고 베른당국은 아우구스트 수도원을 영주 산하에 예속시켰다.

그럼에도 불구하고 오버란트에 사는 대부분의 사람들은 그해 10월경부터 다시
구교를 믿기 시작했다. 교권은 다시 고개를 들기 시작했고, 심지어는 베른당국에
서 군대를 파견시켜 그린델발트 일부를 초토로 만들었다. 이러한 와중에서도 자기
마을의 자연과 농토를 지키려는 애향심에 불탄 주민들은 정부에 대항하여 싸우며
그들의 권리를 주장했다. 선조로부터 물려 받은 이러한 정신과 자부심이 오늘날까
지 그린델발트 사람들의 마음 속에 간직되어 흐르고 있는 것이다.

파울호른과 슈바르츠호른의 산군은 베르너 알프스의 고봉 중에서도 발군의 풍광
으로 대단히 유명하다. 그린델발트 마을을 향하여 느슨하게 펼쳐 내리는 남쪽 사
면에 초원과 푸른 숲이 형성되어 있다. 이 초원과 숲 사이 1천2백~2천4백m대에

⊙ 코스정보

시즌 : 6월 말~10, 11월

고도차 : 등하산 800m

소요시간 : 5시간 45분

지도 : 1 : 50,000 스위스지도 제254호(Interlaken)

식수 : 피르스트 레스토랑

숙박 : 보르트 레스토랑(그린델발트와 피르스트의 중간역), 베르크 호텔(그로세 샤이

　　　데크의 위치)

등산기지 : 그린델발트

인근코스 : ①그린델발트~그로세 샤이데크~베터호른 호텔~그린델발트(5시간 소요)

　　　　　②그린델발트~바흐호~파울호른~부스알프~그린델발트(3시간 30분)

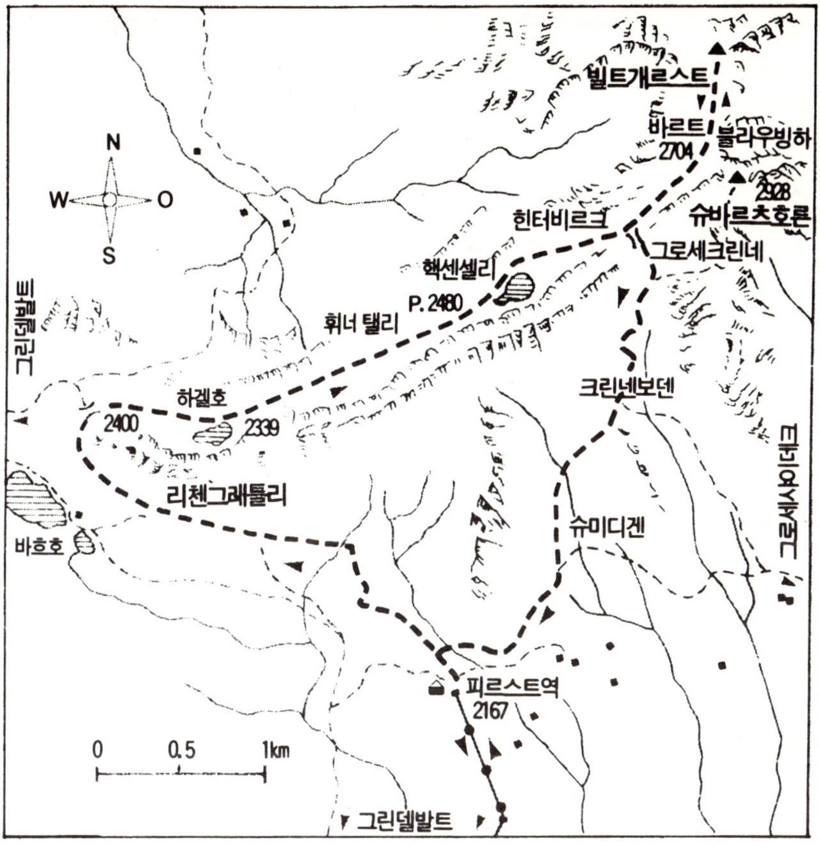

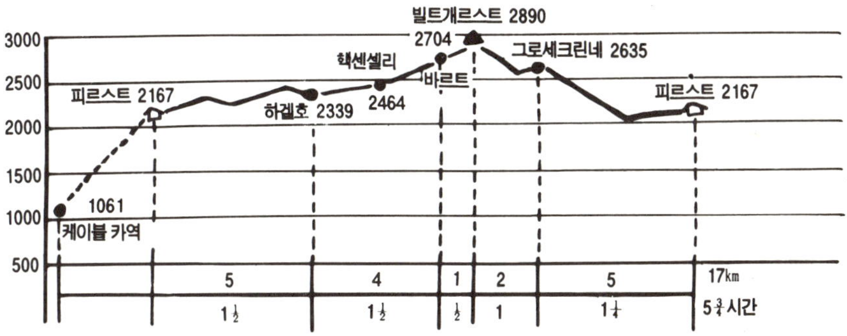

빌트개르스트
바르트
2704
블라우빙하
2928
슈바르츠호른
힌터비르크
그로세크린네
핵센셀리
P. 2480
휘너 탤리
크린넨보덴
하겔호
2400
2339
리첸그래틀리
바흐호
그린델발트
그로서샤이덱
슈미디겐
피르스트역
2167
N
W
O
S
0
0.5
1km
그린델발트

빌트개르스트 2890
2704
핵센셀리
바르트
그로세크린네 2635
피르스트 2167
하겔호 2339
2464
피르스트 2167
1061
케이블 카역
3000
2500
2000
1500
1000
500
5
4
1
2
5
17km
1½
1½
½
1
1¼
5¾시간

들길, 비탈길, 산길들이 그물처럼 여러 갈래로 이어지고 있다. 쾌청한 여름날에 이 길들은 상쾌하고 포근한 하이킹의 정서를 불러 일으켜 준다. 피르스트, 부스알프, 그로세 샤이데크로 가는 길이 그 좋은 예가 되고 있는 것이다.

등산에 자신이 있는 사람은 이 지역에서 제일 높은 슈바르츠호른(2,928m)에 오르기도 한다. 그러나 하이커들은 슈바르츠호른 옆에 서 있는 빌트개르스트를 즐겨 오른다. 빌트개르스트는 슈바르츠호른에 비해서 비교적 오르기 쉽고 고요한 계곡 길을 즐길 수 있기 때문이다.

먼저 그린델발트에서 피르스트행 케이블 카를 탄다. 피르스트는 그린델발트에서 가장 인기 높은 전망대다. 목초지의 전면을 황색으로 물들인 알프스의 고산식물군락이 꽃망울을 피우는 여름철은 그야말로 산상의 별천지다.

유럽에서 가장 긴 길이 4,355m의 케이블 카를 타고 오르면 알프스 고봉의 파노라마와 빙하가 한눈에 들어오면서 사람들의 마음을 쉴 새 없이 사로잡는다. 피르스트 산간역에는 깨끗한 현대식 레스토랑이 있다. 여기서 주변의 경관을 만끽하고 하이킹을 시작한다.

1시간 정도 걸으면 왼쪽으로 산중호수를 만난다. 이것이 바흐호다. 이 호수를 옆에 끼고 얼마쯤 돌아가면 갈림길을 만나는데 왼쪽은 파울호른, 오른쪽은 빌트개르스트로 올라가는 길이다. 여기서부터 하겔호까지는 좁은 오르막길이 이어진다.

아담한 호수 하겔호를 지나는 무렵부터는 기암절벽이 시야에 들어온다. 그리고 남쪽에는 슈렉호른의 위용이 돋보인다. 하겔호(2,399m)까지는 1시간 30분 거리. 어디서 물이 흘러와서 이처럼 아담한 호수를 이루고 있는지 아무리 주위를 살펴봐도 알 수 없다. 분지 같은 바닥에 생긴 호수는 신기하기만 하다. 아마도 지하에서 솟는 물이 괴는 모양이다.

이어 평탄한 골짜기의 턱까지 횡단한 다음 휘너탤리 계곡길에 들어선다. 계곡 깊숙이 들어서면 고요 속에 간간이 처량한 뇌조의 울음소리를 들을 수 있다. 하염없는 고독과 적요가 감도는 이곳은 뇌조들의 고향인 것이다.

북쪽으로 그리스바흐계곡 너머로 가물거리는 브리엔츠호수를 바라볼 수 있다. 이 브리엔츠호수와 툰호수 사이에 국제적인 관광도시의 인터라켄이 있는 것이다.

오른쪽에는 계속 기기묘묘한 암탑들이 하늘을 찌를 듯이 서 있다. 이것이 슈바르츠호른에서 뻗어내린 남서릉이다. 얼마동안 주변의 경치는 험상궂은 몰골로 변한다. 여기서 설원을 가로지르면 핵셴셸리의 작은 호수에 도달한다. 이어 바위지

파울호른 코스에서 바라본 그린델발트 빙하의 협곡.

대를 통과하여 그로세 크린네의 갈림길에 이르면 '힌터비르크(Hinterbirg)'라고 쓰인 이정표가 그동안의 긴장을 풀어준다. 이 갈림길을 지나면 이윽고 바르트 (Wart · 2,704m)에 도달한다.

바르트는 빌트개르스트(wildgärst · 2,890m)와 슈바르츠호른을 이어주는 안부다. 하겔호를 출발하여 1시간 30분 거리에 있다. 바르트에서 널따란 편암의 암릉과 완만한 자갈지대가 나타나는 정상길을 30분 오르면 마침내 빌트개르스트의 정상에 도달하는 것이다.

각고 끝에 오른 정상에서 바라보는 주위의 아름다운 광경은 그동안의 피로를 씻어준다. 하산길은 블라우글레처리, 슈바르츠발트알프, 그로세 샤이데크 등 여러 갈래가 있다. 블라우글레처리로 내려가는 경우 빙하는 소규모이지만 크레바스가 이따금 나타나므로 주의해야 한다. 그러나 웬만큼 등산경험이 있는 사람이면 피켈과 자일 없이도 건너갈 수 있다.

또 힌터비르크 이정표에서 올라온 길을 되돌아 바흐호 쪽으로 내려가도 좋고, 부스알프쪽으로 하산하여 버스편으로 그린델발트에 가도 좋다. 암벽등반, 특히 슬랩 등반과 꿀르와르 등반을 즐기는 사람이면 그로세 크린네를 지난 다음 그린델목

돌로미테풍의 세기사(세기스호른) 암벽과 한가로운 양 떼.

장쪽으로 하산하는 것도 좋다. 다만 힌터비르크를 지나는 동안에는 지형물에 방향 표시만 되어 있을 뿐 이정표는 없다.

가장 보편적인 하산코스는 그로세 크린네로 내려선 다음 크린넨보덴 쪽으로 방향을 잡는 것이다. 그로세 크린네에서 꿀르와르를 통과할 때 다소 까다로운 지점이 몇 군데 있기는 하지만 침착하게 균형을 잡으면서 지형물을 잘 이용하면 안전하게 통과할 수 있다.

여기만 내려서면 앞이 탁 트이면서 전망이 좋아진다. 불쑥 나타난 베터호른과 슈렉호른, 눈앞에 우뚝 솟은 슈바르츠호른의 정상에서 뻗어내린 남서릉의 기기묘묘한 실루엣, 이 모두가 극적인 장면을 연출하고 있다.

정상에서 그로세 크린네까지는 1시간 거리. 계속해서 자갈길을 내려서면 어느덧 크린넨보덴에 이른다. 간혹 길이 희미해져 찾기에 신경이 쓰이지만 마침내 슈바르츠호른 길을 따라 1시간 가까이 내려오면 그로세 샤이데크로 가는 두번째 갈림길인 슈미디겐에 이른다.

여기서 그로세 샤이데크 쪽으로 들어서지 말고 그대로 직진하면 피르스트가 바로 눈앞에 나타난다. 그로세 크린네에서 피르스트까지는 1시간 15분 거리다.

△ 융프라우요흐(Jungfraujoch)

알프스고산의 관광지로서는 세계 제일인 융프라우요흐(3,454m)

독일어로 처녀를 의미하는 융프라우는 옛날부터 산세가 아름답기로 유명한 봉우리이며 1912년 그 어깨에 해당하는 융프라우요흐까지 등산철도가 개통됨으로써 더욱 유명해졌다. 오늘날 철도로 갈 수 있는 전망대로서는 유럽에서 제일 높다. 이름하여 "톱 오브 유럽(Top of Europe)." 융프라우 관광은 종점의 융프라우요흐에서 알프스의 핵심부를 손쉽게 바라볼 수 있을 뿐만 아니라 등산철도의 차창에서도 변화무쌍한 절경을 바라볼 수 있다.

그리고 본문에서 소개하고 있듯이 그 주변의 산과 산 사이에 훌륭한 하이킹 코스가 있고 당일에도 알찬 하이킹을 즐길 수 있다. 인터라켄 오스트역에서 융프라우요흐까지 직선거리는 약 18km이지만 표고차는 2,887m이다. 왕복 5시간 걸리는 곳이다. 전체 개념으로서 아래 사항을 알아두면 좋다.

세 봉우리는 인터라켄 쪽에서, 즉 올라가는 입구에서 볼 때 우측이 융프라우(Jungfrau·4,158m) 중앙이 묀히(Mönch·4,099m) 좌측이 아이거(Eiger·3,970m)이다. 그 산록에는 크게 나누어 두 지구가 있다. 좌측이 그린델발트, 우측이 벤겐인데 융프라우요흐 철도는 두 곳 다 다니고 있다.

접근은 인터라켄 오스트역에서 출발하는 경우, 산악철도 BOB는 앞쪽이 라우터브룬넨행, 뒤쪽이 그린델발트행이므로 객차에 승차할 때 차질이 없도록. 우측방면으로 갈 사람은 앞쪽 객차에 타고 라우터브룬넨에서 하차, 여기서 등산철도 WAB전차에 옮겨 타고 벤겐 경유, 클라이네 샤이데크로 향한다.

　역에서 출발하면 라우터브룬넨의 명물, 슈타우프바흐의 폭포가 우측 차창 밖에 보이고 대지(臺地)의 벤겐에 올라서면 U자형 계곡의 끄트머리에 브라이트호른이 보인다. 그리고 융프라우도 보이기 시작한다. 여기서 얼마동안 오르다가 벤게른알프쯤에서 오른쪽 전방이 확 트이며 지금까지 숨어 있던 묀히와 아이거와 더불어 세 산의 파노라마가 전개되고 산중턱에 매달려 있는 빙하도 박력있게 두 눈에 가득 들어온다. 그리고 클라이네 샤이데크에서 등산철도 JB에 옮겨타고 요흐로 향한다.

　한편 그린델발트방면으로 가는 사람은 BOB의 뒤편 객차에 타고 그린델발트에서 하차, 여기서 등산철도 WAB에 옮겨 탄다. 그룬트역을 경유, 무인역의 브란데크(Brandegg)에 들어설 즈음에 메텐베르크의 우측 너머에 슈렉호른이 보인다. 아이거 북벽은 알피글렌(Alpiglen)역에 다가가는 무렵부터 손에 잡힐 듯이 가깝게 보인다. 이어 클라이네 샤이데크에 도착하면 건너편 JB에 옮겨 탄다.

　마지막 구간의 융프라우철도 JB는 3/4이 터널 속이다. 하지만 진행 우측에 자리를 잡으면 터널에 들어가기 전에 U자 계곡의 벼랑 위에 앉아 있는 뮈렌마을과 배후의 알프스 연봉이 보인다. 푸른 초지를 지나고 쌓인 눈이 무너져 내린 비탈 옆을 지나서 아이거 빙하(Eigergletscher · 2,320m)에 도착한다. 여기서부터 터널 속으로 들어간다. 요흐까지 7,561m의 캄캄한 어둠의 연속이지만 도중에 2개의 역에 5분 가량씩 정차한다. 이때 암벽을 뚫은 창을 통해서 바깥 세계를 바라볼 수 있다. 온누리가 은백의 세계. 그야말로 사람들의 마음을 압도한다.

　표고 2,864m의 아이거반트(Eigerwand)역에서는 북벽에 뚫어놓은 창에서 수직의 암벽과 클라이네 샤이데크와 그린델발트가 내려다보인다. 터널은 아이거의 산체(山體)를 뚫고 남쪽 방향으로 반전하여 표고 3,158m의 아이스메어(Eismeer)역으로 이어진다. 여기서도 등산열차는 정차. 얼음의 바다라는 역 이름대로 그린델발트의 운터글레처의 상부에 해당하는 광대한 빙하와 만년설이 펼쳐진다. 그 건너편 좌측에 뾰족하게 하늘 높이 서있는 봉우리가 슈렉호른이고 그 옆이 라우터라르호른이다. 이옥고 기차는 묀히산정 아래를 통과하고 마침내 종점의 융프라우요흐에 도착한다. 이 지하역은 베른주와 발리스주의 경계에 해당하는 융프라우~묀히를 잇는 설릉 바로 밑이다.

　볼 곳으로는 역에서 이어지는 건물이 이른바 "톱 오브 유럽". 사방이 온통 유리창으로 둘러쳐져 있으므로 어느 쪽에서 보나 눈앞에 융프라우 만년설원과 이 설원에서 이어가는 알레치 빙하가 보인다. 전망대는 두 군데 있다. 사람이 크게 붐비지 않으면 스핑크스(Sphinx) 터널 도중에서 전용의 소형 엘리베이터를 타고 기상관측소의 테라스(3,573m)로 나오면 된다. 사람이 몹시 붐비면 로비로 돌아와서 엘리베이터를 타고 맨 위층에서 플라토(Plateau)로 나오면 된다. 하지만 이곳은 직접 눈 위에 나오는 것이므로 조심해야 한다. 어느 전망대에서 보나 융프라우의 산정이 가깝게 보인다. 마주보는 산정 가운데 좌측이 4,158m의 진짜 정상이다. 우측의 낮아보이는 전위봉은 벤겐·융프라우(Wengen·Jungfrau)이다. 클라이네 샤이데크에서 보이는 것은 사실은 벤겐·융프라우의 봉우리다.

융프라우에서 묀히로 이어가는 능선은 유럽대륙의 분수계(分水界)이기도 하며 클라이네 샤이데크쪽에 쌓인 눈은 아레천으로 흘러내려가고 아레천은 라인강에 합류하여 북해로 흘러간다. 반대로 알레치 빙하측에 쌓인 눈은 론강으로 흘러내려가서 지중해로 흘러간다.

전망대 외에 볼만한 곳은 얼음의 궁전(Eispalast)이다. 빙하를 뚫어서 만든 통로를 따라 전시하고 있는 얼음의 조각품들은 볼 만하다. 이리저리 구경하며 돌아다니다 보면 2시간쯤 걸린다. 시간에 여유가 있는 사람은 스핑크스터널에서 빠져나와 설원에서 스키놀이를 즐기는 것도 좋은 체험이 될 것이다. 개썰매놀이도 있는데 여름에만 한다. 요흐에서 하산하는 전차는 터널 안에 있는 아이스메어역과 아이거반트역에서 정차하지 않는다. 그러므로 암벽의 창을 통한 관광은 올라올 때뿐이다.

돌아올 때도 클라이네 샤이데크에서 기차를 옮겨 탄다. 역전의 샤이데크 호텔(전화 036-551212)은 120명 수용, 별 3개. 식사포함(단 2회) 130SFr 전후. 역 2층의 반호프 산장(전화 036-551151)은 도미토리이다. 값은 30SFr부터 조건에 따라 차등이 있다.

클라이네 샤이데크를 중심으로 여러 하이킹 코스가 있으므로 걸어서 그린델발트나 벤겐, 라우터브룬넨으로 내려가는 것도 좋은 추억이 될 것이다. 시간에 쫓기면 중간 중간역에서 다시 승차하면 된다. 등산철도의 차표는 유효기간이 길므로 도중에 승,하차를 자유롭게 할 수 있다.

파울호른 코스

빌더스빌 ~ 쉬니게플라테 ~ 오버베르크 ~ 고트하르트로호 ~ 멘들레넨산장 ~ 파울호른정상 ~ 바센보덴 ~ 바흐호 ~ 피르스트

⊙ 베르너 오버란트 전망대

베르너 오버란트를 대표하는 국제 관광도시, 툰호수와 브리엔츠호수 사이에 화려하게 발달한 알프스의 휴양도시인 인터라켄에 가면 여러 관광안내 광고를 볼 수 있다. 쉬니게플라테 (Schynige Platte · 1,967m) 도 그 중 하나. 이곳은 아이거, 묀히, 융프라우 등 이 지역의 명봉들을 가장 쉽게 한눈에 볼 수 있는 곳으로서, 귀여운 미니 등산열차를 타고 오르면 온갖 고산식물들이 반겨준다. 물론 여기서부터 하이킹 코스가 여러 방면으로 이어지기도 한다.

'알펜가르텐 (Alpengarten) 쉬니게플라테' 라고 부르는 이 특유한 식물원은 일찍이 1929년 개원했고, 이곳에는 알프스의 1천5백m에서 2천3백m사이에서 자생하는 온갖 고산식물들을 모아 놓았다. 습지, 초원, 목초지, 원생암석지대, 석회암지대 등 15개로 분류한 지대에서 이식해온 식물들이 자라고 있는데, 그 중에는 현장에서는 더이상 볼 수 없는 식물들도 있다.

알프스에는 삼림한계 (지역에 따라 다소 차이는 있으나 대개 2천~2천4백 전후) 위에도 약 6백여 종의 현화식물과 양치식물이 서식하고 있다. 이 식물원에는 그 중 약 5백 종이 넘는 식물을 보유하고 있다. 그래서 이곳을 찾으면 알프스의 어지간한 식물을 다 볼 수 있는 것이다.

하이킹의 기점은 그린델발트 또는 빌더스빌 (Wilderswill · 584m) 이 된다. 인구 약 1천8백 명의 조용한 계곡마을인 빌더스빌에서 쉬니게플라테에 오르는 미니열차로 갈아탄다. 이 미니열차는 빌더스빌을 출발하여 뤼치네하천을 건너 천천히 급커브를 돌아 산으로 올라간다. 얼마 후 숲속으로 들어서면서 시야가 가리지만 이윽고 상쾌한 초원 목장으로 나와 브라이트라우에넨 (1,542m) 에 도착한다. 이곳에서 툰호수와 인터라켄 시가지가 잘 보인다.

파울호른 코스에서 바라본 베터호른의 위용.

　미니열차는 계속해서 가파른 비탈길을 무거운 걸음으로 느릿느릿 올라간다. 경사가 어찌나 가파른지 철로 옆 전주가 누워 있는 것처럼 보인다. 터널을 통과하면 경관이 일시에 변하며 아이거, 묀히, 융프라우 연봉이 일순간에 펼쳐진다. 굽이굽이 힘겹게 올라온 열차는 53분 후 종점에 도착한다.

　일단 여기서 식물원을 구경한다. 시간적으로 파울호른(Faulhorn · 2,680m)을 오를 수 없는 사람은 부근의 투바(Tuba · 2,076m) 일주코스를 도는 것도 좋을 것이다. 투바의 경우 1시간 15분, 오버베르크호른의 경우 2시간 30분 정도 걸린다. '환상의 파노라마 코스'라고 불리는 이 일주코스는 주변의 경관이 말 그대로 일품이다.

⊙ 코스정보

시즌 : 7월 초~10월

고도차 : 등산 800m 하산 550m

소요시간 : 5시간 45분

지도 : 1 : 50,000 스위스지도 제254호 (Interlaken)

식수 : 피르스트 레스토랑

숙박 : 쉬니게플라테 호텔 (전화 036-223431). 베버산장
　　　 (2,344m · 전화 036-531706), 파울호른산장 (전화 036-
　　　 532713/531025). 모두 여름에만 연다.

등산기지 : 빌더스빌 또는 그린델발트 (역코스일 경우). 빌더스
　　　 빌에는 14개 호텔이 나란히 들어서 있는데, 인터
　　　 라켄이나 그린델발트보다 값이 비교적 싼 편이다.
　　　 달맞이 야간 하이킹 코스가 개발돼 있다 (전화 036-
　　　 231818).

인근코스 : 피르스트~바흐호~발트슈피츠~보르트~그린델발
　　　 트 (4시간 소요).

이제 화려한 식물원 구경을 마치고 하이킹에 나선다. 이정표나 도표가 잘 정비
되어 있어 등산 초입을 곧바로 찾을 수 있다. 알프스 하이킹 코스 중에서도 가장
아름다운 코스로 손꼽히는 이 길을 걷노라면 시간의 변화에 따라 수려한 융프라우
산군의 위용이 더욱 돋보인다.

쉬니게플라테 종점에서 오버베르크 쪽으로 먼저 방향을 잡는다. 눈 앞의 라우처
호른 서면에 당당하게 뻗어내린 늑골 모양의 길을 오르내리면서 점차 고도를 높여
가면 고트하르트로호 (2,276m) 에 도달한다. 중간에 좁은 협곡을 통과해야 한다.
그리고 이 고트하르트로호에서 석회암 바윗길을 지나 멘들레넨 (2,344m) 산장에 도
착한다.

주변에는 돌로미테풍의 세기스협곡, 흰너협곡의 사이사이에 로테플루에, 세기
사, 빈터레크의 날카로운 암탑군이 하늘 높이 솟아있다. 멘들레넨까지는 쉬니게플
라테에서 3시간 거리. 특히 로마의 원형투기장을 방불케하는 바위기슭에서 사방으

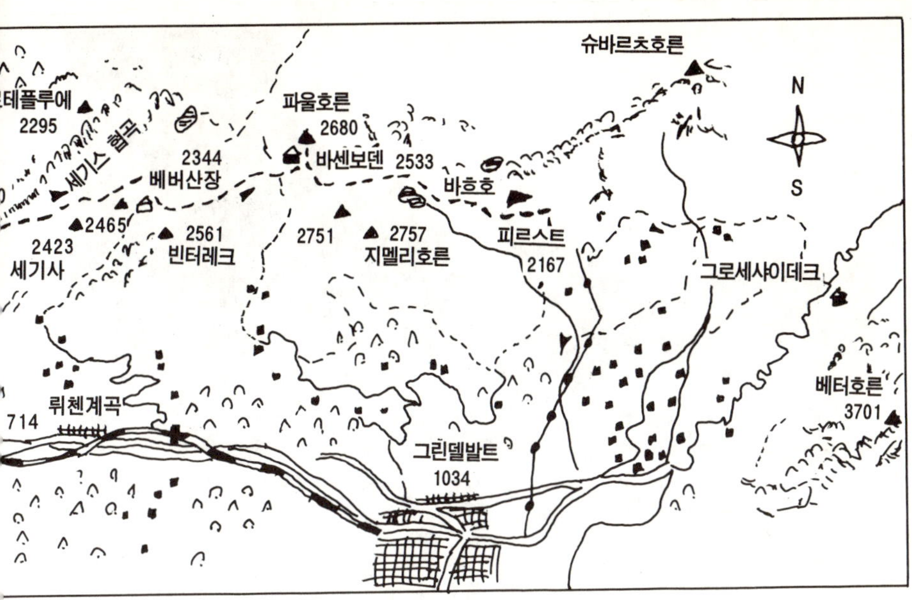
슈바르츠호른
테플루에
2295
파울호른
2680
바센보덴 2533
2344
베버산장
바흐호
2465
2423
2561
2751
2757
피르스트
세기사
빈터레크
지멜리호른
2167
그로세샤이데크
뤼첸계곡
714
베터호른
3701
그린델발트
1034
세기스 협곡
N
S

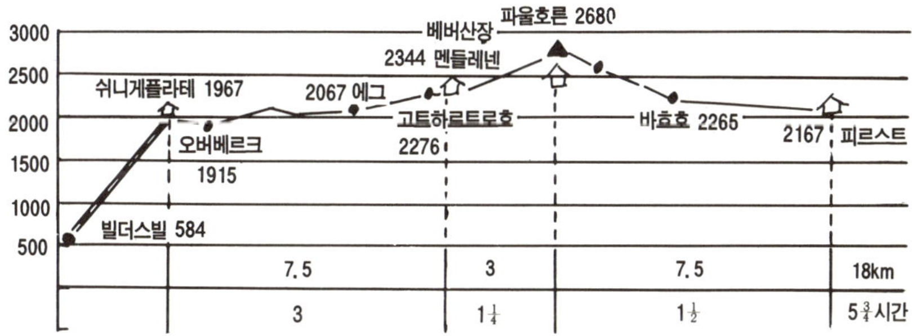
파울호른 2680
베버산장
3000
2344 멘들레넨
2500
쉬니게플라테 1967
2067 에그
2000
고트하르트로호
바흐호 2265
2167 피르스트
오버베르크
2276
1500
1915
1000
500
빌더스빌 584
7.5
3
7.5
18km
3
1¼
1½
5¾시간

바흐호와 하겔호 가는 도중에서 바라본 슈렉호른.

로 날카롭게 둘러친 빈터레크의 암탑들은 모두가 기암절벽이며, 그 중에서도 수직으로 깎아지른 벽에 꿀르와르가 형성돼 있는 북벽은 아찔한 현기증마저 일으킨다. 그린델발트로 찾아오는 겨울이 이 북벽에서 발원한다고 해서 빈터레크(Winterregg)이라는 이름을 붙였다고 한다.

암릉의 비탈에 위치한 산장에서 잠시 휴식을 취하고 널찍한 빈터레크의 암릉과 이어서 가파른 초지를 따라 파울호른의 턱밑으로 다가간다. 멘들레넨산장에서 1시간 15분 거리다. 여기서 마지막 피치를 올려 바로 눈앞에 우뚝 서 있는 파울호른의 정상에 올라서면 남쪽으로 만년설로 뒤덮인 수많은 알프스의 명봉들이 한꺼번에 시야에 들어온다. 북면에는 세기스계곡 너머로 짙푸른 브리엔츠호수가 태양에 반사되어 눈부신 물결을 넘실거리고 있다.

파울호른 턱밑에 있는 산간호텔은 퍽 오래된 산장이다. 이 산장의 개관은 확실치 않으나 그곳 사람들의 설명에 따르면 1832년경이라고 한다. 옛날 쉬니게플라테까지 철도가 개통되기 전에는 말이나 가마를 타고 이 산장을 찾아왔다고 한다.

하산길은 파울호른에서 피르스트 쪽으로 내려간다. 먼저 바센보덴(2,533m)으로 하산한 후 방향을 왼쪽으로 유지하면서 그림같이 아름다운 바흐호(2,265m) 쪽으로 내려간다. 티없이 맑은 고산의 호수 바흐호의 잔잔한 물결 위에 베르너 알프스의 맹주들이 반사된 모습은 정말 아름답다. 베터호른, 슈렉호른, 피셔반트, 아이거 북벽들이 물 위에 우람한 모습들을 소리없이 조용히 나타내는 것이다.

바흐호에서 피르스트까지는 1시간 30분 거리. 피르스트에 도달할 즈음이면 석양이 물드는 시각이다. 알프스의 아벤트로트(저녁놀)에 도취되어 시간을 잃어서는 안된다. 마지막 케이블 카는 오후 6시 스키시즌에는 오후 5시이다. 그리고 5월과 늦가을에는 운행하지 않는다는 것도 알아둬야 한다.

느릿느릿한 거북이 걸음의 미니등산열차, 풍요로운 쉬니게플라테의 식물원, 변화무쌍한 암릉장관, 손쉬운 파울호른 정상 등정, 호수에 비친 명봉들, 이따금 불어오는 꽃바람과 메아리, 이 모두가 영원히 잊을 수 없는 추억이 되리라.

로젠라우이계곡 코스

슈바르츠발트알프 ~ 찰버보덴 ~ 그로세 샤이데크 ~ 샤프후벨 ~ 그라츠쉐렘 ~ 오버라거 ~ 호른젤리호수 ~ 알페 브라이텐목장 ~ 판니산장 ~ 슈바르츠발트알프

⊙ 호른젤리로 가는 '낭만길'

이 코스는 빌트개르스트와 파울호른 코스를 오른 사람이면 누구나 가고 싶어하는 코스다. 그 이유는 전부 바위로 이루어진 베터호른(Wetterhorn · 3,701m)과 벨호른산군의 기슭을 따라 신비롭게 로젠라우이계곡이 뻗어 내려가고 있는 광경을 빌트개르스트 능선에서 바라보고 매료되기 때문이다. 또 이 코스에서는 베터호른의 거대한 암산을 시원스럽게 구경할 수 있기도 하다.

베터호른은 그린델발트의 상징이다. 아이거 북벽과 같이 이른바 뤼치네의 검은 계곡 아래에서는 가장 강력한 인상을 주고 있기 때문이다. 그러므로 베터호른은 옛날부터 그림과 사진의 대상이 되어 왔으며 또한 등산의 대상이 되어 왔다. 물론 하슬리계곡 쪽에서 바라보는 베터호른의 모습도 매우 인상적이다. 특히 1천m를 넘는 등반고도와 아이거 북벽의 난이도에 결코 뒤지지 않는 베터호른 북벽은 오늘날 첨예클라이머들의 등반대상이 되고 있으며, 남서벽과 남서릉은 일반 알피니스트들의 등반 대상이 되고 있다.

일찍이 그린델발트 출신의 등산가들은 이 베터호른에 도전했으며, 마을사람들은 그 성공을 염원했다. 그러나 그들에게는 운이 따르지 않았다. '하슬리 융프라우(하슬리의 처녀)' 라는 별명을 가진 이 베터호른에 대한 첫 등반 시도는 1844년 로젠라우이 쪽에서 감행되었으나 애석하게도 실패로 돌아갔다. 그러나 얼마 후 재도전을 감행하여 마침내 그 해 8월 31일 반홀처와 마두츠가 정상에 오름으로써 초등정이 이룩됐다.

하지만, 로젠라우이 쪽보다 더 어렵게 여겨졌던 그린델발트 쪽에서의 등정은 그로부터 10년 후 당시 명성을 날리던 크리스챤 알머 일행에 의해 1854년 9월 17일 이룩된다. 알머는 알프스의 여러 고봉을 초등했는데, 그는 죽기 1년 전인 1897년

로젠라우이계곡 너머로 솟은 클라이네 벨호른의 북벽.

71세의 노구를 이끌고 마지막 등반으로 고향의 산 베터호른에 오르면서 그의 등반 생애를 마감했다.

로젠라우이계곡에서 바라보는 베터호른과 그 주변은 비길 데 없이 우람하고 탁월한 모습을 보여 주면서 우리에게 깊은 감명을 심어 준다. 클라이네 벨호른과 그로세 벨호른의 바위너덜이 울퉁불퉁 험한 암릉을 이루고 베터호른과 미텔호른

(Mittelhorn · 3,704m)을 향해 장장 4km나 뻗어 가는데, 이 기기묘묘하고 매끄러운 석회암 광경, 그리고 날카로운 모서리를 이룬 거대한 바위기둥이 하늘 높이 솟아 있는 모습이 그러하다.

조금 더 들어선 오지에 있는 엥겔호른산군에는 무려 30개가 넘는 암봉과 설봉들이 군웅할거하며 정말 가관을 이루고 있다. 그중에서도 헹슈테른 빙하와 로젠라우이 빙하 둘레에 하늘 높이 서 있는 암벽군은 알피니스트들에게 더없는 등반대상지가 되고 있다.

바로 이들 산군의 기슭을 기점으로 흑백과 청록이 아름답게 조화를 이루며 사람들의 마음을 끊임없이 유혹하고 있다.

현재 베터호른에는 케이블 카가 없다. 그러나 알프스의 명소가 다 그렇듯이 베터호른에도 20세기 초에 케이블 카 설치를 시도한 적이 있었다. '베터호른의 승강기'라는 별명으로 출범한 이 계획은 정상까지 4단계 공사로 진행할 계획이었는데, 지형이 험한 만큼 제일 안전한 케이블 카를 설치해야만 했다.

공사를 착공한 지 4년 후인 1908년 여름 제1구간이 완공돼 운행에 들어갔다. 표고차 420m, 궤도길이 560m, 단선왕복의 곤돌라로 곤돌라의 객실은 좌석 8개, 입

⊙ 코스정보

시즌 : 5월 말~11월

고도차 : 등하산 870m

소요시간 : 5시간 15분

지도 : 오버하슬리(Oberhasli)의 하이킹 지도(마이링겐 또는 하슬리베르크 관광센터에서 구할 수 있음)

숙박 : 로젠라우이 호텔(6~10월 개장·전화 036-712912), 샬레 슈바르츠발트알프(3~11월 개장·전화 036-713515), 그로세 샤이데크 호텔(6~10월 개장·전화 036-531209)

등산기지 : 브리엔츠, 이너트키르헨, 그린델발트, 마이링겐(관광센터 전화 036-714322)

인근코스 : ① 마이링겐~차움~악스알프(5시간 소요)
② 이너트키르헨~구타넨~그림셀(8시간 소요)

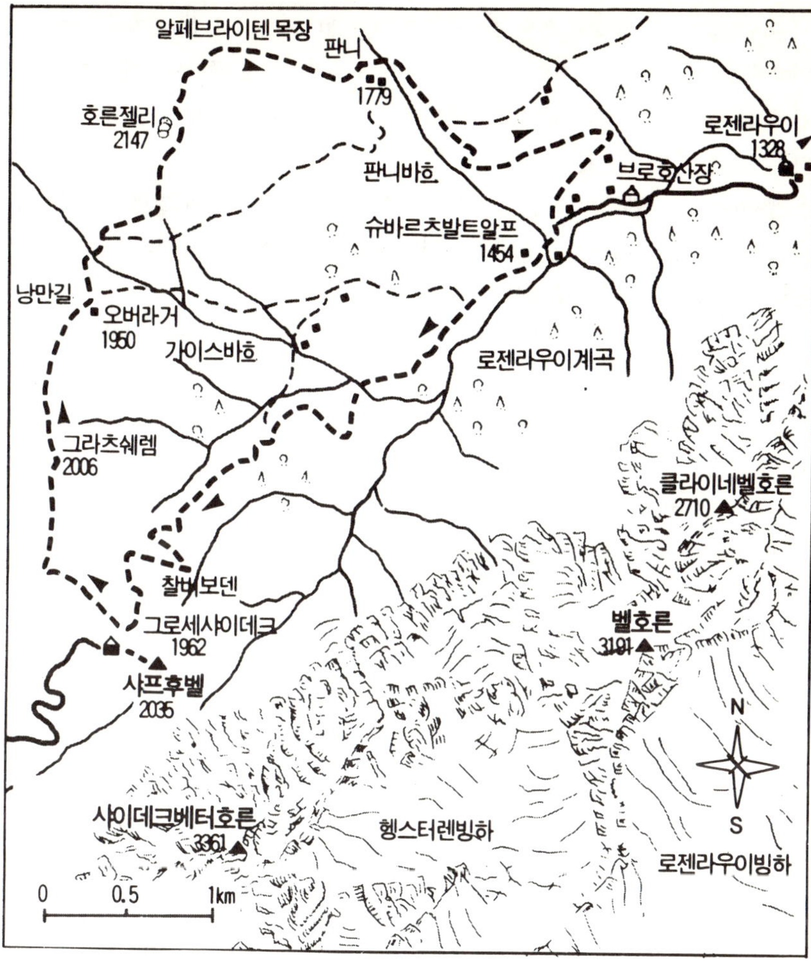

알페브라이텐 목장
판니
1779
호른젤리
2147
로젠라우이
1328
판니바흐
브로호산장
슈바르츠발트알프
1454
낭만길
오버라거
1950
가이스바흐
로젠라우이계곡
그라츠쉐렘
2006
클라이네벨호른
2710
찰버보덴
그로세샤이데크
1962
벨호른
3101
샤프후벨
2035
사이데크베터호른
3361
헹스터렌빙하
로젠라우이빙하
N
S
0 0.5 1km

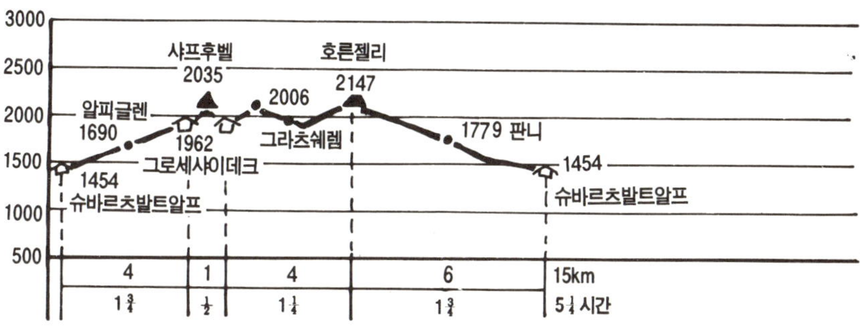

3000
2500
2000
1500
1000
500
샤프후벨
2035
호른젤리
2147
2006
알피글렌
1690
1962
그라츠쉐렘
1779 판니
그로세샤이데크
1454
슈바르츠발트알프
1454
슈바르츠발트알프
4
1
4
6
15km
1¾
½
1¼
1¾
5½ 시간

석 8명으로 정원 16명에 운행 소요시간은 8분 30초. 그러나 1차대전이 일어나자 나머지 공사는 중단되고 1914년에는 이 곤돌라 운행마저도 중단되었다. 그러나 어렵게 설치한 중간역마저 낙석에 파괴되어 이 대담한 계획은 영영 포기되고 말았다. 지금은 당시 가동됐던 곤돌라의 모조품이 기념물로 베터호른 호텔에 남아 있을 뿐이다. 이 모험적인 공사를 창안한 사람은 독일 쾰른 출신의 빌헬름 펠트만이라는 사람이었다. 베터호른 호텔에 가면 지금도 산 중턱 바위 모서리에 세웠던 산간역의 잔해를 망원경을 통해서 볼 수 있다.

로젠라우이계곡 코스는 그린델발트에서 그로세 샤이데크로 가서 샤이데크를 기점으로 하이킹을 즐길 수 있으나 마이링겐을 기점으로 삼는 것이 일반적이다. 그러므로 인터라켄에서 우선 마이링겐으로 간 다음 버스편으로 슈바르츠발트알프까지 간다. 6월부터 10월까지 정기버스편이 운행되고 있다.

아침 일찍 기차를 타고 인터라켄을 떠나 고요한 아침의 브리엔츠호수에서 피어오르는 물안개를 바라보며 마이링겐의 하슬리계곡으로 빠져드는 것도 낯선 나그네에게는 이국의 시정을 담뿍 느끼게 해 준다. 하슬리계곡 입구에 있는 마이링겐은 인구 4천명의 조용한 휴양도시로 10세기에 지은 중세기풍의 성 미셀 교회와 라이헨바흐폭포가 유명하다.

하이킹은 슈바르츠발트알프(Schwarzwaldalp · 1,454m)에서 걷기 시작하는데, 시간이 있으면 로젠라우이(Rosenlaui · 1,328m)에 들르는 것도 좋을 것이다. 로젠라우이에는 온천, 휴게실, 호텔, 기념품상들이 계곡을 따라 자리잡고 있다. 마이링겐(Meiringen · 602m)에서 로젠라우이까지 차도가 비교적 좁은 편이므로 승용차를 몰 때에는 조심해야 한다.

슈바르츠발트알프에 이르면 엥겔호른, 벨호른, 베터호른산군의 산록의 서정적인 전원이 펼쳐지며 그 위로 알피글렌산군의 가파른 암벽들이 정상을 향해 줄기차게 오르고 있다. 그리고 황새풀의 하얀 두상화가 만발한 초원 너머에는 갬쉬베르크와 슈바르츠호른의 눈부신 영봉이 하늘 높이 솟아 있다.

한참 고개를 올라가면 아담한 찰버보덴(Chalberboden)의 호수에 이른다. 찰버보덴을 넘어서면 눈 앞으로 갑자기 그로세 샤이데크(Grosse Scheidegg · 1,962m)가 나타난다. 압도적인 파노라마에 도취되어 무거운 발걸음을 잊은 채 그로세 샤이데크에 도착하면 산뜻한 휴게소가 나타나고, 여러 갈래의 방향을 일러주는 노란 이정표가 서 있는 곳에 이른다. 그로세 샤이데크는 옛날부터 그린델발트와 잇는 고개로 유명하다. 슈바르츠발트알프에서 1시간 45분 거리다.

여기서 한동안 휴식을 취한 다음 지척에 있는 샤프후벨(Schafhubel · 2,035m)에 오른다(왕복 30분 거리). 샤프후벨에 올라서서 눈앞에 깎아지른 1천m 높이의 샤이데크베터호른(Scheideggwetterhorn · 3,361m) 북벽의 장관을 구경하는 것도 즐거운 눈요기가 될 것이다.

이 북벽은 베터호른 북벽의 전위봉으로서 아이거 북벽에 버금가는 난이도를 자랑하고 있다. 베터호른 뒤에는 슈렉호른(Schreckhorn · 4,078m)이 하늘 높이 솟아올라 그 위용을 자랑하고 있고, 아이거가 우람하게 머리를 내밀고 있다. 또한 베르너 오버란트의 여러 산들이 한없이 펼쳐진다. 고개로 돌아와서 유서깊은 산간호텔의 커피숍에 들려 은은히 틀어 놓은 알프스 가락에 귀를 기울여 본다.

그로세 샤이데크에서 출발, 피르스트로 가는 등산로를 따라 오르다가 얼마 후 그라츠쉐렘(Gratscherem · 2,006m)으로 가는 오른쪽 샛길로 들어선다. 여기서부터 호른젤리(Hornseeli · 2,147m)의 산중호수로 이어지는 '낭만의 길(Romantikweg)'이 시작된다. 가이스바흐(Geißbach) 개울을 넘고 시원한 산바람을 맞으며 오버라거(Oberlager · 1,950m)를 지나 다시 개울을 건너 산모퉁이를 돌고 돌아 호른젤리의 호숫가에 이른다(그로세 샤이데크에서 1시간 15분 거리).

움푹 들어간 분지에 자리잡은 호른젤리호수는 약간 높은 암벽과 초지 사이에 숨어 있는 듯 잠겨 있다. 소문난 휴식의 명승지로 정면에 엥겔호른, 베터호른, 벨호른은 물론, 아스라이 먼 클라이네 샤이데크 위에 솟아 오른 아이거의 화려한 모습도 들어온다.

로젠라우이계곡으로 하산하는 길에도 아름다운 광경을 수없이 구경할 수 있다. 하산 도중 초지의 비탈길에서 가파른 편암의 슬랩을 만나는데, 이곳만 조심하면 분지로 내려서는 하산길은 쾌적하다. 이윽고 알페 브라이텐보덴(Alpe Breiten-boden) 목장에 당도하여 목장길을 따라 내려가면 판니(Pfanni · 1,779m)산장에 도달한다. 이쯤 내려오면 황홀한 저녁놀을 카메라에 담을 수 있을 것이다.

판니바흐 개울을 넘고 산모퉁이를 돌아 줄곧 내려가면 마침내 아침에 출발한 슈바르츠발트알프에 도착한다(호른젤리에서 1시간 45분 거리).

핀스터라르호른 코스

피쉬~퀴보덴슈타펠~콘코르디아플라츠~콘코르디아산장~그륀호른뤼케~바이스놀렌~핀스터라르호른산장~3,231m~후기자텔~핀스터라르호른~오버라르요호~오버라르호~오스텐데호~그림셀고개

⊙ 베르너 최고봉 등반

핀스터라르호른(Finsteraarhorn · 4,274m)은 알프스에서도 아름답기로 이름난 봉우리이자 베르너 알프스에서 가장 높은 봉우리이기도 하다. 또한 오지에 숨어 있어 등산을 하지 않고는 접근할 수 없기 때문에 더욱 그 신비함을 간직하고 있다. 그래서 이 봉우리를 오르려면 본격적인 계획을 세우고 4일의 일정을 마련해야 한다.

알프스산맥 한복판을 동서로 가르는 론강가에 자리잡은 피쉬(Fiesch)를 기점으로 하슬리계곡을 가로막은 그림셀고개까지 장장 55km의 긴 산행은 힘겹고 고생스럽지만 알프스 오지의 여러 경관을 본격적으로 체험할 수 있는 좋은 코스이다. 일단 이 산군으로 들어서면 알프스의 진수가 현란하게 펼쳐진다.

피쉬에서 에기스호른행 케이블 카를 타고 중간역인 퀴보덴슈타펠(Küh-bodenstafel · 2,221m)에서 내려 텔리그라트암릉을 돌아 메르옐렌호(Märjelensee)로 올라간다. 그리고 이 호수를 끼고 돌아 알레치 빙하의 모레인지대로 나선다. 도중에 미끄러운 슬랩구간에서는 자일확보가 필요하기도 하다.

모레인지대로 들어서면 폭 2km에 길이 24km의 알프스 최장의 빙하가 한눈에 들어온다. 길은 모레인 중간선을 따라 나있다가 동쪽 사면으로 이어진다. 콘코르디아플라츠에 가까이 갈수록 빙하는 크레바스를 벌리며 을씨년스런 몰골을 드러낸다. 알레치 빙하를 5시간 남짓 오르면 콘코르디아플라츠(2,750m)에 이른다.

여기서 파울베르크(Faulberg · 3,242m)의 서벽 기슭에 쪼그리고 있는 콘코르디아산장으로 오른다. 플라츠에서 산장까지는 다시 1백m 고도를 높여야 한다. 바윗길과 철제 계단을 올라서면 넓은 너럭바위에 산장이 앉아 있다. 산장은 건

그륀호른뤼케에서 바라본 핀스터라르호른. 왼쪽이 후기자텔이고 등반의 핵심부인 북서릉이 스카 이 라인을 긋고 있다.

물 두 동으로 나뉘어 있는데, 위쪽 산장은 침상 80개로 3월 말부터 9월 말까지 영업을 하지만, 숙박은 신청받은 날에만 가능하다. 침상 30개를 준비하고 있는 아래쪽 산장은 주문에 관계없이 항상 열려 있다.

  이 산장에서 하룻밤을 보내고 이튿날 일찍 행동을 개시한다. 대개 새벽 4시 면 산악인들은 움직이기 시작한다. 아직도 삼라만상이 잠에서 깨어나지 않은 시각이지만 오지의 빙하는 산악인들의 움직임으로 부산해진다. 콘코르디아산장 을 출발해 약 2시간 후에는 그륀호른(Grünhorn · 4,043m)과 바이스놀렌 (Weißnollen · 3,594m) 사이에 형성된 협곡안부 그륀호른뤼케(Grünhornlücke · 3,286m)에 이른다. 이제 알레치 빙하에서 피셔 빙하로 들어서는 것이다.

  목표인 핀스터라르호른이 바로 이 지점에서 돋보인다. 거무스름한 정상 암벽부와 그 자락을 휘감아 도는 빙하 설원에 압도당하지 않을 사람은 없다. 메스너의 '흰 고독, 검은 고독'이라는 표현은 이와 같은 강렬한 콘트라스트를 적절히 드러낸 것이다.

피셔 빙하로 내려서려면 우선 바이스놀렌을 올라야 한다. 그륀호른뤼케에서 약 1시간이 걸리는 이 봉우리를 넘어서서 핀스터라르호른산장(3,048m)으로 내려선다. 산장은 핀스터라르호른 남남서릉 기슭에 자리잡고 있다. 산장에 이르는 빙하에는 크레바스가 발달해 있으므로 신경을 곤두세워야 한다. 바이스놀렌 정상에서 산장까지는 1시간 30분 거리다.

스위스산악회에서 짓고 관리하는 이 산장은 침상이 115개인 비교적 크고 시설이 좋은 곳이다. 여기서 등반을 위한 마지막 점검을 하는 것이다. 콘코르디아산장에서 이 산장까지는 반나절 거리이지만 이 산장에서 핀스터라르호른 정상까지 적어도 4시간 30분이 소요되므로 오후 시간이 많이 남아 있어도 이 산장에서 하룻밤을 보내는 것이 안전하다.

다음날 새벽부터 등반을 시작, 바위지대를 통과하고 북릉으로 오르는 다소 가파른 사면을 오른다. 이어 3,231m 지점의 안부에 오른 다음 남서릉을 따라 올라 프뤼슈퇵플라츠(3,616m)로 올라선다. 이어서 상부 설원에서 북쪽으로 수평이동해 마지막 안부인 후기자텔(Hugisattel · 4,094m)로 진출한다. 산장에서 3시간 거리이다.

> ## ◉ 코스정보
>
> 최소한 4일이 소요되는 본격적인 알프스 등산코스로 후기자텔에서 정상까지의 북서릉이 등반의 핵심이다. 자일, 피켈, 아이젠은 필수장비다.
>
> 시즌 : 7~9월
>
> 고도차 : 등산 2,052m 하산 2,108m
>
> 소요시간 : 23, 24시간
>
> 지도 : 1 : 50,000 스위스지도 제264호(Jungfrau)
>
> 숙박 : 콘코르디아산장, 핀스터라르호른산장
>
> 등산기지 : 그린델발트, 피쉬. 종착지는 그림셀고개. 여기서 피쉬행 버스가 다닌다.

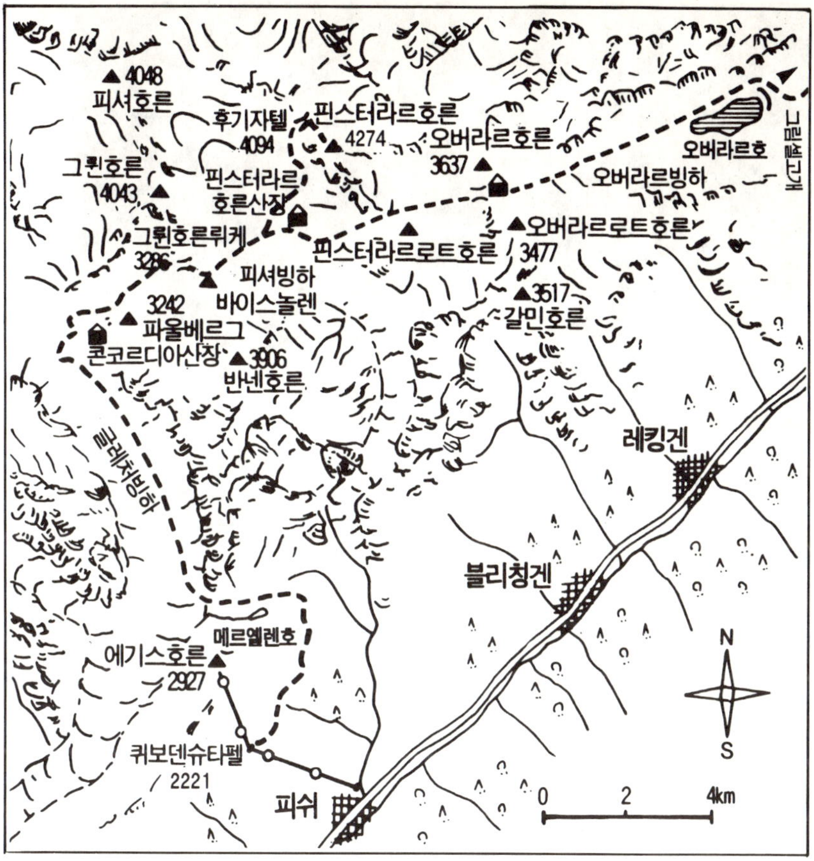

▲4048
피셔호른
후기자텔 4094
핀스터라르호른 4274
오버라르호른 3637 ▲
오버라르호
오버라르빙하
그륀호른 4043 ▲
핀스터라르호른산장
오버라르로트호른 3477
그륀호른뤼케 3286
핀스터라르로트호른
피셔빙하 3242
바이스놀렌
파울베르그
콘코르디아산장 ▲3906
반네호른
3517
갈민호른
레킨겐
블리칭겐
메르옐렌호
에기스호른 2927
퀴보덴슈타펠 2221
피쉬
0 2 4km
N
S

핀스터라르호른 4274
바이스놀렌 3594
후기자텔 3342
4094
겜스뤼케
오버라르요흐산장 3258
오버라르요흐 3223
그륀호른뤼케
3286
3048
핀스터라르호른산장
2880
퀴보덴슈타펠 2221
2850
2361
콘코르디아산장
2338
2165
피쉬 1050
4000
3500
3000
2500
2000
1500
1000
16.5   4   1   3.5   4.5   4.5   3   3   9.5   5.5   55km
5   2   1   1½   4½   2¾   1½   3   23¼ 시간

알레치 빙하 핵심부인 콘코르디아플라츠와 반넨호른 일대.

후기자텔에서 방향을 바꿔 마지막 구간인 북서릉을 오른다. '하늘로 오르는 사다리길'이라는 별명을 가진 이 북서릉은 제법 까다로워 Ⅱ~Ⅲ급의 기술을 요한다. 군데군데 노출된 바위지대에서는 기본적인 등반기술과 확보기술을 요구한다. 정상은 후기자텔에서 약 1시간 30분 거리. 하산은 등로를 따라 산장으로 되내려온다.

산장에서 하룻밤을 더 보낸 후 빙하의 가장자리를 따라 2,880m지점까지 내려선 다음의 높이 150m의 꿀르와르는 가파른데다가 자갈들이 깔려 있으니 조심스럽게 올라야 한다.

이어서 오버라르호른(Oberaarhorn · 3,637m)의 허리를 가로질러 오버라르요흐(3,223m)로 내려간다. 겜스뤼케에서 45분 거리이지만 가로지르는 구간에 크레바스가 발달해 있기 때문에 조심해야 한다. 이 안부에도 산장이 있다.

이곳부터 오버라르 빙하가 시작된다. 이 빙하를 따라 약 7km 내려가면 오버라르라는 을씨년스런 빙하호수를 만나게 되고(3시간 소요), 다시 오스텐데호에 이르면 비로소 긴장을 풀 수 있다. 이 장거리 산행의 종착지인 그림셀고개(2,165m)가 바로 눈앞에 있는 것이다. (오버라르호에서 1시간 15분거리).

알프스의 왕자 마터호른.

▲ 알프스 고원목장의 양떼.

괴테가 찬미한 라우터브룬넨의
슈타우프바흐 폭포.

샤모니에 있는 산악인의 집.

스키그림이 그려진 샤모니
교회 안의 스테인드글라스▶

브라이트호른 앞에 펼쳐진 대빙하.

산악인이 애용하는 체르마트역
앞의 반호프 호텔.

체르마트에서 출발하는 등산전차.

▼ 상모리츠 관광 명물
세간티니의 원형 미술관.

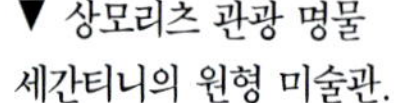

전형적인 알프스의 오두막집.

고르너그라트에 하이킹 온
학생들의 즐거운 표정들.

007 영화사 무대가 되었던
회전식 레스토랑 피츠글로리아.

만년설을 오르는 알피니스트.

뮈렌의 아름다운 샬레.

▼ 고르너그라트에서 바라본 리스캄,
카스토르 및 폴룩스의 산군.

샤모니에 서 있는 몽블랑 초등정자의 동상.

◀ 바위를 오르는 알프스의 소녀.

알라린 호른의 정상.

돔(4,545m)을 배경으로 한 자스페 마을 전경.

클라인마터호른 슈바르츠 호숫가에 있는 작은 예배당.

마터호른을 처음 오른 에드워드 윔퍼가 머문 몬테로자 호텔.

모르겐베르크호른 코스

삭세텐 ~ 람서마텐 ~ 렝글리고개 ~ 모르겐베르크호른 ~ 렝글리고개 ~ 알프이너베르크 ~ 삭세텐

⊙ 라이시히그라트 암릉길

인터라켄에서 남쪽으로 약 4km지점에 조용한 계곡마을 빌더스빌(Wilderswil)이 있다. 인터라켄에 인접한 이 마을은 쉬니게플라테전망대로 올라가는 미니등산철도가 출발하는 곳으로, 인구 1천8백 명의 전형적인 베르너 오버란트의 건축양식을 갖춘 집들이 들어서 있는 고풍스런 마을이다.

마을 역에서 중앙로를 따라 10분 정도 걸어가면 베렌광장이 나온다. 광장 한복판에는 분수대가 있고, 물을 뿜어대는 분수대를 중심으로 형형색색의 꽃들을 가꾸어 놓은 화단이 둘러싸고 있다. 16세기에 만든 이 분수대는 이 마을의 상징이기도 하다.

빌더스빌은 뤼치네하천과 삭세텐하천이 만나는 삼각지대에 위치해 있어 옛날부터 홍수피해를 입어왔다. 천년을 홍수때마다 미봉책으로 다스려오다가 최근인 1987년에야 겨우 완벽에 가까운 제방을 구축하였으니 기술의 나라로 일컬어지는 스위스를 생각하면 믿어지지 않는다.

베렌광장에서 렌가세(Lehngasse) 거리로 나오면 상점과 호텔들이 들어서 있는데, 시즌에는 제법 붐빈다. 이 렌가세에서 왼쪽으로 약 150m쯤 가면 버스터미널이 있고, 그 옆에 관광안내센터가 있다. 모르겐베르크호른을 오르려면 이 빌더스빌을 거치는 것이 일반적이다.

인터라켄에서 기차를 타고 빌더스빌에서 하차하여 역에서 중앙로를 따라 1백m쯤 가면 삭세텐(Sexeten · 1,103m)쪽 이정표가 나온다. 삭세텐까지는 도보로 2시간 거리이며 오전 8시 30분부터 버스편이 운행되므로 이것을 이용할 수도 있다.

차도는 삭세텐에서 이너펠트(Innerfeld)로 더 이어지지만 삭세텐에서부터 걸어가야 한다. 이너펠트에서부터 '렝글리 길(Renggliweg)'을 따라 나서게 된다.

모르겐베르크호른 정상에서의 휴식. 멀리 아이거, 묀히, 융프라우의 3대 명산이 모인다.

렝글리 길을 따라 계속 오르면 브란트그라벤(Brandgraben · 1,320m)과 람서마텐 (Ramsematten · 1,520m) 목장이 나온다. 목장에는 꽃밭처럼, 아름답고 화려한 고산화들이 여기저기 피어있다. 특히 8월 중순에는 극치를 이루는 이 목장지대를 지나면 면모는 일변해 고산다운 모습으로 다가온다.

목장을 벗어나면 목표인 모르겐베르크호른의 실루엣이 계속 시야에 들어온다. 알프 이너베르크(Alp innerberg · 1,680m)의 마지막 산장을 지나면 여기서부터는 산길이 희미해진다(삭세텐에서 1시간 45분 거리). 그러나 눈 앞에 렝글리고개

(Rengglipaß)가 바로 보이므로 30분 정도 더 올라 이 고갯마루에서 전망을 즐기며 충분한 휴식을 취하는 것이 좋다.

이 고개에서 모르겐베르크호른의 남동릉을 타고 정상을 오른다. 등산로나 발자국이 뚜렷한 것은 아니지만 눈 앞에 정상이 바로 보이므로 스스로 길을 찾으며 올라서면 된다. 다소 낯설고 염려스러운 감이 생기겠지만, 이 코스의 매력이 바로 여기에 있다.

육중한 피라미드를 연상케 하는 정상은 고갯마루와 약 4백m, 표고차로 가는 동안 간간이 큰 바위가 나타나 긴장시키지만, 침착하게 살펴 보면 딛고 오를 수 있는 스탠스가 있으므로 걱정할 필요는 없다. 들쭉날쭉한 너덜과 울퉁불퉁한 바위옹두라지의 암릉을 오르내리며 마지막 돌출부를 올라선 다음 바위도랑과 꿀르와르를 통과하면 마침내 정상에 오르게 된다(고개에서 1시간 15분 거리).

정상에 오르면 아스라이 툰호수와 브리엔츠호수가 내려다보이고 베르너 오버란트 알프스의 전위봉들이 펼쳐진다. 특히 아이거, 묀히, 융프라우 등 3개 명봉이 더욱 돋보인다.

암벽등반기술을 익힌 사람은 라이시히그라트(Leissiggrat) 암릉을 타고 삭세텐으로 하산할 수 있다. 이 루트에는 크랙과 침니, 슬랩 등 기초적인 암벽등반기술을 요하는 바위형태들이 뒤섞여 있는 암릉의 연속으로 약 3시간 30분 정도 걸린다.

대개는 올라온 길로 하산하게 되는데, 알프 이너베르크에 도착해 샘물로 마른 입을 축이며 모르겐베르크호른의 마지막 모습을 되새기며 하산하게 된다.

⊙ 코스정보

시즌 : 6월~10월

고도 : 등하산 1,150m

소요시간 : 5시간 45분

지도 : 1 : 50,000 스위스지도 제254호(Interlaken)

숙박 : 삭세텐

등산기지 : 빌더스빌(관광안내센터 전화 036-228455)

인근코스 : ① 빌더스빌~아벤트베르크~삭세텐~빌더스빌 (4시간 30분 소요)

　　　　　② 삭세텐~렝글리고개~에슈리트 (4시간 30분 소요)

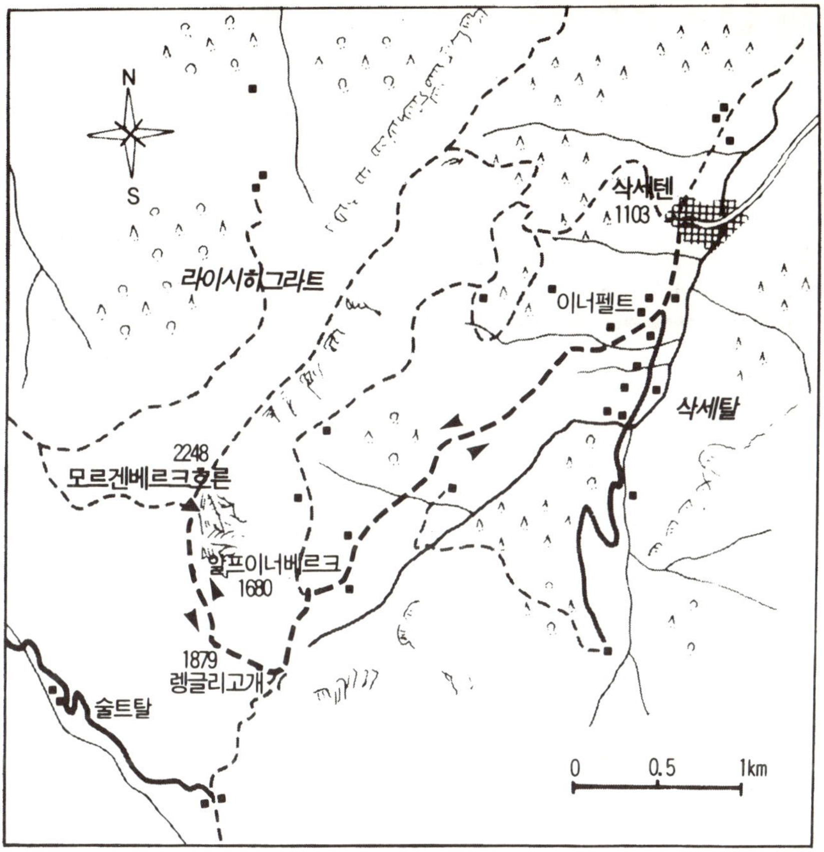

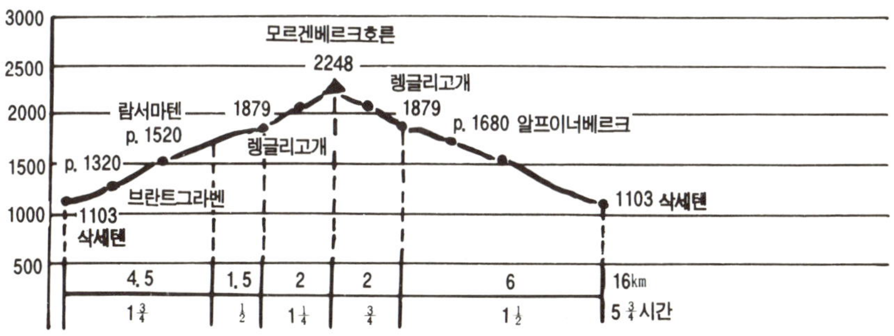
N
S
라이시히그라트
삭세텐
△1103
이너펠트
삭세탈
2248
모르겐베르크호른
△
알프이너베르크
1680
△
1879
렝글리고개
술트탈
0   0.5   1km

3000
2500
2000
1500
1000
500
모르겐베르크호른
2248
람서마텐
1879
렝글리고개
p. 1520
렝글리고개
1879
p. 1680 알프이너베르크
p. 1320
브란트그라벤
1103
삭세텐
1103 삭세텐
4. 5   1.5   2   2   6   16km
1¾   ½   1¼   ¾   1½   5¾시간

미탁호른 코스

그린델발트 ~ 스핑크스터널 ~ 융프라우요흐 ~ 콘코르디아플라츠 ~ 콘코르디아산장 ~ 홀란디아산장 ~ 아넨요흐 ~ 미탁호른 ~ 홀란디아산장 ~ 뢰첸뤼케 ~ 랑 빙하 ~ 2,323m ~ 2,108m ~ 파플러목장 ~ 블라텐

⊙ 커니스능선 등반 만끽

그린델발트를 기점으로 하는 이 코스는 융프라우요흐에서 미탁호른(Mittag-horn · 3,895m)을 오르고 뢰첸계곡으로 하산하는 코스이다. 누구나 한번쯤 열차에 몸을 싣고 푸른 초원을 가르노라면 차창 밖에 펼쳐지는 풍경은 그림에서 보던 아름다운 나라 스위스를 실감케한다.

그리고 어두운 굴을 빠져나오면 만년설 빙하와 그 위로 솟은 설봉들이 웅장한 파노라마를 펼친다. 아득히 먼 남쪽, 운해 위로 물결치듯 솟은 발리스 알프스의 연봉, 발 아래에 전개되는 알프스 최장을 자랑하는 알레치 빙하가 대자연의 위용을 한껏 드러내고 있다.

여름에도 스키를 즐길 수 있고 개썰매를 탈 수 있는 막막한 설원이 바로 이 융프라우요흐에서 비롯되는 것이다. 570석의 넓은 초현대식 레스토랑과 '얼음궁전'도 있다. 융프라우나 묀히는 물론 미탁호른, 알레치호른, 핀스터라르호른도 바로 이곳에서 산행을 시작한다.

융프라우요흐의 또 하나의 자랑은 세계 유수의 과학자들이 여기에 모여 일하고 있다는 점이다. 1931년 7월에 개소한 고산연구소에서는 기상학, 빙하학, 천문학, 천체물리학, 고산의학, 우주선문제와 특수환경문제 등 다양한 분야에 걸쳐 많은 과학자들이 연구에 종사하고 있다.

등산열차의 종점인 융프라우요흐역 구내에는 출구가 두 곳 있다. 출구통로가 약간 어두운 편인데, 앞쪽 출구로 나가면 매점과 가벼운 스낵바가 있고, 톱 오브 유럽(Top of Europe) 본관 로비로 통한다. 뒤쪽 통로를 지나 왼쪽으로 틀면 동쪽 설원으로 나서는 스핑크스터널로 연결된다. 이 통로 중간에 스핑크스전망대(3,573m)로 이어지는 엘리베이터가 있다.

융프라우 설원에서 콘코르디아플라츠로 가는 도중에 보이는 투르그베르크(오른쪽)와 묀히(왼쪽).

　능선 일각에 세워진 천문대의 테라스에서 사방을 둘러보면 웅장한 알프스의 산들이 한층 더 돋보인다. 이 천문대 본관 로비는 으레 단체관광객들이 모이는 집합장소가 되어 항상 사람들로 붐빈다. 여기에도 매점이 있고 간이우체국이 있다. 유럽에서 제일 높은 곳에 있는 우체국에서 정성스럽게 안부를 묻는 그림엽서를 고향의 친지들에게 보내는 것도 즐거운 추억이 될 것이다.

　로비 오른쪽에 있는 엘리베이터를 타고 3층의 영사실과 레스토랑에 들를 수 있고, 4층으로 오르면 얼음궁전으로 통할 수 있다. 얼음궁전에 들어서면 몸은 이미

빙하 속에 들어선 셈이다. 바닥, 벽, 천장, 모두가 청백의 얼음세계이다. 이 빙하 얼음에 온갖 조각을 깎아 전시해 놓아 경탄을 연발하게 한다.

미탁호른 산행은 7월 초부터 9월 사이가 좋다. 대부분 눈과 얼음의 세계를 걷는 코스이므로 변화무쌍한 풍광이 주는 매력과 흥분은 색다르다. 또한 코스가 길고 12, 13시간 정도 소요되므로 아침 일찍 출발해야 한다. 일찍 출발하려면 라우터브룬넨에서 7시발, 또는 그린델발트에서 7시 30분발 첫차를 타야 한다. 첫차를 타면 9시쯤 융프라우요흐역에 닿게 되는데, 이른 아침에는 눈이 굳어 있어 걷기에도 편하고 체력의 소모도 그만큼 덜 수 있다.

먼저 스핑크스터널을 통과, 융프라우 만년설원 상단부로 나선다. 여기서 남동쪽으로 방향을 잡고 투르그베르크(Turgberg · 3,932m) 남서릉이 끝나는 기슭쪽을 향해 만년설원을 내려간다. 도중에 설원 위로 솟아 오른 세라끄지대를 볼 수 있다.

계속 직진해 그뤼네크(Grünegg · 3,286m) 서쪽 기슭 가까이 와서 콘코르디아플라츠(Konkordiaplatz)의 늪지대를 피하면서 설원을 가로지른다. 설원을 가로지르면 하단부 바위 위에 있는 콘코르디아산장(2,850m)에 도달하게 된다(융프라우요흐에서 2시간 15분 거리). 날씨에 따라서는 늪지대를 남쪽이나 북쪽으로 크게 돌아가야 할 때도 있으므로 더 많은 시간이 소요될 수도 있다.

⊙ 코스정보

알프스의 전형적인 등산코스로 2, 3일이 소요된다. 등산의 핵심부는 아넨요흐능선인데 얼음능선이 나타나므로 아이젠 보행법을 익혀야 한다. 정상부의 커니스도 조심해야 할 부분이다.

시즌 : 7~9월

고도차 : 등산 1,150m 하산 2,800m

소요시간 : 12시간

식수 : 융프라우요흐의 톱 오브 유럽 레스토랑

숙박 : 뮌히요흐산장, 콘코르디아산장(3월부터 9월까지 영업, 036-551394), 홀란디아
　　　산장(4월부터 8월까지 영업, 028-491135)

등산기지 : 그린델발트 또는 라우터브룬넨. 종착지는 블라텐(안내센터 전화 023-
　　　491388)

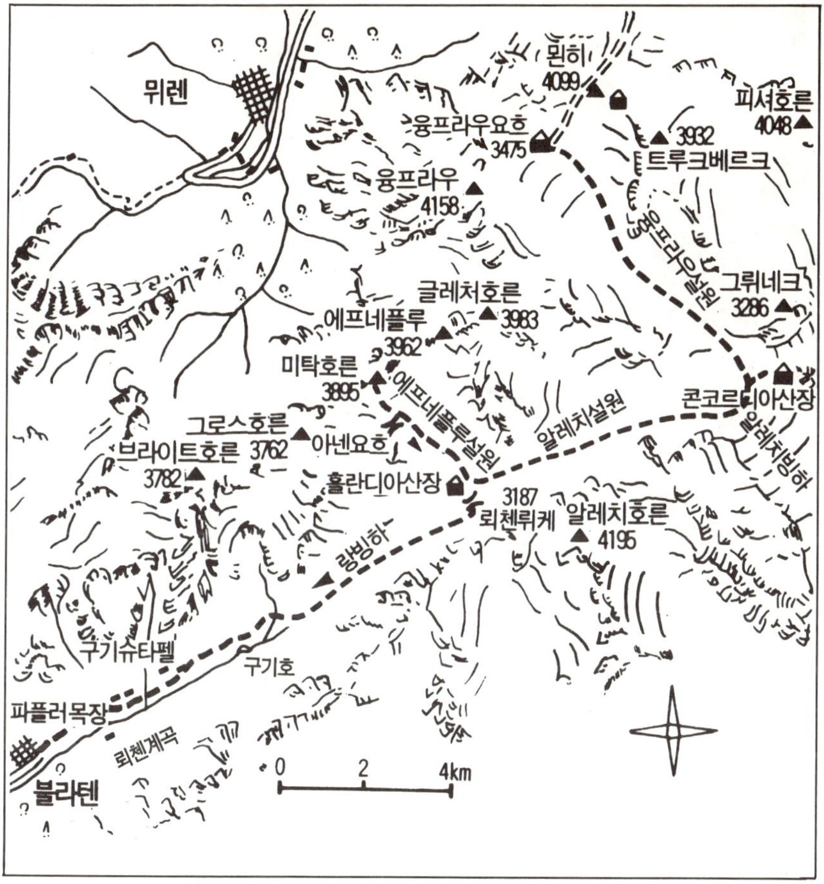

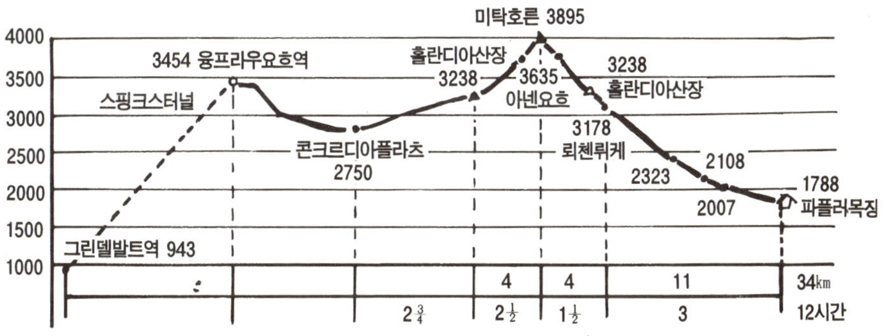

뮈렌
묀히
4099
융프라우요흐
3475
융프라우
4158
피셔호른
4048
3932
트루크베르크
융프라우설원
그뤼네크
3286
글레처호른
3983
에프네플루
3962
미탁호른
3895
에프네플루설원
콘코르디아산장
알레치설원
알레치빙하
그로스호른
3762
브라이트호른
3782
아넨요흐
홀란디아산장
3187
뢰첸뤼케
알레치호른
4195
랑빙하
구기슈타펠
구기호
파플러목장
뢰첸계곡
블라텐
0
2
4km

4000
3500
3000
2500
2000
1500
1000
미탁호른 3895
3454 융프라우요흐역
스핑크스터널
홀란디아산장
3238
3635
아넨요흐
3238
홀란디아산장
3178
뢰첸뤼케
콘크르디아플라츠
2750
2323
2108
2007
1788
파플러목장
그린델발트역 943
4
4
11
34km
2 3/4
2 1/2
1 1/2
3
12시간

에기스호른 능선에서 바라본 알레치 빙하. 랑 빙하로 흘러드는 길목이다.

이 산장에서 충분한 휴식을 취하고 알프스 최장의 빙하로 진입한다. 여기서부터 미탁호른까지는 계속 오르막이다. 약 3시간에 걸쳐 표고차 5백m에 거리 7.5km 를 오르면 산악인들에게 널리 알려져 있는 홀란디아산장(Hollandiahütte · 3,238m) 에 도달한다. 이 산장이 미탁호른과 알프스에서는 험하기로 소문난 알레치호른 (Aletschhorn · 4,195m)의 등산기지이다. 산장 바로 눈앞에 바위와 빙설이 뒤섞인 우람한 알레치호른이 버티고 있고, 세 개의 거대한 빙하-알레치, 상 알레치, 중 알레치 빙하를 한눈에 볼 수 있다. 알레치호른은 고도차 7백m에 45도 경사를 이루고 있는데, 날씨가 좋은 상태에서도 7시간 이상 소요된다. 그래서 대개 이 봉 을 오르려는 사람들은 홀란디아산장에서 자고 다음날 아침 일찍 산행에 나선다.

알레치호른에 비하면 비교적 쉬운 미탁호른은 에프네플루(Ebnefluh · 3,962m) 설 원을 올라 아넨요흐(Anenjoch · 3,635m)가 뚜렷이 보이는 지점에서 설사면으로 진 입한다. 설사면은 가파른 편이지만 기술적으로 어려운 곳은 없다. 아넨요흐에서 미탁호른 정상까지 만년설원과 설릉이 이어진다. 이따금 폭이 좁은 설릉이 나타나 므로 피켈을 이용해 균형을 잘 잡아야 한다. 정상까지는 산장에서 약 2시간 30분 정도 소요된다.

정상에 서면 베르너 알프스의 핵심부에 자신이 서 있음을 알 수 있다. 미탁호른

미탁호른 아래의 암석지대를 가는 하이커.

은 에프네플루, 글레처호른(Gletscherhorn · 3,983m)과 함께 일렬로 솟은 세 연봉 중의 한 봉으로 고산 하이커들에게 인기있는 봉우리다.

정상에 서면 관광마을인 뮈렌(Mürren) 아래로 푸른 계곡과 그 뒤로 알프스의 연봉이 펼쳐진다. 날씨가 좋으면 알프스 최고봉인 몽블랑도 볼 수 있다.

하산은 아넨요흐 능선을 되내려서서 다시 홀란디아산장으로 내려선 다음 뢰첸뤼케(Lötschenlüke · 3,178m) 쪽으로 방향을 잡는다. 이어 랑 빙하(Langgletscher)로 진입해 빙하를 따라 내려서면 2,323m지점부터 모레인(빙하퇴석지대)이 시작된다. 이 길도 없는 모레인지대의 지형을 살피며 하산하면 2,108m지점쯤에서 아넨바흐 개천에 이른다. 여기서부터 시원한 뤼첸계곡이 시작된다.

얼마후 빙하호수인 구기호(Guggisee)를 지나서 계곡을 따라 계속 내려가면 마침내 하이킹의 종착지인 파플러목장(Fafleralp · 1,788m)에 닿는다(홀란디아산장에서 3시간 거리). 여름에는 블라텐행 버스가 수시로 있다. 그러나 계속 도보행을 결심했다면 1시간 정도 더 내려가야 블라텐에 닿는다.

라우터브룬넨계곡 코스

라우터브룬넨 ~ 김멜발트 ~ 1, 253m ~ 부젠알프 ~ 1, 940m ~ 탄츠뵈델리 ~ 오버슈타인베르크 산장 ~ 오버호른호 ~ 샤프레거 ~ 운터슈타인베르크 ~ 쇼이어보덴 ~ 트락셀라우에넨산장 ~ 뤼터 산장 ~ 슈테헬베르크

⊙ 괴테가 찬미한 슈타우프바흐 폭포

인터라켄의 국제관광도시에서 융프라우요흐로 오르는 등산철도의 중간에 슈타우프바흐폭포의 관광과 레이스의 수예품으로 유명한 라우터브룬넨 마을이 있다. 이 마을을 지나서 골짝 안으로 들어가면 들어갈수록 계곡은 U자형을 이루고 있다.

그래서 까마득한 태고에 빙하의 침식작용으로 말미암아 U자형의 골짝이 형성된 라우터브룬넨계곡은 또다른 풍광을 보여주고 있다. 이러한 지형탓으로 아이거, 묀히, 융프라우의 마루턱에 매달린 대소 7개의 빙하에서 발원한 72개의 빙하천이 세차게 내리지르다가 천길 낭떠러지를 만나서 폭포를 이루고 하얀 물보라를 치면서 계곡으로 떨어지고 있는 것이다. 그러므로 사람들은 이곳을 "노호하는 계곡"이라고 부르고 있다.

여러 폭포 중에서도 수백 미터의 낙차를 자랑하는 슈타우프바흐폭포는 소문이 말해주듯이 대장관을 이루고 있다.

그러므로 화가들은 그 아름다움을 자주 화폭에 담았고 시인들은 그 훌륭한 광경을 노래했다. 대문호 괴테도 이 폭포를 시로 노래하였다. 그는 1779년 두 번째의 스위스 여행을 하던 중 라우터브룬넨의 계곡을 찾았다. 그리고 황홀한 광경에 도취되어 북받쳐 오르는 감정을 시로 읊었다. 이것이 바로 "물에 대한 영혼의 노래" 다.

라우터브룬넨계곡은 레이스 수예품의 생산지로서도 이미 암시한 것처럼 유명하다. 1700년 전부터 대성행을 이루어 오던 레이스업은 한때 큰 위기를 만났었다. 1900년경에 강력한 기계의 대두로 경쟁력을 크게 잃었기 때문이다. 1912년에는 레이스의 수예업에 종사하는 농가가 20채로 줄어 들었다. 그러나 그무

라우터브룬넨 교회 너머의 괴테가 시를 노래한 슈타우프바흐의 폭포.

럽 트렉셀 신부의 희생적인 노력과 독려, 그리고 당국의 이해와 도움으로 레이스의 가내업은 다시 일어났고 1917년에는 450개 가구로 늘어났다. 당시 계곡 일대에 650세대가 살고 있었으니 대단한 성황이었다. 이때가 아마도 최고 피크였던 것같다.

특히 농부의 아녀자들이 입는 전통의상과 모자는 명주실에 갖가지 무늬를 짜맞추는 레이스가 절대적이다. 오늘날에도 약 80가구에 달하는 농가에서 이 레이스업을 부업으로 그들의 전통을 이어가고 있다. 인터라켄과 같은 관광도시에 반출되는 레이스는 비싼 값으로 호가하고 있지만, 토산품으로서 인기가 있다.

이처럼 유서깊은 라우터브룬넨계곡을 중심으로 한 하이킹은 김멜발트 마을을 출발하여 슈테헬베르크 마을로 돌아오는 23km의 코스다.

먼저 라우터브룬넨에서 쉴트호른선(철도—케이블 카)을 타고 뮈렌(갈아탄다)을 경유, 김멜발트(1,393m)에 오른다. 산자락의 높드리에 있는 작은 김멜발트 마을은 뮈렌과 함께 이 고장의 이름난 산간휴양지이다.

마을을 한 바퀴 돌아보고 서쪽으로 방향을 잡아 세피넨의 협곡을 향해 다소 완만한 내리막을 한동안 내려간다. 얼마쯤 내려가면 1,253m지점에 다리가 나온다. 오른쪽이 힘차게 비탈진 벼랑이지만 뚜렷한 산길은 벼랑의 언저리를 휘감으며 올라가고 있다. 눈앞에 불쑥 나타난 바위 앞에 왔을 때 이정표를 살피고 왼쪽으로 몸을 튼 다음 부젠알프(1,780m)의 목장으로 오른다.

여기까지는 1시간 반정도 걸린다. 이어서 그대로 초원의 비탈길을 올라가는

⊙ 코스정보

시즌 : 7월 중순~9월 말

고도차 : 등산 1,200m(슈테헬베르크에서 김멜발트까지 케이블 카 이용)

　　　　　하산 1,700m

소요시간 : 7시간 45분

지도 : 스위스지도 1 : 50,000 254호(Jungfrau).

숙박 : 뮈렌(Mürren · 1,645m) 인구 500명 무공해마을. 아이거, 뮌히, 융프라우를 한눈으로 볼 수 있는 알프스리조트. 마을상부의 쉴트호른 정상의 전망대는 이 지방에서 융프라우요흐 다음가는 인기 높은 관광지. 관광교통안내소 전화 : 036-551616. 김멜발트(Gimmelwald) : 전화 036-552455.

등산기지 : 슈테헬베르크(Stechelberg) 또는 라우터브룬넨(Lauterbrunnen)

인근코스 : ① 뮈렌~세피넨푸르케~그리스알프(7시간)

　　　　　② 뮈렌~김멜발트~킬히발름(5시간)

　　　　　③ 뮈렌~그뤼츠알프(1시간 20분)

　　　　　④ 뮈렌~알멘드후벨(1시간 30분)

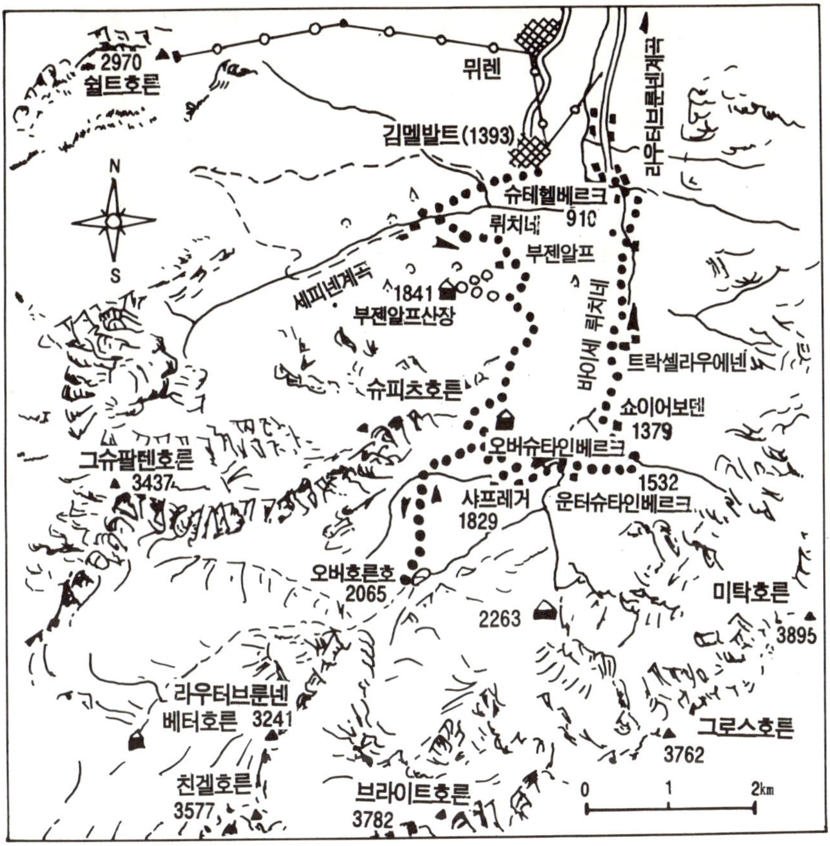

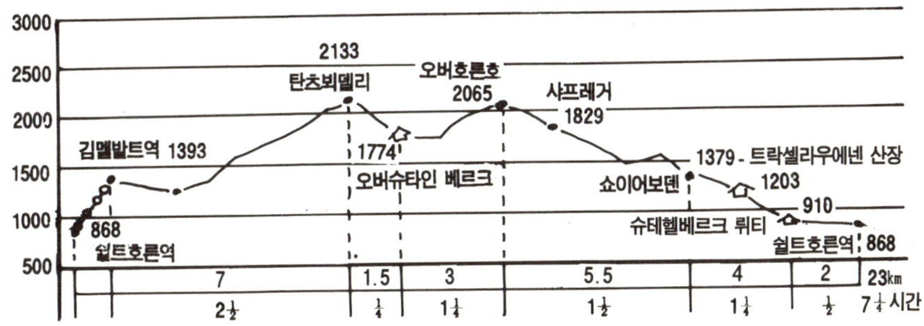
2970
쉴트호른
뮈렌
김멜발트 (1393)
슈테헬베르크
910
뤼치네
부젠알프
N
S
세피넨계곡
1841
부젠알프산장
바이세 루치네
트락셀라우에넨
슈피츠호른
쇼이어보덴
1379
오버슈타인베르크
그슈팔텐호른
3437
샤프레거
1829
운터슈타인베르크
1532
오버호른호
2065
2263
미탁호른
3895
라우터브룬넨
베터호른 3241
그로스호른
3762
친겔호른
3577
브라이트호른
3782
0   1   2km
3000
2500
2000
1500
1000
500
2133
탄츠뵈델리
오버호른호
2065
샤프레거
1829
김멜발트역 1393
1774
오버슈타인 베르크
1379 - 트락셀라우에넨 산장
1203
쇼이어보덴
910
868
쉴트호른역
슈테헬베르크 뤼티
쉴트호른역 868
7   1.5   3   5.5   4   2   23km
2½   ½   1½   1½   1¼   ½   7½ 시간

라우터브룬넨계곡의 상부에 있는 브라이트호른 빙하. 친겔호른, 베터호른(라우터브룬넨)의 모습.

데, 부젠알프의 산장을 들르는 경우에는 왕복 30분이 더 걸린다. 이 푸른 초원길을 오르다가 보면 탄츠뵈델리와 슈피츠호른의 산봉우리가 손에 닿을 듯이 가깝게 보인다. 그리고 세피넨협곡의 끝머리에 그슈팔텐호른이 하얀 왕관을 쓰고 하늘 높이 우뚝 솟아 있다. 산봉우리에는 싱싱한 아침 햇살이 쏟아지는데, 계곡에는 아직도 깊은 그늘이 맴돌고 있다.

부젠알프에서 30분쯤 오르면 1,940m지점에 닿는다. 여기서부터 부젠그라트의 암릉이 시작된다. 북서방향으로 울퉁불퉁한 암릉을 오르다가 바위옹두라지를 휘어돌면 평평한 탄츠뵈델리(2,133m)의 테라스에 이른다. 암릉의 입구에서 30분 거리. 이곳은 주변의 경치를 즐길 수 있는 널찍한 전망대이다. 전망대에서 가파른 슈피츠호른의 산허리를 감아돌고 보라색 매발톱이 아름답게 피어 있는 꽃길을 따라 내려가면 얼마후 오버슈타인베르크의 산장에 도달한다. 테라스에서 약 45분 거리이다.

이 산장(1,774m)은 라우터브룬넨계곡의 상류에 있는 유일한 산장이다. 정면에 웅장한 친겔호른과 베터호른(라우터브룬넨)이 솟아 있고 그 산자락에 브라이트호른 빙하가 황량한 모습을 드러낸다. 이어 도중에 시야가 가리는 숲길을 따라 걸어가면 얼마후 흰 거품을 내뿜는 급류가 흐르는 협곡을 또 만난다. 그리고 길은 갑자기 바위부스러기의 퇴석지대로 이어진다. 그러나 이 을씨년스러운 바위부스러기의 길을 걸어가야 한다. 반들반들한 화강암이 나타나는가 하면 모레인의 돌무더기가 나타난다.

바로 그 상부에 황량한 빙하가 흐르고 있다. 이 돌담불을 한동안 걸으면 거무스름한 테를 두른 큰 바위를 만난다. 여기서 모서리를 붙잡고 밴드에 오른 다음, 바위를 기어오르면 외송나무가 드문드문 서있는 고원이 나타난다.

그리고 평화롭고 싱그러운 오버호른호(2,065m)의 산중호수가 시야에 들어온다. 찬란한 물결 위에는 만년설에 뒤덮인 둥근 융프라우의 봉우리와 엡네플루, 그로스호른, 브라이트호른의 봉우리가 비추어 맑은 수면에 선명하게 떠오르고 있다. 오버슈타인베르크에서 1시간 15분 거리다.

하산은 샤프레거(1,829m)에 내려간 다음, 방향을 오른쪽으로 틀고 비탈길을 내려가다가 물목을 가로지르고 운터슈타인베르크로 하산한다. 여기서 다리를 넘어서 슈바드리바흐의 폭포를 바라보며 쇼이어보덴의 산장(1,379m)으로 향한다. 오버호른호에서 쇼이어보덴산장까지는 1시간 반 거리.

운터슈타인베르크 일대는 갖가지 고산의 야생식물이 풍요롭게 군락을 이루고 있는 자연보호 지정구역이다. 산장의 판벽에 사냥꾼과 농부의 생활을 그려놓은 벽화가 퍽 인상적이다. 1805년이라는 연대가 새겨 있을 뿐 화가의 이름은 눈에 띄지 않는다. 아마도 무명화가의 그림일 것이다. 여기서 한숨 돌리고 트락셀라우에넨산장과 뤼티산장을 경유해서 슈테헬베르크의 마을로 돌아 오면 되는 것이다.

■ 관광 안내

라우터브룬넨 (Lauterbrunnen)

빙하가 깎아지른 바윗살은 수직의 벽이 되고 마을 배후에 솟아올라 거기에서 유럽 1, 2위를 다투는 낙차의 슈타우프바흐폭포가 떨어지는 U자형 계곡, 그곳에 라우터브룬넨이 자리를 잡고 있다. 계곡으로 밀려나온 빙하가 계곡을 가득 메우고 골짝 아랫부분과 바닥을 깎아먹은 결과 생긴 계곡은 횡단면이 U자형을 이룬다. 이것이 이른바 U자형 계곡.

우리나라에서 볼 수 있는 V자 계곡과는 달리 엄청난 절벽을 형성하기 때문에 그러한 풍경을 볼 수 있다.

계곡 끄트머리에 불쑥 솟아오른 융프라우가 석양에 빨갛게 불타는 모습이 U의 계곡에 비쳐 올 때는 기가 막히게 아름답다.

표고 796m, 인구 1천 명 전후.

인터라켄 동부역(오스트)에서 출발하는 산악철도 BOB는 거의 시간마다 있다. 객차의 앞쪽 차량이 라우터브룬넨 행.

역을 출발한 산악열차는 츠바이뤼치넨(Zweilütschinen)에서 뒤편 객차를 떼어 놓고 우측방향으로 달려간다. 23분 소요. 편도 6SFr.

메인스트리트는 역에서 전방 6백m 근처 교회까지의 사이다. 여기에 호텔, 우체국, 은행, 상가, 관광안내소 등 주요 건물이 서 있다. 폭포와 교회가 한폭의 그림을 연출하고 있는 부근에서 포스트버스가 달리는 가도는 좌로 크게 구부러지고 다리를 건너 이어지며 그 우측에 민속박물관이 있다. 화·목·토·일요일의 오후에만 개관한다. 폭포는 교회 뒷골목에서 길이 이어간다.

관광안내소는 역에서 메인스트리트를 3분쯤 걸어가면 오른쪽에 있다. 교통안내는 역내 안내소에 문의하면 된다. 호텔, 여인숙은 15개 정도. 뮈렌으로 오르는 승차장은 철도역 맞은편에 있다. 역에서 지하도를 통해서 가면 된다.

근교에서 볼만한 곳은 트륌멜바흐의 폭포. 라우터브룬넨에서 슈테헬베르크(Stechelberg)행 버스로 트륌멜바흐의 호텔 앞까지는 7분. 입장료를 내고 산책로를 걸어가면 엘리베이터가 있고 손잡이 계단과 통로가 시작한다. 좁은 바위 틈바귀에서 분출하는 물이 지표에 떨어지는 폭포는 일대장관이다. 이 팽대한 수

류의 정체는 아이거와 융프라우에 걸쳐 있는 7개의 빙하이다. 이것들이 단 하나의 협곡으로 모여들어 매초 20톤의 흐름을 형성하고 있다. 그야말로 오묘한 대자연의 경이를 실감케 하는 지형이다. 버스는 시간마다 있으며 요금은 왕복 4SFr이다. 라우터브룬넨에서 며칠 머물면서 관광과 하이킹을 즐기고 싶은 경우라면 등산전차, 버스, 케이블 카를 잘 활용하여 융프라우요흐를 비롯한 여러 코스를 취사선택하면 된다. 여기에서는 쉴트호른전망대, 뮈렌, 벤겐, 멘리헨전망대, 클라이네 샤이데크 그리고 그린델발트 방면의 당일 하이킹도 가능하다. 특히 라우터브룬넨에서 머물 경우는 필히 뮈렌 마을과 쉴트호른의 피츠 글로리아전망대를 구경하는 것이 바람직하다. 쉴트호른은 뮈렌에서 케이블 카를 이용하면 된다.

라우터브룬넨 ⓘ 036-551955

뮈렌 ⓘ 036-551616(스포츠 센터)

벤겐 ⓘ 036-551414

트륌멜계곡 코스

라우터브룬넨 ~ 트륌멜바흐 ~ 슈반트발트 ~ 1,115m ~ 크레히알프 ~ 슈탈덴플루 ~ 메틀라알프
~ 비글렌알프 ~ 벤게른알프역 ~ 벤겐

◉ 알프스에서도 보기 드문 "빙하폭포의 세계"

　트륌멜계곡은 라우터브룬넨계곡에서 갈라진 설악의 용소골과 같은 좁은 골짜
기이다. 이 협곡을 거슬러 오르고 벤게른알프를 거쳐서 피서지로 유명한 벤겐
(Wengen · 1,275m)마을로 하산하는 것이 트륌멜계곡의 코스이다. 말하자면 라
우터브룬넨발 뮈렌 경유 쉴트호른(Schilthorn · 2,970m)착의 쉴트호른선(철도+
케이블 카)의 맞은편에 있는 골짜기다.

　여기에는 스위스에서 제일 높은 낙차 6백m의 트륌멜바흐폭포가 있다. 깎아
지른 거대한 뮈렌암벽을 타고 노도처럼 층층이(5단계) 내리지르는 폭포의 광경
은 뛰어난 장관을 이르고 있다. 괴테가 찬미한 시로 유명해진 슈타우프바흐폭
포는 라우터브룬넨에서 교회의 첨탑 너머로 그 웅장한 모습을 볼 수 있고 뮈렌
으로 오르는 등산철도의 차내에서도 바라볼 수 있으나 트륌멜바흐폭포는 마을
에서 라우터브룬넨계곡을 4km쯤 걸어간 지점에서야 그 모습을 드러낸다.

　그래서 사람들은 일명 "지중의 폭포"라고 부르고 있다. 물론 이곳을 찾는 사
람이라면 대자연이 연출하는 이 광경을 놓칠 수는 없을 것이다. 트륌멜협곡의
물은 아이거, 뮌히, 융프라우 일대의 빙하가 녹아서 급류를 이루고 흘러내리는
것이다. 그 수량은 어마어마하여 초당 2만 톤의 물이 빠른 속도로 흐른다. 24
km²터에 달하는 넓은 빙하군이 2만 톤의 힘으로 시시각각 내려밀어 젖히고 있으
니 지형이 그대로 배겨낼 수가 없을 것이다.

　그러므로 단단한 바위가 깎일 정도이고 보니 협곡은 어두운 터널처럼 험할
수밖에 없다. 트륌멜협곡에는 이외에도 크고 작은 폭포들이 많이 산재해 있다.
그래서 트륌멜협곡은 알프스에서도 드문 "빙하폭포의 세계"라고 한다. 일반적
으로 늦가을에서 부활절(3월)까지는 사람의 발길이 끊어지고 통행이 제한을 받

라우터브룬넨계곡에 솟아오른 칫겔그라트와 그슈팔텐호른의 위용. 아래의 숲은 김멜발트

게 되지만 겨울산행을 즐기는 등산객에게는 더없이 좋은 등산의 대상지이다.

여기저기 얼어붙은 크고 작은 고드름을 바라보고 감탄과 흥분의 도가니 속에 빠져들지 않을 수 없을 것이다. 하이킹은 라우터브룬넨을 출발하여 호텔 트륌멜바흐로 온 다음, 호텔 뒤편의 계곡 초입에서 본격적으로 시작한다. 길은 얼마후 슈바르츠 묀히의 산기슭으로 이어진다. 여기서 가파른 암벽을 만나는데 이 단층을 넘어야 한다. 쇠줄이 설치되어 있으므로 손잡이와 쇠줄을 잡고 오르면 된다. 이어서 바위모퉁이를 돌면 슈반트발트의 숲이 나타난다.

한동안 울창한 숲을 뚫고 숲길을 따라 고도를 높여간다. 1,115m 지점에 이르면 비탈길은 내리막으로 바뀌고 깊숙한 트륌멜바흐의 협곡으로 이어진다. 여기서 다리를 건너 맞은편 사면의 가풀막을 오른다. 협곡인 만큼 사면이 가팔라서 숨이 좀 찬다. 얼마후 완만한 사면에 당도하면 여기저기 쓰러진 나무들이 흩어져 있는 험상궂은 광경을 볼 수 있다. 사유림이라면 가지런히 정리가 되어 있을텐데, 아마도 국유림임에 틀림없을 것 같다. 1962년 11월경 혹독한 편서풍이 몰아닥쳐 산림을 이 지경으로 파손해 놓았는데도, 아직껏 손을 쓰지 않은 것을 보면 산림보호를 자랑하는 스위스도 어쩔 수 없는 모양이다.

협곡의 물소리가 멀어져가는 무렵 소떼의 방울소리가 고요를 뚫고 그윽히 들려온다. 브레히알프의 목장이 가까워졌음을 직감하고 흐르는 땀을 닦으면서 얼마동안 언덕길을 오르면 목장(1,450m)에 닿는다. 출발점에서 2시간 거리다. 목장 너머로 울창한 활엽수림이 우거져 있고 남서쪽 하늘 아래 친겔호른과 베터호른이 그 요염한 자태를 드러낸다. 그리고 그 전방에 솟아있는 엘슈탑호른, 친겔그라트의 암릉, 그슈팔텐호른과 뷔트라센의 산세가 사람들의 마음을 사로잡는다. 맞은편 푸른 산허리에 움트리고 있는 뮈렌과 김멜발트는 한폭의 그림과 같다.

아리따운 아낙네가 권하는 찬 우유가 별미다. 옆에서 우유를 40도로 데워서

⊙ 코스정보

시즌 : 6월 초~10월 중순

고도 : 등산 1,150m 하산 700m

지도 : 스위스 1 : 50,000의 264호(Jungfrau)와 254호(Interlaken).

숙박 : 호텔 융프라우/벤게른알프 전화 036-551622.

관광교통센터 CH-3824 Wengen, 전화 036-551414.

등산기지 : 슈테헬베르크 : 전화 036-551465.

라우터브룬넨(795m) 전화 036-551955. 인구 1천 명. 지명은 "많은 샘"이라는 뜻.

인근코스 : ① 멘리헨~클라이네 샤이데크~벤게른알프~비글렌알프~알레멘트~벤겐(5시간 30분)

② 클라이네 샤이데크~벤게른알프~메틀라알프~인너벤겐~벤겐(3시간 45분)

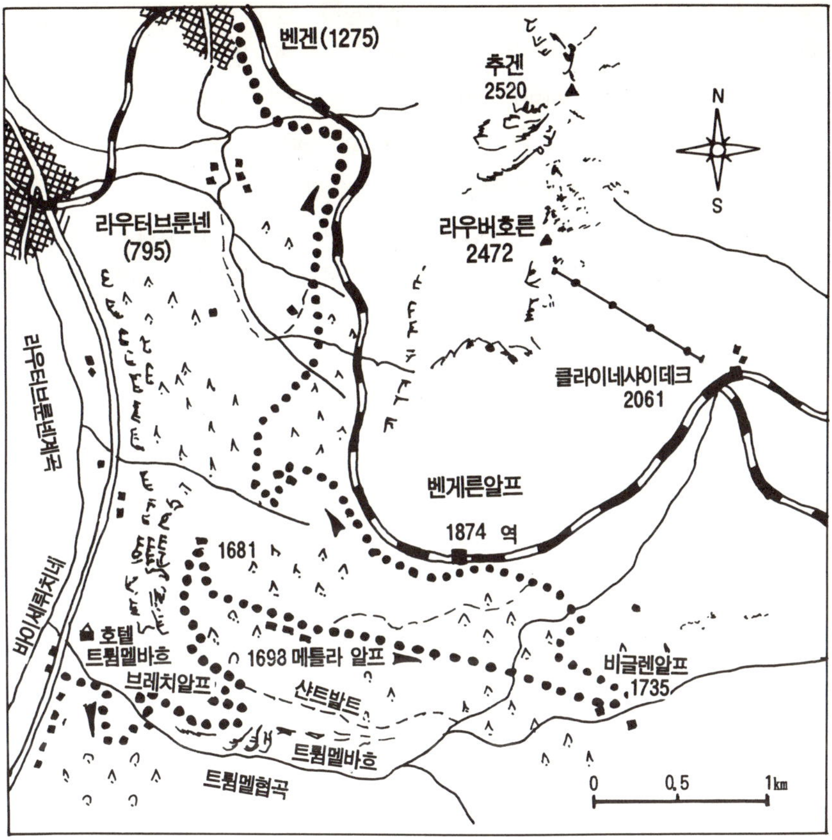

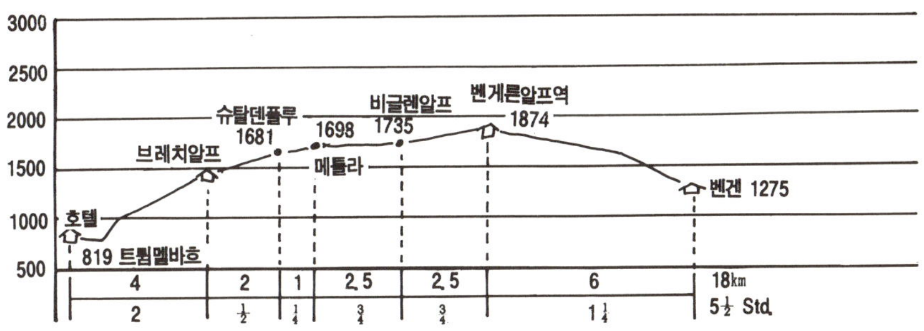
벤겐 (1275)
추겐 2520
라우버호른 2472
라우터브룬넨 (795)
라우터브룬넨계곡
바이세루부지네
클라이네샤이데크 2061
벤게른알프 1874 역
1681
호텔 트륌멜바흐
브레치알프
1698 메틀라 알프
샨트발트
비글렌알프 1735
트륌멜바흐
트륌멜협곡
N
S
0 0.5 1km
3000
2500
2000
1500
1000
500
슈탈덴플루 1681
비글렌알프 1735
벤게른알프역 1874
브레치알프
1698
메틀라
호텔
벤겐 1275
819 트륌멜바흐
4 2 1 2.5 2.5 6 18km
2 ½ ¼ ¾ ¾ 1¼ 5½ Std.

구리통에 붓고 휘젓는 사나이의 얼굴은 무표정하지만 제맛을 내기 위해 시간을 휘젓는다는 그의 짤막한 한마디 설명에서 소치는 알프스 목동이렇게 2시간을 휘젓는다는 그의 짤막한 한마디 설명에서 소치는 알프스 목동의 근면성을 엿볼 수 있다. 그들은 해빙기가 지나면 수백 마리의 소떼를 이곳으로 몰고 와서 맛있는 치즈를 만들기 위하여 여름내내 고된 일을 한다.

알프스에는 목장마다 특유한 치즈를 만드는 비결을 가지고 있다. 알프스 초지의 풀에 따라 맛이 다를 수 있고 굳어진 우유를 오랫동안 저장해 두었다가 정성껏 비결을 총동원하여 만드니 식탁에 오른 알프스산 치즈가 환영을 받지 않을 수 없을 것이다. 이어 상부의 비글렌알프의 목장으로 올라간다.

도중에 슈탈덴플루(1,681m)의 벼랑을 만나는 지점에서 방향을 180도로 완전히 꺾고 등산을 계속한다. 이 동쪽 방향의 길을 오르다 보면 메틀라알프(1,698m)를 지난 후부터는 길이 희미해지므로 신경을 조금은 곤두세워야 한다. 이 구간은 인적이 드문 심산유곡의 정취를 풍긴다. 간혹 바위 위에 그려놓은 빨간 방향표시만이 있을 뿐이다. 브레히알프 목장에서 비글렌알프까지는 1시간 30분 거리.

여기서 벤게른알프에 오르면 융프라우요흐로 오르는 등산철도를 만나게 된다. 비글렌알프에서 벤게른알프(1,874m)까지는 45분. 상부의 클라이네 샤이데크까지는 1시간 15분가량 소요된다. 클라이네 샤이데크는 아이거반트의 터널(융프라우요흐행)로 진입하는 길목에 있는 등산철도역으로 시즌에는 각국에서 모여드는 많은 관광객이 언제나 붐비는 곳이다.

메틀라알프에서 지름길을 거슬러 30분쯤 오르면, 벤게른알프역에 닿을 수 있다. 그러나 비글렌알프로 돌아가는 우회로가 훨씬 더 하이킹의 진수를 맛볼 수 있다. 클라이네 샤이데크에서 출발하여 벤게른알프역을 경유, 벤겐으로 내려가는 길은 "파노라마의 프롬나드의 길"이다. 아이거, 묀히, 융프라우는 물론 베르너 알스프의 연봉이 한눈에 보인다. 혹자는 "환상의 프롬나드의 길"이라고도 부른다.

그러므로 비글렌알프에서 벤게른알프역으로 진출하면 많은 관광객과 하이커를 만나게 된다. 이윽고 벤게른알프역전에서 첫발을 딛고 지칠 줄 모르는 환희와 감동에 젖어 파노라마의 프롬나드의 길을 걷다보면 몸은 어느새 벤겐에 와 있다. 1시간 15분 거리다. 벤겐은 라우터브룬넨 북동쪽의 급사면 위에 펼쳐지

벤게른알프 부근에서 본 아이거 빙하와 묀히의 모습.

는 플라토 위에 자리잡고 있다. 뮈렌과 김멜발트와 같이 철도편으로 오를 수 있으며 차편의 연결은 제한되어 있다. 그러므로 무공해의 피서지이다. 사료에 따르면 벤겐은 비탈진 언덕이 많은 층층마을이라는 데서 벤겐이라고 부르게 되었다고 한다.

1835년경만 하더라도 언덕길에 집 몇 채가 초라하게 움츠리고 있는 빈촌에 불과했다. 그러나 1893년 벤겐의 철도 노선이 부설된 후부터 장족의 발전을 거듭하여 오늘날에는 라우터브룬넨의 지역사회에서 가장 중요한 마을의 하나로 성장하게 된 것이다. 더불어 지금은 라우터브룬넨과 멘리헨을 연결하는 케이블 카가 설치되어 있으므로 라우터브룬넨과 그린델발트를 손쉽게 오갈 수 있게 되었다.

롭호른산장 코스

인터라켄 ~ 라우터브룬넨 ~ 그뤼치알프역 ~ 마르체크 ~ 플뢰시발트 ~ 다리(1,660m) ~ 나터벤글리 ~ 줄스알프 ~ 줄스젤리호수 ~ 롭호른산장 ~ 줄스알프 ~ 줄발트 ~ 이센플루 ~ 라우터브룬넨

⊙ **베르너 알프스의 연봉이 눈부시게 빛나는 롭호른산장의 전경.**

라틴어의 "Inter lacus"에서 유래한 인터라켄(Interlaken)은 그 이름이 말해주듯이 2개의 호수 사이에 있다. 툰호와 브리엔츠호 사이의 널찍한 분지에 움츠리고 있는 인터라켄은 스위스에서도 가장 오래된 국제 관광도시 중의 하나이다. 사람들이 이주해서 산 것은 오래되었다. 그러나 그 이름이 세상에 알려진 것은 12세기에 수도원이 세워진 후부터이다. 주위의 경관이 깨끗하고 화려한 산수에 둘러싸인 인터라켄은 베르너 오버란트주의 수도이다.

인터라켄은 만년설에 뒤덮인 아름다운 융프라우의 모습을 시내에서도 바라볼 수 있는 자리에 있다. 그러므로 처음 이곳을 찾아온 사람이라면 그 아름다운 모습에 놀라 넋을 잃을 것이다. 그리고 이름난 국제 관광중심지이고 보니 관광 시즌에는 우리나라를 비롯하여 각국에서 수많은 인종이 모여든다.

시내관광과 쇼핑은 물론이고 융프라우요흐와 쉴트호른의 전망대 그리고 쉬니게플라테의 알프스관광을 비롯해서 주변의 여러 명소와 코스를 즐기기 위한 많은 하이커나 등산객이 모여드는 것이다. 또 아름다운 툰호와 브리엔츠호에서 선상관광을 즐기는 유람객도 많이 찾아 오는 것이다. 이 모두가 동경과 호기심에 가득 찬 방문객의 마음을 사로잡는다. 문헌에 따르면 옛날 인터라켄의 아우구스틴파의 수도사들이 베르너 오버란트의 대부분을 지배하였다. 그러나 종교개혁이 일어난 후부터는 그 위세가 크게 떨어지고 1528년에 이르러서는 교회와 수도원의 재산이 베른의 중앙정부로 넘어갔다.

스위스 사람들은 이 지역을 "뵈델리"라고 부르고 있었다. 뵈델리지역은 높이에 따라 인터라켄, 마텐(Matten), 운터젠(Unterseen)으로 구성돼 있다. 이 3개의 사회가 지역공동체를 형성하고 서로 협동하며 독자적인 운영을 하고 있다.

라우터브룬넨계곡에서 바라본 벨호른과 베터호른의 모습.

그래서 시민은 그들의 자주성에 대하여 대단한 자부심을 가지고 있다.

이 중에서도 계곡과 초원을 중심으로 한 마텐의 지역사회가 제일 먼저 공동체를 구성하여 서로 협동하고 있다. 근대산업화의 발전으로 주요분야가 인터라켄에 있는 것은 사실이지만 마텐 사람들은 선조로부터 물려받은 고색창연한 농가나 샬레에 진을 치고 농업, 목축업, 소규모의 여인숙과 같은 일에 종사하면서 그들의 전통적 생활양식을 지켜나가고 있다. 그리고 문화적 유산을 잘 지켜나가고 있는 것이다.

해마다 여름이 오면 마텐 사람들은 한 자리에 모여 야외연극회를 갖는다. 전통의상을 입고 열연하는 마을 사람들을 보면 그들이 문화유산을 얼마나 사랑하고 있는가를 알 수 있다. 그리고 프리드리히 실러 작품의 「빌헬름 텔」을 열심히 연기하는 모습을 보노라면 스위스다운 면모를 느낄 수 있다.

인터라켄에서 라우터브룬넨까지는 12km에 불과하다. 그러므로 특히 많은 하이커와 등산객, 관광객이 라우터브룬넨을 찾아간다.

롭호른산장에 오르려면 먼저 뮈렌행 등산 기차를 타고 중간역의 그뤼치알프 (1,486m)에서 하차한다. 이어 역전으로 나와 조금 걸어가면 방향 표시판을 볼 수 있다. 여기서 마르체크(Marchegg) 쪽을 가리키는 방향표시를 확인하고 마르체크의 숲속으로 올라간다. 수림 초입부터 경사가 가팔라서 다소 힘이 들지만 조용하기 그지없다. 다만 흘러내리는 개울의 물소리와 떨어지는 폭포소리만 들려올 뿐이다.

그리고 아침안개가 계곡에서 산으로 피어 오르는 것이다. 초입에서 45분쯤 올라가면 숲을 빠져나오게 되며 앞이 탁 트이고 시야가 넓어진다. 그리고 자우

⊙ 코스정보

시즌 : 6월 초~10월 말.

고도차 : 등산 700m 하산 1,350m

소요시간 : 6시간 15분.

지도 : 1 : 50,000 스위스 지도의 254호

숙박 : 롭호른산장(스위스 산악회 라우터브룬넨 지부에서 관리) 잠자리는 30개소. 정기적으로 영업을 하지 않으므로 숙박을 희망할 때는 전화 036-551207에 문의 할 것. 이센플루는 호텔 민박도 가능. 라우터브룬넨까지 사설 버스가 운행되고 있다.

인근코스 : ① 그뤼치알프~뮈렌~브룬넨계곡~뮈렌베르크~쉴트알프~기멜른~뮈렌(4시간 30분 소요)

② 이센플루~줄발트~퀴보드멘~그뤼치알프~라우터브룬넨(4시간 30분 소요)

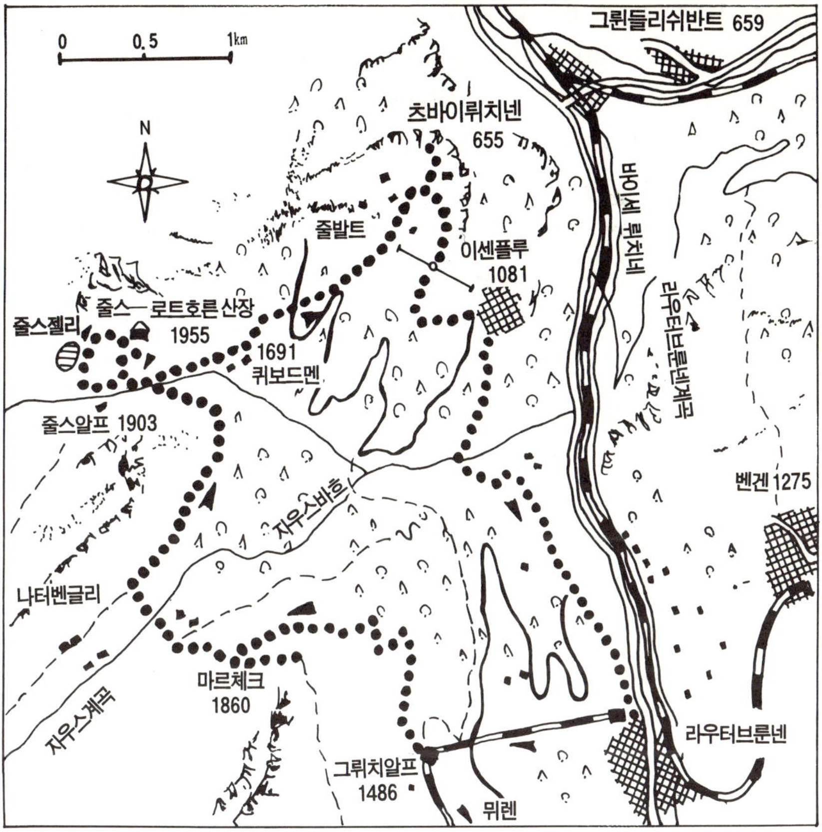

0 0.5 1km
N
그륀들리쉬반트 659
츠바이뤼치넨 655
줄발트
이센플루 1081
뮤이세 뤼치네
줄스 — 로트호른 산장 1955
줄스젤리
1691 퀴보드멘
줄스알프 1903
라우터브룬네계곡
벤겐 1275
나터벤글리
지우스바흐
라우터브룬넨
지우스계곡
마르체크 1860
그뤼치알프 1486
뮈렌

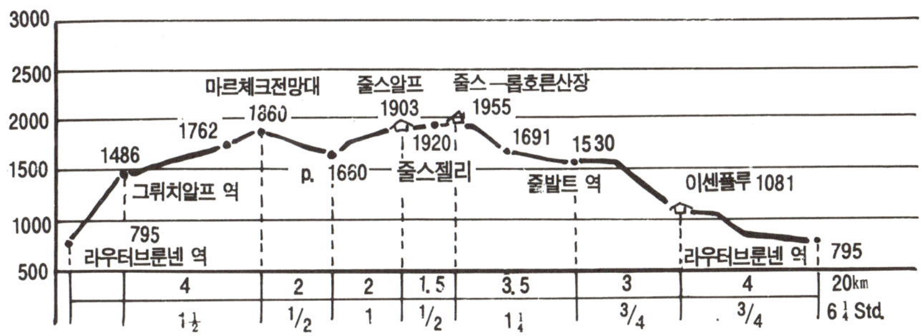
3000
2500
2000
1500
1000
500
마르체크전망대 1860
1762
줄스알프 1903
줄스 — 롭호른산장 1955
1920
1691
1530
p. 1660
줄스젤리
줄발트 역
이센플루 1081
1486
그뤼치알프 역
795
라우터브룬넨 역
라우터브룬넨 역 795
4   2   2   1.5   3.5   3   4   20km
1½   ½   1   ½   1¼   ¾   ¾   6¼ Std.

스계곡 너머에 떠오른 거대한 암산이 사람들의 시선을 끌게 한다.

검은 원추형의 산꼭대기를 형성하고 있는 이 암산은 슈팔텐호른의 전위봉이다. 이 전위봉에서 살짝 북쪽으로 자리를 차지하고 있는 롭호른의 정상이 그 모습을 처음으로 드러낸다. 숲을 빠져나와 한참 계속해서 올라가면 눈앞에 깔딱고개가 나타난다. 고개에서 몸을 좌측으로 돌리고 마지막 오르막을 오르면 마르체크의 전망대에 도달한다. 경사가 급한 편이나 거리는 짧다. 출발점에서 1시간 반거리다. 발아래는 라우터브룬넨의 계곡이 가로지르고 하늘에는 웅장한 융프라우의 산군이 솟아 있다. 전망대에서 주변의 경관을 구경하고 고개의 갈림길로 내려간다.

이어 플뢰시발트에서 울퉁불퉁한 바위의 틈으로 일단 내려간다. 그리고 자우스의 골짝에 걸쳐있는 다리를 건넌다. 다리는 1,660m지점에 있다. 마르체크에서 30분 거리. 여기서 롭호른의 방향을 표시한 안내판을 확인하고 비탈길을 오른다. 오르막은 꼬불꼬불 이어진다. 이 꼬부랑길을 어느 정도 올라서면 눈앞에 롭호른의 산이 완연한 모습으로 나타난다.

그리고 1천8백m지점에 이르면 경사가 완만해지고 걷기가 수월해진다. 이쯤 오면 길가에 바위덩어리가 서있는데 "줄스(Suls)"라고 씌어진 글자가 눈에 들어온다. 여기서 화살표 방향으로 전진하다가 모퉁이에서 오른쪽으로 방향을 꺾어가면 길은 나터벤글리에서 산장으로 이어진다.

풀이 무성한 사면에 상쾌한 고샅길이 나 있다. 이 고샅길을 가로지르는 동안 그림처럼 아름다운 그린델발트와 라우터브룬넨 일대를 마음껏 바라볼 수 있다. 산길이 선명하므로 어려움없이 쉽게 줄스의 고원목장에 다다른다. 얼마후 줄스바흐의 개천을 만나는데, 여기에는 다리가 없다. 그러므로 여울을 피해서 바지를 걷어올리고 건너가야 한다. 이어 언덕길을 올라서면 줄스알프의 여인숙과 레스토랑이 나온다. 주정부에서 경영하는 이곳은 1,903m지점이다.

거리는 1,660m지점에서 1시간쯤 걸린다. 여기서 원하면 다소 비싼 것이 흠이기는 하지만 품질 좋은 치즈를 살 수 있다. 잠시 휴식을 취하고 공복을 채운 다음 다시 출발하여 줄스젤리호수를 통과하고 이어 석회암의 바위덩어리가 묘석처럼 늘어서 있는 지대를 지난다. 그러면 바로 눈앞에 롭호른산장의 전경이 한눈에 들어온다. 산장의 위치는 1,955m지점, 줄스알프에서 30분 거리다. 햇빛에 반짝이는 베르너 알프스의 연봉이 하얀 왕관을 쓰고 유난히도 눈부시게

롭호른산장과 융프라우의 연봉.

빛나고 있다.

이 롭호른의 산세는 습곡이 발달되어 있어 주변의 산들과 그 양상을 달리하고 있다. 그러므로 돌로미테산군의 등산을 경험한 사람이 롭호른을 처음 오르면 돌로미테산군과 비교하기 마련이다. 이 롭호른은 클라이네 롭호른, 그로세 롭호른 그리고 5개의 바위침봉으로 구성돼 있다. 그러므로 의욕적인 클라이머들에게 난이도 IV급까지의 기술을 연마할 수 있는 좋은 게렌데의 역할을 제공하고 있다.

하산은 줄스알프로 내려와서 줄발트의 수림 쪽으로 내려간다. 그늘이 질 정도로 우거진 숲길이 아니기 때문에 전망이 좋은 편이며 답답하지는 않다. 특히 루셔호른, 세기스호른, 파울호른의 모습이 돋보인다. 그리고 적당한 위치에 안내표지판이 서 있으므로 쉽게 하산할 수 있다. 산장에서 줄발트까지는 1시간 15분 거리. 암갈색으로 물든 줄발트의 숲은 퍽 인상적이라 잊을 수 없을 정도이다.

  줄발트에서 이센플루의 마을까지 사설 케이블 카가 설치돼 있어 이것을 이용할 수도 있다. 그러나 본인이 운전을 해야 하므로 경험이 없는 사람은 곤란하다. 아무튼 줄발트에서 이센플루까지는 45분 거리다. 이센플루(1,081m) 마을은 주변이 산뜻한 초원과 목장으로 둘러싸여 있고 푸르고 양지바른 곳에 위치하고 있다. 이어 이센플루에서 완만한 내리막을 45분쯤 걸어 내려오면 마침내 라우터브룬넨에 도착하는 것이다. 막차(버스)가 오후 5시 30분에 있으므로 하산은 조금 서두르는 것이 좋을 것이다.

■ 관광 안내

인터라켄 (Interlaken)

툰호수와 브리엔츠호수 사이에 위치하고 있는 인터라켄은 베르너 오버란트를 대표하는 국제 관광도시이다. 아름답고 번화한 거리에서 만년설에 뒤덮인 융프라우를 직접 바라볼 수 있으나 표고가 568m이고 주변이 평탄한 녹지대에 둘러싸여 있으며 인구도 13,500명에 이르는 탓인지 알프스 산간마을 같은 분위기는 적은 것 같다. 그러나 알프스에서 제일 높은 융프라우요흐의 전망대를 오르는 관문이기 때문에 각국에서 많은 관광객이 모여들고 마을은 활기에 차 있다.

따라서 알프스의 도시답게 호텔을 비롯한 여러 시설이 훌륭하고 시내에도 볼 만한 곳이 많다. 그리고 주변지역에 다른 관광명소도 많고 교통이 편리하므로 당일의 관광과 하이킹을 즐길 수 있다.

베른방면에서 인터라켄에 들어오는 데는 기차는 IC 또는 급행이 시간마다 있으며 걸리는 시간은 50분 남짓. 이것들 중에는 취리히(공항) 또는 바젤에서 오는 직행열차도 있다. 기차에 따라서는 슈피츠에서 갈아 타는 경우가 있다. 소요 시간은 전자가 2시간 반~3시간, 후자는 2시간 전후. 오후 조금 늦은 열차를 타고 올 때에는 날씨에 따라 아이거, 뮌히, 융프라우뿐만 아니라 베터호른, 슈렉호른까지 바라볼 수 있다.

슈피츠부터는 왼편에 툰호수가 나타나기 시작한다. 이 방면에는 독일, 프랑스에서 직행 침대차도 있다. 체르마트 방면에서는 브리크와 슈피츠에서 갈아타게 되고 소요 시간은 3시간 20분 정도. 한편 루체른 방면에서 올 때는 급행이 마이링겐에서 보통열차로 바뀌는 것을 포함해서 주간에는 거의 시간마다 있고 2시간 정도 걸린다. 단, 이 경우는 종점이 인터라켄 오스트(인터라켄에는 동, 서 두 역이 있다)이므로 마을의 중심에 가까운 인터라켄 베스트(서)에 가려면 동부역에서 또 한번 열차를 타야 한다. 이 방면에서 들어올 때는 취리히에서 직행은 없으나 브뤼니히고개(Brünig · 1,008m)를 넘어오게 되므로 차창에서 바라보는 경치는 더욱 변화가 있다. 시간은 베른경유보다 20~30분 더 걸린다.

앞서 말한 것처럼 인터라켄은 역이 두 개 있다. 교통의 거점은 오스트(Ost · 동부)역이지만 역전에는 건물이 별로 없고 밭이 펼쳐져 있다. 마을의 중심부는 베스트(West·서부)역에서부터 시작된다. 두 역 사이의 메인스트리트의 서쪽부분에 고급호텔이나 상점가가 더 많이 줄지어 있고 6~9월은 점심식사 시간때도 가게문을 열고 있고 밤 8시~10시까지 영업을 하는 가게도 있다.

그럼 서부역에서 동부역을 향해 걸어가 보기로 한다. 서부역에서부터 메인스트리트는 회에베크(Höheweg)라고 부르는데 한 블록 반쯤 걸어가면 왼쪽에 우체국(PTT)이 있는 중앙광장(Zentralplatz)이 나타난다. 중앙광장에서 우측으로 꺾어가는 길이 중앙로(Zentralstrasse)이다. 이 모퉁이 가까이에 치즈공장이 있다. 여기서는 산장에서 만드는 치즈의 제조과정을 실연(實演)하고 있다. (단 4월 중순~9월 말의 월~금요일 14:00~16:00) 그리고 즉석에서 치즈와 유청(乳淸=molke)을 판다.

중앙로를 곧장 가면 다음 블록부터 융프라우거리가 시작된다. 여기서는 5월 말부터 9월 중순까지 매주 화요일에 장이 선다. 대부분 식료품, 잡화, 골동품들이다. 이 중앙광장에 다다르기 전의 네거리에서 우측으로 꺾어돌아 조금 걸어간 곳에 한국음식점이 1991년부터 문을 열고 있다. 중앙광장에서 계속 회에베크를 걸어가면 얼마 후 오른쪽에 푸른 녹지대가 나온다. 이곳이 회에마테(Höhematte)이며 이 도시의 심볼이다. 여기서 융프라우가 보인다.

낮에는 안개나 아지랑이가 끼어서 희미하게 보인다. 보기에는 늦은 오후나 저녁이 좋다. 호텔 빅토리아 융프라우 전방에는 아름다운 화단을 가꿔놓은 정원이 있다. 여기까지가 제일 번화가로써 호텔, 우체국, 은행, 서점, 슈퍼마켓, 관광안내소 등 주요 건물들이 모여 있다.

회에마테에서 회에베크를 계속 걸어가면 얼마후 동부역에 닿는 것이다. 이 거리는 전부 1.5km로 버스가 다니고는 있지만 걸어갈 만하다. 양쪽 역전에는 마차도 있다. 융프라우거리에서 줄곧 남쪽방향으로 걸어가면 마텐(Matten)지구에 이르는데, 오른쪽 산기슭 아래에 전설에 나오는 건국의 영웅, 빌헬름 텔의 야외극장이 있다. 6~9월의 매주 목·토요일 20시경부터 상연(上演)한다.

서부역전의 남쪽편에는 좌측에 수퍼미그로가 있고 하이킹이나 등산의 식량조달에 편리하다. 서부역의 서측에 아레(Aare)천이 흐르고 있다. 그 대안에 녹지대가 펼쳐지며, 대안의 주택가를 포함하여 이 지역을 운터젠(Unterseen)이라고 부른다. 독일어로 "호수의 아래" 또는 "호수의 사이"라는 뜻이다.

중앙광장에서 서북쪽의 마르크가세의 거리를 따라가면 아레천의 다리가 나온다. 이 다리를 2개 건너면 운터젠교회와 관광박물관이 나온다. 관광박물관은 17세기에 지은 것이며 베르너 오버란트의 관광 2백년을 말해주는 판화, 사진, 모형, 등산용 가마 등이 전시되어 있다. 그리고 이 부근은 마을 뒷골목 같은 분위기며 농가나 고가를 볼 수 있다. 오래된 호텔도 제법 있으며 마을을 벗어나면 캠프장이 있다.

서부역에서 회에베크를 6, 7분 걸어가면 18층의 메트로폴 호텔이 나오는데 그 1층에 관광안내소와 교통안내소가 있다. 여기서 *"Jungfrau Magazine"* 라는 종합가이드 책자를 얻으면 도움이 될 것이다. 그리고 18층의 Café — Bar "panoramic" 에 오르면 인터라켄이 두 개의 호수 사이에 있다는 것을 실감할 수 있다.

호상유람도 빼놓을 수 없는 관광코스다. 선착장은 동·서부역의 플랫폼의 지하도를 빠져나가면 연결되는 길이 나온다. 여러 코스가 있지만 보통 툰까지는 약 2시간, 브리엔츠까지는 1시간 15분.

융프라우, 묀히, 아이거를 제대로 보려면 아무래도 쉬니게플라테(Schynige platte) 또는 쉴트호른전망대, 적어도 그린델발트 또는 뮈렌에 가야할 것이다. 그러나 시간적 여유가 없는 경우는 인터라켄에서 손쉽게 오를 수 있는 하르더 (Harder · 1,304) 전망대에 오르면 된다. 케이블 카역은 동부역에서 아레천을 건너서 서쪽으로 가면 나온다. 5, 6분 정도 소요. 전망대에 오르면 앞에서 말한 세 산을 바라볼 수 있다. 여기에는 알펜동물원이 있다. 입장은 무료.

ⓘ Höheweg 37. 전화 036-222121.

자우스계곡 코스

라우터브룬넨 ~ 그뤼치알프 ~ 플뢰시발트 ~ 슈프리센 ~ 자우스레거 ~ 오버베르크 ~ 킬히플루 ~ 오
버베르크산장 ~ 자우스레거 ~ 플뢰시발트 ~ 그뤼치알프

⊙ 좋은 젖소들이 방목되고 있는 자우스목장

이 코스는 라우터브룬넨에서 그뤼치알프까지 등산기차를 이용, 그뤼치알프에
서 조용한 자우스계곡을 따라 플뢰시발트, 자우스초원, 오버베르크를 지나서
킬히플루의 고개를 오르고, 오르던 길로 다시 하산하는 코스이다.

18세기 중엽, 열광적인 자연의 찬미와 알프스에 대한 낭만주의가 크게 싹트
기 시작하였다. 그 대표적인 사람들을 열거한다면 알브레히트 폰 할터
(1708~1777), 장 자크 루소(1712~1778), 요한 볼프강 폰 괴테(1749~1832)
와 같은 위인들을 들 수 있을 것이다. 그들은 일반 시민의 풍속 습관에 대한
관심은 물론, 외딴 산간벽촌에서 살고 있는 주민에 대해서도 깊은 관심을 갖기
에 이르렀다. 이 명사들은 탐미적이며 탐구적인 알프스 여행을 하게 되었고 그
러한 과정에서 알프스라는 대자연이 연출하는 오묘함과 아름다움에 매료되고
말았다.

초기에 그들의 고생은 이만저만이 아니었다. 호텔은 고사하고 여인숙마저 구
할 수 없어 신부들의 도움을 받거나 아니면 노숙을 해야 했었다. 게다가 깊은
산골에서 사는 선주민들은 불쑥 나타난 이방인을 이상한 눈으로 바라보며 의심
을 품고 심지어는 적대시까지 하였던 것이다. 그러므로 처음에 미개척지를 답
사하기란 정말 힘든 일이었다. 그러나 그들은 어려운 난관에 부딪칠 때마다 인
내와 끈기로써 이를 대처해 나갔다.

훗날 유명한 의사요, 철학가이며 자연과학자가 된 할터는 1729년 처음으로
대자연의 조화와 소박한 선주민의 생활을 접하고 감동한 나머지 이를 찬미하는
"알프스 산" 이라는 산시를 발표하였다. 이어 문필가요, 사상가였던 루소는 「자
연으로 돌아가라」라는 명저를 발표하므로써 꺼져가는 자연 그대로의 인간성의

자우스／오버베르크의 목장과 파울호른의 연봉.

복귀를 호소했다. 그는 당시 유럽에서는 후기 바로크시대를 거치는 동안 프랑스에서 화려하게 꽃피웠던 예술의 양식을 비롯한 여러 분야가 지나치게 기교적이고 비자연적인 요소로 말미암아 인간 본연의 인간성이 오히려 저해를 받고 있다고 생각했던 것이다.

괴테는 알프스 여행에서 체험한 감동을 시로 노래하였다. 이들은 일반대중뿐만 아니라 그 시대 시대의 에이릴트에게도 큰 영향을 미쳤다. 알프스의 고봉에 처음에 오른 것은 주로 자연과학자들이었다. 그들은 그 고장에 사는 목동, 농부, 사냥꾼, 수정채집자와 같은 사람들을 포터로서, 안내자로서 고용했었다. 그들이 고산지대를 누빈 것은 자연의 현상을 과학적인 접근방법으로 규명하는 데 그 목적이 있었다.

예컨대, 알브레히트 폰 할터는 1750년경에 알프스 식물지에 대한 연구를 했다. 1770년경에는 자연과학자 출신의 소쉬르와 베르너 알프스의 많은 전위봉을 올랐다. 또 1811년에는 제도사 출신의 루돌프와 메이어 형제가 융프라우의 정상까지 올랐다. 1823~1829년에는 투른출신의 지질학자인 프란츠 요셉 후기가 로트계곡과 핀스터라라르호른의 후기자텔까지 진출하여 미지의 알프스 지리와 지질을 탐구하였다. 1840년부터 1845년까지는 빙하 연구가의 루이스 아가시즈와 에드워드 데소르가 광대한 운터라 빙하일대에서 연구활동을 했다. 이러한 선각자들의 영향을 받은 사람들에 의해 19세기 중엽부터 스포츠등산이 본격적으로 시작되기에 이른 것이다.

이제 하이킹을 시작하자. 하이킹의 출발점은 그뤼치알프(1,486m)가 된다. 우선 플뢰시발트의 숲을 지나서 자우스바흐의 개천이 흐르는 계곡길을 따라 오른다. 얼마 후 마르체크와 이센플루로 오르는 갈림길이 나온다. 갈림길에서 그대로 전진한다. 슈프리센의 숲을 통과하면 오른쪽에는 눈앞에 울창한 줄발트의 삼림이 펼쳐지는 북쪽 시야가 넓어지고 이센플루와 라우터브룬넨의 상공에 솟아오른 알프스 연봉의 모습이 완연하게 보인다.

한동안 길을 따라 오르면 비교적 넓은 목장의 모퉁이에 산장이 자리를 잡고 있다. 이 산장은 한동안 호경기를 누리고 운영이 잘 되었다. 그런데 1960년대의 어느 해에 대규모의 눈사태를 만나 크게 파손되고 말았다. 사람들은 철수하고 산장은 망가진 채로 오랫동안 방치되어 있었다. 그러다가 1980년대 중반에 접어 들어서 복구작업이 시작되었고 마침내 1988년에 다시 문을 열게 되었다. 이 자우스목장에는 1백여 마리의 좋은 젖소가 방목되고 어린 소만 하더라도 1백 마리가 넘는다.

출발점에서 플뢰시발트까지 1시간, 여기서 산장까지는 또 1시간이 더 걸린다. 자우스레거와 오버베르크 사이에는 1백m쯤 되어 보이는 가파른 바위의 오

⊙ 코스정보

시즌 : 6월 초~10월 중순.

고도차 : 등하산 모두 1,000m

소요시간 : 6시간.

지도 : 1:50,000의 스위스 지도 254호(Interlaken) 또는 264호(Jungfrau). 베르너
　　　　알프스의 전체지도 5004호.

등산기점 : 슈테헬베르크 또는 라우터브룬넨.

인근코스 : ① 쉴트~쉴트호른산장~비텐뤼케~자우스/오버베르크~그뤼치알프(5
　　　　　시간 30분)

　　　　　② 뮈렌~빈터레크/오버베르크~마르체크~플뢰시발트~자우스/오버
　　　　베르크~그뤼치알프(5시간)

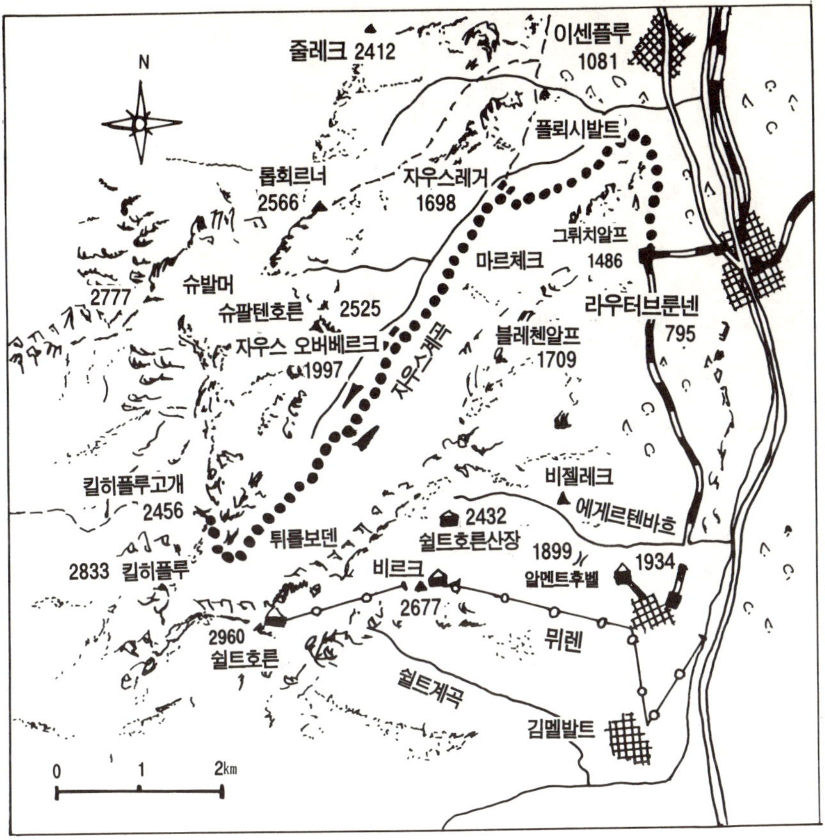

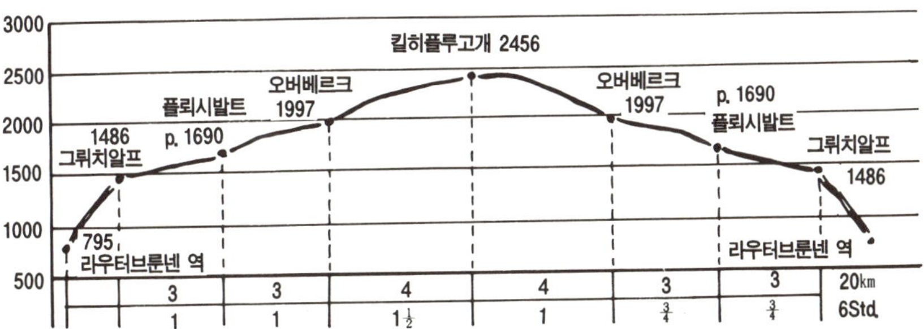
N
줄레크 2412
이센플루 1081
룹회르너 2566
자우스레거 1698
플뢰시발트
마르체크
그뤼치알프 1486
슈발머 2777
슈팔텐호른 2525
자우스 오버베르크 1997
자우스계곡
블레첸알프 1709
라우터브룬넨 795
킬히플루고개 2456
튀를보덴
2432
쉴트호른산장
비젤레크
에게르텐바흐
2833 킬히플루
비르크
2677
1899
알멘트후벨
1934
2960
쉴트호른
뮈렌
쉴트계곡
김멜발트
0 1 2km

3000
2500
2000
1500
1000
500
킬히플루고개 2456
오버베르크 1997
플뢰시발트
p. 1690
1486
그뤼치알프
795
라우터브룬넨 역
오버베르크 1997
p. 1690
플뢰시발트
그뤼치알프 1486
라우터브룬넨 역
3 3 4 4 3 3 20km
1 1 1½ 1 ¾ ¾ 6Std.

자우스계곡에서 바라본 슈팔텐호른의 전위봉.

르막이 있다. 이 지대만 넘으면 보행은 수월해진다. 그러나 산장을 지나서 계곡의 상류 쪽으로 거슬러 올라가면 길이 희미해지고 마침내는 자국을 찾아볼 수 없는 자갈밭이 나온다. 이런 경우에 당황할 필요는 없다. 주위를 잘 살펴보면 큰 돌이나 바위에 표시해둔 화살표를 발견할 수 있다. 그리고 얼마후 킬히플루의 고개(2,456m)로 오르는 푯말이 눈에 들어온다. 여기서 방향을 우측으로 틀고 마지막 구간인 1백m를 오른다. 그러면 자우스/오버베르크를 출발한 지 1시간 반만에 목적지인 킬히플루의 고개에 도달하는 것이다.

고개는 바위 부스러기와 돌이 뒤섞인 하나의 안부를 형성하고 있다. 고개에 서면 그동안 시야가 가려있었던 서쪽의 키엔계곡과 프루티글란트 일대까지 시야는 넓어진다. 특히 롭호른과 슈팔텐호른 봉우리가 손에 닿을 듯 유난히도

자우스/오버베르크산장.

가깝게 보인다. 고개에서 킬히플루(2,833m)의 정상을 오를 수 있으나 장비를 잘 갖춰야 할 것이며 시간도 고려해야 할 것이다.

그리고 일단 정상을 오르면 되돌아서지 말고 키엔계곡으로 하산하는 것이 보다 좋을 것이다. 변화무쌍한 체험을 더욱 만끽할 수 있기 때문이다. 이때는 마을까지의 하산이 4시간쯤 소요되므로 키엔계곡의 마을에서 하룻밤을 지낼 것을 계산에 넣어야 할 것이다.

일반직으로 하이커는 오진에 오른 길로 다시 내려가기 마련이다. 1시간쯤 내려가면 오버베르크산장에 이른다. 이어서 앞에서 말한 자우스마텐의 바위를 내려간다. 나무를 바위에 고정시켜 발판을 만들어 놓았 있으므로 미끄러질 염려는 없다. 목장길로 나서면 그윽히 소떼의 방울소리가 들려오고 흐르는 물소리, 지저귀는 산새소리가 들려올 뿐이다. 이윽고 자우스레거의 모퉁이를 돌아서 플뢰시발트의 숲 속으로 몸을 숨기고 숲길을 따라 걸어가며는 마침내 그뤼치알프의 역전에 당도하는 것이다. 오버베르크에서 플뢰시발트까지 45분, 플뢰시발트에서 그뤼치알프까지 다시 45분이 소요된다.

겔리호른 코스

에게슈반트~슈토크~빈터레크~2,150m~겔리호른~위시네암릉~비써 플루에~슈바르츠그레틀리~운터베헨산장~에게슈반트역

⊙ 칸더슈테크의 대표적 등반코스

스위스의 관문 취리히나 국제 관광도시 인터라켄에서 아름다운 툰호의 호반의 도시인 슈피츠를 경유하여 브리크 또는 체르마트방면으로 여행할 때에는 칸더슈테크(Kandersteg · 1,176m)를 지나가기 마련이다.

툰호수로 흘러가는 칸더천의 상류에 위치한 칸더슈테크는 마을 언저리에 있는 뢰치베르크 터널만 빠져나오면 발리스주에 들어서게 되므로 베르너 알프스와 발리스 알프스의 경계에 있는 마을이라고 할 수 있다. 한때 독일의 뒤셀도르프와 이탈리아의 밀라노를 연결하는 국제선 확장의 일환으로 베른과 브리크를 잇는 뢰치베르크 터널공사가 1906~1913년 사이에 진행되고 있을 때 크게 발달한 칸더슈테크는 지금은 한산한 알프스 리조트의 면모를 지키고 있을 뿐이다. 그러나 칸더, 엥스틀리겐, 짐메, 자아네와 같은 수려명미한 계곡과 겔리호른(Gällihorn · 2,284m), 발름호른(3,699m), 돌덴호른(3,684m)과 같은 명산이 주변에 있으므로 하이킹과 등산코스들이 많다.

뿐만 아니라 블라우호의 낚시터, 알멘알프의 치즈견학, 아름다운 외시넨호(Öschinensee · 1,522m)와 같은 관광명소가 산재해 있으므로 한번쯤 가볼 만한 곳이다. 그리고 여기에는 훌륭한 패러글라이딩학교가 있다. 1980년대 중반경부터 새로운 스포츠로 등장한 패러글라이딩은 지금도 빠른 속도로 보급되고 있는 인기종목인데 1986년 베르너 알프스 지방에서 제일 먼저 개교한 이 학교는 패러글라이더들에게 대인기이다.

비록 1천여 명밖에 되지 않는 작은 마을에 불과하지만 시즌 때에는 각지에서 우수한 패러글라이더들이 모여들어 여기저기 알멘알프의 구릉 위를 나는 멋진 광경을 연출한다. 그러므로 칸더슈테크에서는 패러글라이딩에 대한 최신장비와 기술

로너 아래 목초지를 걷는 하이커들.

의 정보를 얻을 수 있을 것이다.

  여기서 소개하는 겔리호른의 하이킹 코스는 칸더슈테크에서의 대표적인 코스로서 겔리호른의 정상을 오르고 위시네그라트의 암릉을 등반한 다음 위시네계곡으로 내려오는 것이다. 양 어깨에 빼어난 암봉을 이고 있는 겔리호른은 칸더슈테크의 계곡이 서남쪽으로 거슬러 오르는 상부에 우뚝 서있다. 그리고 그 배 위에 비씨 플루에(Wyssi Flue · 2,471m) 을 잇는 위시네릿지가 뻗어가고 있다.

  우선 마을에서 조금 떨어진 에게슈반트(1,194m) 의 뒤에서 케이블 카를 타고 슈토크(1,834m) 에 오른다. 오른쪽의 레스토랑을 지나서 좁은 길을 따라 올라가면 곧 빈터레크에 이르게 된다. 여기서 방향을 북쪽으로 틀면 겔리호른의 정상으로 이어지는 바윗길이 나온다. 처음에는 왜송나무의 수풀길이 나오고 이어 비탈길이 나타난다. 이 사이에 모퉁이를 몇 번 휘어돌면 가파른 겔리호른의 동북벽의 아래로 오게 된다.

높이 2,150m의 이 지점은 일종의 안부와 같은 생김새를 하고 있다. 이 안부에서 꼭대기까지 가파르게 뻗어 오른 거대한 암탑이 그늘을 던지고 버티고 있다. 그러나 여기서부터 본격적으로 시작되는 바윗길을 따라 정상으로 올라가야 한다. 하지만 길은 생각보다 안전하다. 이 바윗길을 얼마동안 오르면 마침내 정상에 도달하게 된다. 정상은 의외로 싱그러운 풀밭을 이루고 있다. 슈토크에서 1시간 반 거리다.

정상에 올라서면 멀리 베르너 알프스와 발리스 알프스의 장관이 펼쳐지고 발 아래는 아름다운 가스테른(Gastern)의 계곡이 시야에 들어온다. 그리고 바로 눈앞에는 거대한 암봉과 암탑을 거느린 돌렌호른의 산군이 당당한 모습으로 하늘 높이 솟아 있다. 그 옆에 만년설에 뒤덮인 알텔스와 린더호른의 설봉이 칼날 같은 설릉을 뻗어가면서 겜미의 설원으로 이어가고 있다. 겔리호른의 정상 플라토에서 10분쯤 올라온 길로 되돌아가면 위시네암릉의 초입을 일러주는 푯말이 나타난다.

흑갈색의 이 바위능선은 비씨 플루에를 향해서 남서쪽으로 이어간다. 바위의 등을 타고 바위의 허리를 가로지르며 바위의 틈바귀를 뛰어 넘어 가는 릿지등반이

◉ 코스정보

시즌 : 6월~10월

고도차 : 등산 900m 하산 1,500m

소요시간 : 6시간

지도 : 1 : 50,000의 스위스 지도 263호(Wildstrubel)

숙박 : 슈바렌바흐의 산악호텔(2,060m) 전화 033-751272

등산기지 : 칸더슈테크(1,176m) 전화 033-751234

　　　　　프루티겐(Frutigen · 803m) 전화 033-711421.

　　　　　라이헨바흐(Reichenbach · 707m) 전화 033-762376

인근코스 : ① 칸더슈테크~겜미고개~로이커바트(7시간 소요)

　　　　　② 칸더슈테크~분더크린데~아델보덴(7시간 소요)

　　　　　③ 칸더슈테크~발트후스~슈탈디젤덴~타임리츠~호바이덴(왕복 5시간

30분 소요)

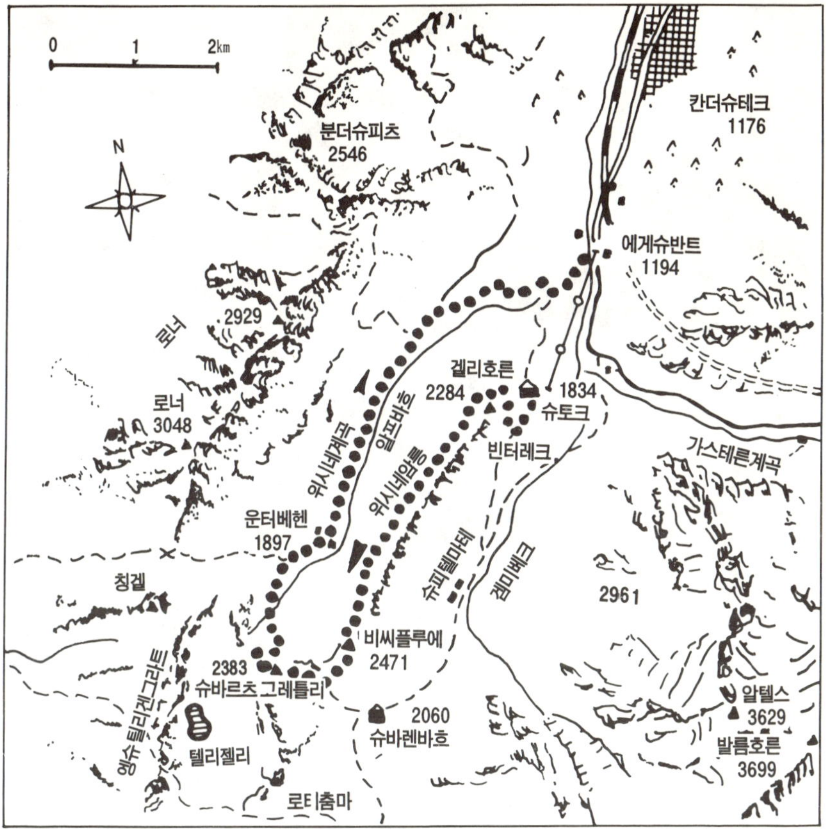

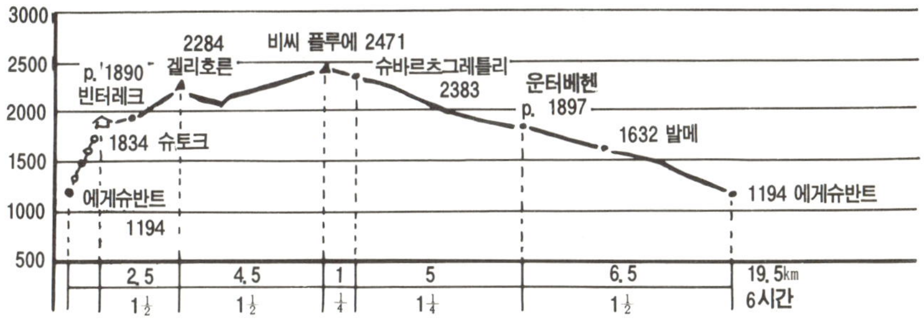
0 1 2km
N
분더슈피츠
2546
칸더슈테크
1176
에게슈반트
1194
로너
2929
겔리호른
2284
1834
슈토크
로너
3048
빈터레크
가스테른계곡
운터베헨
1897
2961
칭겔
비씨플루에
2471
알텔스
3629
엥수틸리귀르크
2383
슈바르츠 그레틀리
2060
슈바렌바호
발름호른
3699
텔리젤리
로티춤마
3000
2500
2000
1500
1000
500
2284
겔리호른
비씨 플루에 2471
p. 1890
빈터레크
슈바르츠그레틀리
2383
운터베헨
p. 1897
1834 슈토크
1632 발메
에게슈반트
1194
1194 에게슈반트
2.5 4.5 1 5 6.5 19.5km
1½ 1½ ¼ 1¼ 1½ 6시간

칸더슈테크 주변에 있는 아름다운 작호른의 정상과 암벽.

다. 이 위시네암릉 부근에는 좋은 등반코스가 많다. 위시네의 계곡 위에 하늘 높이 솟아 오른 로너(Lohner · 3,048m) 산군은 어느 산보다도 더 강력한 인상을 풍겨주는 암산의 연속이다.

그 암산과 암산이 이어가는 기괴한 모습의 암릉, 높이 1천8백m의 거벽이 깎아지르듯 푸른 계곡으로 내닫는 물골, 이 모든 것이 사람들의 마음을 압도한다. 위시네암릉의 남쪽에는 엥스틀리겐암릉이 돋보이고 칭겔의 거봉이 하늘 높이 서 있다. 이와 같이 주변일대가 온통 바위산으로 이루어져 있는 것이다.

　이 위시네암릉을 1시간 반쯤 타고 기어오르면 이 암릉에서 제일 높은 비씨 플루에에 도달한다. 여기에서는 다우벤제와 겜미고개 일대와 발리스 알프스의 연봉이 더욱 선명하게 시야에 들어온다. 이어 비씨 플루에의 정상에서 슈바르츠그레틀리 (2,383m)로 내려간다. 여기서 슈바렌바흐의 호텔을 경유하여 겜미베크의 등산로를 따라 슈토크로 하산할 수도 있다. 그러나 이 코스에서는 위시네의 계곡쪽으로 하산한다.

　슈바르츠그레틀리에서 먼저 방향을 서쪽으로 잡고 길 흔적을 따라 너덜의 비탈을 내려간다. 걷기에 다소 까다롭지만 적시적소에 길을 안내하는 푯말이 서 있으므로 하산에는 지장이 없다. 때때로 가파른 암벽이나 오버행 아래켠의 암장을 비스듬히 가로지르며 내려가야 한다. 그러나 홀드와 스탠스가 안전하므로 고도감만 극복하면 문제될 것이 없다.

　슈바르츠그레틀리에서 1시간 15분 가량 내려오면 운터베헨(1,897m)의 산장에 이른다. 여기서부터는 양손을 동원할 필요없이 두 다리로 안심하고 걸을 수 있는 길이 나타난다. 이어 줄곧 알프바흐의 개천길을 따라 내려가면 된다. 그러나 머리 위에는 어마어마한 로너의 대암벽이 수직을 이루고 주위는 을씨년스럽기만 하다.

　이윽고 1천6백m지점에 내려오면 차츰 목장의 풍경이 시야에 들어오기 시작하고 마음은 한결 평온해진다. 여기서 목장길을 따라 내려오다가 겔리호른의 암벽기슭에서 이어오는 길로 들어선다.

　그리고 이 길을 따라서 겔리호른의 암벽의 기슭을 휘어감고 얼마동안 걸어나오면 에게슈반트의 산간역이 시야에 들어오는 것이다. 운터베헨산장에서 에게슈반트까지는 1시간 반 거리다.

아벤트베르크 코스

키엔계곡 ~ 그리스알프 ~ 골더리여인숙 ~ 겔미알프 ~ 1,717m지점 ~ 칸첼 ~ 아벤트베르크 ~ 칸첼 ~ 미텔베르크목장 ~ 슈반트목장 ~ 슈피게바흐 ~ 키엔계곡

⊙ 산간여행의 진수, 알프스의 빼어난 경치를 찾아볼 수 있는 코스

아벤트베르크(Abendberg · 1,965m)는 키엔계곡(Kiental · 958m)의 깊숙한 곳에 있는 산이다.

우리나라의 한라산 정도의 높이밖에 되지 않으므로 결코 높은 산은 아니지만, 시끄러운 도시를 떠나 조용한 산간여행의 진수와 울창한 수풀, 보기드문 알프스의 꽃들, 빙하의 맷돌, 빼어난 경치를 아벤트베르크 코스에서 찾아볼 수 있다. 그리고 그 초원과 수풀을 누비며 쉽게 정상에 오를 수 있다. 무섭고 걷잡을 수 없는 대자연의 힘에 위협을 받거나 풍요로운 수확을 거두는 험한 산악의 선주민 사이에는 대대손손 전해 내려오는 전설이 있기 마련이다.

옛날 옛적에 키엔계곡의 황야와 아벤트베르크의 험한 산악의 동굴에 요정과 난장이와 거인이 살았다고 한다. 키엔계곡의 사람들은 특히 난장이를 "베르글뤼틀리(Berglütli)"라고 불렀다. 먼 옛날 이곳에 이주해온 선주민은 농사를 짓고 목축을 하며 살았다. 남정네들은 목초지에서 젖소를 잘 치고 그 해에 많은 우유를 수확하면 운명의 여신인 요정이 도와주었다고 생각했다. 아낙네들은 좋은 약초를 캐고 그 해를 건강하게 넘기면 난장이 "베르"가 도와준 덕택이라고 믿었다.

그리고 거인이 이 모두를 다스리고 있다고 생각하였다. 어쩌다가 사람이 죄를 짓거나 나쁜 짓을 하면 거인은 대노하여 이들에게 벌을 내렸다. 그러면 천둥 벼락이 떨어지고 온천지에 폭풍설이 휘몰아쳤다. 눈사태가 일어나고 산사태가 일어나서 욕심많고 사악한 인간을 덮쳐 버리고 말았다. 그러므로 키엔계곡의 마을 사람들은 성실과 정직을 생활의 신조로 삼았다.

슈피겐그룬트계곡에 솟아오른 층층 바위산.

이처럼 스위스에는 여러 전설이 많다. 빌헬름 텔의 전설도 그 좋은 예 중의 하나일 것이다. 그가 역사상 실제 인물이었는지 알 수는 없으나 초인간적 힘을 발휘하여 나라를 세우는 데 큰 공을 세운 이야기는 지금도 널리 사람의 입에 오르내리고 있다. 뤼틀리에서 일어난 역사적 사건과 많은 희생 끝에 쟁취한 자유를 기념하기 위하여 8월 1일의 국경일(스위스 건국기념일)에 텔의 업적을 무대 위에 올려놓는 것을 보면 스위스인들은 전설을 무척 아끼며 소중히 여기는 모양이다.

키엔계곡은 라이헨바흐(Reichenbach · 707m)와 프루티겐(Frutigen · 803m)의 마을을 지나고 슈피게바흐와 고르네른바흐의 개천이 만나는 언저리에 있다.

1930년까지만 하더라도 우편마차가 다녔고 길이 험하기로 유명한 그리스알프에 포스트버스가 들어온 것은 그보다 훨씬 뒤의 일이었다. 키엔계곡에서 람슬라우에렌까지 케이블 카가 설치된 것은 1947년이었고 코베넨의 스키리프트가 설치된 것은 1963년이었다. 그리고 쿠마티의 스키리프트가 설치된 것은 1975년이었다. 그러므로 다른 고을에 비하여 지역개발이 늦은 셈이다. 외부와의 접촉에서 오는 시달림을 아직 덜 겪어서인지 이곳 사람들은 몹시 친절하고 순박하다.

키엔계곡을 중심으로 한 등산과 하이킹 코스는 많다. 세피넨계곡으로 거슬러 오르는 길, 칸더계곡으로 들어가는 길, 람슬라우에넨을 거쳐 그 북사면을 오르고 비쎈마트를 넘어서 칸더슈테크로 내려가는 등산길 등 여러 코스가 있다.

특히 1988년 베른—뢰치베르크—심플론(BLS철도)선이 개통된 후부터는 키엔계곡 부근의 교통도 매우 편리해졌다. 어쨌든 키엔계곡에서 우편버스를 타고 그리스알프(1,407m)로 간다. 걸어서 간다면 2시간은 걸린다.

그리스알프로 가는 도중 친겔호의 작은 연못을 볼 수 있고 그 너머로 친겔목장이 펼쳐지는 광경을 바라볼 수 있다. 이 연못은 1972년 아에어니히호른에 갑자기 들이닥친 혹독한 날씨로 산사태가 일어났을 때 생긴 부산물이라고 한다. 연못을 지나면 버스는 꼬부랑길을 오르기 시작한다.

여기는 벌거벗은 바위들이 무섭게 서 있고 바깥쪽은 천길 낭떠러지를 이루고

⊙ 코스정보

시즌 : 6월 중순~10월

고도차 : 등산 600m 하산 1,000m

소요시간 : 5시간

숙박 : 그리스알프 호텔 여인숙 민박가능

등산기지 : 라이헨바흐, 프루티겐 키엔계곡 교통정보센터 CH-3711Kiental. 전화
033-761010. 키엔계곡에는 람슬라우에넨(Ramslauenen · 1,409m) 행
케이블 카가 설치돼 있음.

인근코스 : ① 람슬라우에넨~비쎈마트~칸더슈테크(6시간 소요)

② 슈타이네베르크~감치~슈팔텐호른 산장의 왕복(5시간 30분 소요)

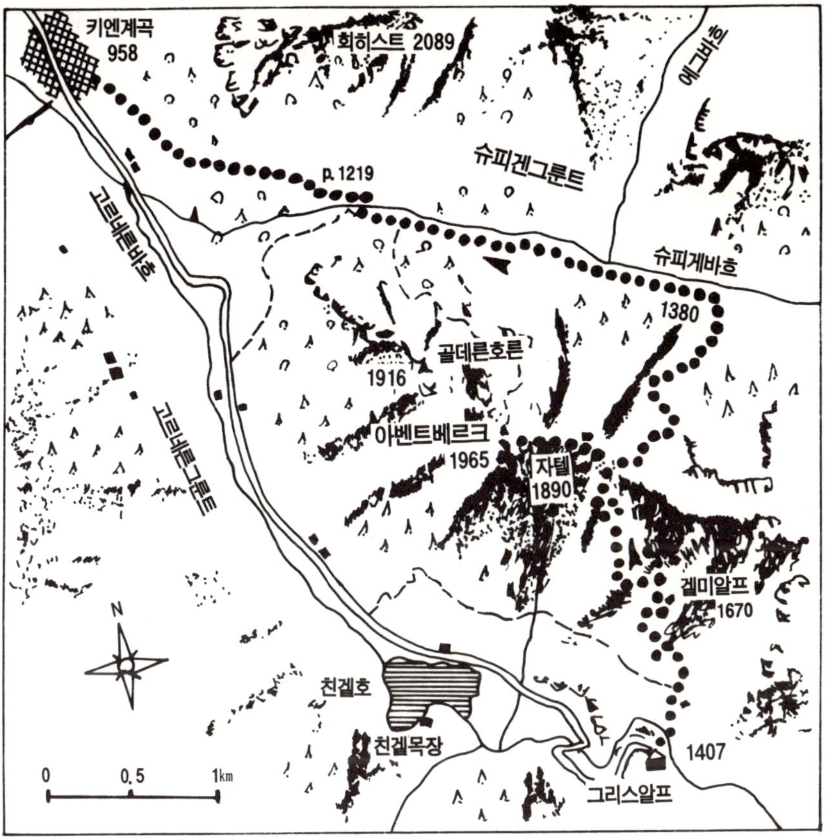

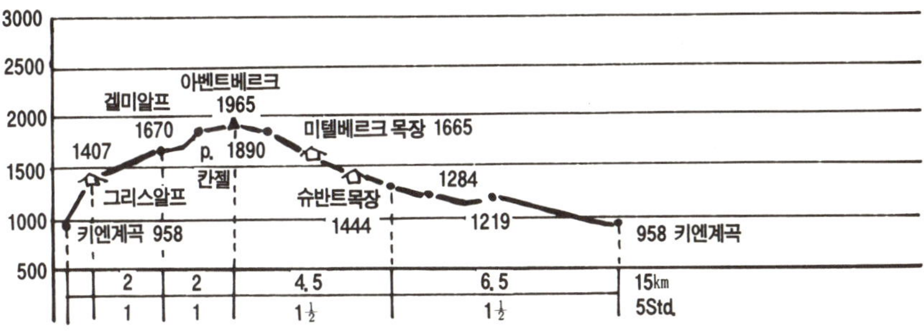
키엔계곡
958
회히스트 2089
휘프겐
슈피겐그룬트
p. 1219
고리네르바흐
슈피게바흐
1380
골데른호른
1916
고리네르그룬트
아벤트베르크
1965
자텔
1890
겔미알프
1670
1407
천겔호
천겔목장
그리스알프
N
0 0.5 1km

3000
2500
2000
1500
1000
500
아벤트베르크
1965
겔미알프
1670
미텔베르크 목장 1665
1407
p. 1890
칸젤
그리스알프
슈반트목장
1284
키엔계곡 958
1444
1219
958 키엔계곡
2   2   4.5   6.5   15km
1   1   1½   1½   5Std.

있다. 구배 28도를 넘는 급한 길을 곡예사처럼 버스 운전수는 꾸불꾸불 잘도 올라간다. 바위에서는 줄기가 떨어지고 바람이 불어오듯 차는 미진을 휘날리고 달려간다. 혹한이 내습하는 겨울에는 모든 물줄기가 빙폭으로 그 모습을 바꾸고 벽에 매달리며 길은 빙판길로 바뀐다. 그러므로 겨울에는 차가 친겔호까지만 왕래한다고 한다. 그리스알프에서 골더리의 여인숙까지 소폭의 도로가 나 있다.

이 자연애호가 전용의 숙소를 지나서 겔미알프에 오른다. 겔미알프에 이르면 그슈팔텐호른의 모습이 그 계곡과 함께 시야에 들어온다. 목장은 상하 2개로 나눠져 있다. 상부 목장에 이르면 길은 좁아진다. 한동안 좁은 목장길과 산길을 번갈아 오르면 얼마후 상부의 겔미알프(1,670m)에 도달한다. 그리스알프에서 1시간 거리다. 이쯤 올라오면 조용하고 한적한 정취를 느낄 수 있다. 여기서 산길은 바위와 바위를 끼고 돌고 돌아 숲속으로 이어진다.

1,717m지점에 이르면 오른편에 조그마한 간이산장이 있다. 여기서 북쪽 방향으로 다소 가파른 초원의 산비탈을 오르면 하나의 작은 안부 1,890m 지점에 이른다. 안부에 이정표가 외롭게 서 있는데 "Kanzel(칸첼)"이라는 낱말을 읽을 수 있을 것이다. 칸첼이란 낱말의 본래의 뜻은 연단, 설교단, 또는 대기소를 의미한다. 이 안부에서 바라보는 전망과 내려다보는 광경은 굉장히 넓고 시원스럽다. 그러므로 연단에 서면 시야가 넓어지듯, 안부에 서보면 전망이 좋다하여 이렇게 명명한 것 같다.

안부에서 길은 정상을 향해 투명한 석회질의 바위와 바위 사이를 굽이굽이 휘어서 이어진다. 머리 위에는 높은 암탑이 솟아 있고 암벽은 험상궂은 몰골을 하고 내려다 보고 있다. 이 바위능선을 빠져나오면 아벤트베르크의 어깨에 이른다. 여기에는 아담한 목초지가 있고 목동의 산막 두 채가 서 있다. 잠시 숨을 돌리고 발자국을 따라 마지막 피치를 오르면 수분 후 마침내 정상에 도달하는 것이다.

그리고 둥그스름한 정상에는 싱그러운 잔디가 바람결에 한들거리고 있는 것이다. 그리스알프에서 2시간 거리다. 발 아래는 슈피겐그룬트와 고르네른그룬트의 골짝이 한눈에 들어오고 푸르디 푸른 무한한 공간에는 그슈팔텐호른을 비롯한 베르너 알프스의 연봉이 펼쳐진다. 하산은 칸첼의 안부에서 슈피겐그룬트 계곡으로 내려간다.

아벤트베르크 정상직하의 안부에서 본 암릉의 연속.

전나무가 우거진 숲길을 내려가면 미텔베르크목장과 슈반트목장이 나온다. 그리고 계속 하산하면 1,380m지점에서 슈피게바흐의 개울을 만난다. 정상에서 1시간 반 정도. 여기서 개울을 따라 다시 1시간 반가량 걸어가면 키엔계곡에 도착하는 것이다.

로트호른 코스

브리엔츠역 ~ 플란알프 ~ 로트호른 쿨름 ~ 로트호른 ~ 아이제자텔 ~ 산중호수 ~ 굼멘알프 ~ 케젠
목장 ~ 빌러알프 ~ 쉐리 ~ 브뤼니히 엘플리 ~ 브뤼니히 ~ 하슬리베르크역

⊙ 석탄을 태워 기차를 움직이는 로트호른 등산철도

국제 관광도시 인터라켄의 동부역에서 동쪽으로 16km쯤 떨어진 지점에 인구 2천6백여 명의 조용한 호반의 마을인 브리엔츠(Brienz · 566m)가 있다. 마을 정면에는 30㎢(길이 14km, 폭 2.5km) 넓이의 아름다운 브리엔츠호의 잔잔한 물결이 넘실거리고 있다. 그 선착장에는 옛날을 연상케 하는 바퀴달린 수차가 아직도 배를 밀어가고 있다. 그리고 수많은 각양각색의 배들이 오가고 있다. 마을 중앙로에는 베르너 오버란트를 상징하는 목조건물이 고풍스럽게 린겐베르크의 성곽으로 이어가고 있다.

성곽 안에는 고색창연한 교회를 중심으로 아직도 중세의 모습을 고스란히 간직한 성내마을이 남아 있다. 원주민은 이곳을 1146년경부터 브리엔스(Briens)라고 부르기 시작했다. 이것은 넓고 큰 언덕을 의미한다. 그후 강한 발음을 선호하는 주민들은 자연스럽게 브리엔츠라고 부르게 된 것이다. 이 브리엔츠에는 몇 가지 자랑거리가 있다.

첫째, 야외민가박물관이 있다. 브리엔츠에서 15분 거리의 발렌베르크(Ballenberg)에 동서로 펼쳐지는 구릉지대에 스위스 각주의 지방특색을 보여주는 민가를 전시하고 있는 야외민가박물관이 있는 것이다.

50헥타르에 이르는 느슨한 구릉지의 숲과 숲 사이, 못과 못 사이에 17개주(스위스는 26개주의 연방국임)에서 지은 50채의 민가가 아름답게 들어서 있다. 이 야외민가박물관은 단지 옛건축의 양식만을 보여주는 것뿐만 아니라 전통적인 생활양식을 속속들이 잘 보여 주고 있다. 개관은 1978년.

둘째는 조각학교. 인터라켄을 중심으로 인근의 여러 마을에서 목판에 그림을 조각한 토산품이 인기가 있다. 이 좋은 조각품이 바로 브리엔츠 조각학교 출신

로트호른의 허리길에서 브뤼니히고개로 빠지는 등산로,

들에 의하여 만들어진 것이다. 일찍이 도제단위에 의해 전수된 형식이 1816년 학교라는 근대적 제도로 발전하였으며 1859년 런던 세계박람회에 출품한 조각품이 세인의 이목을 끌기 시작함으로써 널리 알려지게 되었다. 전성기에는 학생수가 1천 명을 넘었다고 한다.

셋째는 바이올린제조 기술학교다. 양질의 재료와 우수한 기술로 품질 좋은 바이올린이 이 학교 출신들에 의하여 만들어진다는 사실은 정평이 나 있다.

끝으로 로트호른(Rothorn · 2,349m)의 정상으로 오르는 등산철도이다. 이 철도가 개통된 것은 일찍이 1892년이었다. 그러므로 역사가 1백년이 넘는다. 그러나 선로나 역이나 기관차 등 별로 변한 것이 없으며 지난 유품을 그대로 사용하고 있다. 석탄을 태워 물을 데워서 생긴 수증기로 기차를 움직이는 기관차가 아직도 머리에서 끌고 있는 것이다. 복고에 대한 향수에 젖어들게 하는 정감을 불러 일으키는 데 충분할 것이다.

등산역은 브리엔츠역의 건너편에 있다. 첫차는 아침 8시. 브뤼니히고개까지 하이킹하는 사람도 9시 출발이면 늦지 않다. 역을 떠난 기차가 울창한 활엽수림과 엷은 안개가 피어오르는 목초지를 통과하는 사이에 브리엔츠의 호수는 시야에서 점점 멀어져 간다. 계속 또 숲을 지나고 서쪽으로 방향을 돌리며 짧은 터널로 들어간다. 그리고 바위틈 사이로 호수가 또 한번 슬쩍 보인다.

좁은 철교와 가파른 비탈을 낡은 기관차는 가련하게도 칙칙폭폭 있는 힘을 다해 기어오른다. 그러면 연통에서 뿜어내는 하얀 수증기는 뭉게뭉게 잿빛으로 변하면서 하늘 높이 올라 사라져 간다. 그리고 수풀이 멀어지고 오른쪽에 푸른 초지가 펼쳐지는 구릉이 시야에 들어오는 무렵 기차는 플란알프(Planalp · 1,341m)의 중간역에 다가간다.

이곳은 야외민가박물관에서 바라볼 수 있는 기스바흐의 폭포가 떨어지는 상부에 펼쳐지는 초지의 구릉지에 해당한다. 이 중간역에서 로트호른을 도보로 걸어오른다면 3시간은 걸릴 것이다. 여기서 기관차는 급수를 받고 전망대에서 내려온 열차와 교환한다.

플란알프는 14세기부터 일찍 선주민이 영주로부터 목축권을 획득하고 독자적으로 목축을 해온 역사깊은 목장이다. 이어 기차는 꾸불꾸불 푸른 비탈을 얼

⊙ 코스정보

시즌 : 6월~11월

고도차 : 등산 150m 하산 1,400m

소요시간 : 5시간

지도 : 1 : 50,000 254호(Interlacken), 255호(Sustenpaß)

식수 : 레스토랑 플란알프(1,341m). 케전목장(1,767m)

숙박 : 산정호텔 로트호른 쿨름. 전화 036-511232, 511221

등산기지 : 브리엔츠(Brienz · 566m) 문의전화 036-513242

인근코스 : ① 룬게른~브뤼니히~브뤼니히고개~칼렌블라텐~로이프트~슈반트~마이링겐(3시간 30분 소요)

② 브리엔츠~라우엔하그~에그~플란알프~지치넨~글리센~브리엔츠(4시간 소요)

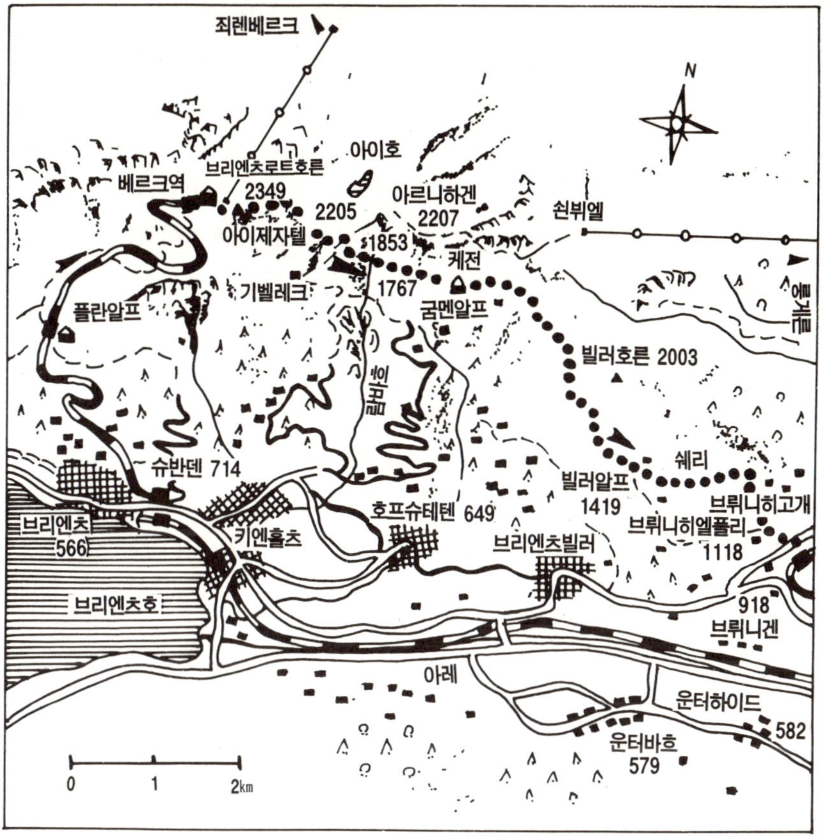

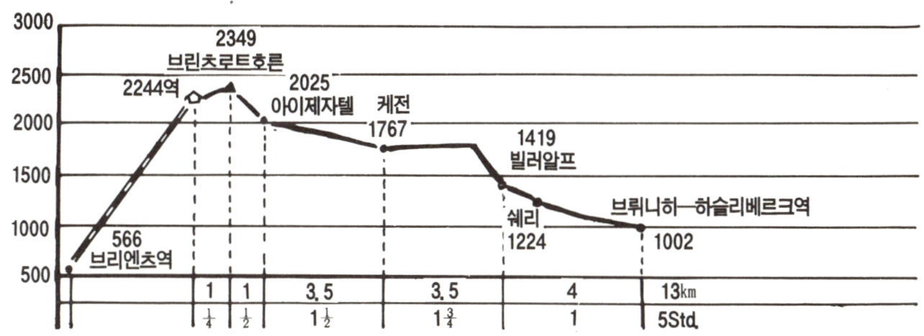
죄렌베르크
브리엔츠로트호른
2349
아이호
아르니하겐
2207
베르크역
2205
쇤뷔엘
아이제자텔
1853
케젠
기벨레크
1767
굼멘알프
빌러호른 2003
플란알프
슈반덴 714
쉐리
빌러알프
1419
브뤼니히고개
브뤼니히엘플리
1118
브리엔츠
566
키엔홀츠
호프슈테텐 649
브리엔츠빌러
918
브뤼니겐
브리엔츠호
아레
운터하이드
582
운터바흐
579
0   1   2km
N

3000
2500
2000
1500
1000
500
2349
브린츠로트호른
2244역
2025
아이제자텔
케젠
1767
1419
빌러알프
566
브리엔츠역
쉐리
1224
브뤼니히—하슬리베르크역
1002
1   1   3. 5   3. 5   4   13km
¼   ½   1½   1¾   1   5Std.

마동안 오르고 마침내 2,244m의 종점에 도착한다. 그러니까 역을 떠나 7.6㎞의 비탈길을 40분쯤 달려온 끝에 산정의 어깨에 올라온 것이다. 여기에는 깨끗한 레스토랑이 있다. 이름하여 로트호른 쿨룸(Rothorn Kulm).

역은 간단한 목재건물이고 1백m쯤 떨어진 곳에 산정호텔이 있다. 역에서 약 15분 정상능선을 따라 오르면 마침내 로트호른의 산정에 서게 되는 것이다. 짙푸른 하늘 아래 동서로 뻗어가는 웅장한 베르너 알프스의 위용이 펼쳐진다. 그리고 중부 스위스지방이 한눈에 들어오고 아스라이 먼 슈바르츠발트의 수해까지 어렴풋이 보인다.

이것뿐이랴. 무거운 허리를 슬쩍 떨구는 순간 베르너의 바람에 나부끼는 산정의 꽃들이 반겨 주리라.

종점과 정상 사이에 죄렌베르크(Sörenberg)행 케이블 카가 설치되어 있으므로 이 방면의 하산을 원하는 사람은 이것을 이용하면 된다. 그러나 오늘의 하이킹은 브뤼니히고개(1,007m) 행이다. 먼저 정상에서 아이제자텔(Eiseesa-ttel · 2,025m)의 안부로 향한다. 로트호른과 아르니하겐봉을 잇는 능선길인데 도폭은 넓고 일대는 풀이 무성하다. 그리고 어두침침한 아르니하겐의 서북사면의 기슭에 아담한 아이호의 산중호수가 보인다. 정상에서 30분 거리. 여기서 1시간 반쯤 걸리는 곳에 경치좋은 쇤뷔엘(Schönbüel · 2,205m)이 있다. 이곳에도 케이블 카가 설치되어 있으므로 룬거(Lunger) 방면으로 내려갈 수도 있다. 이번에는 안부에서 기벨레크의 방목지 상단을 가로지르고 꼬부랑길을 내려간다. 이어 람바흐 상류의 물도랑을 3군데 건너서 굼멘알프의 목초지로 내려간다.

그리고 목초지의 목장길을 따라 케전목장(1,767m)으로 내려간다. 여기까지는 안부에서 1시간 반 거리. 넓은 초원 위에 수많은 알프스의 꽃들이 무성하게 피어 있다. 목장이 끝나는 언저리에 불쑥 올라온 언덕(1,800m 지점)을 넘어서면 길은 빌러호른(Wilerhorn · 2,003m)봉의 기슭으로 이어진다.

이 봉우리는 브뤼니히고개와 쇤뷔엘을 잇는 종주 등반코스의 중간 지점이다. 4시간 30분의 등반을 즐길 수 있는 코스다. 기슭을 가로지르고 이어 빌러알프(1,419m) 쪽으로 내려간다. 산비탈에는 다년초의 아네모네가 은빛 열매를 맺어 머리를 떨구고 이따금 나타나는 고랑과 바위틈에는 청초한 백합꽃이 하얀 꽃망울을 떨어구고 아름답게 피어 있다.

그리고 베르너의 산바람이 살랑살랑 스쳐가면 꽃들은 요염하게 춤을 춘다.

빌러호른의 허리길. 배경은 엥겔회르너 산.

목초지는 계속해서 동쪽으로 느슨한 구릉을 이루고 이따금 급한 높낮이가 나타
난다. 이윽고 하슬리계곡과 마이링겐 너머의 기묘한 엥겔호른의 연봉이 시야에
들어온다. 케전에서 빌러알프까지는 1시간 45분 거리, 여기서 쉐리(1,224m)
의 초원을 가로지르고 그늘진 숲길을 서서히 내려오면 브뤼니히 엘플리
(1,118m)에 닿는다.

　여기서 브뤼니히고개로 통하는 차도에 들어서지 말고 그대로 비탈길을 따라
오면 브뤼니히~하슬리베르크의 역에 닿는 것이다. 빌러알프에서 1시간 거리가
된다.

하슬리베르크 일주 코스

바써벤디 ~ 케저슈타트 ~ 호흐슈트레스 ~ 비트리스 ~ 호흐슈톨렌 ~ 헤겐산장 ~ 운터슈타펠 ~ 할머스 마트 ~ 바써벤디

⊙ 마이링겐의 관광 하이라이트 아레협곡

하슬리베르크는 하슬리계곡과 마이링겐을 중심으로 한 일대를 말한다.

이 오지에 아름다운 호호슈톨렌(Hochstollen · 2,480m)의 산이 있다. 하슬리베르크(Hasliberg)의 일주 코스는 이 호흐슈톨렌을 오르고 목가적 정경을 만끽하는 하이킹 코스이다.

여기에는 호흐슈톨렌과 함께 수려한 파울렌베르크(Faulenberg · 2,381m)의 명봉이 있고 아레천 상류의 하슬리계곡 입구에 이 지역의 중심적 역할을 하고 있는 조용한 알프스리조트 마이링겐이 있다. 마이링겐은 동쪽은 주스텐고개, 서쪽은 그로세 샤이데크고개 남쪽은 그림셀고개, 북쪽은 브뤼니히고개에 통하는 자리에 위치하고 있으므로 일찍이 중세기부터 중요한 상업의 요새였다. 지금은 도로가 더욱 사방팔방으로 통하고 있으므로 교통의 중심지다.

그럼에도 불구하고 비슷한 규모의 그린델발트에 비하면 외래의 방문객이 조금은 덜 붐비는 편이다. 그린델발트의 아이거, 묀히, 융프라우와 같은 거물급 명소를 찾아볼 수 없다 하더라도 자연의 경관은 결코 뒤지지 않는 관광의 명소로 등장하고 있다. 그 명소의 하이라이트는 뭐니뭐니해도 거대한 암산이 갈라진 아레협곡(Aareschlucht)일 것이다. 슐루흐트(Schlucht)란 우리말에 꼭 들어맞는 낱말이 무엇인지 알아내기가 힘드는 말이지만, 영불의 고르지(Gorge)와 같은 뜻이며 격류가 오랜 세월동안 단단한 바위를 수직으로 부단히 침식해서 만든 깊은 바위틈이라고 말할 수 있다. 바위틈의 높이가 2백m를 넘고 가장 좁은 협곡의 폭이 1m, 그 사이에 급류가 흐르고 있는 것이다. 마이링겐 근처에 있는 이 아레협곡은 알프스의 협곡 중에서도 제일 유명한 곳이다.

그리고 낙차 1백m를 자랑하는 라이헨바흐의 폭포도 명물이다. 또 알프바흐

하슬리베르크 주변의 풍경. 배경은 베터호른, 뫼히와 아이거.

의 폭포, 로젠라우이의 빙하계곡을 거슬러 오르면 크고 작은 소와 담이 줄지어 있다. 그리고 맑은 물이 흐르는 우르바흐의 계곡도 빼놓을 수 없을 것이다.

수풀과 협곡, 그러다가 암벽이 불쑥 나타나는 막다른 곳, 가다가 갑자기 길이 끊어지는 허공의 벼랑, 그 사이사이에 오랜 세월동안 그곳을 지키고 있는 민가와 헛간 그리고 건초더미가 흩어져 있는 풍경, 우리는 이와 같은 자연에서 아름다운 비경을 발견할 수 있을 것이다. 이 고장은 푸른 알프스의 전위산맥과 험악한 암산과 황량한 빙하와 만년설을 거느리는 베르너 알프스산맥이 경계를 이루며 공존하고 있다.

알피니즘이 무르익어가는 황금의 시대에 영국인들이 관광과 등산의 목적으로 이 고장을 찾아왔다. 당시 그린델발트 출신의 크스챤 알머(1826~1849)와 마이링겐 출신의 M. 안데렉(1827~1914)이 영국인을 위하여 훌륭하게 가이드의 역할을 해냄으로써 등산사에 획기적인 공을 세웠으며 많은 산악인들이 지금도 그들을 추앙하고 있는 것이다. 그들은 분명 "가이드의 황제"였다. 마이링겐은 빵과 과자로 유명하며 또한 오랜 역사를 가지고 있다. 거품을 일게 한 크림을 넣은 일종의 슈크림과 비슷한 하얀 베제(Baiser)는 특히 유명하다. 이 과자는 "Meiringues"(마이링게스)라는 상표로 유럽시장을 누비고 있는데, 가스파리니라는 과자장수가 1600년경에 만들기 시작한 것이라고 한다.

당시 그가 살고 있던 동네이름의 마이링트(Meirint)를 따서 과자에 이름을 붙였던 것이 오늘날까지도 그대로 유지되고 있다는 것이다. 지금은 헤아릴 수 없는 수많은 종류의 과자가 세상에 떠돌아 다니니 우열을 가릴 수 없는 지경에 이르고는 있지만 가업을 잇고 있는 그들은 새로운 비법을 개발하여 선조들이 물려준 비법에 새로운 비법을 잘 접목시켜서 여전히 유럽시장의 선두주자의 자리를 지키고 있다. 영국의 엘리자베스 여왕은 이 과자를 키스(Kiss)라고 애칭하고 있을 정도이며, 프랑스 상류사회의 축하파티에는 어김없이 이 "Baisers"가 식탁에 오른다는 것이다.

하슬리베르크 하이킹은 우편버스편으로 바써벤디에 온 다음 케이블 카를 타고 케저슈타트(1,831m)까지 올라간다. 바써벤디(1,160m)는 하슬리베르크에서 제일 높은 곳에 있는 조그마한 마을이다.

19세기 말까지만 하더라도 150채쯤 되는 농가가 농사를 짓고 직물업을 부업

⊙ 코스정보

시즌 : 5, 6월~10, 11월

고도차 : 등산 650m 하산 1,320m

소요시간 : 5시간

지도 : 1:50,000 Oberhasli 하이킹지도(정보센터에서 구할 수 있음) 또는
       Sustenpaß 255호

숙박 : 산악호텔 메기스알프(1,708m) 전화 036-712916

등산기지 : 브리엔츠 문의전화 036-513242

마이링겐 문의전화 036-714322

인너트키르헨 문의전화 036-711217

인근코스 : ① 메기스알프~플란플라텐~발메렉~탄알프~엥스틀렌알프(5시간)
          ② 엥겔베르크~게르시니알프~트뤼프호~요흐파스~엥스틀렌알프~
             탄알프~멜히호~프루트(7시간 소요)

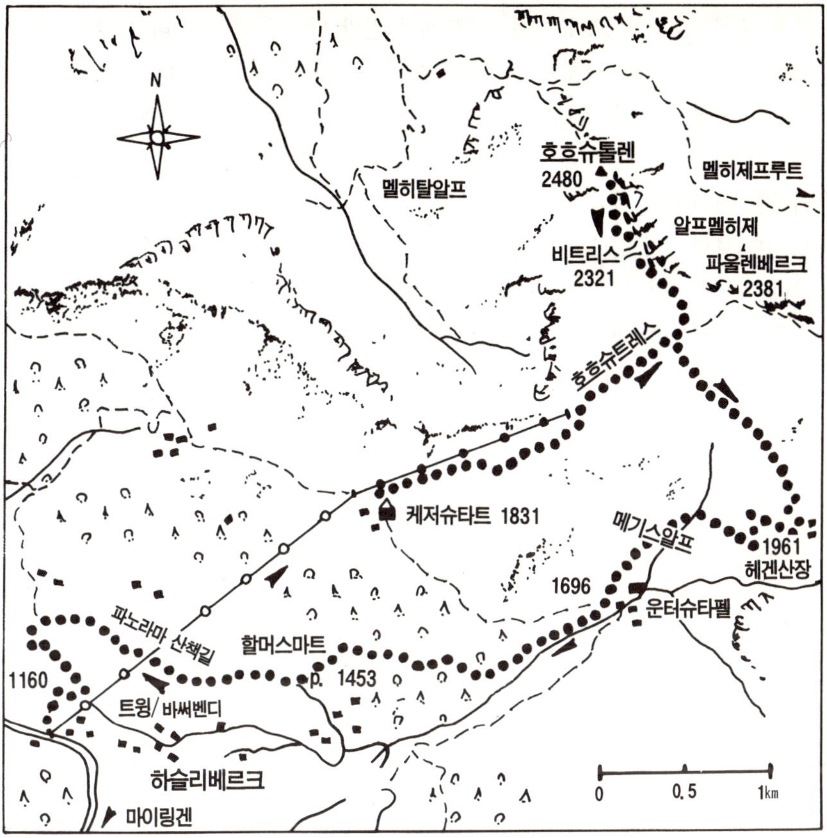

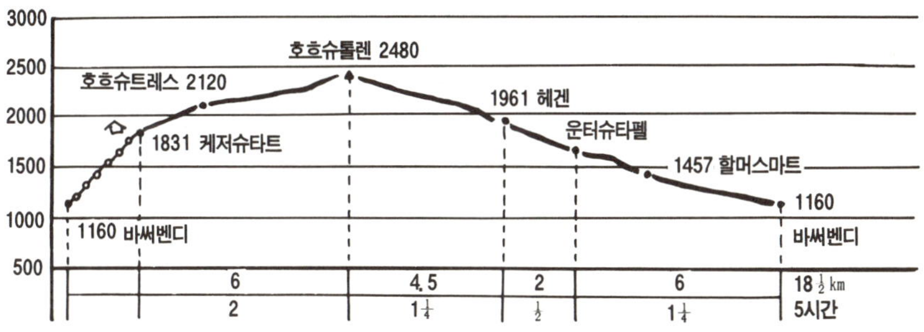
N
멜히탈알프
호흐슈톨렌
2480
멜히제프루트
알프멜히제
비트리스
2321
파울렌베르크
2381
호흐슈트레스
케저슈타트 1831
메기스알프
1961
헤겐산장
1696
운터슈타펠
파노라마 산책길
할머스마트
p. 1453
1160
트윙/ 바써벤디
하슬리베르크
마이링겐
0   0.5   1km

3000
2500
2000
1500
1000
500
호흐슈톨렌 2480
호흐슈트레스 2120
1831 케저슈타트
1961 헤겐
운터슈타펠
1457 할머스마트
1160
1160 바써벤디
바써벤디
6   4.5   2   6   18½ km
2   1¼   ½   1¼   5시간

으로 생활하고 있었으나 이제는 몇 채의 집만 남아 있을 뿐이다. 다행히 관광객과 하이커, 특히 겨울에는 겨울스포츠를 즐기는 많은 스키어가 찾아오므로 숙박업과 장사로 살아가고 있다. 케이블 카를 버리고 걸어오를 때는 케저슈타트까지 2시간이 소요된다. 이어 호호슈트레스(2,120m)로 오른다. 약 1시간 거리지만 여기까지 케이블 카가 가동하고 있는 시즌이면 이것을 이용한다. 여기서 살펴보면 파울렌베르크 봉으로 오르는 산길이 나 있다. 이 등산로를 따라 얼마동안 오르면 갈림길을 만난다. 여기는 이 지방 토박이가 명명하여 붙인 글로크하우스봉으로 뻗어가는 5시간 소요의 상쾌한 암릉등반 코스의 출발점이다.

그리고 플란플라텐(2,229m) 방면으로 하산한다. 등반의 경험이 일천한 사람은 가이드를 고용하는 것이 바람직하다고 한다. 한편 이 지점은 비트리스(2,321m)의 안부로 오르는 출발점이기도 하다. 하이커는 능선길을 따라 비트리스의 안부로 진입한다. 비트리스는 좁은 안부와 같은 곳인데 호호슈톨렌의 깎아지른 동벽 아래쪽에 있는 조그마한 멜히호알프의 아래에 해당한다.

여기서부터 정상까지는 암릉과 층층바위가 이어진다. 그러나 홀드와 스탠스가 확실하여 안전한 등반을 할 수 있다. 이 암릉에서는 시야가 탁 트이고 남쪽 하늘 아래 우뚝 솟아오른 베르너 연봉이 한눈에 들어온다. 그리고 홀드를 잡을 때마다 바위살갗의 촉감이 알프스의 하이킹을 더욱 풍요롭게 한다.

동쪽 하늘 아래에는 푸른 산에 둘러싸인 멜히호—프루트호수, 탄알프, 엥스틀레알프가 함께 어우러져 아름다운 한폭의 그림을 연출하고 있다. 그리고 그 너머로 엥겔베르크의 명산 티틀리스(Titlis)가 하얀 만년설의 왕관을 쓰고 하늘 높이 그 모습을 드러내고 있다.

거기에는 하이커의 사랑을 받는 엥겔베르크의 티틀리스 코스가 있고, 엥겔베르크발, 요호파스경유 발메레크호른 등산로, 이어 플란플라텐과 굼멘알프 경유 마이링겐으로 하산하는 이틀 코스의 등산로가 있는 것이다. 정상에서 하산은 일단 비트리스의 안부로 다시 내려온다. 만일 정상에서 멜히호 방향으로 하산할 때는 2,263m지점에 조심해야 하고 1시간 반 정도의 시간을 더 계산에 넣어야 한다. 그리고 슈톡알프까지 케이블 카를 이용하고 또는 도보로 멜히계곡으로 하산하여 프루트베크의 구 도로로 내려가면 된다. 3시간 정도 소요. 여기에는 조그마한 산마을과 아담한 수녀원이 있다. 여기서 브뤼니히고개로 나오면 되는 것이다. 아무튼 리스 안부에 내려온 다음, 갈림길을 지나고 메기스알프의

호흐슈톨렌(Hochstollen) 정상에서 바라본 멜히호 일대. 오른쪽의 설봉은 티틀리스.

방목지를 향해 하산한다. 도중에 1,961m지점의 헤겐산장에서 간단한 간식을 하는 것도 좋을 것이다.

정상에서 헤겐산장까지는 1시간 45분 거리, 이어 개울을 건너 울긋불긋 꽃들이 만발한 메기스알프의 초원을 가로지르고 헤겐에서 30분 거리의 산악 레스토랑의 운터슈타펠(1,696m)로 내려온다.

여기서부터는 넓은 목장길이다. 좌우에 큰 독일가문비나무가 울울창창 들어서 있고 숲속을 가르는 냇물소리가 귓전에 들려온다. 1,453m지점의 할머스마트에 갈림길이 있으며 여기에 안내푯말이 서 있다. 하나는 지름길, 또 하나는 파노라마의 산책길 이 모두 바써벤디로 내려가는 길이다. 지름길은 빽빽한 수풀길이며 파노라마의 산책길은 지름길의 1.5배 이며 숲을 도는 우회로이다. 아무튼 바써벤디에서 만나는 이 길은 곧 마을의 차도에 이어지는 것이다.

피츠 글로리아 코스

라우터브룬넨 ~ 뮈렌 ~ 피츠 글로리아 ~ 동릉 ~ 제브리푸라 ~ 슈바르츠그라트암릉 ~ 쉴트호른산장 ~ 알멘트후벨 ~ 에게르텐바흐의 다리 ~ 그뤼치알프

⊙ 007영화의 무대가 된 피츠 글로리아

슈테헬베르크에 들어서기 조금 전에 쉴트호른으로 가는 케이블 카의 역이 있다. 이 시설은 1963~1967년에 만들어졌다. 중간역이 3개 있고 네번째 역이 쉴트호른의 정상이다. 여기에는 회전식 레스토랑이 있으며 축을 중심으로 50분마다 한 바퀴식 돌고 있다. 이 레스토랑을 "피츠 글로리아(Piz Gloria)"라고 부르고 있는 것이다.

이곳은 이 지역에서 융프라우의 전망대와 함께 이름난 관광명소이다. 쉴트호른(Schilthorn · 2,960m)은 베르너 오버란트에 등산철도가 들어오기 전에도 소문난 관광지였다. 뮈렌을 찾아온 사람이 쉴트호른을 오르지 않고 그대로 돌아선다면 로마의 순례자가 법왕을 알현하지 않고 돌아가는 것과 같다고 했다.

뮈렌은 양지바른 산중턱에 있는 유명한 휴양지였다. 게다가 시내에서 차의 주행을 제한하고 있으므로 명실공히 무공해의 마을이다. 마을 정면에 펼쳐지는 베르너 알프스의 파노라마가 흥분과 감동을 불러일으킨다. 정말 아름다운 마을이다. 그러나 쉴트호른을 오르지 않고 누가 베르너 알프스의 파노라마에 매료되어 참다운 흥분과 감동을 체험했다고 말할 수 있겠는가? 금세기에 들어와서 이 고장을 찾는 관광객이나 방문객이 부쩍 늘기 시작하였다. 그것은 물론 교통수단이 발달되었기 때문이다. 인터라켄, 라우터브룬넨을 연결하는 철도가 일찍이 1890년에 건설되었고 라우터브룬넨—그뤼치알프—뮈렌의 철도가 그 이듬해인 1891년에 부설된 것이다.

그러나 당시만 하더라도 철도의 운명은 여름에만 한하였다. 험한 산세 때문에 사람들은 겨울에 접근할 생각을 하지 않았기 때문이다. 그러다가 1차 대전이 끝난 후부터 겨울에도 사람들이 점점 찾아오기 시작하였다. 외래 방문객의

쉴트호른과 그 주변의 산군.

대부분은 영국인이었으며 그들은 여름에는 등산, 겨울에는 스키를 즐겼다. 그무렵, 1924년에 뮈렌에서도 칸다하라는 이름의 스키클럽이 탄생했다.

그러나 뭐니뭐니해도 겨울스포츠에 크게 불을 질러놓은 것은 아놀드 런(Anold Lunn 1888~1974)경의 방문과 그의 활동일 것이다. 아놀드 런 경은 등산스키를 개척한 사람으로서 그가 저술한 「등산스키」는 스키의 바이블이라고 일컬어졌을 정도로 많은 스키어에게 영향을 주었으며 등산스키의 대부였다. 만년에 저술한 그의 명저 「등산 100년사」 역시 뜻있는 많은 산악인에게 애독되고 있는 것이다.

그는 1928년 1월 뮈렌을 찾았다. 그리고 처음으로 험한 쉴트호른의 설사면에서 '지옥의 스키활강'을 강행함으로써 주위의 사람들을 놀라게 했다. 이것이 효시가 되어 지금도 해마다 1월에는 지옥의 스키활강대회가 이곳에서 열리고 있는 것이다. 쉴트호른과 그 회전식 레스토랑을 "피츠 글로리아(영광의 봉우리)"라고 부르게 된 데에는 그만한 이유가 있다.

한때 1960~1970년대에 제임스 본드의 007 영화가 세상을 강타하고 대인기를 누린 적이 있다. 인기 절정의 시기에 제임스 본드의 캐스팅 멤버들이 1968~1969년 이 쉴트호른과 회전식 레스토랑을 무대로 "여왕폐하의 007"라는 영화를 촬영하였다. 영화의 화면에 나오는 요양소, 실험실, 요새, 극적인 전쟁의 장면의 무대가 바로 이 회전식 레스토랑이었으며 이 영화에서 피츠 글로리아라고 불렀다. 알프스의 파노라마를 배경으로 펼쳐지는 스릴과 박진감 넘쳐흐르는 이 영화가 세상에 소개되자 이것이 회전식 레스토랑의 애칭이 되어 "피츠 글로리아"라고 불리게 된 것이다.

⊙ 코스정보

시즌 : 6월 중순~9월 말

고도차 : 하산 1,800m

소요시간 : 4시간 30분

지도 : 전항과 동일

식수 : 피츠 글로리아, 레스토랑 비르크(2,677m), 베르크 레스토랑 알멘트후벨
(1,934m)

숙박 : 쉴트호른산장(2,432m) 7~9월 오픈. 문의 및 예약 전화 036-551164,
036-552640 뮈렌 및 김멜발트

등산기점 : 라우터브룬넨 또는 슈테헬베르크

인근코스 : ① 김멜발트~쉴트호른(7시간)

② 뮈렌~쉴트호른산장~쉴트호른(4시간 30분)

③ 쉴트호른~그라우젤리~바제넥~슈필보덴알프빈터계곡~뮈렌(3시간 소요)

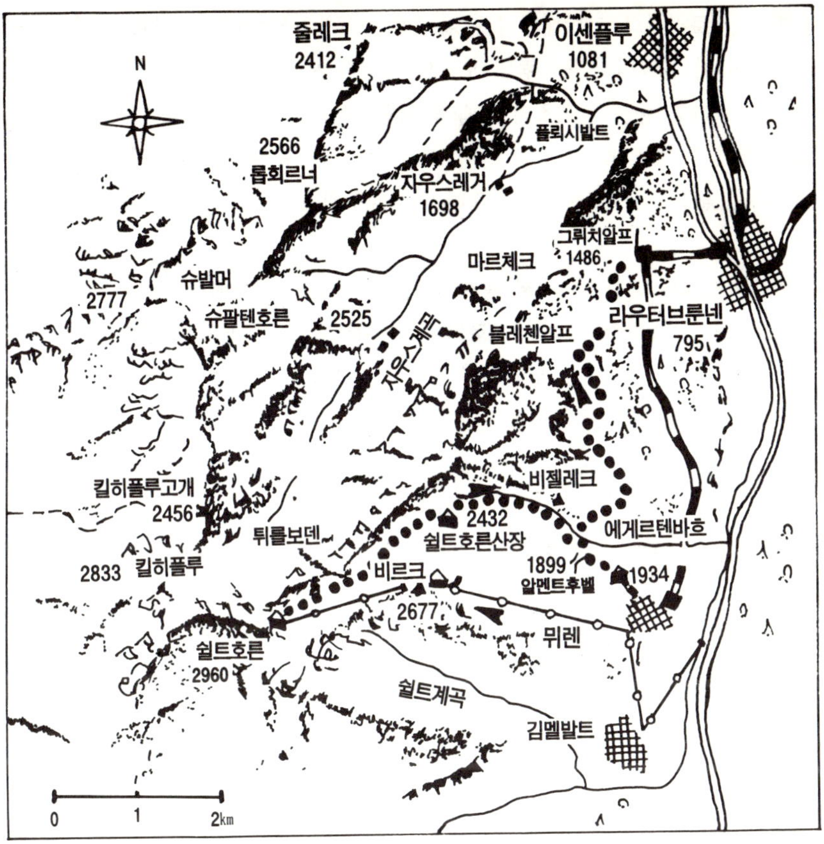

N
줄레크 2412
이센플루 1081
2566
롭회르너
플뢰시발트
자우스레거 1698
슈발머
마르체크
그뤼치알프 1486
2777
슈팔텐호른 2525
블레첸알프
라우터브룬넨 795
자우스계곡
킬히플루고개 2456
비젤레크
튀롤보덴
2432
쉴트호른산장
에게르텐바흐
2833 킬히플루
비르크
1899
알멘트후벨 1934
2677
뮈렌
쉴트호른 2960
쉴트계곡
김멜발트
0   1   2km

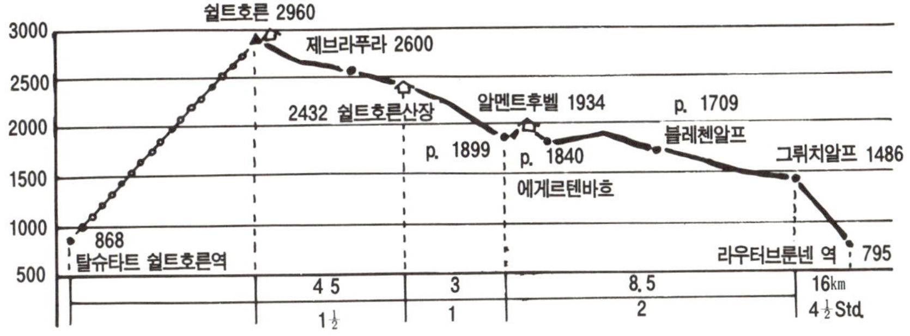

쉴트호른 2960
제브라푸라 2600
2432 쉴트호른산장
알멘트후벨 1934
p. 1709
블레첸알프
그뤼치알프 1486
p. 1899
p. 1840
에게르텐바흐
868
탈슈타트 쉴트호른역
라우터브룬넨 역 795
3000
2500
2000
1500
1000
500
4 5
3
8. 5
16km
1½
1
2
4½ Std.

피츠 글로리아의 전망대에서는 아이거, 묀히, 융프라우와 베르너 알프스의 연봉뿐만 아니라 멀리 몽블랑의 모습도 아련히 시야에 들어오며 독일의 슈바르츠발트 그리고 유럽 알프스의 모습이 어렴풋이 보인다. 일찍부터 사람들의 왕래가 많았던 만큼 쉴트호른을 중심으로 재미있는 등산코스가 여러 곳에 있다. 그러나 오늘은 하산코스를 하이킹하기로 계획하고 피츠 글로리아를 단숨에 오르기로 한다.

뮈렌까지 라우터브룬넨에서 등산기차로 아니면 슈테헬베르크에서 케이블 카로 아침 일찍 출발하여 피츠 글로리아 행 뮈렌발의 첫 케이블 카를 타는 것이 바람직하다. 이것은 피츠 글로리아에서 여유있는 시간을 벌기 위한 것도 되지만, 무엇보다도 15%의 할인을 받을 수 있기 때문이다. 중간에 케이블 카를 갈아타야 하는 번거로움은 있지만 아무튼 단시간에 피츠 글로리아에 올라갈 수 있는 것이다.

일단 피츠 글로리아에 오면 전망대나 레스토랑의 한 자리를 차지하고 적어도 한 바퀴 이상 사방의 경관을 즐겨 본다. 그리고 하산의 하이킹을 시작하는 것이다. 먼저 동릉을 타고 내려간다. 처음부터 능선이 다소 가파르지만, 크게 문제될 것은 없다. 조금 후에 설전이 나타나는데 이 눈밭을 가로지르고 측면을 비스듬히 내려간다. 트래버스의 거리가 긴 편은 아니나 정신을 차리고 안전하게 발을 딛고 한발한발 가로질러 가야 한다. 적어도 20분 정도는 트래버스해야 한다. 이어서 길은 북쪽 방향으로 꾸불꾸불 내려가는데 최악의 경우를 대비해서 조심스러운 몸놀림을 해야 한다.

한쪽은 깎아지른 낭떠러지이다. 그 벼랑 아래에 그라우젤리의 연못이 보인다. 조금은 긴장이 되는 구간이다. 옛날 이야기지만 1933년 8월 쉴트호른 일대에 갑자기 날씨가 흐려지고 지옥 같은 악천후가 온누리를 엄습했다. 이때 한번은 많은 사람이 희생을 당하였다. 억수로 쏟아지는 비 때문에 산사태가 일어났던 것이다.

2천6백m지점의 제브리푸라에 내려오면 코스를 안내하는 이정표가 서 있다. 여기서 쉴트계곡, 블루밴계곡, 세피넨계곡 혹은 엔게계곡으로 하산할 수 있다. 엔게 쪽으로 내려가다 보면 쉴트호른 기슭에서 비텐뤼케까지 뻗어오르는 슈바르츠그라트의 암릉이 나온다.

암릉의 사면이 너덜투성이지만 이 사면을 따라 내려가야 한다. 이러한 너덜

툰과 브리엔츠호수가 안개 속에 숨어 있다.

투성이의 비탈에 아름다운 알프스의 고산화가 피어 있는 것을 보면 희한하기만 하다. 뮈렌바흐와 에게르텐바흐의 물줄기 사이에 높드리가 민들민들한 석회질의 암반을 이루고 있는데, 그 위에 쉴트호른산장이 자리를 잡고 있다. 피츠 글로리아에서 1시간 반 거리다. 산장에서 시작하는 하산길은 동쪽 방향으로 부드럽게 이어 가고 있다. 약 2천2백m지점에 내려오면 라우터브룬넨에서 뻗어오르는 산비탈의 중턱에 널따란 플라토가 나타난다. 여기서 그동안 허기진 배를 간단한 간식으로 채우며 눈앞에 펼쳐지는 아이거, 뮌히, 융프라우의 아름다운 모습을 실컷 바라본다.

도중에 비르첼레크와 뭇틀런호른 사이에서 길이 애매모호해지므로 잘못하면 길을 잃어버릴 수 있다. 모퉁이를 돌고 돌아도 제자리에 되돌아온 것 같은 착각을 일으킬 수 있으므로 전방을 잘 살피면서 내려가야 한다. 마지막 구간이

다소 급한 내리막길이라 조심스럽게 내려가야 하며, 이윽고 알멘트후벨의 안부 (1,899m)에 도달한다.

쉴트호른산장에서 여기까지는 1시간 거리로 안부에서 조금만 올라서면 1,934m지점의 알멘트후벨의 꼭대기이다. 이곳도 하나의 전망대와 다름없다. 여기서 케이블 카를 타면 수 분내에 뮈렌에 도착할 수 있다. 만일 도보로 걷는다면 45분 정도 걸릴 것이다.

하이킹을 계속 더 즐기려면 안부로 되내려와서 방향을 그뤼치알프 쪽으로 바꾼다. 안부에서 약 60m쯤 내려가면 에게르텐바흐의 개천 위에 작은 다리가 놓여 있다. 이 다리를 건너서 약간 경사진 오르막을 오른다. 언덕을 넘으면 여기서부터는 길이 좋아지고 뮈렌마을과 빈터레크의 봉우리가 손에 닿을 듯이 가깝게 보인다.

아이들을 데리고 가족과 함께 즐길 수 있는 "파노라마의 산책길"이라고 부르는 것이 더 어울릴 것 같다. 우거진 숲이 나오는가 하면 산바람에 파도처럼 출렁이는 초원의 전원이 나오고 아름다운 연못이 나타난다. 라우터브룬넨계곡 너머로 오후의 하늘 아래 충겐, 라우버호른의 실루엣이 선명하게 떠오른다. 이 변화무쌍한 환상의 파노라마의 산책길을 2시간 이나 즐기며 걷다보면 어느새 몸은 그뤼치알프에 다다르고 있는 것이다.

피어발트슈테터호 주변

피어발트슈테터호 주변의 개요

⊙ 스위스의 고도(古都) 루체른 주변산군 조망 코스,

스위스 취리히에서 남쪽으로 1시간 남짓 철도를 달리면 관광지로 유명한 루체른에 도달한다. 역을 빠져 나오면 푸르른 산과 숲, 초지가 펼쳐지는 전원풍경 속에 자리잡은 아름다운 호수가 방문객의 눈을 현혹시킨다. 이 호수가 바로 피어발트슈테터호이다.

약 7백년 전 호반의 숲속에 있던 슈비츠, 우리, 니트발덴, 오브발덴 등 네 부족이 동맹을 맺고 당시 이 지방을 지배하던 합스부르크 왕조로부터 독립을 쟁취, 스위스 건국의 효시가 된 역사적인 곳이기도 하다. 이러한 역사적인 배경으로 '네 개의 숲나라의 호수' 라는 피어발트슈테터호(Vierwaldstätter See) 라고 부르게 된 것이다.

이 무렵 호수 남단에 위치한 알트도르프 마을에서 용감한 빌헬름 텔이 나타나 아들의 머리 위에 얹어 놓은 사과를 화살로 쏘아 명중시킨 솜씨로 악독스런 고관대작 게스러를 무찌르고 나라를 일으키는 데 혁혁한 공을 세웠다. 그래서 그는 지금도 국민적 영웅으로 추앙을 받고 있다.

이 호반 북동쪽에 위치한 루체른은 루체른주의 주도로서 스위스 중부지역의 정치 경제 문화의 중심지다. 고색창연한 성벽에 둘러싸인 옛마을에는 스위스를 대표하는 역사유산이 많고 호수로 흐르는 로이스강 하구에 걸쳐 놓은 카펠교는 매우 인상적인 풍취를 자아내고 있다.

카펠의 거리, 무제크 성벽과 성탑, 사자기념비, 빙하공원, 리하르트 바그너 박물관 등 이 모두가 아름다운 그림들이다. 여름이면 유명한 음악가들이 모여드는 루체른은 어느 모로 보나 스위스 굴지의 관광도시임에 틀림없다.

일명 루체른호수라고도 불리는 이 피어발트슈테터호의 주변에는 필라투스

아인지델른
쉴호
루체른
리기
아르트
클라이네 미텐
②
피어발트슈테터호
리기
슈비츠
브룬넨
Vitznau Gersau
무오타계곡
Muotathal
필라투스
슈탄스
알프낙호
슈탄서호른
알트도르프
멜히계곡
반알프 호
아팅하우센
우리로트슈토크
쉐헨계곡
①
엥겔베르크
Surenenpaß
①
빈트겔렌
티틀리스
3238
멜히호

① 루터제 코스 ~ 티틀리스 코스
② 그로스 미텐 코스

피어발트슈테터호수와 구름에 가린 엥겔베르크 주변 산군. 왼쪽으로 티틀리스가 조금 보인다.

Pilatus · 2,120m), 리기(Rigi · 1,798m), 미텐(Mythen · 1,898m), 티틀리스 (Titlis · 3,238m), 클라우젠(Klausen · 3,267m)과 같은 명산들이 산재해 있으며, 그 남쪽 너머로 알프스의 동맥인 베르너 알프스와 발리스 알프스가 장관을 이루며 동서로 치닫고 있다.

이 루체른에서 빨간 열차를 타고 1시간 가까이 남하하면 조용한 계곡에 자리잡은 엥겔베르크(Engelberg)에 이른다. 1120년 베네딕트파 수도원이 창건된 이래 서서히 발달해온 이 마을이 본격적인 관광개발을 시작한 것은 1차대전 전후이므로 다른 지역에 비하면 비교적 늦은 편이나 지금은 티틀리스 능선상의 3,028m 지점에 전망대가 설치되어 많은 사람들이 쉽게 찾아 갈 수 있게 됐다.

이 전망대에서 설릉을 따라 짧은 시간 안에 티틀리스 정상에 오를 수 있으므로 알프스 고산을 즐기는 데 그만이다. 여기에 소개하는 두 코스는 케이블 카 중간역들을 적절히 이용해 당일 하이킹을 즐길 수 있는 코스들이다.

■ 관광 안내

루체른(Luzern)

그림 같은 관광지 루체른은 아름다운 호수와 산과 개천, 옛마을, 고색창연한 교회, 미술관, 박물관, 빙하공원, 바로크식 건물, 우주공학의 산물까지 모든 것을 갖추고 있는 도시이다. 중세기적인 고풍의 면모를 가지고 있는가 하면 스위스 제1을 자랑하는 현대식 역을 가지고 있다.

스위스 발상의 전설이 스며든 원시의 스위스적 이미지와 이탈리아로 통하는 고타르도고개의 길목에 있기 때문에 이탈리아적 정서가 깃들어 있는 곳이 바로 루체른이다.

지금으로부터 약 7백년 전 루체른 호반의 숲속에 있던 슈비츠, 우리, 니트발덴, 오브발덴의 네 부락이 동맹을 맺고 당시 이 지방을 지배하던 합스부르크가를 무찔러 독립을 쟁취했는데 루체른도 그 후 이에 가담하여 일조를 담당하였다. 이 루체른호수가 피어발트슈테터호이다. 이러한 역사적 배경에서 루체른호수를 "네 개의 숲나라의 호수"의 뜻으로 "Vierwaldstätter See"라고 부르게 되었다. 루체른이 바로 이 호수의 서안에 자리잡고 있는 것이다.

표고 436m. 인구 약 7만 (스위스 제6의 도시). 루체른주의 주도

은행, 호텔과 같이 굵지굵지한 건물은 로이스강의 남안에 서 있고 이와 대조적으로 북안에는 아름다운 구시가지가 보존돼 있다. 스위스의 관문 취리히공항에서 1시간 전후면 닿을 수 있는 곳이기 때문에 관광을 목적으로 찾아온 사람도 가벼운 마음으로 리기산, 필라투스산의 전망대를 중심으로 하이킹을 즐길 수 있다. 그리고 루체른에서 엥겔베르크(1시간내)에 가서 케이블 카를 타고 티틀리스(3,028m) 전망대에 오를 수도 있다.

1991년 2월에 완공을 본 현대식 루체른역은 루체른호에 로이스강이 흘러나가는 하구에 있다. 역 정면이 정류장으로 되어 있고 조금만 앞쪽으로 걸어가면 호상유람선이 드나드는 선착장이 있다. 선착장에서 왼쪽으로 걸어가면 호수다리(Seebrücke)가 나오고 하구에 중앙우체국, 시립극장이 나타난다. 그리고 지붕을 이고 있는 목조의 카펠교가 대안 쪽으로 가로지르고 있다. 또 그 초입에 높은 저

루체른 호반.

수탑(Wasserturm)이 서 있다. 울긋불긋 꽃으로 장식한 아름다운 카펠교와 높다란 저수탑이 수면에 비치는 광경은 매우 인상적이다. 카펠교와 저수탑은 루체른의 얼굴이다. 이 다리는 1333년에 만들어졌고 유럽에서 제일 오래된 지붕다리다. 저수탑은 옛날에 등대의 역할도 했다. 이제 다리를 건너서 구시가지에 가본다. 페허교회가 서있는 곳이 카펠광장, 광장 한복판에는 고딕식 분수대가 서있다. 광장에서 카펠거리에 들어가면 곡물시장, 구 시청사, 포도주시장들이 있다.

개천을 따라서 3백m쯤 걸어가면 무제크 성벽이 나타난다. 이것은 1400년경에 축조된 성벽이다. 지금은 870m의 성벽과 9개의 성탑이 남아있다. 이 외에도 사슴광장, 1678년 완성된 바로크양식의 예쥐텐교회, 1300년경에 세운 고딕양식의 프란시스코교회, 고고학관, 사자기념비, 빙하공원, 교통박물관, 바그너기념관 등 많은 관광명소가 있다.

빙하공원이란 특별히 빙하가 노출되어 있는 것은 아니고 1872년경 그 자리에서 빙하를 발견했다 하여 공원으로 가꿔놓은 것이다. 동굴 같은 구멍(9m)을 구경하는 것인데 아마도 빙해수(氷解水)가 바위를 칠 때 가끔 떨어진 돌이나 바위부스러기가 수압으로 회전을 일으켜 마치 연마기처럼 그 자리에 큰 구멍을 뚫어놓은 것 같다. 이런 지형을 이용하여 주위를 아름답게 가꿔놓은 스위스인의 기지에 탄복할 수밖에 없다.

교통박물관은 옥내와 옥외를 전부 활용하여 육·해·공 우주의 여러 교통수단 우편 통신을 막론하고 볼 만한 것을 총동원해서 전시하고 있다. 슬라이드 영사기까지 돌려가면서 설명을 한다.

바그너기념관은 교통박물관 맞은편에 있다. 역에서 버스 ⑥ 또는 ⑦번을 타고 여섯번째의 바르테크(Wartegg)에서 하차한다. 버스 정류장에서 차도를 150m가량 더 걸어가면 왼쪽으로 바그너거리(Wagnerweg)가 나온다. 이 거리를 따라 호수 쪽으로 7, 8분 걸어가면 뾰족하게 내민 호반의 아름다운 녹색의 초지 가운데 3층 건물이 보인다. 이것이 바그너기념관이다.

바그너가 1866년에서 1872년까지 이곳에 살면서 "신들의 황혼" "지그프리트" 등을 작곡했다. 1층은 바그너의 유품, 2, 3층은 고악기(古樂器)가 전시되어 있다.

그리고 여름의 음악제는 저명한 음악가, 애호가, 관광객들이 여러 나라에서 모여든다. 또한 호상유람(湖上遊覽)을 빼놓을 수는 없을 것이다. 1시간에서 6시간까지의 여러 코스가 있다. 스위스의 민요와 춤을 즐기는 밤의 유람선도 있다. 16SFr이면 밤의 유람을 즐길 수 있다.

시내관광의 경우는 2시간 도보코스가 있다. 웬만한 명소를 다 볼 수 있는 이 코스는 12 SFr. 오전 10, 오후 4시 관광안내소에서 출발한다. 봄 여름은 월요일-토요일, 가을과 겨울은 토요일에 한한다.

ⓘ Frankenstrasse 1 전화 041-517171.

루터제 코스~티틀리스 코스

그라펜오르트역~메틀렌~루기스발름~에겐~슈토레크고개~휘에트산장~살리슈토크~칭겔~방산장~아르니로호~에르니바흐~엥겔베르크

엥겔베르크~클라인 티틀레스~슈탄트~트뤼프호~게르시니알프~엥겔베르크

⊙ 목가적인 산중호수와 3천m대의 전망대

루체른에서, 또는 취리히에서 이른 새벽 열차를 타고 루체른을 경유하는 엥겔베르크행 철도를 이용해 그라펜오르트역에서 하차하면 도보로 30분 거리에 메틀렌 케이블 카 역에 닿는다.

이 케이블 카 역에서 4인용 곤돌라에 몸을 싣고 일단 루기스발름(875m)에 오른다. 이 조용한 산간마을에서 다시 케이블 카를 타고 종점인 에겐(1,418m)까지 간다. 그라펜오르트에서 걸어서 오르려면 3시간은 족히 걸린다.

루터제 주변에는 찬란하게 빛나는 푸른 목초지들이 펼쳐진다. 에겐목장 상부를 향해 오르다가 도중에 루터제에서 흘러내리는 개천을 건너서 올라가면 슈토레크고개에 이른다. 산길은 약간 가파른 편이지만 계곡의 물소리와 새소리를 동무삼아 빼곡한 초원과 울창한 숲길을 쉬엄쉬엄 1시간 정도 오르면 바위사면 아래 움츠리고 있는 휘에트산장(1,740m)에 도달한다.

이 산장에 이르면 시야가 탁 트이면서 장엄한 알프스 산봉우리들이 드넓게 펼쳐진다. 물론 요염한 티틀리스의 모습도 눈앞에 나타난다. 여기서 바로 눈앞에 솟은 살리슈토크(Salistock·1,896m)를 오르는 것도 좋다. 왕복 1시간쯤 걸린다.

산장 바로 아래에 보이는 목가적인 루터제를 곁에 두고 칭겔을 향해 작은 숲을 지나고 덩굴 울타리를 넘어 살리슈토크 산허리에 해당하는 바윗길을 가로 지른다. 그렇게 어려운 대목은 없지만, 위험을 느끼면 자일로 확보하는 것이 바람직하다.

이후부터 내리막이 계속된다. 약 30분쯤 내려서면 칭겔(1,516m)에 도달한다. 여기에도 산장이 있고 양지바른 테라스는 쉬어가기 적당하다. 잠시 쉰 다음 계속 남쪽 방향으로 널찍한 칭겔베르크의 밴드를 가로지른다. 밴드에 닿기까지는 경사가 다소 급하므로 조심해야 한다.

아름다운 트뤼프 산간호수.

　얼마 후 라우이에서 깊은 꿀르와르처럼 생긴 움푹한 도랑을 건너면 갈림길을 만나게 된다. 여기서 왼쪽 길은 철사줄이 설치된 구간을 따라 브레히에글리를 지나 엥겔베르크로 하산하게 되고, 오른쪽 길을 따라 가면 운터아르니와 아르니로호를 경유해 엥겔베르크로 하산하게 된다. 이를테면 에글리쪽 길은 등산로이고, 아르니쪽은 산책길이다.

　아무튼 슈탈덴을 출발하여 할텐산장과 방산장을 지나서 아르니로호에 들어서면 제법 을씨년스런 산길이 지속된다. 계곡으로 빠지는 산길은 아주 좁고 가파르다. 아르니로호를 내려서면 길은 큰 바위 사이의 고샅길로 이어진다. 그리고 이 고샅길을 빠져 나오면 그늘진 숲길이 나타나고 얼마 후 에르니바흐에 닿는다.

　개천을 따라 하산하면 마침내 뒤에벤바흐를 건너 에글리에서 브레흐바흐와 만난다. 내를 건너 45분 정도 걸어나오면 마침내 엥겔베르크에 도착한다.

　티틀리스 코스는 엥겔베르크에서 등산 궤도차, 곤돌라 케이블 카, 회전식 케이블 카 등 여러 교통수단을 이용해서 티틀리스 어깨에 해당하는 클라인 티틀리스의 전망대에 오른 다음, 도보로 티틀리스 정상을 오르고 나서 엥겔베르크까지 걸어서 하산하는 코스다.

　클라인 티틀리스(3,028m)는 취리히 경유 단체여행단이 나날이 늘어 요즘에는 한국어 안내문이 붙어 있을 정도로 우리나라 여행객들도 제법 많이 찾는 곳이 됐다. 이 코스는 푸른 계곡과 산간을 구경하다가 별안간 황량한 백설의 빙하와 설산을 구경한다는 것이 특색이며 이러한 자연의 변화가 사람들의 마음을 유혹하는 것이다.

클라인 티틀리스에 서면 크고 작은 크레바스와 아이스폴이 널려 있는 빙하의 세계가 펼쳐진다. 이름하여 티틀리스 빙하다. 전망대 건물 아래에는 장장 350m 길이를 자랑하는 얼음동굴이 있고, 남면의 빙벽을 뚫은 창을 통해 바로 눈앞에서 빙

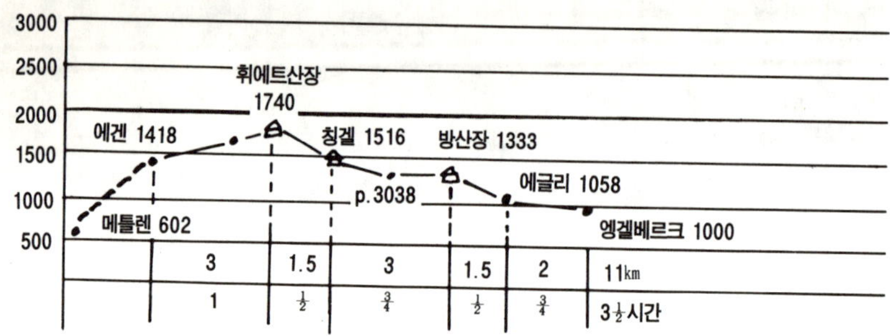

⊙ 코스정보

시즌 : 6월~10월

고도 : 루터제 등산 320m 하산 720m, 티틀리스 등산 210m 하산 1,650m

소요시간 : 루터제 3시간 30분, 티틀리스 4시간 15분

식수 : 휘에트산장, 알프레스토랑(칭겔), 파노라마레스토랑(티틀리스),

　　　빙하레스토랑(슈탄트)

숙박 : 스포츠 호텔(트뤼프호, 6~10월 개장) 전화 041-941371, 리츠카페, 게르시니

　　　알프산장(연중 개업) 전화 041-942212

등산기지 : 엥겔베르크(루체른 남쪽 33km. 관광안내센터) 전화 041-941161

　　　　유스호스텔 전화 041-941292

인근코스 : ① 엥겔베르크~운터트뤼프호~방산장~유리히요흐~멜히계곡(7시간)

　　　　② 엥겔베르크~오버마트~그라펜오르트~볼펜시센~달렌빌~부오호스(6

　　　시간 30분 소요)

　　　　③ 그라펜오르트~브루니스발트~슈반트~엥겔베르크(4시간 소요)

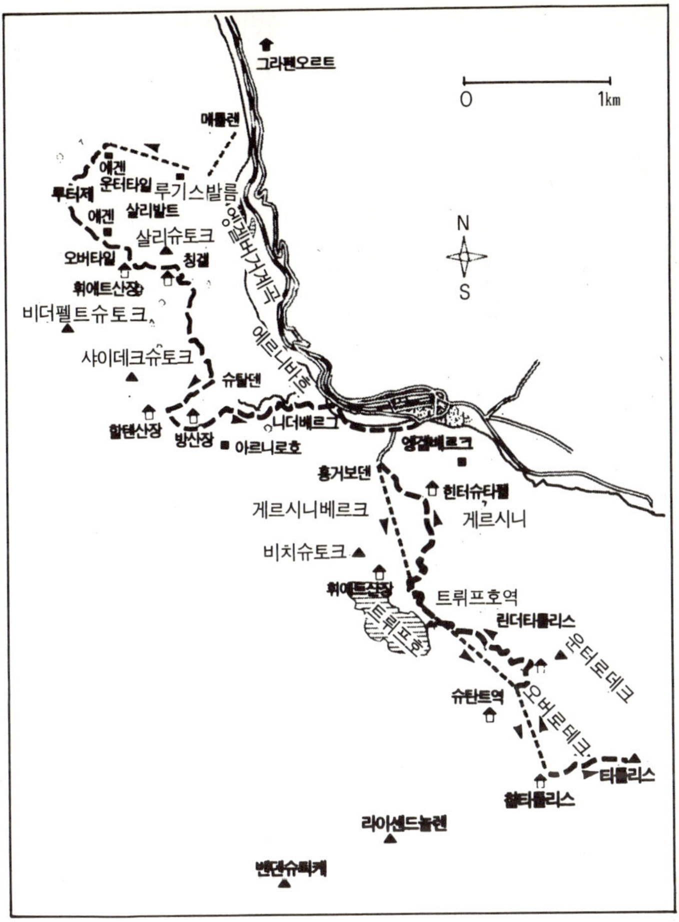

그라펜오르트
매들렌
애겐
운터타일
루터쩨
루기스발름
애겐
살리발트
살리슈토크
오버타일
칭겔
휘에트산장
비더펠트슈토크
샤이데크슈토크
슈탈덴
할텐산장
방산장
아르니로호
니더배르크
엥겔배르크
홍거보덴
힌터슈타펠
게르시니베르크
게르시니
비치슈토크
휘에트산장
트뤼프호역
린더타물리스
슈탄트역
할타물리스
티틀리스
라이센드눌렌
반덴슈퇴케
에른니바흐
0   1km
N
S

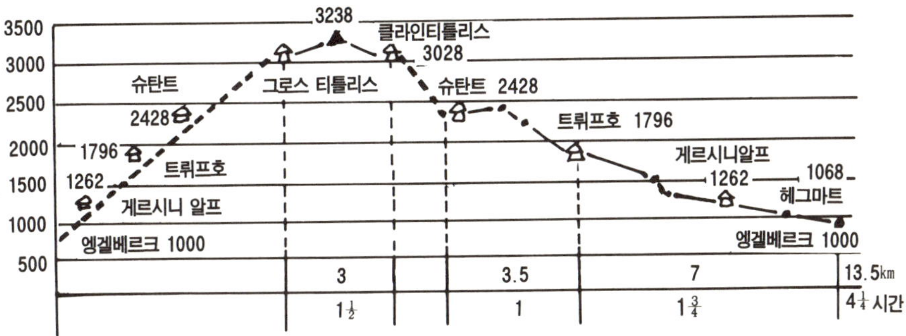
3500
3000
2500
2000
1500
1000
500
3238
클라인티틀리스
3028
슈탄트
2428
그로스 티틀리스
슈탄트 2428
트뤼프호 1796
1796
트뤼프호
게르시니알프
1262
1068
1262
헤그마트
게르시니 알프
엥겔베르크 1000
엥겔베르크 1000
3   3.5   7   13.5km
1½   1   1¾   4¼ 시간

슈탄트에서 트뤼프호로 내려가는
하이킹 코스

하의 장관을 바라볼 수 있도록 되어 있다. 빙하너머에는 수스호른(3,492m)이 손에 잡힐 듯이 가깝게 보이며, 쾌청한 날에는 오른쪽으로 아스라이 미샤벨 연봉도 보인다.

클라인 티틀리스에서 정상까지는 고도차 210m로, 간간이 바위가 노출되지만 대체로 설원과 설릉으로 이어진다. 약 1시간쯤 올라서면 바로 정상이다. 정상에서 바라보는 베르너 알프스와 발리스 알프스 연봉을 위시해 뷘트너와 우르너 알프스 연봉의 웅장하고, 거대한 파도처럼 굽이치는 산줄기는 더욱 환희와 충족감을 고조시켜 줄 것이다.

정상에서 다시 클라인 티틀리스로 하산하는 데에는 30분이 소요된다. 여기서 케이블 카로 슈탄트(2,428m)까지 내려온 다음 다시 하이킹을 시작한다. 슈탄트에서 천길 발 아래로 내려서는 계곡길이 이 구간의 하이라이트다.

얼마 후 아름다운 산중호수인 트뤼프호(Trübsee · 1,796m)가 나오는데, 심심산천 속의 목가적인 전원풍경에 발걸음을 떼기 힘들다. 슈탄트에서 트뤼프호까지 1시간 거리. 여기서 짙푸른 피어발트슈테터호를 바라보면서 게르시니목장과 헤그마트 목초지를 지나 엥겔베르크로 하산하면 된다. 트뤼프호에서 엥겔베르크까지는 약 1시간 45분 거리다.

△ 빌헬름 텔을 찾아서 — 알트도르프

　루체른에서 기차로 54분(41km)쯤 달리면 고풍스럽고 조용한 알트도르프(Altdorf) 마을에 이른다. 우리(Uri) 주에 있는 이 알프도르프는 빌헬름 텔(Wilhelm Tell)의 전설이 깃든 곳이다. 우리나라에서는 윌리엄 텔로 알려져 있지만 이것은 영어식 발음이고 빌헬름 텔로 발음하는 것이 원음에 좀 더 가까울 것 같다.

　약 7백년 전 피어발트슈테터 호반의 숲속에 있던 슈비츠, 우리, 니트발덴 오브발덴의 부락이 동맹을 맺고 당시 이 지방을 다스리던 합스부르크가(家)의 지배에서 벗어나 독립을 쟁취한 스위스 건국의 시작은 어느새 전설이 되었고 거기에 빌헬름 텔이라는 이름의 영웅이 탄생했다.

　이 전설은 독일의 작가 실러의 희곡(1804년)이나 이것에 곡을 붙인 로시니의 오페라 등으로 널리 알려지게 된 것이지만 역사상에 있는 사실은 아니라고 한다. 아닐 뿐만 아니라 악독한 고관대작이 이 지방에 와서 다스린 사실도 없고, 또 당시 합스부르크가의 루돌프왕은 현명하고 평화적인 인물이었다고 한다.

　중부 스위스에는 텔의 발자취와 연관된 마을이나 부락이 여러 곳에 있다. 그러나 이중에서도 가장 유명한 곳이 화살을 쏘는 장면의 무대가 된 이곳이다. 알트도르프는 우리주의 주도인데도 고속도로와 철도에서 안으로 깊이 들어가 있는 탓인지 주도라는 생각이 들지 않을 정도로 조용하고 차분한 마을이다.

　또 '스위스의 텔'하면 틀림없이 여기가 본고장일텐데 의외로 관광지 같은 분위기를 풍기지 않는다. 텔의 동상은 텔거리(Tellgasse)의 막다른 시청광장에 서 있다. 머리 위에 사과를 올려놓고 아들을 세운 보리수나무가 있었던 자리라고 한다. 이 동상(Telldenkmal)은 1895년 브론즈가 만든 것이라고 하며 그 동상 뒤편의 탑에는 텔 전설의 연고지인 쉐헨계곡의 풍경이 그려져 있다.

　그리고 이곳에는 마을사람들이 몇 년에 한 번씩 실러의 "텔 희곡"을 공연하는 텔극장(Tellspielhaus)이 있다. 또 버스로 5, 6분 거리의 뷔르글렌 마을에는 텔박물관이 있다. 이 소박한 알트도르프의 여행은 스위스다운 진미를 느낄 수 있을 것이다.

　알트도르프에 머물 때에는 괴테나 바이론이 머물었다는 흑사자(Schwarzer Löwen)의 호텔이 좋을 것이다. ⓘ Rathausplatz 5 전화 044-22888

엥겔베르크(Engelberg)

피어발트슈테터호가 있는 중앙 스위스지역에서는 도회지에서 손쉽게 갈 수 있는 리기와 필라투스의 산이 잘 알려져 있으나 이것들은 알프스의 전면으로 진짜 알프스다운 분위기를 갖춘 알펜 리조트라고 하면 빙하와 3천m급 고봉을 걸머지고 있는 엥겔베르크를 첫째로 꼽을 수 있을 것이다. 여름에도 스키를 즐길 수 있으므로 여름 겨울을 통해서 많은 사람이 찾아가는 곳이다.

최근에 와서 우리나라에서도 엥겔베르크의 티틀리스전망대의 관광명소를 찾아가고 있다. 접근은 루체른에서 빨간 사철직행열차 LSE를 이용한다. 소요는 1시간 전후. 열차는 주간에 시간마다 있고 왕복 26.8SFr이다. 역에서 내리면 정면에 우뚝 솟은 산이 시야에 들어오는데 이것은 하넨(Hahnen·2,606m) 산이다.

엥겔베르크는 1120년경에 베네딕트파 수도원이 창건된 이래 마을 전체가 18세기 말까지 오랫동안 그 수도원의 직할령(直轄領)이었다. 본격적인 관광개발이 시작된 것은 제1차세계대전의 전후이므로 스위스에서는 다소 후발의 관광지이지만 티틀리스전망대(3,028m)가 생긴 후부터 크게 각광을 받게 되었다.

지명의 유래는 천사(Engel)의 소리가 들려 왔다는 곳을 의미한다고 한다.

근대적인 역을 나와서 왼쪽으로 구부러진 길을 따라 1백m쯤 걸어가면 제법 활기찬 거리가 나타난다. 여기가 메인스트리트다. 이 메인스트리트를 우측 방향으로 150m가량 길을 따라 가면 아담한 공원이 나온다. 이곳을 지나 조금 더 가면 관광안내소가 나온다. ⓘ의 정확한 위치는 Kur und Verkehrsverein Dorfstrasse 34. 전화 041-941161이다. 여기서 왼쪽으로 꺾어 철도를 따라서 이어가는 메인스트리트를 7백m쯤 걸어가면 유스호스텔(ugendherberge 전화 041-941292)과 나투어프로인데하우스(Naturfreundehouse)가 나온다. 호텔은 30개쯤 있는데 모두 비싼 편이다. 이외에 비교적 싼 도미토리가 3군데 있다. 시내에서 비교적 싼 호텔은 역 근처에 있는 알피나(Alpina)로 45SFr 정도이다.

이보다 더 싼 호텔도 있으나 역에서 다소 멀다. 티틀리스전망대로 가려면 역에서 나온 다음 우측으로 돌아서 간다. 그러므로 시내로 들어가는 길과는 반대 방향이 되는 셈이다. 가다오면 길이 막히는 목을 만나는데 여기서 우로 접어돌아 약 3

엥겔베르크의 중심가.

백m쯤 남쪽 방향으로 길을 따라 걸어가면 넓은 주차장이 있다. 이곳이 바로 케이블 카 승강역이다. 역에서 도보로 7~10분 정도.

엥겔베르크에 오면 무엇보다도 티틀리스전망대에 오르는 것이 으뜸일 것이다. 빙하에 뒤덮인 산정에서 웅대한 파노라마를 볼 수 있으며 여름스키를 즐길 수 있다. 승차장에서 궤도차, 곤돌라, 리프트를 타고 트뤼프호(Trübsee)에 오른다. 여기서 케이블 카를 옮겨 타고 슈탄트의 중간역으로 계속 오른다. 슈탄트의 정면에 보이는 청백의 빙하는 정말 아름답다.

슈탄트역에서 이번에는 회전식 케이블 카를 타고 종점인 전망대를 오른다. 종점은 클라인 티틀리스(3,028m)라고 부르며 티틀리스(3,238m)의 어깨에 해당한다. 전망대에 서면 눈앞에 펼쳐지는 광막한 티틀리스 빙하를 비롯하여 수스호른(3,492m) 등 여러 알프스의 연봉이 시야에 들어온다. 쾌청한 날씨에는 오른쪽으로 아스라이 미샤벨의 연봉도 보인다. 또 레스토랑 아래에는 이곳의 명물 얼음동굴이 있다. 길이 350m를 자랑하는 얼음동굴에서 빙벽과 암벽을 뚫은 창을 통해 바라볼 수 있는 망망대해 같은 빙하는 일대 장관이다. 왕복 60SFr. 본문의 티틀리스 코스 참조.

그로스 미텐 코스

리켄바흐~로텐플루에~홀첵~그로스미텐~홀첵~츠뷔세트 미텐~컨테리그스~취치~리켄바흐~
슈비츠

⊙ '신화와 전설의 길'

일명 '신화와 전설의 길'이라는 별명을 가진 이 미텐(Mythen · 1,898m) 코스
는 비록 높지는 않지만 취리히, 루체른, 슈비츠, 아인지델른 등지에서 많은 사람
들이 찾는 전형적인 코스다.

슈비츠 윗마을에 해당하는 리켄바흐에서 곤돌라를 타고 로텐플루에(1,571m)에
오른다. 여기서부터 걷기 시작해 그로스 미텐 정상으로 향한다. 미텐은 산 전체가
피라미드형의 거대한 암산이다. 앞서 말한 것처럼 비록 높지는 않지만 산의 생김
새가 우람하고 육중하다.

가파르고 험상궂은 몰골을 드러내며 바위 사이로 길이 나 있고 현기증을 일으킬
정도로 깎아지른 낭떠러지를 형성하고 있다. 그러나 길은 비교적 넓고 바닥이 안
정돼 있다.

먼저 로텐플루에에서 30분쯤 내리막을 걸어가면 홀첵(1,405m)에 도달한다. 아
인지델른 방면에서 오는 경우 브루니에서 케이블 카를 타고 곧바로 홀첵으로 올라
가면 된다. 홀첵도 케이블 카 역인데 운전기사 가족이 살고 있는 집 한 채가 달랑
있을 뿐이다. 그러므로 미텐에서는 두 군데에 케이블 카 궤도가 있는 셈이다.

이 홀첵에서 본격적인 하이킹이 시작된다. 케이블 카 역 뒤에 서 있는 이정표를
확인하고 안부를 따라 가다가 왼쪽으로 방향을 틀면서 비탈진 등산로로 진입한다.
그리고 이 암산의 측면을 감아돌면서 한참동안 고도를 높인다.

도중에 조심해야겠다는 지점이 나오면 손잡이용 쇠사슬이 꼭 나타나므로 오르는
데에는 전혀 어려움이 없다. 다만 어린이를 데리고 오를 때에는 곳에 따라 자일확
보가 필요한 곳도 있다. 오른쪽이 줄곧 낭떠러지이므로 발을 헛디디거나 넘어지는
날에는 변을 당할 염려가 있다.

산 전체가 암산인 그로스 미텐 전경.

　홀첵에서 1시간 30분 정도 오르면 마침내 정상에 닿게 된다. 정상에는 커다란 스위스 국기가 바람에 펄럭이고 그 옆에 큰 십자가가 홀로 서 있다. 그리고 바로 그 아래 평지에 아담한 산장과 레스토랑이 자리잡고 있다. 그동안 한두 번 개축한 것이지만 옛모습을 거의 그대로 간직하고 있는 이 산장은 1백년의 역사를 자랑한다. 무뚝뚝한 주인이 다소 불만스럽기는 하지만 이 산장에서만 구할 수 있는 알프스 파노라마의 스케치북은 좋은 기념물이자 훌륭한 자료가 된다.

　발 아래의 수려한 피어발트슈테터호수가 한눈에 들어오고 호반에 옹기종기 모여 있는 여러 마을들이 이채롭다. 그리고 남쪽의 우르너 알프스 연봉과 엥겔베르크 주변 산군, 서쪽의 리기 알프스산군의 파노라마가 광대무변한 푸른 공간 위에 화려하게 펼쳐진다.

　사람들은 이 알프스를 '알프스의 전위산군(Voralps)' 이라고 부르고 있다. 이 알프스의 전위산군 너머로 아득히 먼 하늘 아래 베르너 알프스 연봉이 아스라이 보인다. 정상에서 충분한 휴식과 전망을 즐기고 일단 홀첵으로 다시 내려온다. 하산은 1시간 정도 소요된다.

홀첵의 안부에 서 있는 이정표를 살피고 화살표를 따라 방향을 츠뷔세트 미텐 (1,438m)으로 잡는다. 그로스 미텐의 허리를 휘감고 돌아가면 한가롭고 서정이 넘쳐 흐르는 푸른 초원이 나타난다. 이 초원 목장과 목초지를 지나면 이윽고 또 하나의 안부에 당도한다. 이곳이 바로 그로스 미텐과 클라이네 미텐을 잇는 경계 가 된다.

클라이네 미텐을 오르고 싶은 사람은 여기서 방향을 오른쪽으로 돌린다. 목장과 산이 만나는 기슭에 깎아지른 암벽이 병풍처럼 둘러쳐 있는 광경은 퍽 인상적이 다. 아름다운 피어발트슈테터호수가 더욱 가깝게 보이는 안부에서 귄테릭스 쪽으 로 내려서면 이어 울창한 전나무 숲을 통과해 취치(712m)에 닿는다. 귄테리그스 에서 취치까지는 약 30분 거리.

취치에는 작은 교회가 하나 서 있다. 지난 40년대 세상을 등진 한 은둔자가 이 곳에 와서 이제는 백발이 성성한 노구를 이끌고 교회의 화단을 가꾸고 있다. 교회 앞에 고풍스러운 집 한 채가 눈에 띄는데, 벽에 붙어 있는 판자에는 '1200년경 한

⊙ 코스정보

시즌 : 5~10월

소요시간 : 4시간 45분~5시간 15분

지도 : 슈비츠주에서 발행한 하이킹지도

접근 : 슈비츠에서 버스로 리켄바흐로, 여기서 로텐플루에까지는 케이블 카로, 브루 니에서 홀첵으로 오를 때에는 아인지델른까지 열차로, 아인지델른에서 브루니 까지는 버스로, 브루니에서 케이블 카로 홀첵에 오른다.

식수 : 미텐하우스(1,898m. 5~11월 영업). 전화 043-215270

숙박 : 로텐플루에(전화 043-214710)와 홀첵(전화 043-211234)에 연중 개업하는 하 우스가 있다.

등산기지 : 슈비츠 정보센터(전화 043-213446)

아인지델른 정보센터(전화 055-534488)

인근코스 : ① 비츠나우~리기~리기 칼트바트~펠젠베크~리기 샤이데크~게르사우 (5시간 30분 소요)

② 모르샤그~푸르겔리~클린겐슈토크~슈투스~모르샤그(4시간 소요)

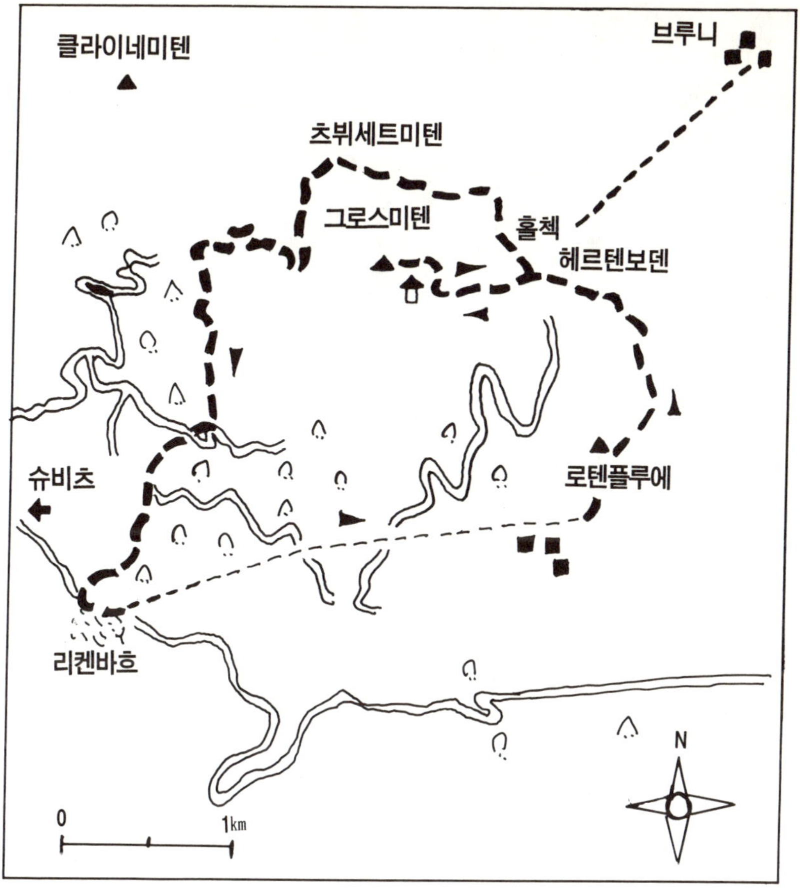

클라이네미텐
브루니
츠뷔세트미텐
그로스미텐
훌쳬
헤르텐보덴
슈비츠
로텐플루에
리켄바흐
N
0 1km

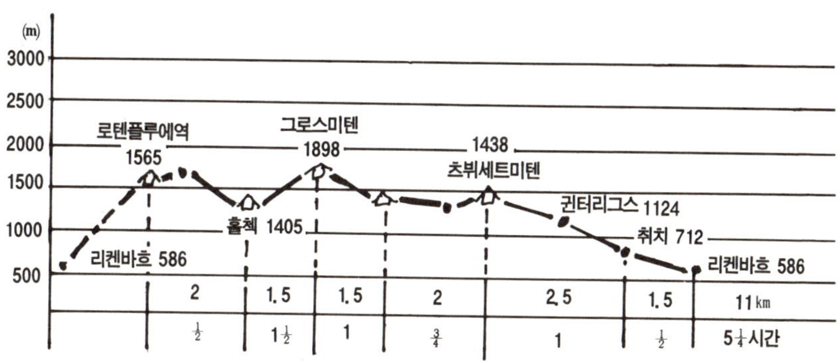

(m)
3000
2500
2000
1500
1000
500
로텐플루에역 1565
그로스미텐 1898
1438
츠뷔세트미텐
훌쳬 1405
퀸터리그스 1124
취치 712
리켄바흐 586
리켄바흐 586
2   1.5   1.5   2   2.5   1.5   11km
½   1½   1   ¾   1   ½   5½시간

철책이 쳐져 있는
그로스미텐 등산로.

은둔자가 처음으로 이곳을 찾아왔다. 고고학적 감정에 따르면 교회는 1250년경 지은 것 같다. 그리고 1670~1672년에 개, 보수를 한 것이다. 그후 첫 은둔자의 집과 교회가 1986~1987년에 완전히 원상태로 복원되어 지금은 슈비츠주의 보호구역으로 지정되어 있다' 고 적혀 있다.

이러한 글을 보면 스위스인들이 옛것을 얼마나 소중하게 여기고 있는가를 알 수 있다. 이윽고 멋지게 꾸며 놓은 집들과 아름답게 가꾼 정원들이 흩어져 있는 정경에 감탄하면서 도로를 따라 30분쯤 내려가면 당초 출발점이었던 리켄바흐 마을에 도착한다.

여기서 슈비츠로 나와 목적하는 방면으로 버스나 기차를 이용하면 된다. 슈비츠는 슈비츠주의 주도이며 스위스의 건국을 일으킨 고장답게 여기저기 역사적인 유물과 유적이 흩어져 있는 곳이다.

△ 순례자의 마을─아인지델른

그로스 미텐 코스를 마치고 하루쯤 순례의 마을, 아인지델른(Einsiedeln)에 들러보는 것도 좋은 여행이 될 것이다. 취리히에서 기차로 57분 거리(44km)다. 유럽에는 크리스트교인들이 찾아가는 순례의 마을이 몇 개 있다. 스위스에서 가장 유명한 곳은 슈비츠주에 있는 이 아인지델른 마을이다. 평온한 구릉이 이어가는 언저리에는 마을 가까이 아름다운 호수도 있다. 순례지를 찾아간다는 것만으로도 감격을 느낄 수 있겠지만, 무엇보다도 놀라운 것은 이 마을의 수도원이 너무나도 장엄하고 화려하다는 것이다. 그 모습이 이 작은 마을에 홀연히 나타난 신기루처럼 사람의 마음을 사로잡는 데 충분할 것이다.

은둔자 마인라드가 861년에 순교한 자리에 934년 수도원을 세우게 된 것이 이 마을의 시작이었다. 그러나 오늘날의 모습으로 정리된 것은 17세기이다. 한산한 역에 내리고 보면 여기가 유럽에서 유명한 순례의 마을이라고 생각되지 않을 만큼 한적하고 조용하다. 역에서 왼쪽의 매인스트리트를 5, 6분 걸어가면 갑자기 시야가 넓어지면서 수도원 앞의 광장이 나온다. 그리고 양쪽에 탑을 세우고 좌우 140m쯤 돼 보이는 건물이 두 눈에 가득 들어온다. 중앙부분이 교회이고 좌우의 4층 건물이 수도원이다. 교회는 왕왕 화재가 일어나 현재의 건물이 지금의 모습을 갖추게 된 것은 1735년의 일이다.

내부 넓이는 속길이 113m, 폭 41m, 높이 37m. 깜짝 놀라는 것은 그 내장이다. 이루 말할 수 없이 우아하고 화려한 바로크의 양식이 사람의 마음을 매료시킨다. 입구 정면의 작은 "은총의 예배당" 안에는 장려한 가운이 걸려 있고 그리스도를 안은 마리아상이 있다. 15세기 고딕의 목조다. 세월에 거무튀튀해져서 사람들에게 검은 마리아로 통해 아예 검은 칠을 해버렸다는 것이다. 이 수도원의 외각 울타리는 거의 정방형이며 둘레는 1km 남짓이다. 이 울타리 안에 가로 140m, 세로 160m의 田자형의 건물이 서 있다. 이것이 현재 129명의 수도사들이 수도를 하고 있는 수도원이다. 수도원의 오른쪽 소공원 속에 옛날 맷돌집 같은 건물이 하나 있다. 여기서 슬라이드로 수도원 내부와 소장품을 보여준다. 매일 오후 2시에 한 번. 11월~4월은 일요일만 보여 준다. 순례자나 관광객에게 수도원 앞 광장 가게에서 선물용품을 팔고 있다. ⓘ Hauptstrasse 85 전화 055-534488.

△ 란츠게마인데(Landsgemeinde)

스위스의 여러 주에는 란츠게마인데(또는 란데스게마인테 Landsgemeinde)가 있다. 이것은 주민이 모여 회의를 하는 이른바 주민회를 뜻한다. 다시 말하면 일종의 직접 민주주의 회의 행사를 뜻한다. 이 제도를 남기고 있는 여러 주 중에서도 가장 풍속적이고 전통적인 면을 남기고 있는 곳이 아펜첼(Appenzell)이다.

표고 783m에 인구 4천8백여 명으로 장크트 갈렌주 안에 떠있는 섬처럼 자리잡고 있다. 아펜첼주의 주도인 아펜첼은 매년 4월의 마지막 일요일에 란츠게마인데를 연다. 아침 9시, 요란한 종소리가 마을에 울려퍼진다. 그러면 천주를 찬미하는 성가대와 교회악단이 줄을 잇고 나타난다. 미사에는 여자와 아이들도 참가한다.

이윽고 사제가 란츠게마인데에 신의 가호있기를 기원한다. 그리고 마을 사람들이 합창을 한다. 마침내 12시. 기수와 고적대가 높으신 나리들을 교회로 맞아들인다. 미사를 마친 주지사를 앞세우고 나리들이 검은 가운을 몸에 두르고 점잖은 발걸음으로 천천히 광장에 들어온다. 이맘 때쯤 되면 광장은 이미 검은 복장에 검을 찬 남자들과 1991년부터 참정권을 얻은 여성들로 가득차게 된다.

회의는 지사의 개회선언 기조연설을 시작으로 여러 의안이 제시된다. 모든 것이 거수로 표결되며 눈으로 센다. 4월의 하순에 스위스의 여정을 계획할 경우라면 한번쯤 견학할 만하다.

몰개성적인 현대적 감각과는 연이 먼 개성적인 아펜첼의 마을, 이 지방에 살았다는 구석기시대인의 후예라는 설이 유력한 아펜첼의 사람들이 "스위스의 원인(原人)"이 민주주의의 꽃을 피우고 있는 것이다. 취리히에서 104분(99km) 거리.

ⓘ Hauptgasse 19. 전화 071-874111.

베르니나 알프스

베르니나 알프스의 개요

⊙ 스위스 제3의 산군인 베르니나 알프스 전망 코스

발리스 알프스와 베르너 오버란트에 이어 스위스 제3의 산군을 형성하고 있는 베르니나 알프스는 스위스의 남동부, 이탈리아와 국경을 접하고 있는 곳에 위치하고 있다. 이 산군은 스위스 동부를 점하고 있는 그라우뷘덴주에 있어 일명 그라우뷘덴 알프스라고도 부른다.

이 산군 중에서도 아름다운 호반의 도시 상 모리츠(St. Moritz)를 안고 있는 엥가딘계곡과 이탈리아로 빠져 나가는 베르니나계곡 일대가 베르니나 알프스의 핵심부가 된다. 산기슭에 흩어져 있는 고산의 수려한 호수들과 숲들, 그리고 옹기종기 귀엽게 모여 있는 마을들, 그 위로 하늘 높이 솟아 오른 은백의 산군이 함께 어우러져 한 폭의 아름다운 그림을 연출하고 있다.

그리고 이 오지에 베르니나 알프스의 맹주 베르니나봉(Piz Bernina · 4,049m)이 양 어깨에 팔뤼봉과 로제크봉을 거느리고 솟아 있다. 낭가 파르바트를 초등한 헤르만 불은 베르니나 북릉의 비안코릉을 알프스에서 가장 장쾌한 능선이라고 극찬하기도 했다.

앞에서 말한 엥가딘은 흑해로 흘러가는 도나우강의 상류 인(Inn)강을 따라 넓고 평탄하게 베르니나 알프스를 동서로 가르고 있는 계곡인데, 이 지역은 스위스 서부와는 다른 정취를 풍긴다. 독특한 기법으로 단장한 집들의 모습도 그러하거니와 2천여 년 전에 사용한 고대어인 레토로만어를 지금도 사용하고 있다. 이 로만어는 고대 로마어의 파생어로서 5만 명 정도가 사용해 왔는데, 1938년 스위스 정부로부터 정식공용어로 채택된 언어이기도 하다. 그러므로 스위스에서는 독일어, 프랑스어, 이탈리아어, 레토로만어 등 네 가지 공용어가 사용되고 있다.

이 지역 원주민은 에트루리아, 갈리아, 켈트의 혼혈족인 레토인이 주를 이루고,

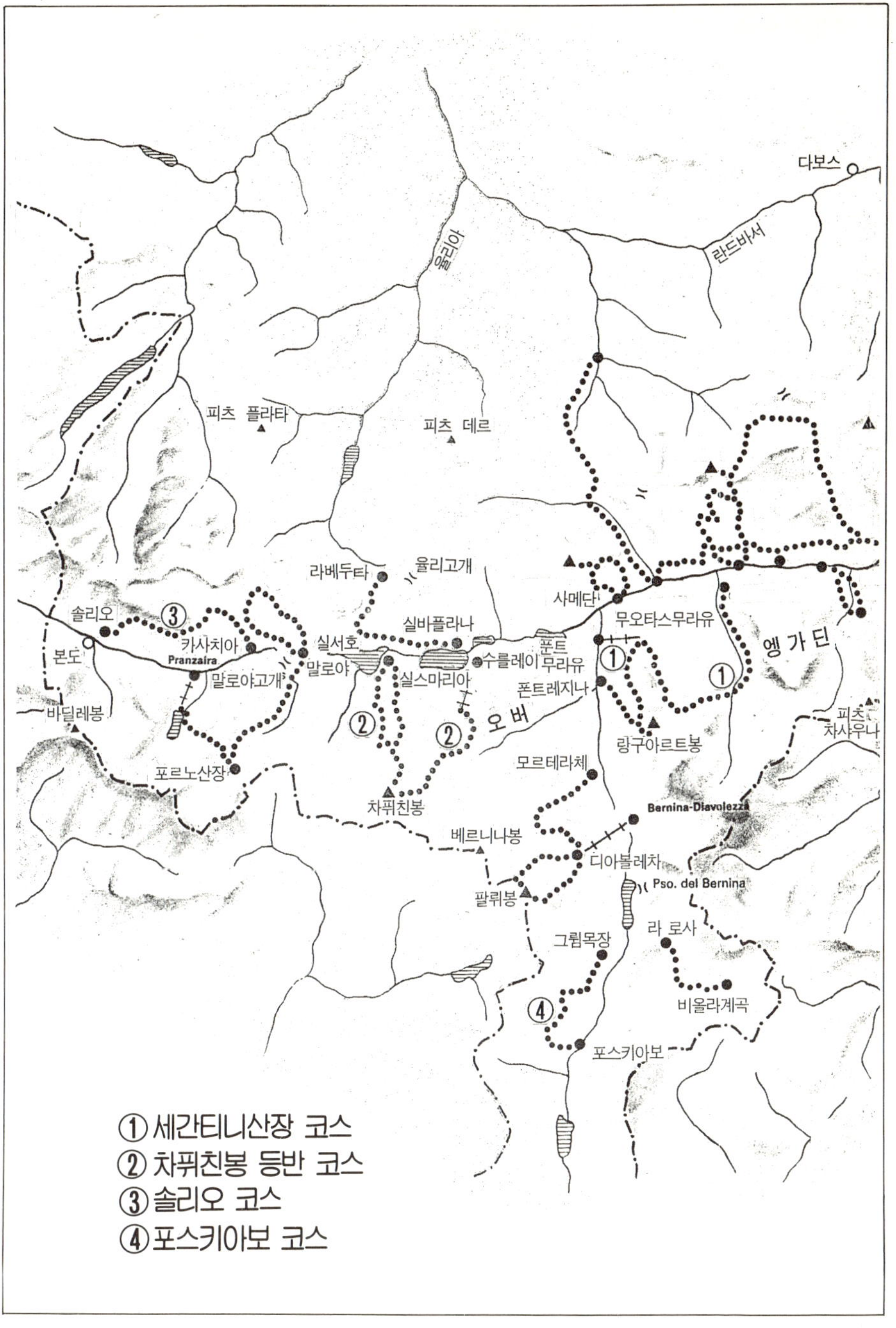

① 세간티니산장 코스
② 차퓌친봉 등반 코스
③ 솔리오 코스
④ 포스키아보 코스

일찍이 로마의 지배하에 있었다. 레토인의 근거지인 주도 쿠어(Chur)는 스위스에서도 가장 오래된 도시이다. 레토인은 그후 프랑코왕국과 신성로마제국의 시대를 거치면서 중세기에 동맹국을 형성하였고, 1803년 스위스연방에 가맹함으로써 오늘날의 그라우뷘덴주를 탄생시킨 것이다.

엥가딘 상류의 아담한 호숫가에 있는 상 모리츠는 세계적으로 유명한 알프스의 산간휴양지로 발리스 알프스의 체르마트, 베르너 오버란트의 그린델발트와 함께 스위스의 3대 국제관광도시이다.

표고 1,822m의 고지대에 자리잡고 있는 상 모리츠는 여름에는 피서지로, 겨울에는 겨울스포츠로 인기가 높으며, 3천년의 역사를 자랑하는 온천마을이 있기 때문에 인기는 더욱 높다. 일찍이 1928년과 1948년 두 번에 걸쳐 동계올림픽이 이곳에서 개최된 바 있다. 상 모리츠로의 접근은 일단 그라우뷘덴주 주도인 쿠어에 와서 진입하는 것이 일반적이지만 체르마트와 상 모리츠를 잇는 빙하특급열차'를 이용하면 더없이 아름다운 알프스의 절경을 관광할 수 있다.

엥가딘지방의 중심지인 상 모리츠는 알프스의 화가로 유명한 죠반니 세간티니의 작품을 소장한 세간티니미술관과 이 지방의 역사와 전통을 말해 주는 엥가딘 민족박물관이 또한 유명하다. 그리고 주변에는 이 지방 특유의 석조건물이 즐비한 사메단(Samedan), 등산학교로 유명한 폰트레지나(Pontresina), 독일의 철학자 프리드리히 니체(1844~1900)의 기념관이 있는 실스마리아(Sils-Maria), 빼어나게 아름다운 실바플라나 호수 오밀조밀 앉아 있는 마을들이 평화롭게 자리잡고 있다. 바로 이 마을들을 중심으로 아기자기한 하이킹 코스와 호쾌한 등산 코스들이 개발되어 있다.

■ 관광 안내

상 모리츠(St. Moritz)

스위스의 동남부에 스위스 제3의 산군을 형성하고 있는 베르니나 알프스가 있다. 그 핵심부에 흑해로 흘러가는 도나우강의 상류 인(Inn)강을 따라 넓고 밝은 계곡이 베르니나 알프스산군을 동서로 가르고 있다. 이 아름다운 계곡을 엥가딘이라고 부르고 있으며 상 모리츠는 계곡의 상류에 해당하는 오버 엥가딘에 있다. 독특한 양식으로 단장한 집들의 모양도 그러하거니와 2천여 년 전에 사용한 고대어의 레토로만어를 지금도 사용하고 있는 상 모리츠는

표고 1,822m~1,856m에 인구 5천9백 명.

소재 위치 그라운뷘덴주. 사용언어 독일어, 레토로만어.

지금은 세계적으로 유명한 알프스 휴양지의 면모를 갖추고 있으나 옛날에는 다른 산간마을처럼 몹시 가난한 한촌이었다. 그러나 20세기에 접어들어 3천년의 역사를 자랑하는 온천마을(상 모리츠에서 도보로 7~10분 거리)이 본격적인 개발을 이루게 되었고 스키가 보급됨에 따라서 크게 각광을 받게 되었다.

그리하여 상 모리츠는 이웃의 다보스(상 모리츠 북쪽의 30km 지점)와 함께 겨울 스포츠의 메이커로서의 위치를 굳히게 되었다. 그후 1928년과 1948년의 동계 올림픽이 상 모리츠에서 열렸다. 또한 상 모리츠는 겨울시즌뿐만 아니라 주변의 경관도 아름답고 표고가 높아서 여름에도 날씨가 선선하기 때문에 피서지로서의 인기도 대단히 높다.

그러므로 상 모리츠는 체르마트행 빙하특급, 이탈리아의 티라노행 베르니나 급행열차, 오스트리아행의 엥가딘 급행열차가 드나드는 명실상부한 국제 관광도시인 것이다. 상 모리츠는 상 모리츠 돌프(St. Moritz Dorf)와 상 모리츠 바트(St. Moritz Bad)로 나뉜다. 상 모리츠호의 북쪽 대지에 있는 것이 상 모리츠 돌프, 호수의 서남(西南)에 있는 것이 상 모리츠 바트이다.

역전에서 언덕길을 오르고 왼쪽으로 완만한 차도를 10분쯤 걸어가면 마을 중심에 다다른다. 여기를 중심으로 그 근처에 호텔, 레스토랑, 슈퍼마켓, 은행, 우체국, 관광안내소와 같은 주요건물이 모여 있다. 호텔은 약 50개쯤 있는데 소문대로 호화롭고 비싼 것이 많다. 체르마트보다 다소 비싼 감이 있지만 역전의 택시 기사

엥가딘계곡의 호반에 위치한 상 모리츠, 체르마트, 그린델발트와 스위스 3대 산간휴양지로 꼽힌다.

에게 물어보면 의외로 싼 민박을 구할 수 있다.

시내버스 정류장은 역전, 우체국, 술하우스광장 그리고 상 모리츠 바트.

숙소를 정했으면 마을 바로 앞에 내려다 보이는 상 모리츠 호숫가에 나가본다. 푸르디 푸른 호수의 호반을 따라 시원한 산책길이 나 있다. 그리고 상 모리츠 돌프와 바트 사이의 높드리에 세간티니미술관과 엥가딘박물관이 있다.

차도에서 언덕길을 조금 오르면 언덕바지가 나오고 여기서 길이 갈라진다. 위로 계속 올라 세간티니미술관 옆길로 가면 엥가딘박물관이 나온다. 독특한 돔형의 지붕을 이은 세간티니미술관의 건물은 보기만 해도 사람들의 호기심을 불러일으켜 안으로 안내한다.

오랜 역사의 온천마을, 상 모리츠 바트와 상 모리츠의 호수가 한눈에 들어오는 미술관 안에는 알프스의 화가, 죠반니 세간티니의 작품이 소장되어 있다. 개관은

여름:09:00~12:30, 14:30~17:00 (일요일은 14:30~16:30, 월요일은 폐관)

겨울:10:00~12:30, 15:00~17:00 (월요일과 일요일 오전은 폐관)

그리고 5월과 10월 20일~11월 30일은 열지 않는다.

이웃하고 있는 엥가딘박물관은 일종의 향토문화관으로서 엥가딘 지방의 옛날 생활용품과 역사적 유품이 잘 보존되어 있다. 또 마을 중심지의 술하우스광장(독일

명은 Schulhausplatz, 이탈리아명은 Plazza da Scoula)에서 큰 차도(Maistra 거리)를 조금 올라가면 왼쪽에 사탑(斜塔 :Schieferturm)이 나온다. 기묘하게 기울어진 이 사탑은 한번쯤 구경할 만하다. 또 시내에서 손쉽게 갈 수 있는 전망대는 코르빌리아(Corviglia · 2,486m)와 피츠 나이르(Piz Nair · 3,057m). 여기에 오르면 베르니나 알프스산군이 한눈에 보인다. 케이블 카 역은 슐하우스광장 바로 뒤쪽이며 역전에서 15분 거리에 있다.

한편 상 모리츠 주변에는 가볼 만한 이웃마을들이 많다. 역에서 푼트 무라유까지 기차로 가서(7분) 로프웨이를 타고 무라유(2,453m)산정의 전망대에 오르면 주변의 산군과 아름다운 엥가딘계곡과 베르니나계곡이 한눈에 보인다. 여기서 랑구아르트까지는 기복이 별로 없는 멋진 하이킹 코스다. 사메단(Samedan)이나 폰트레지나(Pontresina)는 상 모리츠보다는 홀가분한 느낌을 주는 마을이다. 하이킹을 나서는 데도 편리하고 숙소를 구하는 데도 쉽고 숙박비도 싸다. 상 모리츠에서 모두 10km 내외이며 기차로 10분 거리이다.

상 모리츠의 남서쪽 실바플라나호수와 실서호수 사이에 있는 실스마리아(Sils—Maria)도 가볼 만한 마을이다. 여기에는 독일의 철학자 니체가 1881년부터 8년동안 여름이면 찾아와 울창한 숲과 초원과 호숫가를 거닐었던 "철인의 길"이 있고 유명한 「짜라투스트라는 이렇게 말했다」를 집필한 집이 있다. 이 책에서 소개한 차퓌친봉 등반코스를 오르거나 코르바치전망대에 오르거나 주변을 하이킹할 때는 마을 광장 가까운 곳에 있는 에델바이스 호텔 옆에 니체기념관이 있으므로 가보면 좋다. 상 모리츠에서 마로야고개 카스테냐방면으로 가는 버스를 타고 30분만 가면 된다.

교통은 "주요등산기지의 접근" 란을 참고.

상 모리츠 ⓘ Via Maistra 12. 전화 082-33147

폰트레지나 ⓘ 전화 028-66488(폰트레지나에는 바로 역전에 유스호스텔이 있고 마을 중앙에 등산스키학교, 산악박물관이 있다.)

세간티니산장 코스

푼트무라유역 ~ 무오타스무라유 ~ 2,368m ~ 세간티니산장 ~ 2,770m ~ 조르지산장 ~ 랑구아르트봉 ~
랑구아르트목장 ~ 폰트레지나

⊙ 엥가딘계곡 조망대

　이 하이킹 코스는 알프스의 화가 세간티니가 작업실로 잡았던 샤프베르크에 있
는 세간티니산장을 방문하고, 랑구아르트봉(Piz Languard · 3,261m)을 오른 다음
폰트레지나로 하산하는 것이다.

　이 코스를 오르면 베르니나 알프스를 통해 북동쪽의 말로야에서 상 모리츠 주변
까지의 엥가딘계곡이 한눈에 들어오기 때문에 베르니나 알프스의 진수를 만끽할
수 있다.

　상 모리츠 또는 사메단에서 폰트레지나행 기차를 타고 푼트 무라유역에서 하차
(상 모리츠에서 걸어서 수다즈 숲을 통해 갈 수도 있다. 거리 약 4km), 역전에
서 출발하는 케이블 카를 탄다. 약 12분쯤 오르면 전망용 레스토랑으로 유명한 무
오타스 무라유(Muottas Muragl · 2,448m) 정상역에 도달한다. 여기가 이 코스의
시발점이다.

　역에서 왼쪽 언덕 위로 걸어가면 엥가딘계곡과 그 남쪽으로 베르니나산군이 잘
보인다. 언덕 바로 정면에 불쑥 솟은 뾰족한 설봉이 베르니나봉이다. 레스토랑에
서 이정표를 따라 무라유계곡 쪽으로 약간 내리막을 이루고 있는 산길을 따라 내
려가면 개울이 흐르고 있는 2,368m 지점에 도달한다.

　여기서 오르막이 시작된다. 시원한 전망이 다소 가려지기는 하지만 바드레봉
(Piz Vadret · 3,157m)과 무라유봉(Piz Muragl · 3,149m)의 능선을 바라보면서 얼
마동안 오르면 산사태를 막기 위해 쌓아 올린 축대를 만난다. 이 축대를 몇 개 올
라서면 정면으로 시야가 트이면서 녹색의 계곡을 굽이굽이 흐르는 로제크천과 그
상류의 로제크 빙하가 선명하게 들어온다. 그리고 곧 돌로 지은 세간티니산장에
닿는다(무라유역에서 1시간 45분 거리).

세간티니산장으로 오르는 구간에서 만나게 되는 이정표와 사태방지용 축대.

　이 세간티니산장(해발 2,731m)은 이탈리아가 낳은 위대한 알프스 화가 죠반니 세간티니(1858~1899)가 41세라는 젊은 나이에 요절하기 직전까지 그림을 그리던 곳이다. 그래서 산장 이름이 그렇게 붙여졌다.

　그는 북부 이탈리아 출신이었으나 엥가딘의 자연에 매료되어 주로 엥가딘과 브레갈리아 지방의 풍경과 생활을 화폭에 담아 불후의 명작을 남겼다. 상 모리츠에 있는 세간티니의 원형미술관에는 그의 대표작 '생성', '소멸'을 비롯한 여러 작품이 소장되어 있다.

이 산장에서 하이킹 코스는 무라유봉 산허리를 지르는 '산양의 길' 로 이어진
다. 암석지대에서 서식하고 있는 야생염소들이 자주 나타나는 이 길은 폰트레지나
의 랑구아르트목장에서 오르는 길과 만나는 2,771m 지점까지 기복이 거의 없이
이어지고 있다. 그다지 힘은 들지 않지만 자갈과 바위로 이어지는 길이므로 조심
해야 한다. 특히 봄과 우기에는 돌들이 살아 있으므로 더욱 조심해야 한다.

2,770m지점에 닿으면 랑구아르트봉으로 오르는 오르막길이 나타난다. 여기서
산양의 길은 끝나고 조르지산장으로 오르게 되며, 이곳까지 세간티니산장에서 1
시간 45분 거리다.

다소 가파른 산비탈과 여러 산모퉁이를 휘돌아 1시간 정도 오르면 산장
(3,176m)에 도달할 수 있고, 지척에 정상이 솟아 있다. 정상까지는 바윗길로 약
15분 거리.

거무스레한 피라미드형 바위로 이루어진 정상에 서면 베르니나산군의 장쾌한 조
망은 물론 서쪽의 발리스 알프스와 동쪽의 돌로미테산군이 하늘 위로 끝없이 펼쳐
진다. 시간이 있어 이 산장에서 숙박할 수 있다면 화사한 알프스의 일몰과 일출이

⊙ 코스정보

시즌 : 6~10월

고도 : 등산 900m 하산 1,100m

소요시간 : 7시간

지도 : 1 : 50,000 스위스지도 5013호(도엽명Oberengadin), 혹은 268호(도엽명 :
　　　Julierpass)

숙박 : 무오타스산장(6~10월 영업), 세간티니산장, 조르지산장

등산기지 : 푼트무라유(폰트레지나 서쪽 2km 지점으로 무오타스 무라유행 케이블
　　　　카역이 있음), 폰트레지나(상 모리츠 동쪽 5km 지점에 위치. 여행정보
　　　　센터 전 화 082-66488)

인근코스 : ① 폰트레지나~랑구아르트목장~파라디스산장~푸오르클라피샤~베르
　　　　니나 수오트(6시간 15분 소요)
　　　　② 푼트무라유~무오타스무라유~랑구아르트목장~폰트레지나(5시간 15
　　　　분)

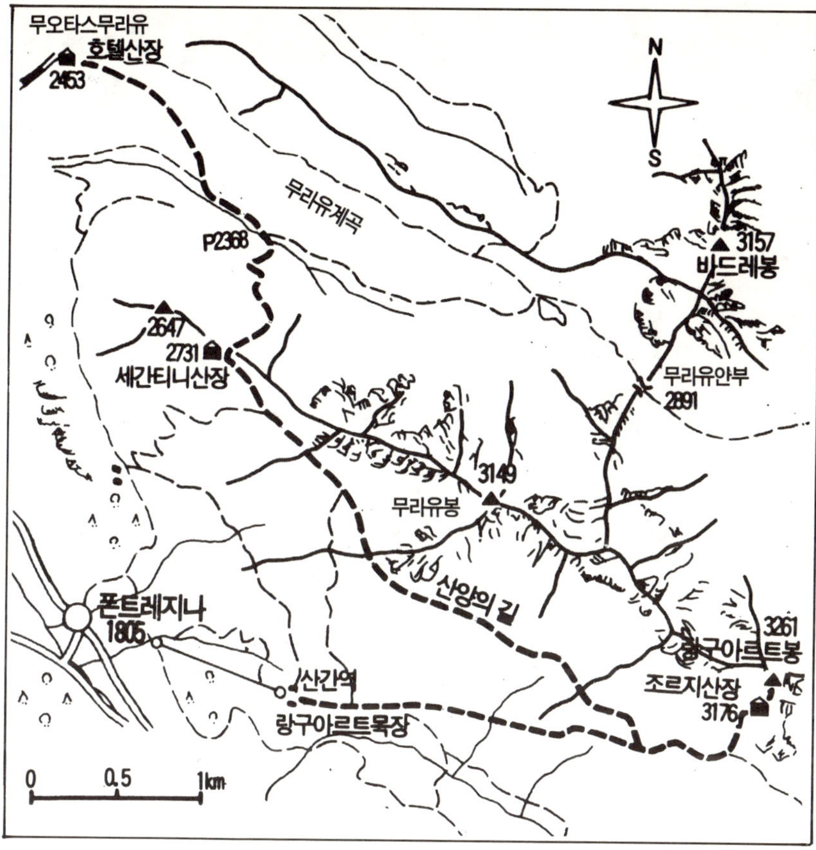

무오타스무라유
호텔산장
2453
무라유계곡
P2368
2647
2731
세간티니산장
3157
바드레봉
무라유안부
2891
3149
무라유봉
산양의 길
폰트레지나
1805
산간역
랑구아르트봉
3261
조르지산장
3176
랑구아르트목장
N
S
0   0.5   1km

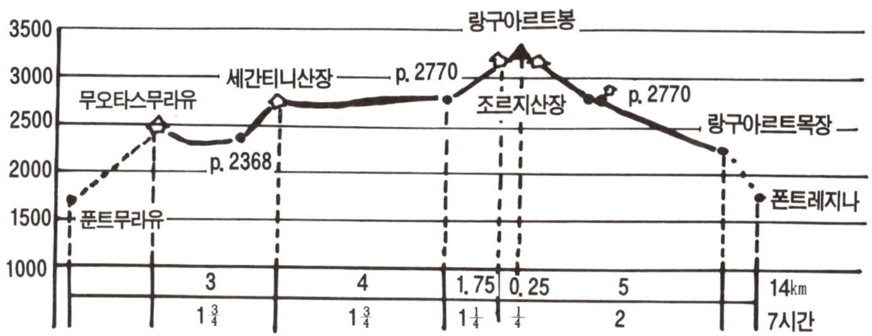

3500
3000
2500
2000
1500
1000
랑구아르트봉
세간티니산장
p. 2770
무오타스무라유
조르지산장
p. 2770
랑구아르트목장
p. 2368
푼트무라유
폰트레지나
3
4
1.75
0.25
5
14km
1¾
1¾
1¼
¼
2
7시간

세간티니 산장에서 산양의 길을 따라 나서면서 펼쳐지는 베르니나 알프스의 연봉과 엥가딘계곡.

일품이다. 하산은 산양의 길의 갈림길에서 랑구아르트목장 쪽으로 길을 잡고 내려가면 산간역이 나온다. 여기서 케이블카를 타고 폰트레지나에 내려가면 되는 것이다.

△ 알프스의 화가 세간티니

　스위스의 회화는 3개의 언어문화에 어울리듯 독일·프랑스·이탈리아의 영향 아래에 발전해 왔다. 19세기까지의 스위스화가로서 특히 큰 존재는 독일적인 콘라트 비츠(Konrad Witz 1400~1447), 프랑스적인 리오타르(Liotard 1702~1789), 이탈리아적인 레오폴드 로베르(Leopold Robert 1794~1835) 등이다. 현대의 화가로서는 스위스 국민예술가로서 뛰어난 호들러(Hodler 1853~1918), 국경을 넘는 명성을 얻고 있는 클레(Klee 1879~1940), 알베르토 쟈코메티(Alberto Giacometti 1901~1966). 그리고 알프스를 죽기 직전까지 철저하게 계속 그렸던 죠반니 세간티니(Giovani Segantini 1858~1899)를 열거할 수 있다. 이 화가들의 작품은 베른, 바젤, 주네브 등 각 주의 미술관에 많이 전시되어 있고 특히 상 모리츠의 관광명물인 원형미술관에 전시되어 있는 세간티니의 작품은 여행자, 하이커, 등산인에게 더욱 친근감을 준다. 그가 그린 알프스의 전원풍경은 액자에 담은 그림이 그 빛깔이 넘쳐 흐르고 마치 살아있는 풍경처럼 눈앞에 펼쳐지는 것 같다.

　지금으로부터 약 1백년 전 북부 이탈리아에서 스위스의 그라우뷘덴지방에 이주한 세간티니는 사랑하고 단념할 수 없는 엥가딘지방과 브레갈리아(일명 베르젤)지방의 아름다운 풍경을 계속 화폭에 담았던 알프스의 화가였다. 하이킹 코스로 찾는 세간티니산장은 41세라는 젊은 나이에 죽기 직전까지 화필을 놓치 않고 그림을 그린 곳으로 알려져 있다. 그는 알프스의 대자연에 매료되어 아름다운 엥가딘과 브레갈리아지방의 풍경과 생활을 묘사하여 불후의 명작을 남긴 것이나.

　이미 말한 바와 같이 상 모리츠에 있는 세간티니미술관에는 그의 대표작 “생성” “존재” “소멸” 들이 전시되어 있다. 이 3부작 중의 “생성”과 “존재”에 담겨있는 알프스산과 풍경은 이 책에서 소개한 솔리오 코스의 종점인 환상의 마을 솔리오에서 바라본 아름다운 브레갈리아산군을 그린 것이다. 그리고 상 모리츠에서 실바플라나로 가는 도중에 세간티니가 살았던 집이 있다. 현재 국제산악연맹(UIAA) 회장인 피에트로 세간티니 박사는 죠반니 세간티니의 손자다.

차퓌친봉 등반 코스

수를레이 ~ 무르텔 ~ 수를레이고개 ~ 코아즈산장 ~ 3,250m암설릉 ~ 차퓌친봉 ~ 레이알브호 ~ 레이슈그리슈호 ~ 실스마리아

⊙ 암설릉 1박2일

이 코스는 코르바치(Piz Corvatsch · 3,451m) 연봉의 하나인 차퓌친(Chapuetchin · 3,386m)을 오르는 코스로 기술등반을 필요로 하는 1박2일 코스이다.

상 모리츠에서 중세풍의 옛마을 솔리오(Soglio)행 버스를 타고 수를레이 마을에서 하차한다. 여기에는 전망이 좋기로 유명한 코르바치행 케이블 카가 있다. 관광객들은 이 전망대까지 그냥 올라가지만, 하이커들은 중간역인 무르텔에서 하차, 여기서부터 등산을 시작한다.

중간역 무르텔(2,699m)에서 동쪽으로 넓게 가라앉은 분지형 언저리를 따라 오르다가 오른 쪽 비탈길을 넘어서면 앞이 탁 트이는 수를레이 고개(Fuorcla Surlej · 2,755m)에 닿는다.

고개에 올라서면 지금까지 보이지 않던 베르니나산군이 홀연히 펼쳐진다. 제일 먼저 눈에 띄는 것은 치에르바 빙하이고 이어 베르니나산군의 유일한 4천m급인 베르니나봉의 하얀 설벽이 눈에 들어온다. 이 봉 북릉을 비안코릉(하얀 능선이라는 뜻)이라 부르는데, 이 고개에서도 이 아름다운 설릉을 볼 수 있다.

베르니나봉 오른쪽에는 우람한 피라미드형 봉우리인 로제크봉(Piz Roseg · 3,937m)과 광활한 로제크 빙하의 파노라마가 계속된다. 무르텔에서 고개까지는 45분 거리. 이 고개에는 레스토랑이 있으며 많은 관광객과 하이커들로 붐빈다. 여기서 관광객들은 무르텔로 되돌아가거나, 조금 길게 코스를 잡은 하이커들은 사면 허리에 있는 오타목장에서 로제크계곡을 따라 폰트레지나로 하산하면 된다.

우리의 코스는 계속 더 올라 코르바치 허리를 가로지르는 파노라마길로 들어선다. 전망이 좋은 이 파노라마길은 다소 내리막이며 코아즈산장 가까이 가서야 고도가 조금씩 올라간다. 만년에 뒤덮인 로제크봉 정상이 태양에 반사되어 눈부시도

만년설을 이루고 있는 차퓌친봉.

록 빛나는 모습은 매우 인상적이다.

코아즈(Coaz · 2,610m) 산장은 셀라 빙하와 로제크 빙하가 만나는 하단부에 위치하고 있다. 이 산장은 로제크봉, 셀라봉, 글뤼샤인트봉 그리고 차퓌친봉 등반을 위한 거점이기도 하다.

이 봉우리들 중에서 제일 낮은 봉인 차퓌친의 경우에도 암벽등반과 설릉등반이 필요하므로 하루에 차퓌친을 오르고 실스마리아로 하산하기에는 조금 벅차다. 따라서 대개 이 산장에서 하루 묵고 이튿날 새벽에 움직인다.

우선 산장에서 서북쪽으로 방향을 잡고 모레인 등성이를 따라 오르다가 슬랩을 이루고 있는 2,821m지점을 지나 3,250m지점의 암설릉으로 오른다. 그런 다음 차퓌친 남서릉을 따라 정상으로 오르는 것이다. 2,821m 지점에서부터 정상까지 벽이 치받쳐 있으므로 그 기저부를 따라 오르다가 차퓌친 안부로 오르지 말고 그 상부에 있는 3,250m 지점으로 오른다.

다소 까다로운 구간이 나타나므로 운행에 조심해야 하며 아이젠은 필수장비이다. 산장에서 2시간 거리인 이 3,250m 지점에서 정상까지는 군데군데 눈처마를 이루고 있는 설릉이므로 조심스럽게 트래버스해야 한다. 약 45분 정도 오르면 정상에 닿는다. 정상에 서면 주변 산봉들과 발 아래에는 엥가딘고원의 아름다운 호수와 산마을들이 내려다보인다. 산행 종착지인 실스마리아도 내려다보인다.

하산은 차뛰친 북릉을 타고 내려간다. 대부분 암릉의 연속이지만 가파른 설릉이 잠깐 나타나기도 하므로 피켈과 아이젠워크를 신중하게 구사해야 한다. 레이알브봉(Piz dal Lej Alv · 3, 197m)의 안부에 내려선 후 만년설원을 트래버스할 때에는 기술적으로 어려운 곳은 없지만 반드시 일행과 안자일렌 확보를 해야 한다.

안부에서 북쪽으로 방향을 잡고 설원 아래로 검푸르게 빛나는 호수를 향해 내려간다. 레이알브호수(2, 639m)에서 레이슈그리슈호수(2, 618m) 사이가 조금 까다롭다. 들쭉날쭉한 바위덩이 사이의 미로를 잘 찾아 빠져 나가야 한다. 이 바윗길만 빠져 나오면 길은 한결 좋아진다. 정상에서 미로의 출구까지는 2시간 거리다.

그리고 울창한 숲과 초원을 2시간 정도 내려가면 마침내 실스마리아 마을에 도착하게 된다.

실스호수와 실바플라나호수를 양쪽에 끼고 있는 실스마리아에 독일 철학자 니체가 1881년부터 8년 동안 여름이면 방문해, 울창한 숲과 초원과 호수가를 거닐었다 해서 이 마을사람들은 이 길을 '철인의 길' 또는 '사색의 길'이라고 부르며 자랑한다. 「짜라투스트라는 이렇게 말했다」를 그는 이곳에서 집필했다고 한다. 마을 광장 가까운 곳에 있는 에델바이스 호텔 옆에 니체기념관이 있다.

◉ **코스정보**

시즌 : 6~9월

고도 : 첫날 등산 200m 하산 300m, 둘쨋날 등산 800m 하산 1600m

소요시간 : 첫날 2시간 45분, 둘쨋날 6시간 30분

지도 : 1 : 50, 000 스위스지도 5013호 또는 268호

숙박 : 수를레이 레스토랑(6월 중순~10월 중순 영업. 전화 082-66303),

　　　　코아즈산장(4, 5월, 6월 말~9월 말 영업. 전화 083-66278)

등산기지 : 상 모리츠(정보센터 전화 082-33147)

인근코스 : ① 상 모리츠~나이르봉~수브레타제~발수브레타~상 모리츠(4시간)

　　　　　　② 무르텔~수를레이~알브오타~로제크 빙하 호텔~폰트레지나(5시간)

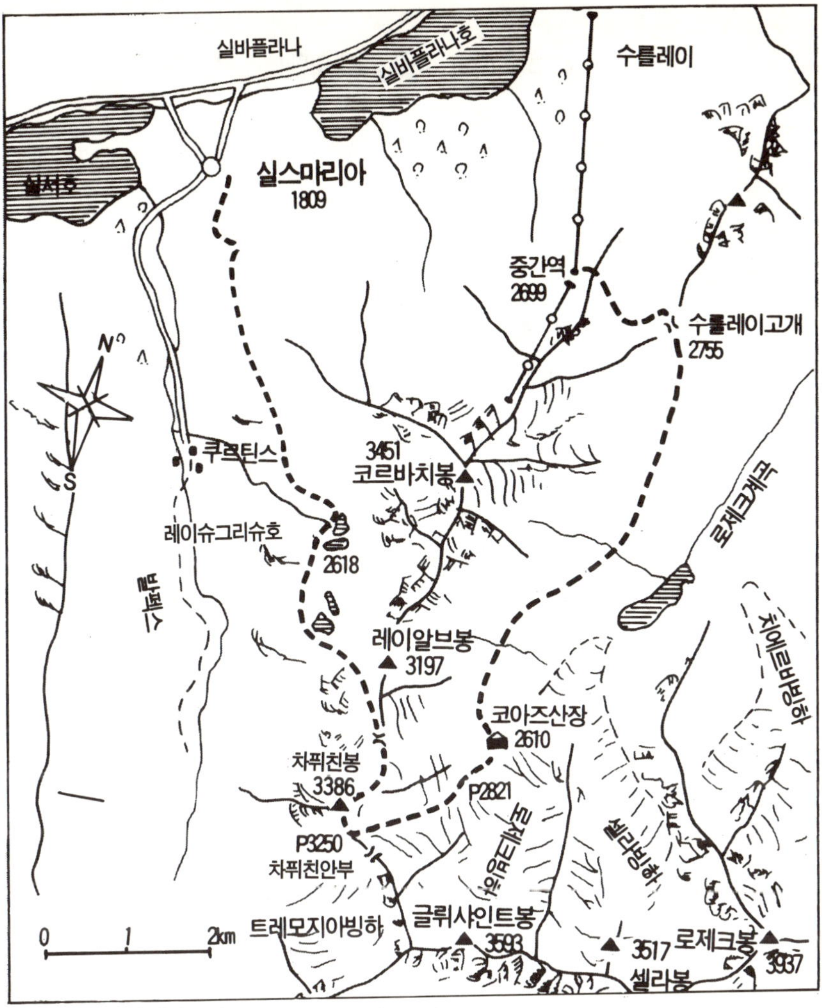

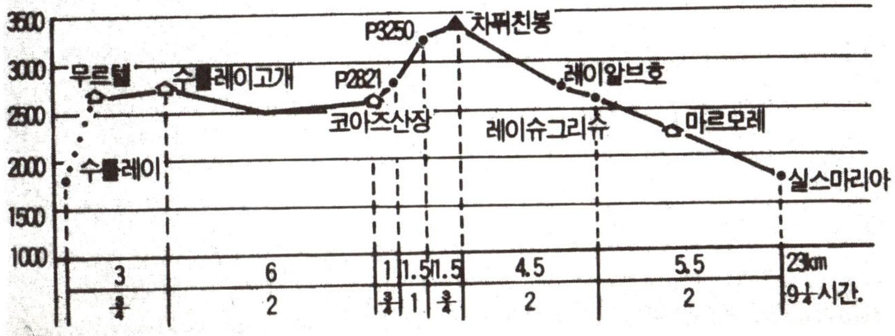
실바플라나
실바플라나호
수룰레이
실스마리아
1809
실저호
중간역
2699
수룰레이고개
2755
쿠르티스
3451
코르바치봉
레이슈그리슈호
2618
레이알브봉
3197
코아즈산장
2610
차퓌친봉
3386
P2821
P3250
차퓌친안부
트레모지아빙하
글뤼샤인트봉
3593
3517
로제크봉
셀라봉
3937
3500
3000
2500
2000
1500
1000
무르텔
수룰레이고개
P3250
차퓌친봉
P2821
레이알브호
코아즈산장
레이슈그리슈
마르모레
수룰레이
실스마리아
3
6
1
1.5
1.5
4.5
5.5
23km
2
1
2
2
9시간.

△ 하이디의 마을 — 마이엔펠트

스위스의 여류작가 요한나 슈피리의 「알프스의 소녀 하이디」를 읽은 사람이면 한 번쯤 이 소설의 아름다운 알프스의 무대를 상상하고 동경할 것이다. 상 모리츠 부근 의 하이킹을 위하여, 일단은 그라우빈덴주 주도인 쿠어에 와서 진입하는 것이 보통 이다.

이 쿠어에서 기차로 15분쯤(차도는 20km) 가면 작은 마이엔펠트(Maienfeld)의 마을(518m)에 닿는다. 이곳이 알프스의 소녀 하이디의 무대. 그런데 막상 역에 내 려서 마을과 주변의 풍경을 보고 조금은 실망한다. 마을은 스위스에서 가장 표고가 낮은 편에 들어가는 저지대이고 목장다운 목장도 얼른 눈에 들어오지 않는다. 그러 나 마을을 벗어나서 25분쯤 걸어가면 자연공원이 나타나고 그 숲속에 하이디의 동상 이 있다. 다소곳이 아래를 내려다보고 있는 청순한 하이디 상이 눈에 가득 들어오는 것이다. 그리고 푸른 언덕이 보이고 푸른 산과 검은 암산이 들어온다. 비로소 실망 이 가슴에서 점점 사라져 간다. 그리고 마이엔펠트를 기점으로 하이디의 이야기와, 작가가 머물었다는 연고지를 걷는 하이킹 코스도 있다. 역 또는 관광안내소에서 지 도를 얻을 수 있다. 짧은 코스는 1시간 30분, 긴 코스는 4시간 30분 또 하이디의 연 고지 외에 이 마을에는 고풍스런 성이 있고 그 성벽에는 14세기의 그림이 걸려 있 다. 지금은 이 성이 고급 레스토랑으로 되어 있다. 그리고 18세기의 교회, 아름다 운 집들이 둘러싼 광장이 있다.

또 맛있는 이 지방 특산품의 포도주가 있다. 여기가 아니면 마시기 힘든 명주(銘 酒)이다. 마이엔펠트의 숙박은 팔킨스(Falkins) 전화 085-91818.

싱글이 38 SF, 트윈이 60 SF.

ⓘ 전화 085-92703. 광장의 구둣방 안에 있다.

로제크계곡과 로제크봉.

솔리오 코스

카사치아 ~ 마로츠도라 ~ 마로츠당 ~ 2,321m ~ 캄고개 ~ 카드린 ~ 플란베스트 ~ 톰발 ~ 솔리오

⊙ 캄고개 넘는 전망코스

베르니나 알프스를 대표하는 국제 관광도시 상 모리츠를 찾는 사람은 주변의 관광은 물론 알프스의 도원경인 솔리오(Soglio)와 이색적인 포스키아보(Poschiavo)를 둘러보는 것도 좋을 것이다. 이탈리아와의 국경에 인접해 있는 이 마을들은 스위스의 다른 지방과는 달리 색다른 정경을 풍겨 주는 곳이다.

엥가딘계곡을 가로막는 고개 너머의 브레갈리아(일명 베르겔)계곡의 북사면에 옹기종기 매달려 있는 솔리오는 아름다운 브레갈리아산군을 배경으로 교회의 시계탑을 중심으로 널려 있는 돌기와의 지붕 하나하나가 고풍스런 중세기 정취를 물씬 풍겨 주는 환상의 마을이다.

계곡의 건너편 삼림지대를 눈으로 쫓아 오르면 갑자기 백색의 빙하가 시야에 들어오며, 그 너머로 근대등산의 요람지의 하나였던 바딜레봉과 시오라의 암봉들이 짙은 자줏빛 살갗을 요염하게 드러내고 있다.

솔리오로 가는 양지바른 길은 3개 코스가 있지만 고요한 캄계곡(Valda Cam)의 등산로가 가장 매혹적이다. 코스가 비교적 긴 편이므로 솔리오에서 하룻밤을 머물지 않을 계획이라면 아침 일찍 출발해야 한다.

상 모리츠 역전에서 카스타세냐(Castasegna)행 버스를 타고 엥가딘의 풍경을 즐기면서 카사치아(Cassccia · 1,458m)에서 하차한다. 그리고 스탐파 호텔 옆에 서 있는 이정표를 잘 보고 고요한 마로츠계곡 쪽으로 방향을 잡는다. 이정표에는 로티치오, 두르베지아, 파를롱으로 가는 길도 있으므로 푯말을 잘 살펴야 한다. 마로츠계곡의 목장길은 정말 아름답다. 1시간쯤 완만한 초지를 오르면 쉽게 마로츠도라(1,799m)에 닿는다. 도중에 셉티머고개로 빠지는 갈림길에서 개울을 건너고 바람결에 춤추는 짙푸른 초원길을 오른다. 오를수록 주변의 두안봉과 글레처호른

술리오마을의 시계탑과 시오라 산군의 암봉들.

이 빗장처럼 전방을 가로막고 있으며, 계곡은 괴괴한 고요 속에 잠겨 있다.

새파란 편암으로 이루어진 두안봉은 하늘 높이 솟아 올라 당당한 모습을 뽐내고 있다. 중간에 마로츠당(2,035m) 마을을 만나는데 옆에 서 있는 이정표의 화살표 방향을 따라 왼쪽으로 방향을 꺾고 가파른 오르막을 오른 다음 두아나고개로 가는 비탈길을 오른다.

마로츠도라에서 마로츠당까지는 약 45분 거리. 이어 차츰 경사를 더해가는 마로츠봉 사면을 오른다. 그리고 개천을 건너서 얼마동안 계속 오르면 눈앞에 안부가 보이기 시작한다. 마로츠당에서 1시간쯤 걸리는 2,321m 고지에 오르면 돌을 쌓아 올린 케른을 만난다.

이어서 30분쯤 까다롭고 밉살스런 캄계곡의 상단을 더 오르면 마침내 캄고개(2,433m)에 도달하게 된다. 계곡과 비탈길을 오르는 동안에도 넓은 시야가 가려지고 을씨년스런 느낌을 떨쳐 버릴 수 없다. 그러나 고갯마루에 올라서면 아름다운 풍광이 눈앞에 펼쳐진다.

회청색의 시오라산군과 본다스카산군이 당당한 모습으로 나타나고, 더 남쪽으로 시오라다포라, 푼타퍼오다, 센갈로봉, 바딜레봉 등의 맹봉들이 우뚝 솟아 있고, 중천에 떠오른 태양이 기암절벽의 살결 위에 눈부시도록 햇살을 뿌리고 있다.

발 아래에는 풍광이 수려한 브레갈리아계곡을 따라 비코소프라노와 보르고노보의 귀여운 마을들이 오밀조밀 움틀고 있다. 알프스 관련서적에 자주 등장하는 베르겔의 찬사는 이 경치를 두고 하는 말일 것이다.

'알프스 화가' 세간티니가 화필을 휘두르고, 조각가 자코메티가 소년기를 보냈던 유서깊은 베르겔(브레갈리아) 계곡. 그 옛날 말로야고개를 사이에 두고 북부 이탈리아와 엥가딘을 연결하던 고대 로마시대 이래로 교통요충지 역할을 담당해온 베르겔은 아직도 철도가 없는 조용한 계곡이다.

캄고개를 넘어서면 느슨한 내리막에 목초지, 자갈길, 바윗길, 수림지대들이 번갈아 나타나므로 지루하지 않고, 또 맑고 아름다운 베르겔골짜기를 한눈에 바라볼 수 있으므로 마음껏 하이킹을 즐길 수 있다. 게다가 수많은 알프스의 고산화가 곳곳에 만발하여 알프스의 정경을 더욱 실감나게 한다.

이러한 정경 속에서 1시간 반쯤 걸어가면 카드린(2,140m)의 산막에 도달한다. 그리고 여전히 시야에서 사라지지 않고 본다스카의 수림 위로 솟아 오른 센갈로봉과 도도한 바딜레봉을 바라보면 볼수록 그 빼어난 화강암의 산세에 압도당하고 만다. 숲과 빙하와 바위와 빛과 구름이 한데 어우러져 창출한 자연의 대교향악이 펼쳐지는 것이다.

이윽고 발걸음을 다시 내리막에 옮기고 오버행 기미의 바위 아래를 지나서 개울을 건너며 하산을 계속한다. 얼마쯤 내려가면 양지바른 테라스 위에 석조의 산막이 10여 개 옹기종기 모여 있는 플란베스트(1,821m)가 나타난다. 배후에 보이는 침봉과 잘 어울리는 이 마을은 정말 알프스다운 풍경을 보여 준다.

⊙ 코스정보

시즌 : 6~10월

등산고도 : 등산 1,050m 하산 1,400m

소요시간 : 6시간 45분

지도 : 1 : 50,000 스위스 지도 5013호, 또는 268호

등산기점 : 카사치아 또는 말로야

등산기지 : 상 모리츠(안내전화 082-41555)

인근코스 : 말로야 ~ 카스타세냐(10시간 소요, 사적탐방 코스로 풀코스인 경우 2박 3일 소요)

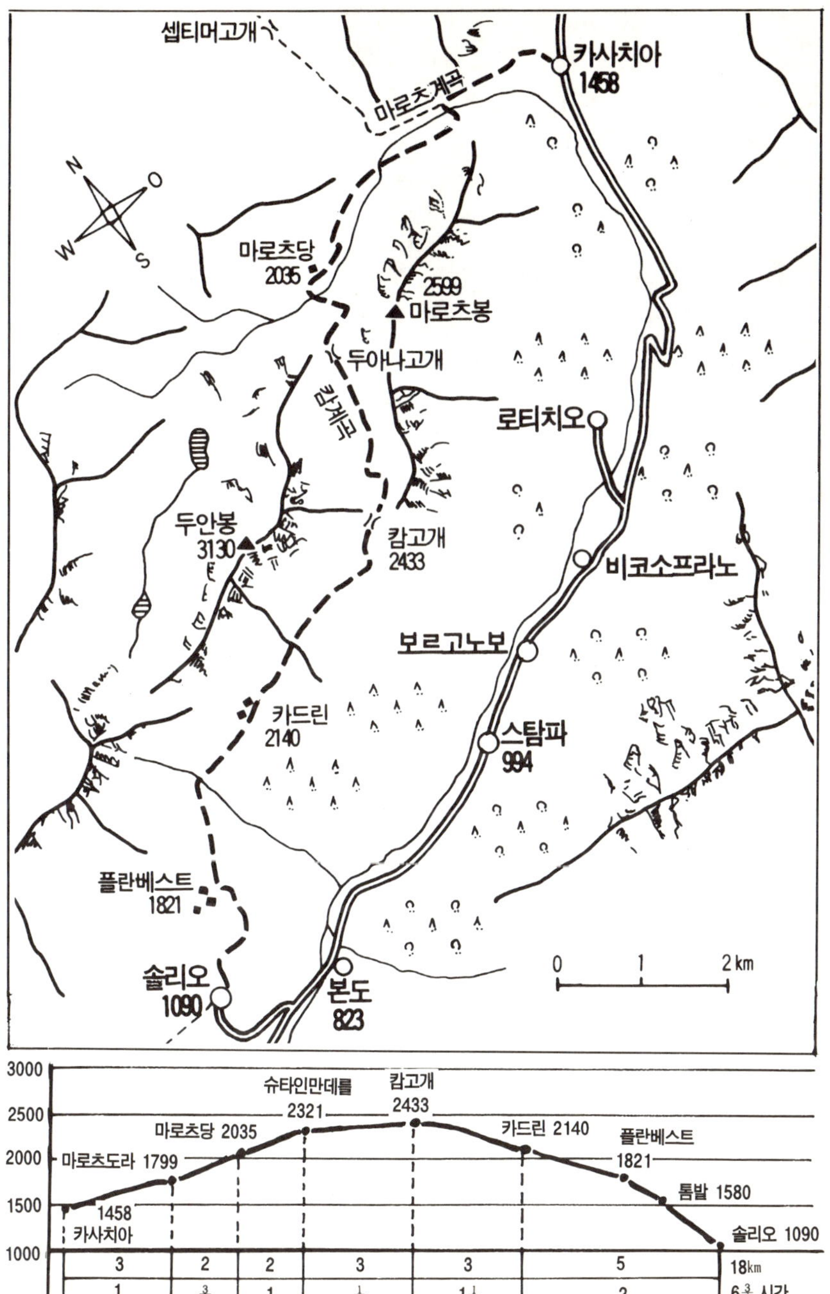
셉티머고개
마로츠계곡
카사치아
1458
마로츠당
2035
2599
마로츠봉
두아나고개
로티치오
두안봉
3130
캄고개
2433
비코소프라노
보르고노보
카드린
2140
스탐파
994
플란베스트
1821
솔리오
1090
본도
823
N
O
S
W
0   1   2 km
3000
2500
2000
1500
1000
슈타인만데를
2321
캄고개
2433
마로츠당 2035
카드린 2140
플란베스트
1821
마로츠도라 1799
톰발 1580
1458
카사치아
솔리오 1090
3   2   2   3   3   5   18km
1   3/4   1   1/2   1 1/2   2   6 3/4 시간

솔리오 방향을 가리키고 있는 등산
안내 표지판.

　계속해서 길을 따라 굽이쳐 내려가면 얼마 후 높은 대지 위에 지어 놓은 집을
만난다. 톰발이라 불리는 이 집은 5월이면 목동이 찾아와서 늦가을로 접어들 무렵
내려가는 한적한 곳이다. 여기서 잠시 휴식을 취하고 발걸음을 다시 옮긴다.

　아직도 솔리오까지 하산 고도가 5백m 남아 있다. 수풀을 지나 시야가 다시 열
리는 산모퉁이를 안고 돌아나서면 그동안 보고 싶었던 솔리오의 첫번째 돌집이 시
야에 들어온다. 여기서부터 산길은 평탄한 산책길로 바뀐다. 이 산책길은 솔리오
를 찾은 사람이면 한번쯤 거니는 유명한 길이다.

　서로 맞닿아 파도처럼 너울거리는 돌기와 지붕들 위로 석양이 비치면 자연과 인
공의 경계를 구분하기 어려운 비경이 창출되기도 한다. 마을 입구 건너편에는 시
오라당과 시오라다포라 침봉 사이로 흘러내리는 빙하가 시야에 들어온다.

　마을 입구에서 오른쪽으로 돌아서면 베르겔의 맹주인 바딜레봉을 볼 수 있다.
이어 좁은 골목길을 빠져나와 매점에서 오른쪽으로 발길을 옮기면 중세기 모습을
그대로 간직하고 있는 옛집들을 볼 수 있다.

　그리고 쌓이고 쌓인 피로로 무거운 발걸음을 끌며 마침내 교회 앞 광장에 다다
르면 중세로 돌아간 듯한 착각과 감흥에 빠진 자신을 발견하게 될 것이다. 옛날
그대로의 돌길, 옛날 그대로의 밤나무숲, 그 속에 남아 있는 양치는 마을, 13세

기부터 19세기까지 솔리오 일대를 지배한 살리스 가문의 호화스런 저택, 마을 한 가운데 서 있는 교회 시계탑과 고풍스런 레스토랑, 수려한 본다스카의 기묘한 암 봉들, 이탈리아 브레갈리아쪽의 파노라마, 이 모든 것이 정말 인상적이다.

그래서 알프스 화가 세간티니는 솔리오를 "파라다이스로 들어가는 문턱" 이라고 불렀던 것이다.

△ 스키의 메이커 — 다보스

상 모리츠의 북쪽 30km쯤에 있는 다보스(Davos)는 상 모리츠, 아로자와 나란히 그라우뷘덴주의 3대 리조트의 하나이다. 표고 1,563m의 다보스는 겨울스포츠 스키 와 스케이트의 메이커로서 세계적으로 유명한 곳이다.

마을 자체는 특별히 볼 만한 구경거리가 있는 것 같지는 않고 태양의 일광을 탐내 는 유럽인 성향의 관광지 같은 분위기다. 그러나 스포츠를 좋아하는 사람에게 있어 서는 최고의 리조트임에는 틀림없다. 이 마을은 란트바서강에 면한 계곡가에 있고 양쪽 사면이 넓게 내려오고 있으므로 이 슬로프의 대부분이 겨울에는 게렌데가 된 다. 그래서 대단히 넓고 다양한 게렌데가 한없이 뻗어 가는 스키의 천국인 셈이다. 시내에는 유럽에서 제일가는 대형 스케이트 링크도 있다. 또 크로스컨트리 코스도 다보스 플라츠와 다보스 돌프 사이의 호에 프롬나데(Hohe Promnade) 등에 잘 정비 되어 있다. 다보스는 과연 겨울 스포츠의 일대 메이커라고 말할 수 있겠다.

그런데 아름다운 3천m급의 고봉에 에워싸인 다보스는 여러 전망대와 수많은 하 이킹 코스를 가지고 있으므로 여름에도 많은 사람이 모여든다,. 전망대는 슈트렐라 파스(Strelapass · 2,362m), 바이스플루에(Weissfluh · 2,823m), 야코브스호른 (Jakobshorn · 2,571m), 피샤(Pischa · 2,491m) 등이 있다. 그 사이사이에 상쾌한 하이킹 코스들이 있는 것이다. 다보스는 마을이 두 개 즉 다보스 플라츠와 다보스 돌프. 이 마을을 잇는 열차는 4분(3.5km)이다. 어느 쪽이 마을의 중심인가 하면 다보스플라츠 쪽이다. 쿠어에서 열차편으로 98분. 차도는 58km.

ⓘ Promnade 67 Davos - Platz 전화 081-435135.

포스키아보 코스

그림목장 ~ 카발리아 ~ 바빌리올라 ~ 바루나 ~ 브라이타 ~ 우르세협곡 ~ 굴리협곡 ~ 우르그나시 ~ 셀바
~ 프레사목장 ~ 포스키아보

⊙ 베르니나고개 전망코스

포스키아보는 스위스 남부의 도시 루가노(Lugano)와 함께 이탈리아권의 중심지
이다. 풍광이 아름다운 스위스의 철도노선 중에서 많은 사람들이 격찬하는 노선의
하나가 상 모리츠에서 이탈리아의 티라노(Tirano)로 통하는 베르니나선이다. 많은
관광객들이 동경하는 체르마트발 상 모리츠착 빙하특급열차에 버금가는 노선이다.

표고차 1,828m의 철도여행을 하는 동안 베르니나산군과 빙하, 초지와 관목의
목장, 고산 호수와 골짜기 등의 다채로운 변화를 짧은 시간(약 2시간)에 볼 수 있
다는 것이 이 노선의 자랑이다.

스위스 남동부 그라우뷘덴주에 속하는 포스키아보계곡은 브레갈리아와 엥가딘
과 더불어 산수가 수려한 곳으로 유명하다. 엥가딘과 포스키아보를 가르는 분수령
인 베르니나고개는 그 옛날 나폴레옹 군대가 넘었다는 고개이다.

베르니나 알프스의 풍광은 아침이 제일 좋다. 그러므로 상 모리츠에서 아침 일
찍 출발하는 것이 좋다. 상 모리츠역을 떠난 베르니나선 열차는 인강을 건너서 폰
트레지나를 통과한다. 로제크계곡이 시야에 들어오고 마을 뒤로 우뚝 솟은 교회의
종루가 돋보인다.

이윽고 열차는 모르테라치(Morteratch)에 닿는데, 베르니나산군과 광막한 빙하
의 대파노라마가 시야에 들어온다. 빙하 깊숙이 오른쪽에 솟아 오른 산이 이 산군
의 주봉인 베르니나봉이다. 이 산을 차창을 통해 볼 수 있는 곳은 이 지점뿐이지
만, 그러나 좋은 날씨에도 안개나 구름결이 조금만 끼어 있으면 보기 힘들다.

이윽고 삼림한계를 넘으면 주위에는 초지가 펼쳐지며 불그스름한 산빛과 좋은
대조를 보인다. 이쯤 들어오면 인가는 거의 볼 수 없고 방목한 소떼 정도가 보인
다. 알프스산군 깊숙이 들어섰다는 것을 감지할 수 있는 것이다.

브라이타에서 바라본 포스키아보의 마을과 호수.

이어 베르니나알프를 지나면 오른쪽 끝에 황량한 빙하가 다시 나타나고 차창을 통해 일대 파노라마가 펼쳐진다. 좌우로 전개되는 풍경은 두 눈만으로는 부족할 정도이다. 철로 주변에 발달한 레이나이르(Lej Nair)호수는 '하얀 호수' 라는 별명의 라고 비안코(Lago Bianco)와 좋은 대조를 보이며 여정을 더욱 북돋워 준다.

열차는 비안코호수가 있는 오스피시오 베르니나(2, 253m · 독일명은 베르니니호스피츠)에 도달한다. 호수 상부에는 만년설에 뒤덮인 칼프레나 빙하가 그 모습을 내민다. 오스피지오 베르니나역은 등산철도를 제외한 일반철도로서는 유럽에서 제일 높은 곳이다.

베르니나 고갯길은 역에서 4백m쯤 떨어진 동쪽에 있다. 오스피지오 베르니나에는 인가도 없고 적막만이 깃든 쓸쓸한 곳이기는 하지만, 홀로 자리를 지키고 있는 역내 레스토랑에는 관광객들이 제법 찾아든다. 시즌에는 여기서 그림목장까지 이어지는 광막한 빙하를 바라보면서 1시간 반 가량의 하이킹을 즐기는 사람도 많다. 열차는 터널을 통과해 그림목장에 도착한다.

여기서는 가까이 서쪽의 팔뤼 빙하를 바라볼 수 있으며 고개 너머 남쪽의 아름다운 포스키아보호수를 바라볼 수 있다. 또 이곳에는 아름다운 고산식물들이 만발한 목장 언덕 위에 아담한 레스토랑과 3백종이 넘는 고산식물을 가꾸어 놓은 식물원도 있다. 발길이 별로 닿지 않아 때묻지 않은 아름다움을 고스란히 간직하고 있는 곳이다.

상 모리츠에서 이곳까지 열차로는 1시간 거리이고, 철도여행자는 이탈리아의 티라노까지 내려가지만 등산객들은 일단 그림목장(Alp Grüm · 2,091m)에 하차한다. 하이킹은 역에서 시작된다.

먼저 식물원을 왼쪽으로 돌아 남쪽 방향으로 이어지는 하산길을 따라 1시간 쯤 내려가면 카발리아(Cavaglia · 1,693m)에 닿는다. 그리고 아름드리 낙엽송 숲 사이로 아담한 팔뤼호수가 보인다. 그 위에는 눈부신 팔뤼 빙하가 흐르고, 빙하 위로 바루나봉과 팔뤼봉이 우뚝 솟아 있다.

발 아래에는 포스키아보계곡이 뻗어나가고 있는 모습을 볼 수 있다. 이 계곡 위로 하늘 높이 솟은 데오봉과 세나봉이 사람들의 시선을 끌고 있다. 카발리아에서 쾌적한 숲속의 임도를 가로지르고 계속 전진하면 초원 위에 작은 마을 바발리올라가 나온다.

여기서 잠시 몸을 쉰 다음 마을 뒤편의 가풀진 자갈길로 들어선다. 주위는 또다시 울창한 낙엽송과 가문비나무의 숲이 펼쳐진다. 카발리아에서 오르막을 올라

◉ 코스정보

시즌 : 6~10월

등산고도 : 등산 400m 하산 1,500m

소요시간 : 6시간 15분

지도 : 포스키아보계곡(Valle di Poschiavo) 하이킹지도

숙박 : 오스피지오 베르니나, 오스피지오 베르니나 호텔, 그림목장, 르 프레세(포스키아보 정보센터) 전화 082-50571

인근코스 : ① 포스키아보~산로메리오~비아노~브루시오(6시간 30분 소요. '포스키아보 고전루트').

② 부르시오~캄파치오~캄포코로뇨~티라노(4시간 소요. '밀수꾼 루트')

③ 오스피지오 베르니나~미노고개~베르니나 수오트(3시간 30분 소요)

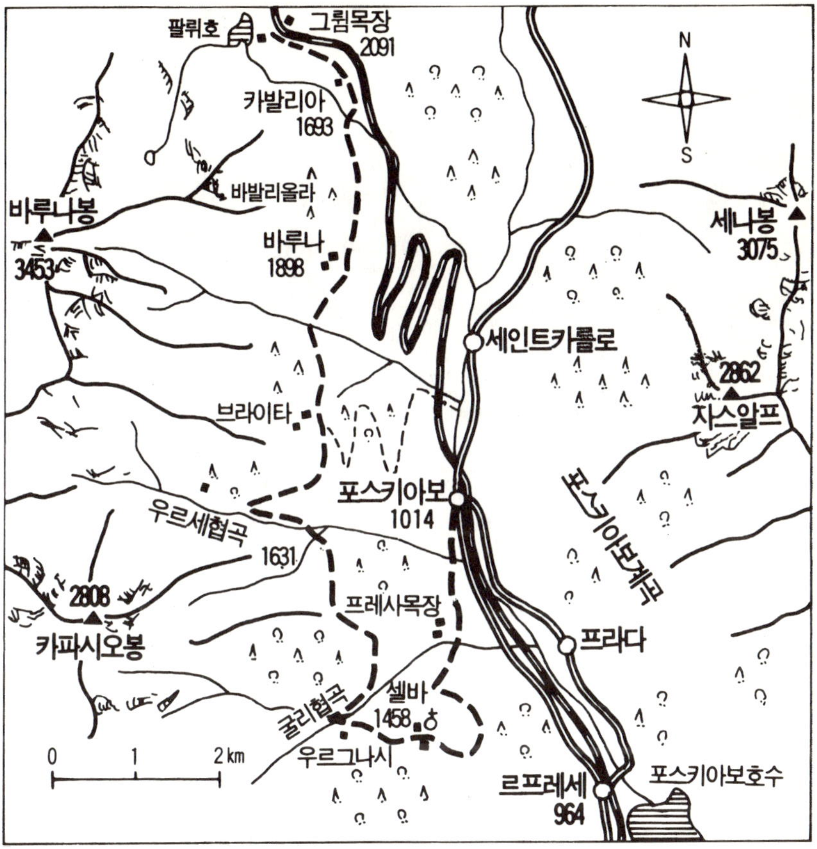

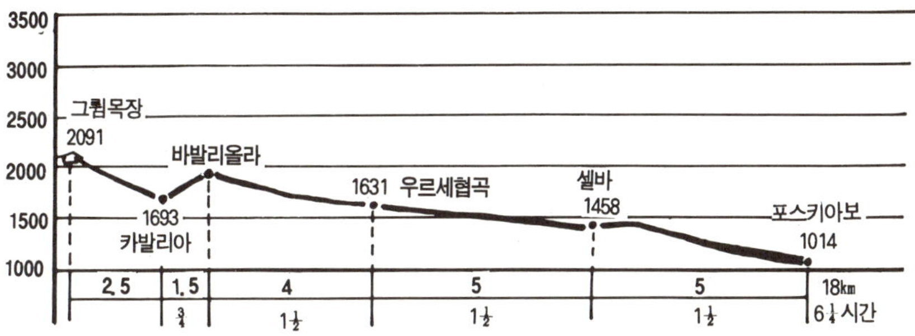
팔뤼호
그륌목장
2091
카발리아
1693
바발리올라
바루나봉
바루나
3453
1898
세나봉
3075
세인트카롤로
2862
자스알프
브라이타
포스키아보계곡
우르세협곡
포스키아보
1014
1631
2808
프레사목장
카파시오봉
프라다
굴리협곡
셀바
1458
우르그나시
르프레세
964
포스키아보호수
0 1 2 km
N
S

3500
3000
2500
그륌목장
2091
바발리올라
2000
1693
1631 우르세협곡
셀바
1500
카발리아
1458
포스키아보
1014
1000
2.5 1.5 4 5 5 18km
3/4 1½ 1½ 1½ 6½시간

카발리아역과 주변의 잔설.

야하므로 다소 힘이 들지만 수려한 캄프계곡과 비올라계곡 위로 솟은 산마루들이 신비로운 경관을 펼치고 있다.

이 고요하고 적막한 하이킹 코스에 들리는 기계음은 산중턱에서 계곡으로 달리는 기차소리뿐이다. 이윽고 바루나마을을 통과하고 브라이타에 이르는 좁은 등산로에 접어든다. 이 구간에서 바라다 보이는 포스키아보호수는 퍽 인상적이다. 브라이타쪽을 가리키는 이정표의 화살표 방향으로 내려가면 울창한 송림이 나온다. 도중에 차도를 오른쪽으로 따라가다가 솜도스와 포스키아보 사잇길을 가로지르고, 이 울울창창한 송림을 빠져 나오면 마침내 우르세협곡(Val d'Urse · 1,631m)에 닿는다(카발리아에서 2시간 15분 거리).

협곡을 따라 흐르는 개울을 넘고 고샅길을 걷다가 모퉁이를 돌며 이따금 나타나는 돌길과 자갈투성이의 고랑을 가로지른다. 계속해서 굽이치는 산허리를 내려오면 야성이 넘치는 굴리협곡에 이른다.

이 좁은 골짜기를 가로지른 다음 가문비나무 숲과 커다란 기암괴석을 빠져 나오

그림 목장 맞은편에 있는 고산 호수 팔뤼호.

면 우르그나시 (Urgnasch) 에 닿고 곧이어 셀바 (1, 458m) 마을에 닿는다 (우르세협곡
에서 1시간 반 거리).

　셀바 마을에는 양지바른 대지 위에 그림같이 아름다운 작은 교회가 서 있다. 여
기서 하산길을 잘못 들어설 수 있으므로 안내표지판을 잘 살피고 왼쪽 방향으로
하산한다. 도중에 무인농가가 나타나는데, 농가의 테라스를 왼쪽으로 돌고 하산
길을 따라 갈림길이 나타날 때까지 내려간다.

　갈림길에서 프레세로 빠지는 길을 버리고 곧장 내려서면 프레사목장에 닿는다.
이 목장에서 페트날협곡 아래로 험상궂게 뻗어내린 숲속 길을 조심스럽게 내려가
면 곧 쾌적한 하산길을 만나게 된다. 이 골짜기를 통과하면 하이킹의 종착지인 포
스키아보에 쉽게 도착하는 것이다 (셀바에서 포스키아보까지는 1시간 반 거리).

　포스키아보는 인구 약 3천6백여 명의 이탈리아풍 마을로 우뚝 솟은 망루와 고
성, 옛모습을 그대로 간직하고 있는 여인숙, 길가에 늘어선 카페, 고대 로마 귀족
이 산 듯한 궁궐 같은 저택, 민속박물관 등이 모두 이채롭다.

　16세기경 몹시 가난해 고향을 등지고 이국땅에 와서 과자장수로 자수성가한 스
페인 대부호가 남겨 놓은 스페인동네도 이 마을의 명소 중 하나이다. 귀로는 포스
키아보에서 베르니나열차를 타고 상 모리츠로 돌아오면 된다.

△ 스위스 철도여행

스위스는 철도망이 잘 발달되어 있고 그 거리는 모두 5천1백km이다. 노선은 국철과 사철로 이루어져 있는데 사철이 전체의 약 40%를 점하고 있다. 풍광명미한 알프스의 산악지대를 달리는 등산철도는 대부분이 사철이다. 이 철도망 중에서도 인기 있는 전망열차는 아무래도 관광열차를 들 수 있으며 몇 개 노선을 소개한다.

• 빙하특급

빙하특급은 스위스의 동부, 그라우뷘덴주의 상 모리츠, 다보스, 쿠어와 발리스주의 체르마트를 잇는 특급열차를 말한다. 268km를 약 8시간 30분에 관광열차답게 서행, 노선상의 최고·최저의 표고차는 약 1천4백m정도. 상 모리츠에서 라이헤나우까지의 약 60km는 내리막이며 이 구간에서 표고 1천1백m를 내려간다. 라이헤나우와쿠어에서 온 열차를 이어달고 이번에는 오버알프(2,033m)를 향해 오르기 시작한다. 오르막의 산간풍경은 생각보다 별로. 하지만 오버알프를 지나고 갑자기 급한 내리막에 접어들면서 주변의 경치가 돌변한다. 과연 알프스의 빙하특급이다. 지그재그의 내리막을 단숨에 6백m 내려간다. 아련히 시야에 들어오는 안더마트역으로 추락해 가듯 급강하한다. 이때 알프스의 파노라마와 여름에도 눈이 덮인 초원과 목장이 펼쳐진다. 안더마트를 통과하고 다시 조금 오르다가 푸르카터널 속으로 들어가버린다. 옛날에는 열차의 이름이 말해주듯이 빙하를 바로 눈앞에서 볼 수 있었으나 이 터널이 완성된 후부터는 이름만이 남게된 셈이지만 그러나 터널을 전후하여 그 광막한 빙하의 자락을 볼 수 있다.

터널을 나온 지점이 오버발트. 여기서부터 론강을 따라서 브리크까지 천천히 내려간다. 잇달아 아름다운 알프스의 고봉이 모습을 나타내고 계곡은 점점 넓어진다.

브리크에서는 일단 평야지대에 내려온 듯하지만 열차는 체르마트를 향해 다시 마터계곡을 따라 오르기 시작한다. 이번에는 계곡이 갑자기 좁아지고 차창 좌우에는 험준한 암봉이 하늘 높이 솟아 있다. 박력만점이다. 힘겨운 소리를 내며 표고 1천m를 올라온 열차는 마침내 체르마트역에 도착한다. 여름은 하루에 네 번 왕복한다.

• 베르니나급행

이것은 쿠어에서 이탈리아의 티라노까지 3시간 50분에 달리는 급행열차.

노선의 표고차는 무려 1천8백m이다.

본래의 베르니나선은 폰트레지나에서 시작하는데 여기서부터 표고 2천m를 넘는 산이 나타나기 시작하여 3천~4천m의 고봉으로 이어간다. 처음에는 나무 한 그루 자라지 않는 달세계 같은 구릉을 달리다가 비안코호수를 지나는 무렵부터 환경은 일신한다. 나선형 터널을 드나드는 주변의 황량한 바위살갗의 풍경, 광막한 모르테라치 빙하와 캄브레나 빙하를 전후한 풍경은 이 노선의 최대의 매력이다.

그리고 단숨에 1천m 이상의 표고를 꼬불꼬불 내려가는 그림목장과 포스키아보 사이도 절경의 연속이다. 초지와 관목의 알프지대에서 남국의 무드가 넘쳐 흐르는 호반까지 차창은 정말 다채로운 변화를 보여준다. 폰트레지나에서 상 모리츠에서 온 열차를 연결하므로 거기서 탈 수도 있다. 베르니나급행은 하루에 2번 왕복한다.

• 파노라마특급

레만 호반의 도시 몽트뢰(Montreux : 인구 2만)에서 츠바이짐멘(Zweisimmen)까지 꿈의 열차 파노라마특급과 슈퍼 파노라마특급이 달리고 있다. 몽트뢰를 떠나면 곧 가파른 비탈을 오르기 시작한다. 이때 눈아래에 펼쳐지는 호반의 마을과 호수의 아름다운 풍경을 보고 감탄의 소리를 높이지 않을 사람은 없을 것이다. 그리고 푸른 목장에서 소떼들이 한가로이 풀을 뜯고 있는 모습, 살레와산장 그리고 뾰족한 교회의 첨납이 어우러진 풍경, 이 모두가 아름다운 그림을 연출한다. 이윽고 사리느강의 골짝 마을 샤토 되(Chateau-Doex : 표고 958m 인구 2천9백명)를 통과하고 이어 휴양지의 그슈타트(Gstaad)에서 목초지의 구릉을 굽이굽이 올라가면 마침내 츠바이짐멘에 다가선다. 파노라마특급은 매일 2회 왕복하며 슈퍼 파노라마특급은 호화판으로 1등만 토·일요일과 축제일에 한하여 운행한다. 어느쪽이나 소요는 1시간 45분 정도 걸린다. 이 노선 주변은 하이킹 코스의 보고(寶庫)이므로 이 파노라마특급을 이용하면 관광만점이며, 샤토 되, 그슈타트 외에 몇 군데에서 정차하므로 하이킹 코스를 선정하는 데도 아주 좋다.

돌로미테 산군

돌로미테의 개요

⊙ 근대·현대 등반사의 현장.

　돌로미테(Dolomite) 산군은 동부 알프스에 속하는 이탈리아 북부의 산악지역으로 5천5백km²에 걸쳐 넓게 분포하고 있다. 석회암을 주로 한 수많은 암산들이 흩어져 있는 이 지역은 지형과 편의상 동부 돌로미테와 서부 돌로미테로 구분하고 있다. 동서를 막론하고 산괴마다 기묘한 기암절벽들을 형성하고 있어 산세가 아름답기 그지없으며, 사람의 마음을 사로잡는 매혹의 천국이다.

　이 지방은 역사적으로 여러 왕국의 지배를 받아 왔다. 그러나 1차대전 당시 오스트리아령이었던 돌로미테가 오스트리아가 연합군에 패함으로써 1918년 이탈리아령으로 귀속된 후 오늘에 이르고 있다. 당시 많은 일화를 남긴 산악전투의 격전지였던 돌로미테는 오늘날 보첸(Bozen)을 주도로 한 자치주로서 그 특징과 전통을 이어가고 있다. 따라서 이러한 역사적인 배경 때문에 돌로미테 사람들은 조상으로부터 물려 받은 독일어를 선호하고 있다.

　1788년 프랑스의 지질학자 돌로뮤(Dolomieu)가 이곳을 탐방하고 돌로미테라는 이름을 처음 명명한 이 지역은 근대등반사에 빼놓을 수 없는 존재가 되었으며 훌륭한 등산가들을 많이 배출했다. 1864년 돌로미테 최고봉 마르몰라다(Marmolada·3,342m)를 파울 그로만 일행이 초등정한 것을 시발로 하여 여러 선각자들이 치마 토사(Cima Tosa), 랑코펠(Langkofel·일명 Sasso Lungo), 드라이 친넨(Drei Zinnen) 등을 초등했다. 거대한 암괴들로 형성된 돌로미테산군은 기술등반을 요구했고 따라서 일찍이 1880년대에 고난도를 추구하는 등반형식의 주종을 이루게 됐다.

　기술등반의 대표적인 산악인 게오르그 빈클러(1869~1888)의 등장도 이 시기였다. 비교적 유복한 집안의 아들로 독일 뮌헨에서 태어난 그는 19세의 젊은 나이로

오론조산장으로 올라가는 도로에서 보이는 섹스테너 돌로미테.

바이스호른 서벽에서 사망하기까지 돌로미테의 치마 델라 마돈나(Cima della Madonna)를 필두로 여러 봉을 단독으로 올랐다.

20세기에 들어서서 1차대전이 발발할 때까지 파울 프로이스, 지오바니 피아츠, 한스 뒬퍼, 안젤로 디보나와 같은 엘리트들이 여러 암벽에 V급 루트들을 개척했다. 이후 1920~1930년대에 돌로미테는 황금기를 맞았다. 이른바 에밀 솔레더, 에밀리오 코미치, 한스 스테거, 파울라 비징거, 리카르도 카신 등 전위 클라이머들이 여러 암벽에 VI급의 루트들을 열었다. 이리하여 이들에 의해 돌로미테는 자유등반과 인공등반의 발상지가 되었으며, 오늘날의 고난도 자유등반도 여기에 뿌리를 두고 있는 것이다. 2차대전이 끝난 후 돌로미테에서는 더욱 고도의 성장을 보여 발터 보나티, 클라우디오 바르비에, 라인홀트 메스너 등에 의해 VII급 루트들이 개척됐다. 이어 1980~1990년대에 들어와 인간능력의 한계치라고 하는 VII급도 무너지고 고난도 자유등반 루트들이 개척되고 있다.

이와 같이 현대 등반을 대표하는 어려운 루트가 무수한 산군 사이에 산재해 있는 아기자기한 하이킹 코스들이 일반 하이커들에게도 더없이 호쾌한 풍광을 내보여 주고 있다.

① 프리덴스베크 코스
② 드라이 친넨 일주 코스
③ 라쇠츠 코스
④ 아돌프 문켈 코스

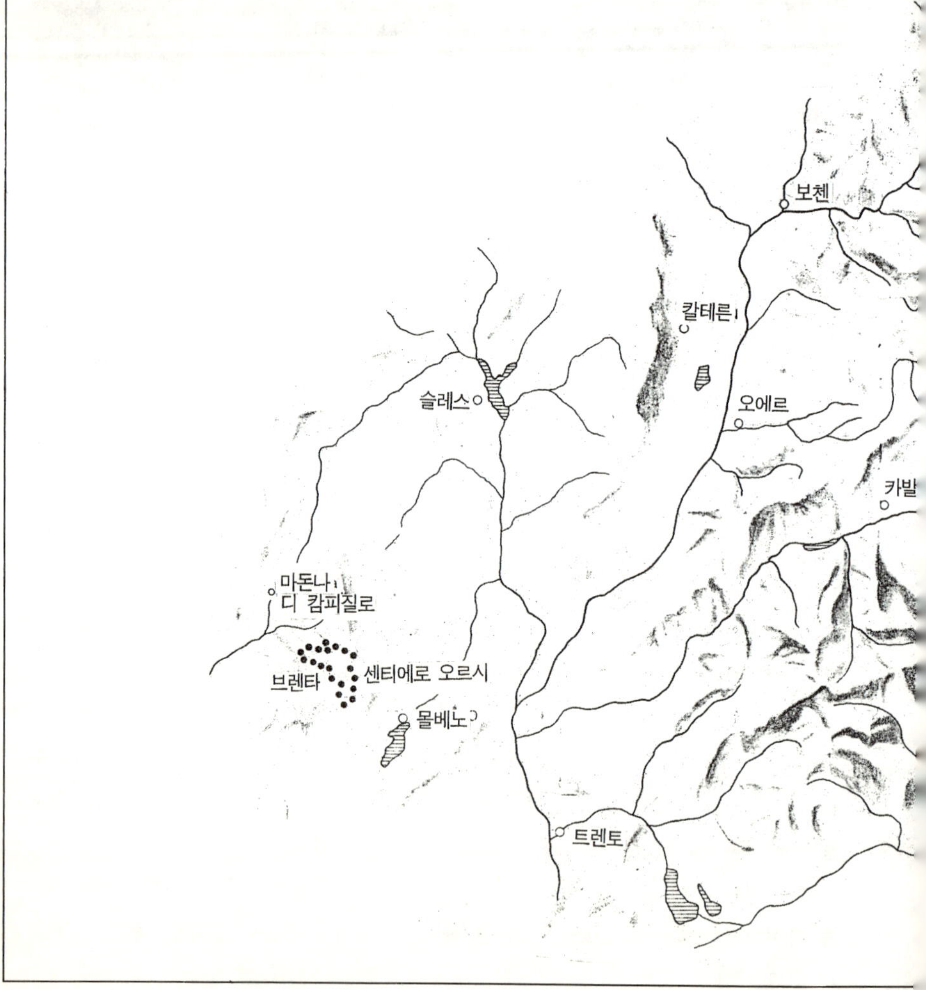

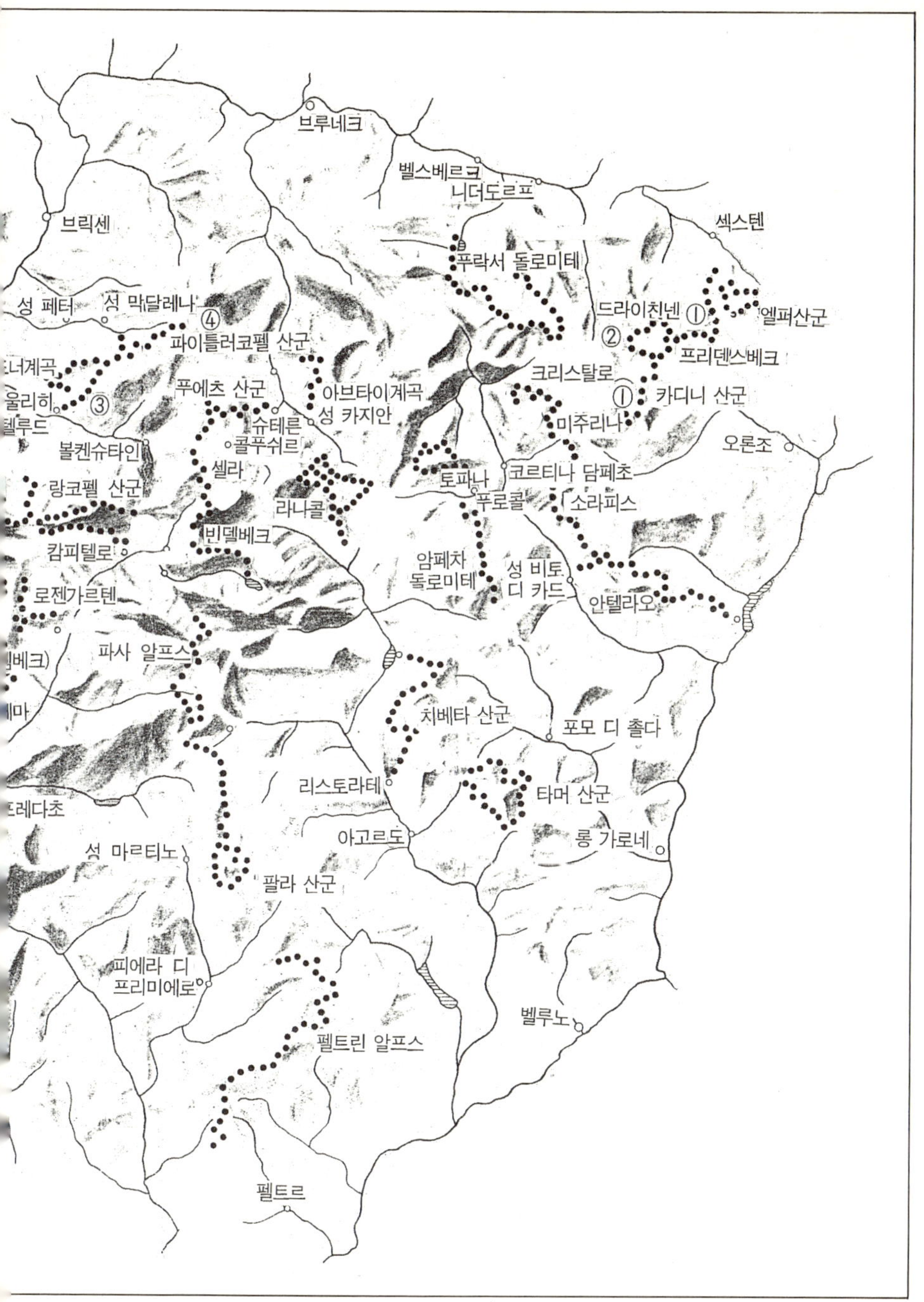
브루네크
벨스베르크
니더도르프
섹스텐
브릭센
성 페터
성 막달레나
④
파이틀러코펠 산군
푸락서 돌로미테
드라이친넨 ①
②
엘퍼산군
프리덴스베크
너계곡
울리히
③
펠루드
푸에츠 산군
아브타이계곡
성 카지안
크리스탈로
카디니 산군
①
미쭈리나
오론조
볼켄슈타인
슈테른
콜푸쉬르
셀라
토파나
코르티나 담페초
랑코펠 산군
라니콜
푸로콜
소라피스
캄피텔로
빈델베크
암페차
돌로미테
성 비토
디 카드
안텔라오
로젠가르텐
베크)
파사 알프스
마
치베타 산군
포모 디 촐다
리스토라테
타머 산군
레다초
아고르도
롱 가르네
성 마르티노
팔라 산군
피에라 디
프리미에로
벨루노
펠트린 알프스
펠트르

■ 관광 안내

보첸(Bozen)

동부 알프스 중 이탈리아 북부의 산악지대를 점하고 있는 돌로미테산군은 갈색을 띤 암탑이 수직으로 늘어서 있으며 서부 알프스에서는 보기드문 또 다른 광경을 보여주고 있다. 돌로미테산군은 5천5백㎢에 걸쳐 넓게 분포하고 있으며 산은 주로 석회암, 백운암으로 형성되어 있다. 백운암을 돌로마이트라고 부르고 있는데, 이것은 이 지역을 처음으로 조사한 프랑스의 지질학자 돌로뮤에서 유래한 것이다. 이 지역은 세계 제1차대전까지 오스트리아령이었다. 그러나 당시 많은 일화를 남긴 산악전투의 격전지였던 돌로미테는 오스트리아군이 연합군의 일원이었던 이탈리아군에게 패함으로써 그후 협정에 의거, 이탈리아령으로 속하게 되었다. 이러한 역사적 연유로 이곳 사람들은 지금도 독일어를 사용하고 있으며 오스트리아령의 북티롤에 대응해서 돌로미테를 남티롤이라고도 부르고 있다.

돌로미테는 계곡마다 산괴가 다수의 산군을 이루고 있지만 일반적으로 그뢰드너 계곡을 중심으로 흩어져 있는 산군, 토브락, 인니헨, 섹스텐과 코르티나 담페초를 중심으로 모여 있는 섹스테너 돌로미테산군에 더 많은 사람이 찾아가는 것 같다. 바로 이 지역의 관문이 보첸이며 돌로미테, 즉 남티롤의 남동부 끄트머리에 위치하고 있다.

표고 : 265m, 알토 아디제(돌로미테) 주의 주도, 언어 : 이탈리아어, 독일어

알토 아디제(Alto Adige)의 주도, 보첸(Bozen)은 일명 이탈리아어 이름으로 볼차노(Bolzano)라고 부르고 있다. 이 지방은 지금도 지명표기가 두 가지로 통용된다. 예를 들어 시간표에 착 오르티자이(Ortisei) 발 성 울리히(St. Ulrich)라고 표기되어 있지만 실은 같은 지명을 뜻한다.

보첸은 오스트리아에 가깝고(국경에서 50km) 또 역사적 연유 때문에 티롤풍의 분위기가 물씬 풍기는 도시이다. 사람들은 이탈리아어와 독일어를 함께 쓰고 있다. 여기서 동 돌로미테(돌로미테를 동서로 나눈다. 보첸은 서 돌로미테)의 중심지 코르티나 담페초(Cortina d'Ampezzo)로 가는 버스여행도 좋다.

보첸을 기점으로 몇 개의 고개를 넘고 코르티나 담페초로 가는 길을 돌로미테가

도(街道)라고 부르는데, 1백km에 달하는 돌로미테가도는 옛날 이탈리아와 독일·오스트리아를 이어주었던 통상로로 가로변의 작은 마을의 생활풍경이나 대자연의 경치가 정말 아름답다.

이제 시내로 발을 옮겨 역에서 공원을 빠져나가면 65m의 종루를 자랑하는 두오모(Duomo)가 보인다. 두오모를 휘도는 발터광장(Piazza Walther), 다음 블록의 파로키아광장(parrocchia)과 도메니카교회 그리고 빈치거리가 이곳의 중심이다. 14세기의 프레스코화와 아름다운 도메니카교회는 퍽 인상적이다. 두오모는 색타일 고딕양식의 지붕이 사람들의 시선을 끌며 독일풍의 정취를 풍겨준다.

광장에서 1백m쯤 북쪽에는 중세의 집들이 늘어서 있는 포르티치거리(via del portici)가 있다. 빈치거리와 포르티치거리 사이에 에르베광장이 있으며 여기에 과일과 야채시장이 있다. 관광안내소는 두 군데로 하나는 발터광장에 있으며 또 하나는 발터광장을 내려간 파로키아광장의 입구에 있다. 보첸 시내에는 돌로미테산군에서 흘러내려오는 아이삭천과 탈퍼천이 흐르고 있다. 파로키아광장에서 단테거리나 카르디치거리를 걸어나와서 오른쪽으로 방향을 틀면 경찰서가 보인다. 경찰서에서 한 블록을 더 걸어가면 드루소다리가 나타난다. 이 다리 앞에서 아이삭천과 탈퍼천이 합류하여 더 강폭을 넓히면서 보첸 시내를 가로지르고 흘러간다.

에르베광장에서 두 블록을 걸어가면 탈퍼다리가 나온다. 다리를 건너서 오른쪽으로 돌아 탈퍼천을 따라서 약 5백m쯤 걸어가면 상 제네시오전망대로 오르는 케이블 카역이 있다.

ⓘ piazza walther 8 전화 97 5656

근무시간 : 월~금 8:30~12:30, 14:00~18:00 토요일 09:00~13:00

ⓘ piazza parrochia 11 전화 99 3809

근무시간 : 월~금 08:30~12:30, 15:00~17:30

숙박안내는 철도역 내에 있다.

근무시간은 4월~10월, 12:30~14:00, 16:30~21:00

교통은 "주요등산기지의 접근" 란을 참고

프리덴스베크 코스

오론조산장 ~ 라바레도산장 ~ 파턴자텔 ~ 밴드지대 ~ 파턴코펠 ~ 감스샤르테 ~ 빌렐레산장 ~ 오번바헌요흐 ~ 치그몬디 - 코미치산장 ~ 탈슈루스산장 ~ 피쉬라인보덴 ~ 섹스텐

⊙ 섹스테너산군 조망

동부 돌로미테 하늘 높이 우람하게 서 있는 섹스테너 돌로미테(Sextener Dolomite)는 돌로미테 중에서도 빼어난 산군의 하나이다. 인스부르크에서 로마행 열차를 타고 보첸에서 하차하여 섹스텐행 버스에 몸을 맡기노라면 산괴가 갑자기 나타난다.

돌로미테산군의 첫 소개 코스인 프리덴스베크(Friedensweg)는 1차대전 당시 군 작전용으로 만들어진 길로서, 오론조산장을 출발하여 드라이 친넨의 산록을 지나 파턴코펠을 오르고 빌렐레요흐를 넘어 탈슈루스산장으로 하산하는 코스이다.

섹스테너 돌로미테의 중심부를 가로 지르는 프리덴스베크 주변에는 유명한 드라이 친넨을 비롯하여 츠뵐퍼, 파턴코펠과 같은 명산들이 즐비하게 하늘 높이 솟아 있으며, 온통 바위로 이루어진 기암절벽은 사람들의 마음을 압도한다.

그러나 적절한 위치에 자리잡고 있는 산장들은 무엇보다도 등산객들에게 안식처를 제공하고 있고, 등산로도 잘 정비되어 있어 안전한 산행을 할 수 있는 코스이다. 또한 여기저기 숱한 산악전의 흔적이 남아 있어서 또다른 정취를 느끼게 한다. 발걸음을 옮기다 보면 참호와 부서진 방공호, 허름한 막사, 동굴, 녹슨 철조망과 흉벽들을 만나게 된다.

파턴코펠에는 6백m 길이의 굴이 뚫려 있다. 1915년 이탈리아와 오스트리아가 선전포고를 했고, 1917년 오스트리아의 진격으로 돌로미테 전역은 전쟁터로 변했다. 이탈리아군은 드라이 친넨 ~ 파턴자텔 ~ 파턴코펠 ~ 빌렐레요흐 ~ 오번바헌슈피체를 잇는 전선에 진지를 구축했다.

이탈리아군 척후병이 잠입해 왔고 포탄이 인니헨과 섹스텐 마을까지 날아왔다. 마침내 섹스텐 출신의 당대 명등반가 세프 이너코플러는 결사대를 구성해 몰래 파

프리덴스베크 코스에서 본 츠빌퍼산군.

턴코펠의 적진을 향해 기습공격을 노렸다. 그러니 이 결시대는 이탈리아군에게 발각되어 몰살되었다.

'세프 이너코플러는 고향을 지키기 위하여 이곳에서 쓰러져 죽어 갔노라.' 이 비문은 파턴코펠 정상의 십자가에 그를 영원히 기리기 위하여 새겨져 있다. 그의 시신은 섹스텐 공동묘지에 안장돼 있다. 지금은 이너코플러의 손자가 가업을 이어받아 가이드로 살아가고 있다.

토브락, 인니헨, 또는 섹스텐에서 버스를 이용하여 미주리나호수까지 간 다음 오론조산장으로 올라간다. 그리고 산장에서 파턴자텔 안부를 향해 50분쯤 오른다. 아담한 예배당 옆에 있는 19세기 명가이드 그로만의 기념비를 지나 클라이네 친네 아래에 있는 라바레도산장을 통과한다.

안부에서 드라이 친넨의 북벽을 바라보노라면 적막함이 감도는 몰골이 마치 거대한 괴물처럼 보인다. 이어 안부에서 파스포르텐코프의 남서쪽 벼랑을 끼고 더 올라간다. 군데군데 붉은 방향표지가 갱로를 지나 밴드까지 길잡이 역할을 해 준다. 밴드지점에 오면 여러 곳에 쇠줄이 설치되어 있으므로 안전하다.

이 밴드지대는 파스포르텐코프 서벽에서 파스포르텐샤르테의 잘록한 안부까지 계속된다. 그렇다고 화려한 절경을 눈앞에 두고 서둘러 밴드를 빠져나갈 필요는 없다. 이어 맞은편 밴드 위로 오르막이 계속되면서 감스샤르테의 안부로 이어지는 자갈밭에서는 걸음이 지그재그로 이어진다.

발 아래에서 노는 자갈밭을 오르기에는 적지 않은 인내가 필요하지만, 이 능선에서 토브링거크노텐까지 펼쳐지는 광경은 정말 아름답다. 발 아래 내려다 보이는 친넨산장과 뵈덴호수는 한 폭의 그림을 연출하며 무거운 발걸음을 풀어준다. 감스샤르테에 이르면 높이 2,746m의 파턴코펠은 지척 간으로 오르막이 바윗길이기는 하지만 어려움없이 오를 수 있다.

프리덴스베크 코스는 감스샤르테를 지나서 뵈덴크노텐 동쪽으로 이어진다. 우선 협곡 위에 걸어 놓은 나무다리를 건너 평평한 대지를 지나면 다시 바위협곡이 나타난다. 맞은편에 진출하게끔 고정시킨 쇠줄을 이용해 건너편 오르막으로 진입한다. 곧 큰 바위를 남쪽으로 돌아나서면 뷜렐레산장이 바로 나타난다.

⊙ 코스정보

시즌 : 7월 중순~9월 말

등산기지 : 미주리나(호텔과 캠프장이 있음. 토브락에서 22km, 인니헨에서 26km, 섹스텐에서 33km, 비시즌에는 버스편이 없음)
섹스텐(루돌프—슈톨츠 박물관으로도 유명한 등산기지. 인니헨에서 7km)

숙박지 : 오론조산장(2,320m 이탈리아산악회서 운영. 침상 100개. 6월 중순부터 9월 말까지 영업), 라바레도산장(2,344m 개인 소유로 침상 30개. 6월 중순부터 10월 중순까지 영업. 오론조산장에서 25분), 뷜렐레요흐산장(2,527m 개인 소유로 침상 12개. 7월 중순부터 9월 20일까지 영업. 라바레도산장에서 약 2시간), 치그몬디—코미치산장(2,235m 이탈리아산악회에서 운영. 침상 52개. 6월 초부터 9월 말까지 영업)

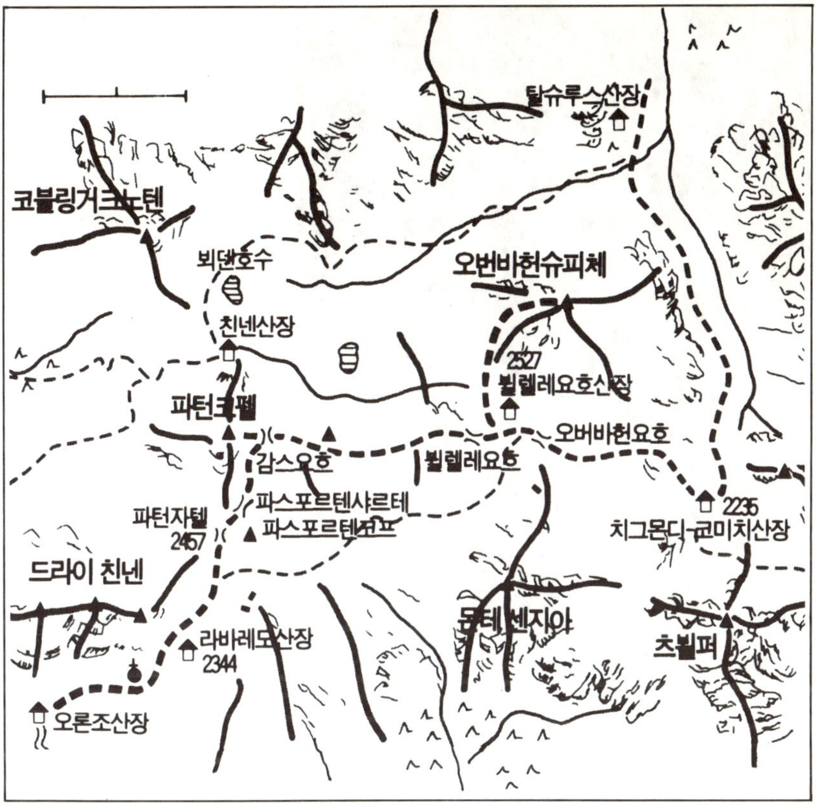

탈슈루스산장
코블링거크노텐
뵈덴호수
오번바헌슈피체
친넨산장
2527
뵐렐레요호산장
파턴코펠
오버바헌요호
감스요호
뵐렐레요호
파스포르텐샤르테
2235
파턴자텔
2457
파스포르텐코프
치그몬디-코미치산장
드라이 친넨
몬테 센지아
라바레도산장
2344
츠뵐퍼
오론조산장

3500
3000
2500
2000
1500
1000
파턴코펠
2746
오론조산장
2320
파턴자텔
2457
2527 뵐렐레요호산장
2235
치그몬디
코미치산장
탈슈루스산장
1526
2
1
1.5
2.5
4.5
11.5 km
6시간

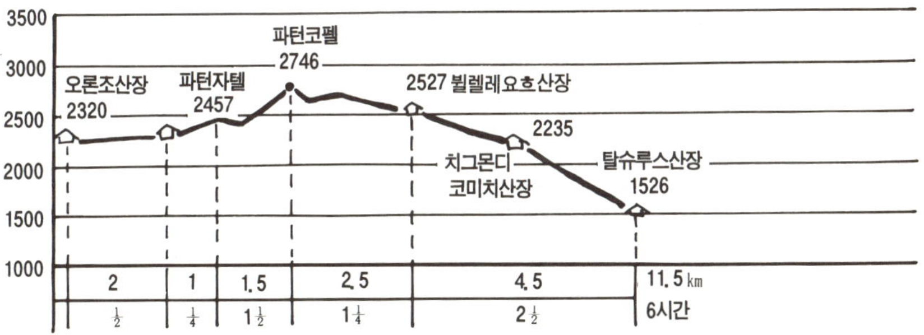

1차대전 전몰용사비.
추모탑 위의 포탄이 이채롭다.

이 산장은 규모가 작아 여름에는 잠자리를 차지하기 어렵다. 시간이 충분하면 여기서 변화무쌍한 전쟁길을 타고 오번바헌슈피체(2,657m)까지 오르는 것도 좋다(1시간 거리).

다음 목적지는 오번바헌요흐. 뷜렐레산장에서 10분 거리인 군사도로를 따라 나선다. 이 요흐를 넘어서 내려가면 분지처럼 가라앉은 초지 위에 서 있는 치그몬디—코미치산장에 이른다.

오스트리아 비엔나 출신인 에밀 치그몬디는 도피네 알프스의 라 메이쥬 남벽을 횡단하던 중 추락사한 등반가였고, 이탈리아 트리에스테 출신으로 돌로미테에 VI급시대를 연 에밀리오 코미치는 볼켄슈타인의 한 암벽에서 현수하강하던 중 추락사했다.

이 산장은 그들의 공적을 기리기 위해 명명한 것이다. 이 산장 앞에 츠빌퍼 북벽이 우뚝 솟아 있다.

마지막으로 1시간 남짓 계곡을 따라 내려가면 프리덴스베크 코스의 종점인 탈슈

프리덴스베크 코스의 종착지인 탈슈루스산장.

루스산장에 도달한다. 여기서부터 차도가 나 있고 피쉬라인보덴을 지나 섹스텐 마을로 내려간다.

△ 돌로미테가도 주변(Grande Strada Delle Dolomiti)

서 돌로미테에서 동 돌로미테를 향해 몇 개의 고개를 넘으며 보첸에서 코르티나 담페초까지 1백km에 달하는 돌로미테가도를 여행하는 것이 돌로미테관광의 하이라이트일 것이다. 볼 만한 곳을 소개한다.

● 그뢰드너계곡(Grödner Tal)

일명 발 가르드나(Val Gardna)라고 부르는 그뢰드너계곡의 볼 만한 곳은 랑코펠(일명 삿소 룽고)의 주변이다. 여러 알펜리조트와, 하이킹에 아주 적합한 여러 코스가 있다. 여러 계곡 중에서도 인기가 높은 그뢰드너계곡은 보첸에서 북동으로 22km 간 바이드브루크(Waidbruck, 일명 Ponte Gardena)에서 진입한다.

13km쯤 들어간 최초의 리조트촌이 성 울리히(정확하게는 장크트 울리히 St. Ulrich)이다. 일명 오르티자이(ortisei)라고 부르는 이곳은 표고 1,236m이다.

ⓘ oficina de Turismo 전화 0471-796328

마을에서 랑코펠의 머리가 조금 보이지만 케이블 카를 타고 자이서 알름(Seiser Alm · 2,005m)에 오르면 전모를 볼 수 있다. 넓게 펼쳐지는 자이서 알름의 초원은 좋은 하이킹 코스가 여러 군데 있다. 산악 호텔도 5개(별 1~4)나 있다.

성 울리히에는 북측에 체어 리프트로 오르는 라쇠츠전망대(2,107m)행 역이 있다. 로프웨이로 북동의 세체다전망대(2,480m)에 오르면 랑코펠(3,181m)과 빙하를 거느리고 있는 마르몰라다(3342m)를 완연하게 바라볼 수 있다. 여기도 하이킹 코스가 많고, 남동(도보 1시간 30분)의 콜 라이저(col Raiser · 2,107m)에서 곤돌라 리프트(편도 8천5백 리라 왕복 1만1천 리라)로 계곡을 내려오면 기슭에서 성 크리스티나 마을까지 도보로 30분 거리.

자이서 알름:편도 9천2백 리라 왕복 1만1천8백 리라

세체다:편도 1만2천 리라 왕복 1만7천 리라

성 울리히는 그뢰드너 계곡의 문화경제의 중심지. 호텔은 여인숙(privatpension)을 포함, 160개를 넘으며 수용능력은 6천여 명이다. 또, 저명한 등산가, 산악영화제작가, 저술가였던 루이스 트렌커(Luis Trenker)의 출생지이기도 하다.

• 성 크리스티나(St. Christina)

표고 1,398m, 성 울리히에서 4km, 호텔은 50여 개가 있다.

• 볼켄슈타인(Wolkenstein 일명 Selva)

표고 1,563m. 성 크리스티나에서 약 4km지점. 랑코펠의 북측에 위치하고 있다. 마을 위쪽의 플란(1,605m) 플란 데 그랄바(1,789m)까지 포함해서 호텔은 150개 정도가 있다.

ⓘ 전화 0471-795122. 전망대는 동편의 단터체피스(Dantercepies : 2,298m).

편도 6천8백 리라. 왕복 1만2천 리라. 산기슭까지 하이킹 코스가 있다. 1시간 45분 소요. 여기서 15분 가량 내려온 그뢰드너요호(2115m, 일명 Passo Gardena)에서 버스를 탈 수 있다. 마을에서 보이는 랑코펠의 머리와 가슴도 인상적이지만 조금 높은 고지에 오르면 온 산이 바위로 형성된 랑코펠의 암산이 두 눈에 가득 들어온다.

인수봉 높이의 4배, 폭 2천m의 암괴가 지상에서 우뚝 솟아 올라있다고 생각하면 그 규모를 상상할 수 있을 것이다. 그 옆에 이어서 서있는 뾰족한 암탑들도 인상적이다. 또 하나의 셀라요호(일명 passo Sella · 2,244m)에 오르면 랑코펠은 또 모습을 바꾼다. 성 울리히와는 정반대 방향에서 보는 셈인데 거리가 불과 3km이다.

바셀라고개에서 지척에 있는 셀라산장(Rifugio passo sella · 2,180m)에 내려가서 곤돌라 리프트(편도 1만 리라 왕복 1만3천 리라)를 타고 랑코펠과 퓐프핑거슈피체(2,998m) 사이의 안부(2,681m)에 오를 수 있다. 여기에는 테메츠산장이 있으며 여기서 랑코펠 허리의 바윗길을 가로지르고 비첸차산장으로 가는 고급스러운 등반코스가 있다. 비첸차에서 성 크리스티나 또는 볼켄슈타인으로 내려오면 되는 것이다. 이 밖에도 북측의 레겐스부르크산장에 오르고 가이슬러산군을 중심으로 한 하이킹, 등산코스들을 즐길 수 있다. 그리고 셀라요호를 넘으면 카나체이(Canazei)또는 아랍바(Arabba · 1,605m)에 이른다.

• 코르바라계곡―발레 디 카시아노

볼켄슈타인에서 그뢰드너요호(일명 가르데나고개 · 2115m)를 넘고 동으로 10km 내려간 밝은 골짝에 코르바라(Corvara · 1,568m)마을이 있다. 마을 배경에는 셀라산군과 푸에츠산군이 병풍처럼 둘러쳐 있고 마을 앞에는 코르바라계곡의 계곡이 뻗어내려가고 발레 디 카시아노(Valle di cassiano) 계곡과 만나고 있다.

12세기에 지은 고딕양식의 카타리나교회는 코르바라의 얼굴이다. 이 고색창연한 코르바라는 알펜리조트, 특히 겨울스포츠의 리조트로 유명하다. 남쪽 고개를 넘으면 돌로미테가도의 아랍바와 연결된다. 하루에 버스가 2번 운행된다. 아랍바는 마르몰라다의 등산기지. 코르바라에서 북동의 국도 244호로 나아가 상 카시아노를 경유 팔차레고(Falzarego · 2,105m) 고개를 넘으면 코르티나 담페초까지는 12km 거리다. 이 팔차레고고개가 그뢰드너계곡과 코르티나 담페초를 잇는 버스노선의 요충지이다.

• 팟사계곡

또 하나의 돌로미테가도는 국도 48번을 지칭하는 것인데 팟사(Fassa Tal 일명 val di Fassa) 계곡을 지나 팔차레고고개를 넘어서 코르티나 담페초로 가는 길이다. 기점은 보첸에서 남으로 16km 지점인 오라(Ora) 라는 작은 마을. 버스는 코스탈루냐고개를 넘는 241번 국도를 달리다가 48번 국도와 만나는 합류지점을 경유하고 카나체이(1,468m) 로 간다. 한편 토렌토에서 오는 버스도 다른 루트를 통해 카바레제(Cavalese) 에서 합류하고 카나체이를 경유 일부는 마르몰라다의 바로 아래 고개까지 간다.

팟사계곡은 프레다초(Predazzo) 에서 본격적으로 시작된다. 여기서 길은 팟사계곡과 파도바행 국도로 갈라진다. 이 파도바행의 국도 50번을 따라 얼마동안 내려가면 상 마르티노 디 카스트로차(S. Martino di Castrozza) 라는 유명한 알펜리조트가 있다. 아무튼 카나체이에서 페콜을 경유 포르도이(Pordoi) 고개를 넘어간다. 카나체이는 팟사계곡의 문화경제의 중심지며 제일 활기있는 곳이다. 알펜리조트로서는 말할 나위가 없으며 특히 국제 겨울스포츠의 리조트로 코르티나 담페초에 버금가는 곳이다.

ⓘ Officio Turistico. 전화 0462-61113.

주변에는 랑코펠, 셀라산군, 마르몰라다산군이 에워싸여 있다. 카나체이 부근에서 가볼 만한 곳은 이웃 마을의 캄피텔로(Campitello · 1,448m) 에서 로프웨이로 오르는 콜 로델라(Col Rodella · 2,389m) 를 들를 수 있다. 편도 1만1천 리라 왕복 1만6천 리라. 종점은 쾌적한 알프스의 전망대로 바로 눈앞에 샷소 레반테(3,114m 일명 그로만) 를 가운데에 두고 6개의 암탑이 하늘 높이 솟아있는 위용을 바라볼 수 있다.

　그 맨 오른쪽이 삿소 룽고이다. 오른쪽으로 몸을 돌리면 셀라산군의 암탑 삿소 포르도이 그리고 남쪽의 마르몰라다를 한눈에 바라볼 수 있다. 눈앞에 보이는 셀라요호까지는 45분 정도면 걸어갈 수 있다. 카나체이 마을에서 직접 갈 수 있는 전망대는 페콜(1,926m) 경유, 벨베데레(Belvedere · 2,384m). 편도 1만1천 리라, 왕복 1만6천 리라. 여기에서도 랑코펠을 볼 수 있으며 정반대쪽의 마르몰라다와 빙하를 바라볼 수 있다. 5km전방에 흐르는 빙하가 선명하게 보인다.

　그리고 40분 가량 걸어가면 포르도이고개에 하산할 수도 있다. 여기서 케이블 카로 삿소 포르도이(2,952m) 정상까지 오르면 마르몰라다 뿐만 아니라 멀리 떨어져 있는 치베타(3,218m)까지도 바라볼 수 있다. 편도는 9천 리라, 왕복은 1만4천 리라. 파도바 방면에서 국도 50번을 따라 올라오다가 돌로미테가도의 국도 48번에 진입하려면 상 마르티노 디 카스트로차를 경유해서 모에나(Moena · 1,184m)에 우선 진입한다. 여기에는 아름다운 소라가(Soraga)의 호수가 있다. 이 모에나에서 16km를 가면 카나체이에 닿게 되고 본격적인 돌로미테가도의 복판에 들어서게 되는 것이다. 이리하여 그뢰드너계곡을 통하는 돌로미테가도와 팟사계곡을 통하는 또 다른 돌로미테 가도가 결국은 팔차레고고개에서 만나고 포콜(Pocol · 1,527m)을 지나면 마침내 코르티나 담페초가 눈앞에 다가오는 것이다. 그런데 "코르바라계곡—발레 디 카시아노" 에서 언급한 바와 같이 코르바라에서 아랍바에 진입하는 버스는 피에베(Piève · 1,465m) 안드라츠(Andraz · 1,392m)를 경유하여 역시 팔차레고고개에서 합류한다.

　이와 같이 돌로미테가도는 몇 개를 생각할 수 있으나 일반적으로 버스운행에서 볼 때 보첸~바이드브루크(Waidbruck=Ponte Gardena)~성 울리히(St. Ulrich=Ortisei)~볼켄슈타인(Wolkenstein=Selva)~그뢰드너요호(Grödnerjoch=Passo di gardena)~코르바라(Corvara)-아랍바(Arabba)~피에브(Pieve)~안드라츠(Andraz)~팔차레고(Passo Falzarego)~포콜(Pocol)~코르티나 담페초(Cortina d'Ampezzo)가 중심 루트이다. 그러므로 하루 이틀과 같이 단기여행을 시도할 사람은 이 루트를 택하는 것이 좋을 것이며 며칠을 두고 여행할 사람은 이 루트를 중심으로 하여 가고싶은 곳과의 버스연결을 고려하면서 행동하면 좋을 것이다.

드라이 친넨 일주 코스

오론조산장~포르셀라안부~친넨산장~파턴자텔~라바레도산장~오론조산장

⊙ 웅장함에 압도되는 긴장감

이 코스는 드라이 친넨을 중심으로 그 주변을 일주하는 것으로, 미주리나호수에서 오론조산장으로 관광도로가 개설된 이래 더욱 접근하기 수월해졌다. 돌로미테 산군 중에서 라바레도의 드라이 친넨만큼 그 풍광과 유일성으로 매력을 불러 일으키는 강한 인상을 풍겨 주는 봉우리도 드물다.

세 개의 독립된 침봉—이른바 클라이네 친네, 그로스 친네, 베스트리헤 친네로 형성되어 있어 '드라이 친넨' 이라고 불리지만 실제로는 클라인스테 친네와 푼타 디 프리다를 더하여 5개의 침봉으로 이루어져 있다. 그러나 지상에서 볼 때 앞의 세 봉우리가 돋보이므로 곧 드라이 친넨으로 널리 알려졌다.

한때 섹스테너 돌로미테의 아름다운 자연경관을 해치려는 음모가 꾸며져서 1968~1975년 사이에 조용한 섹스텐계곡 일대를 위협한 적이 있다. 당국은 뮌헨에서 베니스에 이르는 고속도로를 건설하기 위해 섹스텐과 크로이츠 베르크파스를 관통하려는 계획을 세웠던 것이다.

주민들은 이 계획을 취소하게 하려고 백방으로 노력을 경주해 반대운동을 벌였다. 이 투쟁은 7년 동안 계속되었고 마침내 이 계획을 철회시키는 데 성공했다. 유럽의 우수한 클라이머치고 이 봉들을 등반하지 않은 사람이 없을 정도로 드라이 친넨은 많은 의미를 지니고 있다.

오론조산장은 산장이라기보다 차라리 호텔이라고 하는 것이 어울린다. 널따란 주차장도 마련되어 있고, 시즌이 되면 사람들이 붐비므로 영업도 자연 활발해진다. 이 오론조산장을 출발해 바위 사이로 자란 초지의 비탈길을 약 20분 동안 오르면 포르셀라 안부(Forcella col di Mezzo · 2,237m)에 도달한다.

길은 상쾌하고 오르막이 별로 없다. 이어 105번 길표지를 따라 방향을 북쪽으로

미주리나호수에서 본 드라이 친넨 북벽.

바꾸고 삿소 디 란드로(Sasso di Landro)의 기저부를 향해 암괴의 부스러기길을 횡단하고 능선 어깨로 나간다. 이 지점은 드라이 친넨 주변에서 가장 조용한 곳이지만 파턴자텔에 뒤지지 않는 북벽 정경을 볼 수 있다.

친넨산장이 보이고 그 뒤에 완만하게 경사진 버섯 같은 모양의 너럭바위가 눈에 들어온다. 산장 쪽으로 꼬불꼬불 이어지는 길을 따라 나아가다가 개울을 하나 건너면 이윽고 친넨의 암봉 하나하나가 나타나기 시작한다. 그 우람한 규모에 입을 다물지 못할 것이다.

랑게목장 초지에서 좁은 계곡을 통과하고 피안 다 린(Pian da Rin)의 초지 아래로 내려간 다음 슈바르체리엔츠계곡 위로 올라간다. 너덜지대를 꼬불꼬불 올라가면 다시 초지가 나타난다. 이즈음에서 파턴코펠이 눈앞에 다가서면서 파턴자텔에서 오르는 길과 만난다.

이어 바위모퉁이를 몇 번 돌아 올라서면 드라이 친넨산장에 닿는다. 이 산장은 이너코플러 가문의 후손인 페피 라이더가 운영하고 있는데, 산장 옆에는 산에서 조난사한 사람들을 추모하는 작은 로사리오예배당이 있고, 그 뒤에 1차대전 당시 고향을 사수하기 위하여 최후를 마친 섹스텐 출신 용사들의 추모비가 서있다.

이 산장은 처음에는 이 지역 산악회가 1883년에 지은 것으로 1892년 이너코플러가 확장했다. 등산과 전쟁의 역사와 함께 얽힌 이야기가 많이 전해 내려오고 있있다.

산 전체가 뾰족뾰족하고 기묘한 바위산을 이루고 있는 드라이 친넨에선 여름이면 파턴자텔 안부에 수많은 사람들이 몰려 들어 경탄의 눈으로 바라보는 것이다. 또한 파스포르텐코프 동굴까지 올라가 그 안을 산책하기도 한다.

오른쪽으로 군데군데 오버행을 이루고 있는 황적색의 클라인스테 친네(일명 프로이스의 암탑) 남서벽이 내려앉을 듯이 위협하고 있다. 그리고 라바레도산장 위로 클라이네 친네의 깎아지른 남동 칸테(황색 칸테)가 수직으로 오르고 있다.

산장 조금 뒤쪽으로 돌면 그로스 친네로 오르는 노말루트가 나온다. 난이도는 Ⅱ~Ⅲ급 정도다.

남쪽에는 카디니 침봉들이 여전히 하이커를 유혹하고 있다. 드라이 친넨 일주코스는 카디니산군의 보나로사베크(Bonarossaweg) 코스와 연결되어 있으므로 일정에 여유가 있는 사람은 이 코스로 이어보는 것도 좋다.

⊙ 코스정보

낙석만 조심하면 매우 쉬운 코스이다.

등산기지 : 미주리나와 섹스텐

숙박지 : 오론조산장, 라바레도산장(프리덴스베크 코스 참조)

인근코스 : ① 카디니산군의 보나로사베크 코스(오론조산장~폰다 사비오산장~포그델 디아블로~미주리나, 5시간 소요)

② 푸스터계곡 코스(니더돌프~살자텍~플로뒤자텔~뒤렌시타인산장, 6시간 소요)

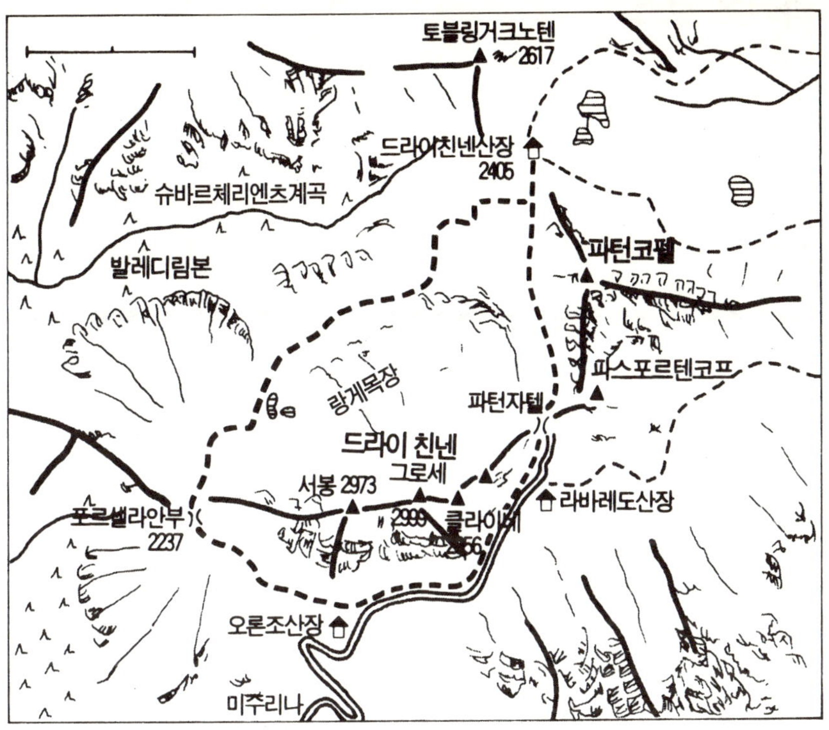

토블링거크노텐
2617
드라이친넨산장
2405
슈바르체리엔츠계곡
발레디림본
파턴코펠
파스포르텐코프
랑게목장
파턴자텔
드라이 친넨
그로세
서봉 2973
2999
클라이네
2456
라바레도산장
포르셀라안부
2237
오론조산장
미주리나

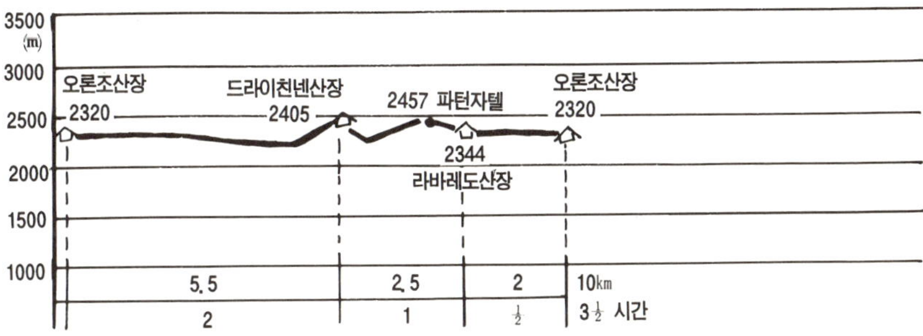

3500 (m)
3000
2500
2000
1500
1000
오론조산장 2320
드라이친넨산장 2405
2457 파턴자텔
2344
라바레도산장
오론조산장 2320
5.5
2.5
2
10km
2
1
½
3½ 시간

라쇠츠 코스

성 울리히 ~ 슈바이게산간역 ~ 라쇠츠산장 ~ 아우서라쇠츠 ~ 브로글레스목장 ~ 중간역 ~ 마르틴 카페 ~
성 울리히

◉ 랑코펠과 가이슬러산군 조망

라쇠츠 코스는 전망이 좋으면서도 등산로의 높낮이가 심하지 않아 많은 하이커들이 찾는 코스다. 기점인 성 울리히에서 살트너 슈바이게까지 단숨에 8백m의 고도를 케이블 카를 타고 쉽게 오를 수 있으므로 가벼운 마음으로 하이킹을 즐길 수 있다.

케이블 카 역은 마을 북쪽에 있다. 이 리프트형 케이블 카는 로마시대 이전부터 그 이름을 가지고 있는 트로이 파얀의 빽빽한 침엽수림 위를 지나 오른다. 넓은 침엽수해는 전세기까지만 해도 그뢰드너 지방과 빌네스 지방을 연결해 주는 유일한 통로였다. 지금은 임업을 위한 산간도로가 라쇠츠산장까지 나 있다.

슈바이게(2,107m) 산간역에는 정갈한 레스토랑이 있다. 이곳에서 라쇠츠산장까지 삼림경계를 따라 오르는 라쇠츠목장길이 이어진다. 한 여름에는 초원에 다양한 알프스 고산화가 만발하고 성 울리히 남쪽 산 너머 남티롤 산군이 거의 한눈에 들어오므로 전망이 시원하다.

이 코스 중에서 제일 높은 아우서라쇠츠(2,282m)를 오르는 도중에 라쇠츠산장이 있다. 이 산장은 당초 독일―오스트리아 산악연맹의 그뢰드너지부에서 지은 것인데, 1차대전 당시 독·오군이 연합군에 패함으로써 남티롤이 이탈리아령으로 귀속되는 바람에 지금은 이탈리아 산악회로 이관되어 보첸지부에서 관리하고 있다. 이 산장을 관리하고 있는 빈센츠 말시너는 돌로미테 최고봉인 마르몰라다 남벽의 동계 초등을 이루어 돌로미테 산악계에서는 제법 알려진 산악인이다.

산장에서 얼마쯤 걸어가면 1755년 경에 지은 고색창연한 성당이 나온다. 성당이 들어서기 전에는 이교도들의 제단이 있었던 곳이기도 하다. 이어 널찍하게 펼쳐지는 대지 위에 십자가가 서 있는 곳으로 나서게 된다. 산간역에서 1시간 거리인 이

랑코펠산군. 왼쪽부터 찬코펠, 플라트코펠, 그리고 랑코펠 동벽과 북벽.

대지에는 너럭바위가 드문드문 흩어져 있고 북쪽 가장자리에 급한 낭떠러지가 형성돼 있다.

이 절벽을 피해서 오른쪽으로 내려가면 빌네스계곡으로 연결되는 플리처 삼림의 숲길로 들어서게 된다. 6월이면 목초지에 앵초과의 다년초가 꽃바다를 이루는 이 산길을 30분쯤 지나면 등산로는 세체다봉을 눈앞에 두고 북쪽으로 방향을 선회한다. 세체다봉 뒤로는 가이슬러산군의 여러 암봉들이 보이기 시작한다. 얼마 후 모진 비바람에 일그러진 십자가가 홀로 서 있는 오목한 산등성이에 도달하게 되는데, 이 오목한 지점이 그뢰드너계곡과 빌네스계곡을 연결하는 고개다. 여기서부터 이너라쇠츠의 비탈진 고원목장을 가로지르는 등산로가 이어진다.

넓은 계곡 위에 우뚝 솟아오른 랑코펠(일명 삿소 룽고 · 3,181m)의 화려한 모습이 주변을 압도하고 오른쪽에는 완만한 비탈을 이룬 플라트코펠과 상아처럼 날카롭게 깎아지른 찬코펠이 대조를 이루며 서 있다. 그리고 눈앞에 보이는 세체다봉은 선반 같은 몰골을 내민 바위띠가 거대한 벽을 가로지르며 다양한 색깔로 물들어 있다.

20세기 초 돌로미테 산군에서 활약한 루이스 트렌커의 묘소.

⊙ 코스정보

시즌 : 6월 초~10월 중순

등산고도 : 등산 200m 하산 1,000m

소요시간 : 4시간 30분

등산기점 : 성 울리히(보첸이나 클라우센에서 버스편을 이용해 진입. 여름 케이블 카
운행시간은 8:30~12:00, 13:00~18:00)

숙박 : 라쇠츠산장(6월 초~10월 중순 개장), 브로글레스산장(6월 초~10월 중순 개
장. 가이슬러산군 전망이 뛰어남)

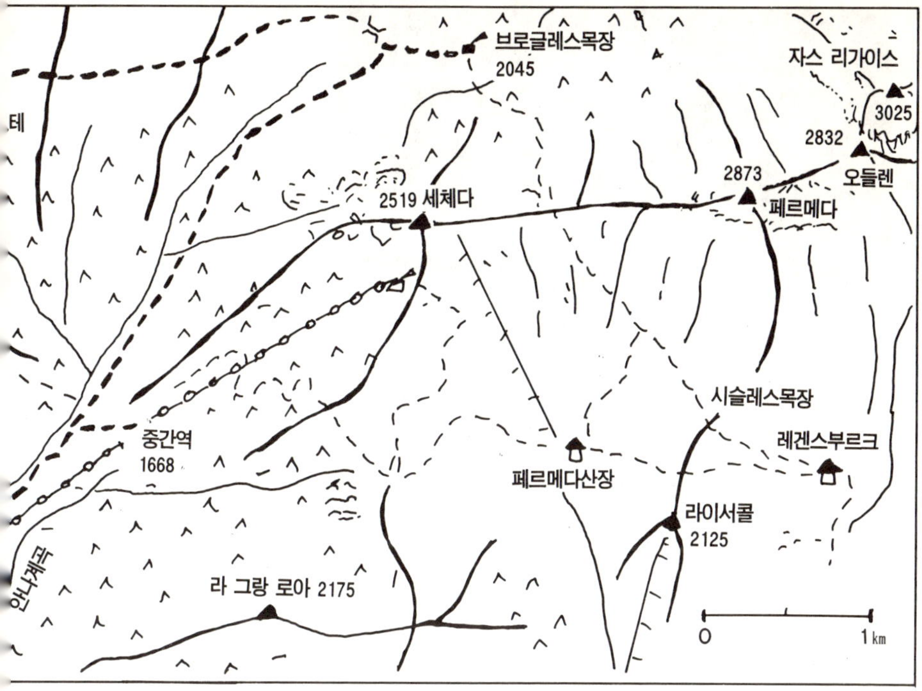

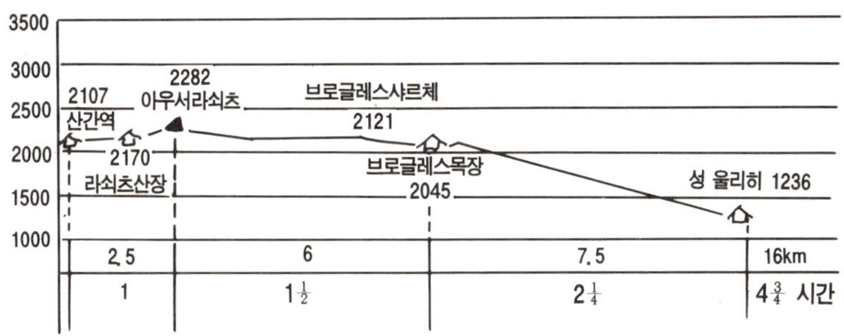
테
브로글레스목장
2045
자스 리가이스
3025
2832
2873
오들렌
2519 세체다
페르메다
시슬레스목장
레겐스부르크
중간역
1668
페르메다산장
라이서콜
2125
야나체곡
라 그랑 로아 2175
O   1 km
3500
3000
2500
2000
1500
1000
2107
산간역
2282
아우서라쇠츠
브로글레스샤르체
2121
2170
라쇠츠산장
브로글레스목장
2045
성 울리히 1236
2.5
1
6
1½
7.5
2¼
16km
4¾ 시간

셀라산군을 배경으로 한 필자.

이어 브로글레스 안부를 넘어서면 곧 갈림길을 만나게 되는데, 여기서 15분 정도 더 전진하면 브로글레스목장의 산장에 도달하게 된다(아우서라쉬츠에서 1시간 30분 거리). 이 산장은 빌네스계곡의 상부에 위치해 있으므로 가이슬러산군의 북면이 제일 잘 보인다.

2만5천 년의 세월을 통해 모질 대로 모질어져 기기묘묘한 형상을 지닌 가이슬러는 산군 전체가 암산을 이루고 있다. 클라이네 페르메다, 그로세 페르메다, 오들렌 침봉, 자스 리가이스, 푸르체타 연봉 등이 하늘 높이 솟아 있는 장관에 이끌려 많은 산악인들이 이 산군을 찾는다. 메스너도 이 산군에서 등반을 시작했다.

얼마 동안 주변 경관을 둘러본 후 성 울리히 쪽으로 하산길을 잡는다. 안나계곡을 따라 하산하다가 도중에 세체다봉 서벽 기슭 바위지대를 가로지른다. 표고차 8백m를 내려서야 하기 때문에 하산길이 긴 편이지만 주변에 변화무쌍하게 경관이 변하므로 지루한 것을 느끼지 못하고 내려올 것이다.

도중에 세체다행 중간역을 통과하므로 이 케이블 카를 이용해 하산할 수도 있다. 그렇지만 반암으로 형성된 안나협곡에 걸쳐 있는 나무다리들을 건너면서 하산하는 것이 훨씬 더 호쾌한 기분을 만끽할 수 있다. 간혹 바람이 계곡을 휘어감으며 불어오면 그렇게 상쾌할 수가 없다.

브로글레스목장에서 2시간쯤 내려서면 마을 입구에 있는 마르틴 카페에 닿는다. 얼마 후 마을 공동묘지에 이르는데, 여기서 루이스 트렌커의 묘를 찾아볼 수 있다. 그를 사모하는 사람들이 지속적으로 찾아드는 명소이기도 하다.

■ 관광 안내

코르티나 담페초(Cortina d'Ampezo)

돌로미테하면 제일 먼저 손꼽을 정도로 유명한 이탈리아 최대의 알펜리조트가 바로 코르티나 담페초이다.

코르티나 담페초는 북동쪽의 크리스탈로(Cristallo·3,216m) 서쪽의 토파네(Tofane·3,243m) 남동쪽의 소라피스(Sorapis·3,205m) 산군의 기암절벽이 병풍처럼 둘러쳐진 한가운데에 위치하고 있다. 크리스탈로산군 너머에는 아름다운 미주리나의 산중호수를 사이에 두고 섹스테너의 돌로미테산군이 기묘한 모습으로 하늘 높이 솟아 오르고 토파네산군 너머에는 셀라, 마르몰라다, 치베타의 산군이 높이 솟아 있다.

표고 1,224m, 인구 8천여 명.

지형상 칼랄조에서 토브락(일명 도비아코)으로 빠지는 남북의 가도가 관통하고 있고 한편 순환도로와 같은 환상도로(環狀道路)가 미주리나, 카르보닌과 두루 연결되어 있으므로 코르티나 담페초의 차량소통이 원활하다고들 한다. 그러한 탓인지 코르소 이탈리아(Corso Italia)의 메인스트리트는 차량의 왕래가 적고 선물가게에서 레스토랑까지 많은 사람이 붐빈다. 버스터미널은 환상도로 북측에 있다. 시내중심지가 되는 로마 광장은 시내를 동서로 가르는 코르소 이탈리아 거리의 한가운데에 있다. 비교적 넓은 이 광장에 고풍스러운 교회가 코르티나 담페초의 얼굴처럼 우뚝 서 있다.

그리고 이 광장을 중심으로 근처에 호텔 은행 관광안내소들이 모여 있다. 안내소는 두 군데로 하나는 호텔안내소, 다른 하나는 관광안내소이다.

호텔안내소는 로마광장에 있는 데 라포스테 맞은편에 있고 관광안내소는 교회 뒤쪽의 메르카도 거리에 있다.

인구 만 명을 넘지 않는 마을이지만 도시다운 면모를 갖추고 있고 관광도시답게 시내버스가 다닌다. 시내 중심부의 로마광장 또는 버스터미널에서 네 방향으로 달리고 있으므로 조금 떨어진 곳에 숙소를 정한다 하더라도 쉽게 행동할 수 있다.

로마에서 수상도 피서차 이곳에 찾아온다는 최고급의 휴양지라는 소문대로 호텔

드라이 친넨 일주 코스에 서 있는 이정표.

값이 비싸다. 70개 남짓인 1/4정도가 별 4, 5개의 고급 호텔이고 가장 많은 별 3개 자리의 호텔의 싱글인 경우 6만5천~16만 리라이다. 별 2개의 호텔도 3만3천~5만6천 리라이다. 별 하나의 호텔이 세 개밖에 없으므로 시즌 중에는 하늘에 별 따기다.

그러므로 미리 예약을 하지 않으면 안된다. 당일에 하숙이나 민박은 더더욱 구하기가 어렵다. 그러나 며칠을 머물 경우 매일같이 호텔안내소에 부탁하면 의외로 싼 숙소를 얻을 수도 있다.

시내에서 쉽게 가볼 수 있는 전망대는 팔로리아(Faloria)와 토파나(Tofana)이다. 시내의 마르코니거리를 왼쪽으로 안고 돌아가면 광장이 나타나고 이 광장의 높은 자리에 팔로리아로 오르는 케이블 카 역이 있다. 만드레스에서 한번 갈아타고 종점에 닿는다. 여기서는 시가지 너머의 토파나산군이 한눈에 들어오고 특징적인 정면의 크리스탈로가 기괴한 모습을 보여 주고 있다. 또 우측으로 시선을 돌리면 멀리 드라이 친넨도 보인다. 로프웨이는 편도 1만3천 리라 왕복 1만5천5백 리라.

토파나전망대는 코르티나 주변의 전망대로서는 제일 높다(3,191m). 시내의 서측에 위치하고 있으므로 오후가 좋다. 케이블 카 역은 중심부에서 북으로 5백m쯤 떨어진 올림픽 스타디움 근처에 있다. 도중에 두 번 갈아탄다. 전망대에서는 크리스탈로산군, 소라피스산군이 돋보이며 남쪽 방면에 서있는 몬테베루모(3,168m)가 보인다. 로프웨이는 왕복 3만3천 리라.

그리고 코르티나 부근에서 가볼 만한 곳은 미주리나(Misurina)호수다. 트레크로치(Pass di Tre Croci · 1,809m)고개를 넘고 북동으로 15km 가면 이 지역에서 가장 풍광명미 좋은 미주리나호수에 닿는다. 코르티나에 가면 꼭 보고 싶은 생각이 드는 곳이다.

계곡 깊숙이 솟아오른 드라이 친넨(이탈리아명은 트레 치메 디 라바레도 Tre cime di Lavaredo)가 그림처럼 아름답다. 여기서는 3봉 중 서봉(치마 오베스트 · 2,973m) 중앙봉(치마 그랑데 · 2,999m)이 잘 보이며 우측의 치마 픽코라(2,853m)는 살짝 보인다. 호수의 둘레는 2km 정도. 호반을 돌면서 산책을 즐기고 보트놀이도 할 수 있다. 남쪽 하늘에 떠오른 소라피스의 모습도 매우 인상적이다. 호텔도 호반에 7개나 있다. 코르티나에서의 버스는 하루 네 번 있고 35분쯤 걸린다.

ⓘ 호텔안내 : 전화 0436-3231 Fax 0436-3235

ⓘ 관광안내는 Piazza Roma 1.

교통 : 북쪽에서는 30km 떨어진 토브락(일명 도비아코)이 입구. 여기까지 기차편으로 와서 코르티나행 버스를 타면 된다. 기차는 뮌헨발 로마착 본선의 지선이 프란체스페스트(Franzesfest 일명 Fortezza)에서 토브락 경유 오스트리아의 리엔츠 방면으로 간다. 이것을 이용하면 된다.

버스는 토브락에서 하루 6번, 소요 45분. 또는 보첸발 코르티나착의 돌로미테 가도 버스를 이용. 하루에 4번, 소요시간은 3시간 20분 전후.

남쪽에서는 벨루노(Belluno)까지 철도. 벨루노에서 코르티나까지는 버스. 2시간 전후 소요. 베니스에서 출발할 때는 기차와 버스로 5시간은 필요. 베니스발 직행버스는 새벽에 있다. 하루 한 번, 4시간 소요. 밀라노에서도 직행버스가 하루에 한 번 있다. 8시간 정도 소요.

*동계올림픽이 열린 적이 있는 스키리조트로도 유명하다.

아돌프 문켈 코스

쉴뤼터산장 ~ 감펜고원목장 ~ 체노바흐 ~ 바이스브르넥 ~ 브로글레스목장 ~ 클리퍼바흐 ~ 라누이

⊙ 가이슬러산군 관통코스

가이슬러산군은 산악인들의 등반대상일 뿐만 아니라 많은 관광객들이 찾는 곳이다. 대체적으로 그뢰드너계곡 또는 빌네스계곡에서 찾아오는데, 그뢰드너 쪽에서 접근할 경우 성 울리히나 성 크리스티나, 또는 볼켄슈타인에서 직접 볼 수는 없고 이들 마을에서 오르는 레겐스부르크산장이나 페르메다산장, 또는 살트너 슈바이게에 오르면 볼 수 있다.

빌네스계곡 쪽에서 찾아가는 경우 성 페터를 지나 막달레나 마을에 이르면 바로 볼 수 있다. 주변은 넓은 고원이 발달돼 있고 분지 같은 권곡 위로 가이슬러산군의 북벽들이 위풍당당하게 솟아 있다. 가이슬러산군의 자랑은 그 빼어난 야성미에 있다. 옹긋쫑긋 솟은 바위모서리, 아름다운 고산화가 만발한 초원, 가문비나무와 낙엽송이 우거진 넓은 숲, 이 모두가 조화를 이루고 있다.

빌네스계곡 깊숙한 곳에 자리잡은 농촌마을 성 페터와 성 막달레나의 교회 종탑도 매우 인상적이다. 빌네스와 그뢰드너를 직접 연결하는 차도는 아직 없으나 고개를 넘는 하이킹 코스가 두 계곡을 연결하고 있다. 따라서 관광객들은 브렌너가도를 우회하여 진입하는 불편이 다소 따르지만 등산객들은 이 고개를 통해 두 고장을 넘나들 수 있다.

가이슬러산군은 북단의 크로이츠코펠요흐가 분수령이 되어 있으므로 확 트인 시야로 하이킹의 영역이 넓다. 이 중에서도 아돌프 문켈 코스가 대표적이다. 이 코스는 접근이 쉬워 인접한 파이틀러코펠(2,874m)까지 하이킹을 즐길 수도 있다.

돌로미테 서북부 모서리의 기둥격인 파이틀러코펠은 거대한 암산으로 가이슬러산군에 속해 있지 않으나 이 산군 못지않게 등반대상으로 각광받고 있는 산이다. 이 산은 처음에는 계획에 넣지 않았다 해도 오르다 보면 이 산의 경관에 매력을

가이슬러산군의 연봉. 왼쪽부터 페르메다, 오들라, 자스 리가이스, 푸르체타.

느껴 아돌프 문켈 코스를 하다가 들르게 되는 산이다. 쉴뤼터산장에서 2시간이면 정상에 오를 수 있기 때문이다.

또한 캄필계곡 상단 고원을 올라서서 정상으로 오르는 코스도 더없이 멋지다. 정상에 발을 올려 놓으려면 두 손을 모두 동원해야 하지만 까다로운 곳에는 쇠줄이 설치되어 있어 그렇게 위험한 코스는 아니다. 정상에서 바라보는 전망은 정말 일품이다.

약 6km에 이르는 아돌프 문켈 코스(전체거리는 13km)는 금세기 초 독일 산악연맹의 드레스덴지부가 개발한 코스인데, 이를 주도한 아돌프 문켈이 1904년 타계한 것을 추모해 그의 이름을 붙인 것이다.

실질적인 하이킹 출발지점은 접근이 쉬운 쉴뤼터산장이 되고 이후 하이킹은 처음부터 하산길이 된다. 먼저 빌네스 일대에서 제일 넓은 목장인 감펜고원의 목장 쪽으로 내려선 다음 체노바흐 개울을 만난다. 이 개천 앞까지 도로가 나 있다. 개천을 따라 조금만 더 내려가면 첸서목장이 나온다.

왼쪽으로 방향을 꺾어 오르면서 아돌프 문켈 코스의 핵심부로 들어서게 되는데, 입구에서 적색~백색~적색의 방향표지가 나온다. 이 표지들을 따라 길번호 35번을 따라 나아간다. 숲속의 간벌지대를 지나 너덜지대로 들어서면서 눈앞에 바서코펠과 푸르체타봉이 우람하게 솟은 모습으로 등장한다.

길가에는 석남화가 울긋불긋 피어난 고원이 펼쳐지고 어두침침한 암벽들이 검푸른 허공 속에 얼굴을 내미는데 마치 몽환경 같은 자연의 비경이 펼쳐진다. 교목림과 왜송, 그리고 창백한 이끼가 낀 거대한 암벽의 그늘 아래를 거닐면서 쇠뿔 모양을 한 푸르체타봉의 날카로운 암릉을 선명하게 바라볼 수 있다.

이 푸르체타 북벽의 칸테는 1914년 여름 당대 명 클라이머였던 한스 뒬퍼와 루이스 트렌커가 처음 도전한다. 그들은 칸테를 극복하고 북벽의 핵심부에 도달했으나 2백m의 벽을 오르지 못했다. 미등인 채로 남은 이 '뒬퍼의 칸테'는 그 후 1925년 에밀 솔레더와 프리츠 비스너에 의해 등정된다.

푸르체타봉 바로 옆에 같은 높이로 자스 리가이스가 솟아 있다. 바서코펠에서 발달한 암릉은 푸르체타와 자스 리가이스 침봉을 넘어 오들라 어깨에서 다소곳이 고개를 숙인다.

이 미탁샤르테의 바위고개에서 북쪽으로 빠지면 아돌프 문켈 코스에 닿고 서남쪽으로 빠지면 레겐스부르크산장에 닿는다. 샤르테에서 산장까지는 약 1시간 거리. 가이슬러산군은 암릉코스를 시도하는 사람이 곧잘 이 코스를 택한다.

이제 바위자락을 휘감는 길목을 돌아 나서면 바이스브르넥의 바윗길을 지나 울

⊙ **코스정보**

시즌 : 7월 초~10월 중순

소요시간 : 5시간. 파이틀러코펠을 오르려면 오전에 사람들이 몰리므로 오후가 좋다. 성 막달레나에서 첸서목장까지 6km로 하루 2회 버스가 운행한다.

등산기점 : 빌네스계곡의 중심마을인 성 페터, 또는 3km 더 들어선 성 막달레나(메스너가 살던 집이 있는 마을)

숙박 : 감펜산장(6월~10월 개장, 첸서목장에서 1시간 15분 거리), 쉴뤼터산장(6월 20일~9월 말까지 개장, 이탈리아 산악회 소유, 첸서목장에서 2시간 거리), 브로글레스 산장.

인근코스 : ① 그뢰드너요흐~푸에츠산장~가르데나자산장~슈테른(6시간)
② 포르도이요흐~보에산장~피스치아두산장~그뢰드너요흐(5시간 30분)

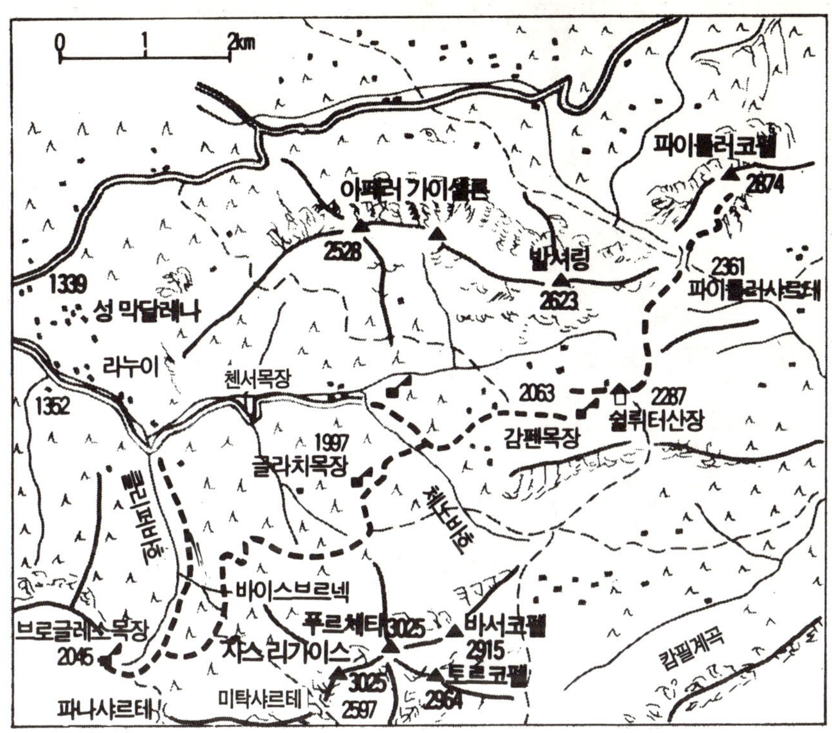
0 1 2km
파이블러코펠
2874
아푸러 가이셜른
2528
밤셔링
2623
파이블러사토테
2361
1339
성 막달레나
라누이
첸서목장
2063
쉴뤼터산장
2287
감팬목장
1352
1997
굴라치목장
체노바흐
바이스브르넥
브로글레스목장
2045
푸르체타 3025
바서코펠
2915
자스 리가이스
3025
2597
토른코펠
2964
파나샤르테
미탁샤르테
캄필계곡

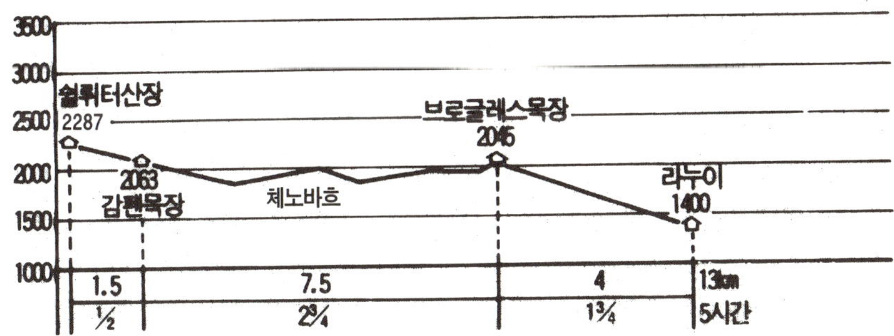
3500
3000
쉴뤼터산장
2500 2287
2000
2063
감팬목장
체노바흐
브로글레스목장
2045
라누이
1500 1400
1000
1.5   7.5   4   13km
½   2¾   1¾   5시간

성 울리히 마을의 축제.

창한 숲속을 통과하게 된다. 이 완만한 숲속길을 얼마 정도 오르면 브로글레스목장(2,045m)에 도달한다. 감펜목장에서 약 2시간 45분 거리다.

쾌청한 날은 많은 하이커들이 몰려 발을 들여놓을 수 없을 정도로 붐빈다. 일대 고원목장은 그뢰드너 지층에 깔려 있는 사암층 위에 펼쳐져 있다.

하산은 세체다봉 기슭을 가로지르고 레겐스부르크산장 쪽으로 향해 볼켄슈타인이나 성 크리스타나로 내려가기도 하고 또 브로글레스목장에서 곧바로 안나계곡을 따라 성 울리히 쪽으로 하산하기도 한다.

빌네스계곡으로 하산하려면 브로글레스에서 일단 방향을 북쪽으로 꺾어 클리퍼바흐를 따라 라누이 마을로 하산한다. 그러면 점점이 흩어진 농가의 한복판에 서 있는 성 요한 교회가 피로에 지친 나그네를 반갑게 맞이해 준다.

몽블랑 산군

몽블랑산군의 개요

⊙ 근대 등산의 발상지 몽블랑산군 일주 및 전망코스

스위스, 프랑스, 이탈리아에 걸쳐 있는 몽블랑산군은 길이 35km, 넓이 645㎢의 산군이다. 그 규모가 히말라야나 안데스와 같은 산맥과 비교하면 결코 큰 것은 아니지만 그럼에도 불구하고 몽블랑산군의 존재는 대단히 크다. 그 이유는 이 산군이 풍광명미한 자연의 아름다움을 언제나 간직하고 있을 뿐만 아니라 이 산군의 주봉인 몽블랑(Mont Blanc · 4,807m)이 근대등산의 발상지이기 때문이다.

뾰족뾰족 거대한 침엽수처럼 하늘 높이 도열한 침봉들, 그리고 그 암벽과 설벽과 대 꿀르와르, 암릉과 설릉, 침봉 사이사이의 웅장한 빙하와 설원, 빙하와 설원 아래 펼쳐지는 광대한 숲. 이 모두가 자연의 오묘함과 아름다움을 한껏 지니고 대서사시와 위대한 그림을 연출하고 있는 것이다.

또한 산군 북쪽의 샤모니계곡에 은백과 푸르름이 어우러진 풍광을 자랑하는 알프스 최대의 휴양도시 샤모니 몽블랑이 있고, 남쪽의 아름다운 베니와 페레계곡 사이에는 야성적인 산세를 자랑하는 쿠르마이외르(Courmayeur)가 있기 때문에 옛날부터 많은 사람들이 찾는 곳이다.

이미 암시한 바와 같이 만년설에 뒤덮인 '알프스의 여왕' 인 몽블랑은 등산 역사의 중요한 위치를 차지하고 있다. 1786년 주네브 출신의 드 소쉬르의 선창에 의해 농부인 자크 발마와 의사인 미셀 파카르가 몽블랑을 초등함으로써 근대등산의 문을 열었기 때문이다. 이후 알프스의 많은 고봉들이 초등되어 보다 어려운 루트를 추구하는 시대로 돌입하게 되었는데, 그 역사가 이미 오래됐지만 아직도 몽블랑산군에서는 초등정의 화제가 오르내리고 있을 정도로 험난한 지역이 많다.

이 산군 서남단에 솟은 글라시에봉(3,816m)에서 북단의 투르봉(3,544m)으로 치닫고 있는 몽블랑산군은 비오나사이봉(4,052m), 구테봉, 몽블랑, 몽모디(4,485

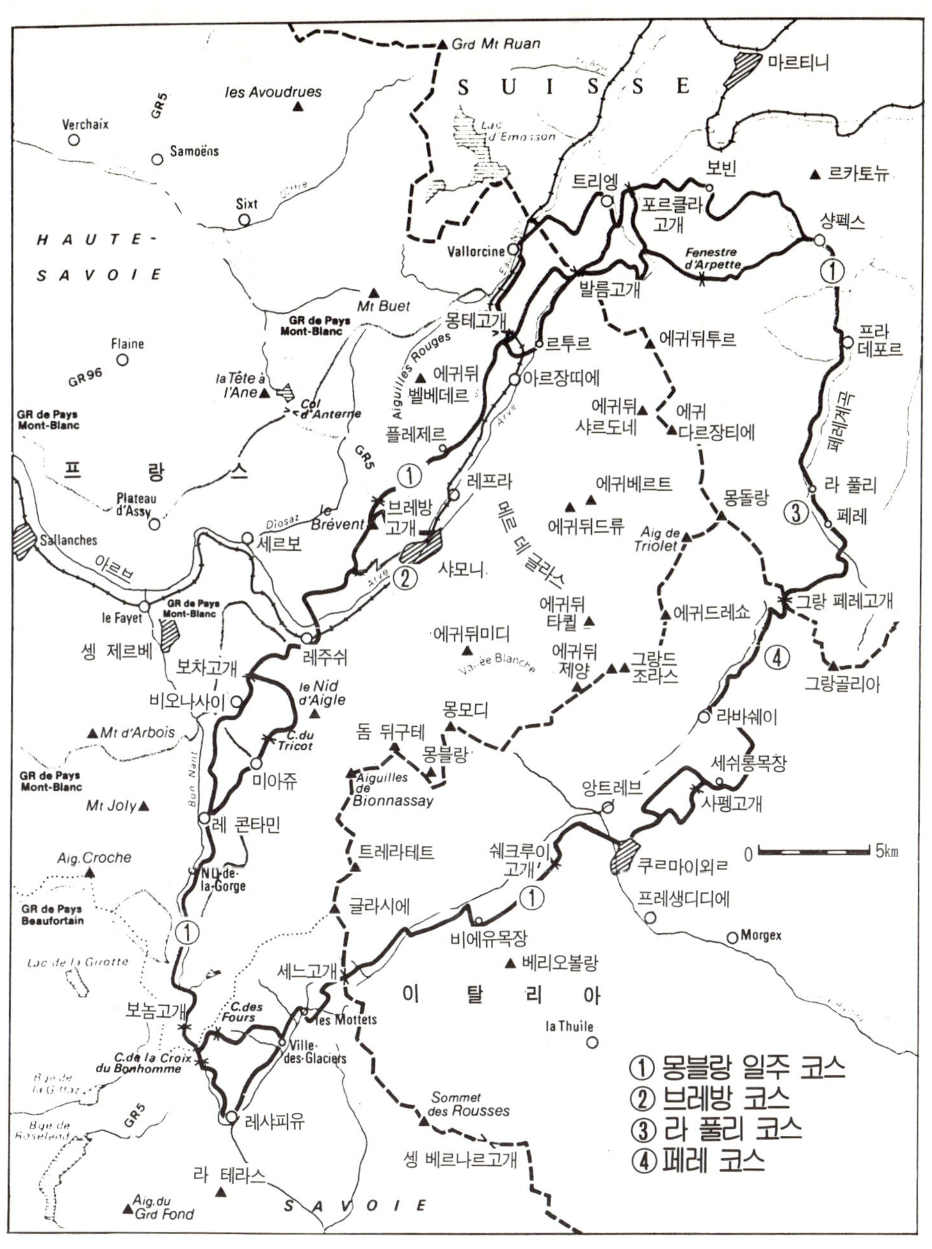
Grd Mt Ruan
SUISSE
마르티니
les Avoudrues
Lac d'Emosson
보빈
르카토뉴
Verchaix
Samoëns
트리엥
포르클라 고개
샹펙스
Sixt
Vallorcine
Fenestre d'Arpette
HAUTE-SAVOIE
발름고개
Mt Buet
몽테고개
에귀뒤투르
프라 데포르
GR de Pays Mont-Blanc
Aiguilles Rouges
에귀뒤
르투르
아르장띠에
Flaine
la Tête à l'Ane
에귀뒤 벨베데르
에귀뒤 샤르도네
에귀 다르장티에
라 풀리
GR96
Col d'Anterne
플레제르
에귀베르트
몽돌랑
페레
GR de Pays Mont-Blanc
프 랑 스
레프라
에귀뒤드류
Aig de Triolet
Plateau d'Assy
Diosaz
브레방 고개
le Brévent
메르 데 글라스
Sallanches
아르브
세르보
Arve
샤모니
그랑 페레고개
le Fayet
GR de Pays Mont-Blanc
에귀뒤 타퀼
에귀드레쇼
생 제르베
보차고개
레주쉬
에귀뒤미디
에귀뒤 제양
그랑드 조라스
그랑골리아
비오나사이
le Nid d'Aigle
Vallée Blanche
Mt d'Arbois
C.du Tricot
몽모디
라바쉐이
GR de Pays Mont-Blanc
미아쥬
돔 뒤구테
몽블랑
앙트레브
세쉬롱목장
사펭고개
Mt Joly
Bon Nant
Aiguilles de Bionnassay
쉐크루이 고개
쿠르마이외르
Aig. Croche
N.U.de-la-Gorge
레 콘타민
트레라테트
프레생디디에
GR de Pays Beaufortain
글라시에
비에유목장
Morgex
Lac de la Girotte
세느고개
베리오볼랑
이 탈 리 아
보놈고개
C.des Fours
les Mottets
la Thuile
B.de la Gitte
C.de la Croix du Bonhomme
Ville-des-Glaciers
레사피유
Sommet des Rousses
B.de Roseland
GR5
라 테라스
성 베르나르고개
Aig.du Grd Fond
SAVOIE
0   5km
① 몽블랑 일주 코스
② 브레방 코스
③ 라 풀리 코스
④ 페레 코스

샤모니 침봉군, 플랑봉, 타퀼봉, 블레티에봉 등이 솟아 있다.

m), 몽블랑 뒤 타퀼(4.248m), 제앙봉(4,013m), 그랑드 조라스(4,208m), 트리올레봉, 몽돌랑, 아르장티에봉(3,902m), 샤르도네봉(3,824m), 투르봉, 그리고 미디봉(3,842m), 타퀼봉, 드류봉, 베르트봉, 드루아트, 투르 누아르와 같은 명봉을 거느리고 있다.

샤모니에서 가장 강력한 인상을 풍기며 제일 먼저 시야에 들어오는 암탑군이 그 유명한 샤모니 침봉군이다. 이 기묘한 연봉은 양쪽에 미디봉과 드류봉을 두고 그랑 샤르모봉(3,445m), 블라티에봉(3,522m), 플랑봉(3,673m) 등의 침봉들이 하늘 높이 솟아 있다. 미디봉에는 몽블랑산군을 대표하는 화려한 전망대가 있고, 샤모니에서 이 전망대로 올라 이탈리아의 앙트레브(Entreves)로 가는 케이블 카가 설치되어 있으므로 몽블랑산군의 핵심부까지 바라볼 수가 있다.

몽블랑산군의 중앙에 형성돼 있는 메르 데 글라스는 3개 빙하가 합류하는 이 산군 최대의 빙하이다. 아마도 이 부분이 몽블랑산군의 하이라이트를 형성하고 있을 것이다. 그 중에서도 레쇼 빙하와 빙하 깊숙한 곳에 솟아 있는 그랑드 조라스의

샤모니에서 바라본 몽블랑 전경.

웅장함이 돋보인다. 이 봉의 북벽은 발리스 알프스의 마터호른 북벽과 베르너 알프스의 아이거 북벽과 함께 고난도 등반대상지로 손꼽히는 알프스 3대 북벽을 이루고 있다.

샤모니에서 등산전차를 타고 갈 수 있는 몽탕베르는 메르 데 글라스 빙하의 어귀 가까이에 위치하고 있다. 이곳은 드류봉 서벽을 비롯한 주변의 경관이 아름다워 관광명소로 이름나 있다.

샤모니에서 약 7km 북쪽에 있는 아르장티에에는 그랑 몬테(3,297m)로 오르는 케이블 카가 있다. 이곳에 오르면 스위스, 프랑스, 이탈리아에 걸쳐 있는 몽돌랑을 비롯한 아르장티에봉, 샤르도네봉과 아르장티에 빙하를 한눈에 바라볼 수 있다. 그리고 샤모니에서 서남쪽으로 9km 떨어진 레 주쉬에 이르면 벨르부전망대에 오르는 케이블 카가 있다. 이곳은 니데글로 오르는 중간지점인데 셍 제르베의 르 파예에서 출발하는 니데글행 열차와 함께 몽블랑 등산의 관문이기도 하다. 몽블랑 등산은 니데글에서 출발, 발로산장에서 하루 묵고 다음날 새벽 2시쯤 일어나 등정을 시도하게 된다.

샤모니계곡을 사이에 두고 샤모니 침봉군의 맞은편에 2천m급 연봉들이 둘러쳐져 있는데, 이른바 붉은 침봉군이라 일컫는 이 루즈암봉군(Les Aiguiles Rouge)에도 브레방, 플레제르와 엔덱스로 오르는 케이블 카가 있으며, 큰 빙하를 찾아볼 수는 없지만 기암절벽의 암산과 수려한 산간호수가 산재해 있어 하이킹 코스로는 적당하다.

샤모니에서 10km에 달하는 몽블랑터널을 지나 이탈리아 쪽으로 나서면 등산과 관광기지인 쿠르마이외르에 이른다. 이곳에는 몽블랑산군 중에서도 가장 양지바르고 아름다운 베니와 페레계곡이 몽블랑을 휘어감으로 그 절경을 뽐내고 있다.

쿠르마이외르에서 바라보는 몽블랑은 샤모니에서 보는 것과는 사뭇 다른 인상을 준다. 이와 같이 몽블랑산군은 위치에 따라 다른 독특한 모습을 보여 주고 있다. 따라서 지역에 따라 호쾌하고 독특한 등반루트와 하이킹 코스가 수없이 많다. 이 중에서도 '하이킹의 왕자' 격인 몽블랑산군 일주 코스가 제일 호쾌한 코스이며 수려한 몽블랑의 전모를 만끽할 수 있는 것이다.

샤모니(chamonix)

몽블랑산군 최대의 등산기지, 샤모니는 몽블랑산군의 북쪽을 가로지르는 샤모니 계곡의 중간쯤에 있다. 알프스 중에서도 빼어나게 아름다운 몽블랑산군을 구경하거나 또는 오르기 위하여 여러 나라에서 등산객이나 많은 관광객이 샤모니에 찾아오므로 오히려 국제적 관광도시라고 말하는 것이 좋을 것 같다.

표고 1,037m. 인구 9,260명. 프랑스령 오 드 사보아.

정식 이름은 샤모니 · 몽블랑.

11세기에 수도원이 세워지면서 마을이 들어서기 시작하여 오늘에 이르고 있다. 그리고 1786년 주네브 출신의 드 소쉬르의 제창에 의해 농부인 자크 발마와 의사인 미셸 파카르가 몽블랑을 초등정함으로써 알프스등산의 역사가 시작되기에 이르렀고 그 역사와 함께 샤모니는 발달해 왔다. 20세기에 접어들면서 등산전차와 로프웨이가 부설되고 1924년에는 제1회 동계올림픽이 샤모니에서 열림으로써 더욱 세상에 알려지게 되었다.

이어 1965년에 샤모니에서 몽블랑산군을 관통하고 이탈리아의 쿠르마이외르로 통하는 몽블랑터널이 완성되므로써 교통은 더욱 편리하게 되었다. 마르티니(스위스), 셍 제르베(프랑스), 쿠르마이외르(이탈리아), 주네브(스위스)의 동서남북의 네 방향에서 들어갈 수 있는 교통수단이 샤모니를 더욱 국제 관광도시회하는데 큰 역할을 하게 되었다. 그리고 이것이 샤모니의 또 하나의 매력으로 등장했다.

이제 역을 출발점으로 샤모니를 돌아본다. 역광장에서 시내 쪽으로 반듯이 뻗어가는 길이 미셸 크로(Michel Croz)거리. 등산 역사의 마을답게 거리와 광장 이름은 산에서 활약한 사람들의 이름을 따서 부르고 있다. 미셸 크로는 샤모니 출신의 등산가이드. 등산의 황금시대에 활약한 그는 1865년 마터호른의 초등정 직후에 자일이 끊어진 저 비극 때문에 희생자가 된 한 사람이다. 선물가게가 많은 미셸 크로 거리를 곧장 걸어가면 왼쪽에 아담한 목조건물이 나타난다. 이것이 프랑스산악회 샤모니지부의 건물이다. 그대로 더 걸어가서 오른쪽에 산악박물관을 보고 아르브 강을 건너지른 다리를 건넌다. 그리고 길목이 나타나는데, 오른쪽은 발로거리(Rue Joseph Vallot), 왼쪽이 파카르거리(Rue du Dr Paccard)다. 지금 걸어온 미셸 크로거

샤모니 한복판에 서 있는 몽블랑 초등정자들의 동상. 손으로 가리키는 곳에 몽블랑이 솟아 있다.

리와 이 2개의 거리가 샤모니의 메인스트리트다. 번화한 발로거리를 걷다보면 오른쪽에 제법 큰 슈퍼마켓이 있고 조금 가서 모퉁이를 오른쪽으로 돌아가면 몽블랑거리가 나온다. 여기에 아케이드 상점가가 있다. 이 상점가 안에도 슈퍼마켓이 두 군데 있다.

이어 몽블랑거리를 걸어 내려가서 아르브강의 또 하나의 다리를 건너면 주차장과 몽블랑광장이 나온다. 이 광장에서는 토요일 오전마다 장이 서고 의외로 좋은 골동품과 고서를 살 수가 있다. 또 이 광장의 모퉁이에 유서깊은 국립등산스키학교가 있다. 이 학교에서 교육을 받고 시험에 합격한 사람만이 산의 가이드 스키교관이 된다. 외국인을 위한 특별훈련 코스도 있다.

한편 파카르거리를 따라가서 발마광장에서 오른쪽으로 접어돌면 성 미셸 교회쪽으로 가게 된다. 12세기 초에 작은 예배당으로 세워진 이 교회는 1522년 화재를 당하고 그후 여러 번 개축되어 1758년에 지금의 모습을 갖추게 되었다. 건너편 물빛 빛깔의 지붕의 건물은 샤모니 가이드 샤모니 스키학교가 함께 쓰는 산의 집 (Maison de la Montagne)이다. 이 건물 앞의 게시판에는 기상도가 매일같이 표기된 관광안내소와 버스터미널이 있다. 버스터미널에서 샤모니지역의 레 주 쉬(Les Houches)와 르 투르(Le Tour) 방면의 정기버스가 운행되고 있을 뿐만 아 니라 안네시 그랑 셍 베르나르고개, 인터라켄, 체르마트, 멀리는 베니스까지의 당 일 관광버스가 운행되고 있다. 그리고 관광안내소와 교회 사이의 길을 올라가면 브 레방전망대로 오르는 케이블 카 역이 있다.

또 발마광장에서 파카르거리로 나가면 우체국, 은행, 영화관, 제과점, 서점, DP 점, 등산용품점 등 각종 상점이 즐비하게 늘어서 있다. 그리고 영화관에서 조금 더 가면 네거리가 나온다. 이 네거리에서 오른쪽으로 방향을 틀고 다리를 건너면 샤모니 쉬드(신개발 종합리조트 지구)가 나타나는데 이곳을 지나면 에귀 뒤 미디 에 오르는 케이블 카 역이 나온다. 이 역 광장에 20개 전후의 여러 국기가 바람에 나부끼고 있다. 물론 태극기도 서 있다. 야영장은 샤모니 주변에 대여섯 군데 있 다. 그중에 시설도 좋고 넓은 것은 샤모니에서 레 프라 마을 쪽으로 20분쯤 숲길 을 걸어가면 나온다. 이것이 잘 알려진 레 로시에(Les Rosieres) 캠프장이다.

한편 몽블랑 광장에서 산악구조대와 ENSA(국립 스키등산학교)의 건물을 좌우에 보면서 큰길을 따라 10분쯤 걸어가면 오른쪽에 샤모니아드 볼랑이라는 푯말을 보 게 된다. 여기에서 조금만 걸어가면 한국 산악인이 자주 찾아가는 샤모니아드 볼 랑(숙박소)이 나온다. 그 근처에 올 6월(1993년) 타피아라는 새 여관이 문을 열었 다. 값은 싸고 샤모니아드 볼랑과 같은 수준이다. 샤모니철도역에서 우측 계단을 올라서면 몽탕베르행 등산역이 있다. 이 등산선로를 좌측으로 가로질러서 조금 가 면 샤모니의 묘지가 있다. 여기에는 마터호른의 초등정자 E. 윔퍼를 비롯하여 저 명한 등산가들이 잠들고 있다. 그리고 몽블랑산군에서 오랫동안 활약하다가 고인 이 된 한국의 유재원 씨도 잠들어 있다.

진입교통은 "주요 등산기지의 접근" 란을 참고

ⓘ Place Eglise 전화 50-530024. 호텔예약은 전화 50-532333.

몽블랑 일주 코스

레 주쉬~벨르부~르크로차트~레 콘타민~보놈고개~샤피유~세느고개~엘자베타 솔디니산장~
퓨르튀드~라팔뤼산장~쿠르마이외르~플랑펭시유~라바쉐이~그랑 페레고개~페레~샹펙스~보
빈목장~발름고개~투르~몬테고개~브레방~크리스트 루아~레 주쉬

⊙ '하이킹의 왕자' 코스

　이 코스는 말 그대로 몽블랑산군을 한 바퀴 도는 하이킹 코스다. 그러므로 적어
도 8~10일의 기간이 필요하며 고산 하이킹에서 필요한 준비를 해야 한다.

　먼저 샤모니에서 서남쪽으로 9km 떨어진 레 주쉬를 출발점으로 삼는다. 그리
고 레 주쉬에서 벨르부전망대로 오르는 케이블 카를 탄다. 벨르부에 도착하면 우
선 보차고개로 내려가서 산간마을인 르크로차트로 간 다음 샹페리, 트레스를 통과
해 레 콘타민에 이른다.

　이곳은 이웃마을인 비오나사이와 함께 몽블랑 서남쪽을 대표하는 아름다운 산간
마을이다. 여기까지가 하루 일정이다. 소요시간은 보차고개에서 약 3시간 반 정
도. 다음 날은 샤피유 마을을 향해 아침 일찍 레 콘타민을 출발한다.

　도중에 크루아 뒤 보놈고개(2,443m)를 넘어 남쪽을 향해 내려선다. 샤피유 마
을까지 레 콘타민에서는 7시간이 소요된다. 그동안 몽블랑의 서쪽 산비탈을 오르
내린 셈이 된다. 다음 날은 세느고개(2,516m)를 향해 출발한다. 이 고개는 프랑
스와 이탈리아의 국경이다. 이 고개에 들어서면 그동안 다소 답답하던 시야가 확
트이고, 이탈리아쪽의 몽블랑 모습이 나타나기 시작한다. 그리고 페레계곡과 함께
아름답기로 유명한 베니계곡이 시작된다.

　계곡으로 내려가면 엘자베타 솔디니산장에 닿는다. 산장 아래로 도로가 나 있
다. 콤발호숫가의 초원을 거쳐 미아지 빙하 어귀의 호수에 닿으면 길가에 차린 노
점상들을 간간이 만날 수 있다. 미아지호수에서 약 1시간 거리에 비에유와 퓨르튀
드에 도착한다.

　퓨르튀드 호텔 근처에는 1920년 발생한 바위사태로 폐허가 된 잔해를 볼 수 있
다. 이 베니계곡은 아주 좁은 협곡이기 때문에 날씨에 따라 산사태의 위험이 항상

앙트레브에서 본 프레니쪽 벽. 가운데가 몽블랑 정상이다.

도사리고 있다. 초가을만 되어도 인적이 끊길 정도로 위험스러운 곳이다. 그래서 겨울은 말할 것도 없고 6월 중순경에도 눈사태가 일어나는 경우가 있는 계곡이다.

퓨르튀드에서 20분 더 가면 고색창연한 성당인 노트르담이 나타난다. 이 근처에서 바라보는 광경이 아마도 베니계곡의 경치 중 제일 아름다울 것이다. 누아르 드 푸트리의 웅장한 모습과 제앙봉에서 그랑드 조라스로 뻗어가는 기묘한 암릉을 한 눈에 바라볼 수 있다.

아쉬움을 달래며 쿠르마이외르로 하산한다. 경우에 따라서는 앙트레브나 라팔뤼 산장에서 하루 묵는 것도 좋다. 다음날 행정의 3km는 절약할 수 있기 때문이다. 다음 단계는 페레계곡 산행이다. 처음에는 도로를 따라 걷는다. 얼마 후 플랑펭시유를 거쳐 라바쉐이에 닿는다.

라바쉐이는 작은 계곡마을인데, 그 뒤로 넓은 분지가 형성되어 있고 그 위로 그랑드 조라스 남면이 솟아 있다. 계속 걸어나가면 계곡이 끝나는 지점에 있는 아르누바라는 작은 여인숙 한 채를 만나게 된다.

여기서 그랑 페레고개(2,573m)를 올라선다. 이 고개가 이탈리아와 스위스의 국경이다. 라팔뤼산장에서 5시간 거리로 주위의 아름다운 경치로 쉬어가지 않을 수 없다. 여기서 페레계곡으로 진입하려면 다시 2시간 정도 더 가야 한다. 페레계곡은 이 산길을 분수령으로 해서 상하 두 부분으로 나눠져 있다.

페레마을에 도착하면 샹펙스로 가는 코스로 들어선다. 샹펙스까지는 도로가 나 있는 하이킹 코스를 이용한다. 샹펙스까지는 4시간 거리. 샹펙스에서는 마을 아래쪽에 있는 라포야에서 비탈길을 따라 보빈목장으로 올라선다.

여기서 왼쪽 도로를 따라 가면 포르클라고개에 닿는다. 이곳은 주위경관이 너무 좋고 차가 다닐 수 있기 때문에 단체관광객들이 자주 찾는 곳이다. 보빈에서 하루 묵고 다음날 일찍 프랑스 쪽으로 향한다. 4시간쯤 걸어가면 발름고개(2,191m)에 당도한다. 이 고개는 프랑스와 스위스의 국경인데, 바로 여기서 몽블랑산군은 그 맥을 마감한다.

샹펙스에서 발름고개까지가 몽블랑산군의 최북단을 형성하고 있다. 이 고개에서 아스라이 내려다보이는 깊은 샤모니계곡과 몽블랑 산록에서 정상까지 한눈에 들어오는 전망, 바로 눈앞에 보이는 에귀 뒤 투르와 에귀 다르장티에의 설봉, 그 아래에 펼쳐지는 빙하와 권곡들이 빼어난 산악미를 보여주고 있다.

이 고개에서 투르마을까지는 1시간 30분 거리. 발름고개에서 투르까지 케이블

⊙ 코스정보

시즌 : 7월 초~9월 중순(8~10일 소요)이다.

등산기지 : 샤모니 몽블랑으로 스위스의 주네브와 마르티니, 이탈리아의 쿠르마이외르 세 방면에서 진입할 수 있고, 파리에서는 리용역에서 TGV를 이용해 리용에 닿은 후 셍 제르베의 르 파예에서 열차를 갈아타고 샤모니로 진입한다.

가이드를 고용할 경우에는 산의 집(Maison de la Montagne)에서 문의한다.

샤모니는 산악박물관과 국립스키등산학교 등으로 유명하고, 토요일 오전마다 서는 장에는 의외로 좋은 골동품들과 고서를 구할 수 있다.

한국 산악인들이 많이 이용하는 샤모니아드 볼랑(여관) 근처에 1993년 6월 타피아라는 여관이 새로 개설됐다. 값은 샤모니아드와 같은 수준이고 공동 침실과 주방이 마련돼 있다.

쿠르마이외르에 있는 가이드조합 산악박물관.

카가 설치되어 있으므로 이것을 이용해도 좋을 것이다. 투르에서 몽블랑 일주 코스 마지막 구간인 브레방 허리실로 신입한나. 몬테고개를 지나 플링프라와 폴라제르를 경유해 브레방전망대에 도착하는 것이다. 숙박은 시간을 보아 가며 숙소를 잡으면 된다.

브레방에서 몽블랑산군의 대파노라마를 시원스럽게 바라볼 수 있다. 브레방에서 마지막 하산길은 메를레와 크리스트 루아를 경유해 내려간다. 크리스트 루아에는 14m 높이의 예수상이 서 있고 그 옆에 작은 교회가 있다.

이 교회를 뒤로 하고 무거운 발걸음을 옮기면 마침내 레 주쉬역에 도달하며 이어 10분쯤 걸어가면 레 주쉬 마을에 닿는다. 이리하여 몽블랑산군 일주의 대장도가 끝나는 것이다.

브레방 코스

무수~플랑라샤~벨라샤산장~브레방~플랑프라~샤블렛산장~몰라르

⊙ 몽블랑전망대

이 코스는 샤모니 전면에 우뚝 솟은 에귀 루즈의 브레방을 걸어 오르는 것이다. 샤모니 서남단에 있는 무수(Moussoux)에서 시작해 브레방 능선을 향해 오르는 이 코스는 중간의 플랑라샤를 거쳐 비교적 가파른 길을 오르는 코스다.

플랑라샤에서 약 3시간 정도 오르면 능선 위에 자리잡고 있는 벨라샤산장 (2,151m)에 닿는다. 여기서 잠시 휴식을 취한 다음 북쪽으로 방향을 잡고 능선길을 따라 1시간 30분 정도 오르면 목적지인 브레방전망대에 도달한다.

전방에 몽블랑의 대파노라마가 전개되고 북쪽으로는 에귀 루즈의 기암절벽이 시야에 들어온다. 그리고 햇빛을 반사하는 브레방호수의 물결 너머로 사보아 연봉들이 눈부시게 솟아 오르고 있다.

발 아래에는 샤모니계곡을 관통하는 아르브강이 흐르고 있으며, 샤모니마을을 중심으로 레 주쉬와 아르장티에의 위성마을들이 흩어져 자리잡고 있는 모습을 한 눈에 내려다볼 수 있다. 이 마을 위로 보송 빙하와 타코나 빙하가 태고의 신비를 간직한 채 흐르고 있다.

하산은 브레방에서 계속 북상한 다음 플랑프라(1,999m)를 겨냥하고 다소 가파른 비탈길을 내려간다. 플랑프라는 샤모니와 브레방을 연결하는 로프웨이의 중간 역이다. 브레방에서 플랑프라까지는 숲이 없는 흙길이며 앞이 탁 트여 계속 주변의 경치를 즐길 수 있다. 이후는 숲길이다.

플랑프라에서 약 1시간 정도 나서면 샤블렛산장에 이른다. 이 산장에서 잠시 휴식을 취한 후 가파른 내리막을 1시간 정도 내려서면 도로와 연결되는 몰라르에 도착한다. 몰라르는 샤모니 북단에 해당한다.

전망대에서 본 몽블랑산군.

샤모니 중심가에 있는 우체국.

이탈리아의 쿠르마이외르.

⊙ 코스정보

시즌 : 7월~10월 중순

소요시간 : 7시간 30분~8시간

등산고도 : 1,450m

숙박 : 바기샬레 벨라샤. 시즌 동안 개장. 침상 30개. 전화 50-534323.

등산기점 : 무수

인근코스 : ① 샤모니~플랑프라~샤라농~플라제르(로프웨이)~프라(버스)~샤모니
(3시간)

② 샤모니(버스)~프라(로프웨이)~플라제르 세즈리호수~플라제르(로프
웨이)~프라(버스)~샤모니(4시간)

2368
브레방고개
플랑프라
1999
브레방
2526
샤블렛산장 1545
브레방호수
테트드벨라샤
2263
몰라르
벨라샤산장 2151
플랑라샤
무수
레페클
샤모니
1087
레가이앙

3000
2500
2000
1500
1000
500
벨라샤산장
2151
브레방 2526
샤블렛산장 1545
무수 1087
몰라르 1087
3
1.4
1.8
1
1
8.5km
3¼
1½
1
¾
¾
7½ 시간

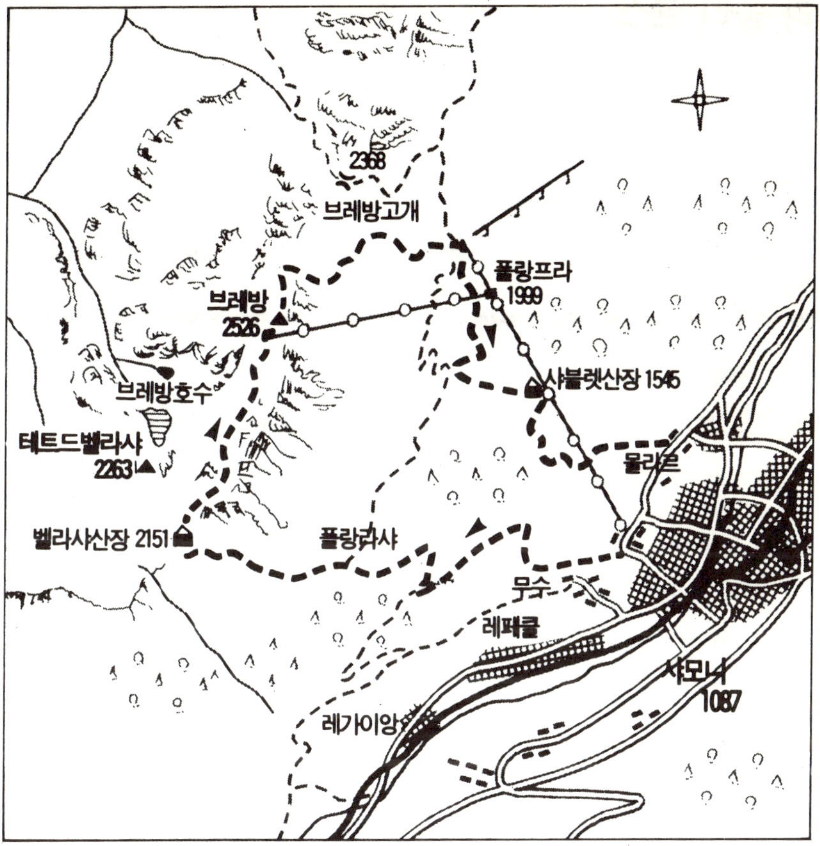

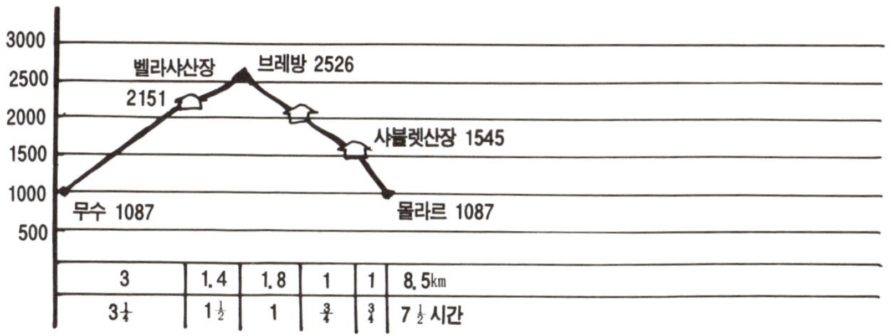

라 풀리 코스

라 풀리~빙하의 캠프장~라 레세르~작은 페레고개~페레봉~큰 페레고개~라 풀~플랑프로~르 클루~라 풀리

◉ 이탈리아쪽 페레계곡을 관망

몽블랑산군의 동쪽에 속하는 라 풀리(La Fouly) 코스와 페레(Ferret) 코스는 민가가 적고 한적한 곳이지만 주변의 경관과 조용한 분위기 때문에 하이커들이 많이 찾는 코스다.

또한 가스통 레뷔파가 소개한 높이 4백m의 슬랩이 라 풀리 마을 앞에 있고 몽블랑산군 북단의 투르 누아르(Tour Noir · 3,836m)와 몽돌랑(Mont Dolent · 3,820m)에 좋은 등반 루트가 여러 군데 있기 때문에 많은 클라이머들이 찾아가는 곳이다.

이 지역은 몽블랑산군 중에서도 스위스령에 속해 있으므로 몽블랑산군의 스위스쪽 입구에 해당하는 마르티니(Martigny)에서 버스편을 이용한다. 마르티니는 베르너와 발리스 알프스산군의 물을 모아 서쪽으로 흘려 보내는 론강이 크게 서북으로 진로를 바꾸는 삼각지대에 있는 아름다운 마을이다. 이곳에서 철도편으로 1시간 40분 정도면 알프스 최대의 관광도시 샤모니로 갈 수 있고, 호반의 도시 로잔에도 쉽게 갈 수 있다. 또한 스위스와 이탈리아 국경에 위치하고 있는 그랑 셍 베르나르(Grand Saint Bernard)고개를 넘어 이탈리아의 유명한 관광도시인 아오스타(Aosta)에도 쉽게 갈 수 있다.

베르나르고개는 많은 역사적인 사건이 일어난 고개로 기원전에 로마군이 이 고개를 넘어 중부 유럽에 진군할 때 사용한 통로였다. 19세기에는 나폴레옹군대가 이 고개를 넘어 주변 국가를 손아귀에 넣은 곳이기도 하다. 그래서 마르티니에는 로마시대 유적들이 많다. 지금은 발리스주 서부의 관광거점으로서 여러 방면의 교통중심지로 되어 있다.

라 풀리 코스는 자연의 경관이 수려하기로 이름난 몽블랑산군의 이탈리아쪽의

플랑프로에서 바라본 라 풀리 마을 전경.

페레세곡과 분수령을 이루고 있는 페레고개를 오르는 코스다. 이탈리아쪽 페레계곡의 반대편에 위치한 스위스쪽 페레계곡(일명 풀리계곡)은 아직도 인적이 드문 한적한 곳이다.

라 풀리 마을만 하더라도 에델바이스라는 이름의 작은 호텔이 하나, 우체국, 그리고 대여섯 채의 민가가 있을 뿐이다. 그나마도 겨울에는 철시상태. 이중에서 가이드를 업으로 하는 집은 네 집이다. 1960년대에 아이거 북벽을 단독으로 처음 오른 미셸 다르벨레이(Michel Darbellay)도 이 마을에 살고 있다.

신선한 분위기를 풍겨 주는 라 풀리 코스는 몽블랑 일주코스의 통과지점이기도 하다. 이 고개에 올라서면 전면의 페레계곡은 물론 몽블랑산군과 샹펙스(Champex · 1,466m) 일대까지 아름다운 경치를 즐길 수 있다.

녹색 초원의 분지에 검푸르게 고여 있는 샹펙스의 산중호수는 소문 그대로 목가적인 산중 전원의 아름다운 풍경이다. 이 코스는 7~9월이 가장 좋은 시즌으로 9월 중반에 들어서면 벌써 신설이 내리기 시작하는데, 가을 속에 피어오른 설경이 아름답기 그지없다.

하이킹의 출발점은 라 풀리(1,593m). 마을 앞에 흐르는 개천을 건너 캠프장을 지난 다음 좁은 등산로에 진입한다. 캠프장의 상부에는 몽블랑산군의 북쪽에 해당하는 마지막 산자락의 몽돌랑과 루즈봉, 투르 누아르의 연봉이 하늘 높이 솟아 있고, 그 아래에는 뉴브 빙하가 도도히 흐르고 있다. 바로 이 빙하의 어귀 아래 초지에 캠핑하기 좋은 평평한 땅이 자리잡고 있어 사람들은 이 캠프장을 '빙하의 캠프장'이라고 부른다.

좁은 등산로에 들어서서 그 길로 뉴브 빙하를 3시간쯤 거슬러 올라가면 뉴브산장(2,735m)에 이른다. 이곳은 초라한 간이산장에 지나지 않으나 루즈봉과 투르 누아르를 오르는 등산객을 위한 등산기지의 역할을 해주는 이 지역 유일의 산장이기도 하다.

이 산장에서 서쪽으로 가면 루즈봉과 투르 누아르를 오를 수 있고 서남쪽으로 잡으면 몽돌랑을 오를 수 있다. 몽돌랑의 경우 다소 가파른 설원을 올라 라마이에

⊙ 코스정보

시즌 : 7~10월

고도 : 등하산 1,120m

소요시간 : 7시간 15분

지도 : 스위스지도 282호(도엽명 Martigny)와 292호(도엽명 Courmayeur)

등산기점 : 라 풀리는 작은 마을이지만 호텔, 우체국, 슈퍼마켓, 관광 정보센터 등이 갖춰져 있다. 가이드와 등산 문의전화 026-42727(미셸 다르벨레이).
샹펙스는 라 풀리처럼 작은 마을로 역시 호텔, 여인숙, 임대 숙소, 산장 등이 잘 갖춰져 있고, 브레야행 케이블 카가 있다.

인근코스 : ① 라 풀리~이세르~샹펙스(4시간 소요)
② 프라드포르~살레이산장(4시간 소요)
③ 샹펙스~도르니산장(3시간 30분 소요)

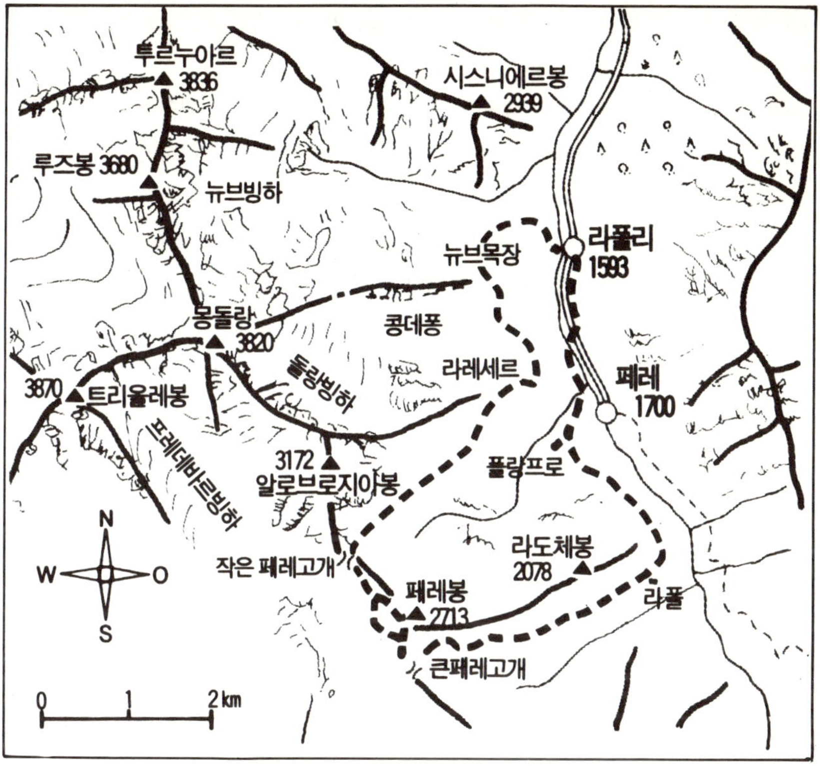

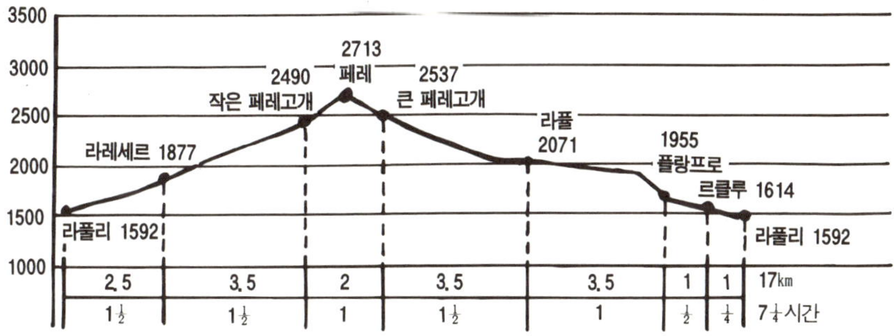

투르누아르
3836
시스니에르봉
2939
루즈봉 3680
뉴브빙하
라풀리
1593
뉴브목장
몽돌랑
3820
콩데퐁
라레세르
3870
트리올레봉
돌랑빙하
페레
1700
프레데바르빙하
3172
알로브로지아봉
플랑프로
N
W
O
S
라도체봉
2078
작은 페레고개
페레봉
2713
라풀
큰페레고개
0
1
2 km

3500
3000
2500
2000
1500
1000
2713
페레
2490
작은 페레고개
2537
큰 페레고개
라레세르 1877
라풀
2071
1955
플랑프로
르클루 1614
라풀리 1592
라풀리 1592
2.5
3.5
2
3.5
3.5
1
1
17km
1½
1½
1
1½
1
½
¼
7¼시간

플라토에 오른 다음 설원을 횡단해서 이어 층층이 나타나는 꿀르와르를 통해 정상에 서게 된다.

하이킹의 경우 빙하캠프장 출구인 좁은 등산로에서 방향을 왼쪽으로 틀어 우거진 숲속을 지나 라 레세르(La Léchère · 1,887m)로 향한다. 말하자면 몽돌랑 산록을 따라 오르기 시작하는 것이다.

이 산록을 따라 걷노라면 아름다운 녹색의 목장이 나타나고 녹수청산에 펼쳐지는 페레계곡의 절경이 그림처럼 나타난다. 이 목장길을 한참 올라가면 라 레세르에 도달한다. 라 풀리에서 1시간30분 거리다.

얼마만큼 고도를 높여 가면 산중턱에 돌랑 빙하가 매달려 있고 그 위로 솟은 몽돌랑 정상에서 시작되는 암릉을 볼 수 있게 된다. 콩트 드 퐁(Combe de Font)의 고샅길에 들어서면 하늘 높이 우뚝 솟은 몽돌랑의 거무스름한 암벽이 시야에 들어온다. 홀연 돌랑 빙하 안골에서 갑자기 찬 바람이 불어오며 을씨년스런 분위기를 자아낸다.

라 레세르를 통과하고 등산로를 얼마간 계속 올라가면 이번에는 햇살에 눈부시도록 반짝거리는 알로브리지아의 암벽을 만난다. 이 암벽의 기슭을 따라 2백m쯤 오르면 눈으로 뒤덮인 설면을 만난다. 이 설면을 오르고 마지막 너덜길을 오르면 마침내 작은 페레고개(Petit Col Ferret · 2,490m)에 도달한다. 라 레세르에서 1시간 30분 거리다.

눈앞에 펼쳐지는 남쪽 이탈리아의 페레계곡과 아스라이 시야에 들어오는 베니계곡이 정말 아름답다. 이 계곡들은 몽블랑산군의 계곡 중에서도 으뜸가는 풍광미를 자랑한다. 그리고 몽돌랑의 암릉과 웅장한 그랑드 조라스가 손에 잡힐 듯 눈앞에 솟아있다. 그 거대한 화강암 살결에 매달려 있는 현수 빙하의 모습은 정말 인상적이다.

이 고개에서 남동쪽으로 방향을 바꾼다. 이 고개에서 2,539m 지점까지 산길이 굽이쳐 오른다. 쉬운 능선길이기는 하나 이따금 길이 끊어지곤 하지만 눈앞에 서 있는 페레봉(Tete de Ferret · 2,713m)을 목표로 오르면 된다.

정상에서 잠시 휴식을 취한 후 다음은 큰 페레고개(Grand Col Ferret · 2,537m)로 올라간다. 작은 고개에서 큰 고개까지는 1시간 거리. 페레봉을 오르지 않고 남쪽 사면을 가로질러 큰 고개로 나서는 데에는 30분이 걸린다.

이 큰 고개는 옛날부터 이름난 곳으로 전형적인 몽블랑산군의 일주코스에서도

루즈봉과 몽돌랑의 전경. 가운데 뉴브 빙하가 보인다.

넘어야 하는 지점이기도 하다. 몽블랑산군 일주코스의 경우가 아니더라도 이 큰 고개에서 이탈리아쪽 페레계곡을 통과해서 쿠르마이외르(Courmayeur)로 하산하면 더없이 아름다운 라삭세 부근의 풍경과 적막과 고독이 깃든 사펠계곡과 말라트라 계곡의 하이킹을 즐길 수도 있다.

이 큰 고개에서 주변의 풍광을 음미하고 페레 마을 쪽으로 하산한다. 이 길은 페레봉 북동면 비탈을 내려가는 일반 등산로이다. 라도체봉 아래에 이르면 오히려 등산로가 좁아지지만 라 풀(La Peule) 목장까지 분명히 길은 이어진다. 큰 고개에서 라 풀까지는 1시간30분 거리.

이 하산로에서 처음으로 동쪽 하늘 아래 우뚝 솟은 그랑 콤뱅(Grand Combin · 4,314m)의 위용이 그 모습을 드러낸다. 그랑 콤뱅은 알프스의 4천m급 고봉 중에서도 오르기 힘든 산으로 알려져 있으며 마르티니와 아오스타를 기점으로 본격적인 산악인들이 찾아가는 산이다.

라 풀에서 개천을 건너 그랑 생 베르나르의 길을 따라 쉽게 페레 마을로 하산할 수도 있으나 인적이 드문 변형 코스(Variante Ferret—La Fouly)로 하산하는 것이 더욱 바람직하다. 이 코스는 변화무쌍한 고산 하이킹 코스로 원시림 숲길을 걸어가노라면 빨간 주둥이를 한 산까마귀와 날개가 1.5m에 달하는 왕독수리가 이따금 사람들을 놀라게 한다.

마른 바위고랑이 나타나는가 하면 썩어서 문드러진 나무 그루터기가 나타난다. 서양팥나무와 서양소나무가 빼곡히 들어찬 원시림 사이로 간혹 계곡 아래에 움틀고 있는 마을들이 보일 뿐이다. 이정표가 잘 서 있으므로 길 잃을 염려는 없다.

이윽고 소치는 목동이 외롭게 살고 있는 플랑프로(1,955m)의 오두막에 당도한다. 여기서 방향을 더욱 북쪽으로 틀고 걸어가면 얼마 후 갈림길을 만난다. 라 퓰에서 갈림길까지는 약 1시간 정도. 여기서 15분쯤 걸어가면 페레에 이르고 갈림길에서 45분쯤 걸어가면 라 풀리에 이른다. 아무튼 돌투성이의 계곡바닥을 걷고 가끔 바위더미를 피해 걸어가면 페레개천과 만나는 입구에 있는 나무다리에 이른다. 이 나무다리를 건너서 르 클루(Le Clou · 1,614m)를 지나면 곧 차도를 만나고 마침내 라 풀리 마을에 도착하게 된다.

△ 산깊은 비보의 고장 ─상 모리스

몽블랑산군의 동쪽 라 풀리의 코스를 하이킹하는 경우 유서깊은 마르티니에 들르기 마련인데 이 마르티니에서 로잔으로 가는 북쪽 13km지점에 산깊은 비보(秘寶)의 마을 상 모리스(St. Maurice)가 있다.

론강은 발레주(발리스주의 프랑스어 발음)를 지나면 레만호에 흘러 들어간다. 그러나 흘러 들어가기 전에 좁은 골짜을 빠져나와야 한다. 바로 이 협곡에 위치한 상 모리스는 이제 사람들의 생각에서 잊혀져 가버린 양, 작은 마을이 되고 말았다. 그러나 이 마을에는 대단히 흥미깊은 숨겨진 보물들이 있다.

그것은 수도원 교회의 보물들이다.

수도원 교회는 벼랑의 일부가 아닌가 하고 착각을 일으킬 정도로 우람하게 서있는 바위 같은 중후한 건물이다. 스위스에서 가장 오래된 교회임에는 틀림없는데 기록에 남아 있는 것을 봐도 4세기 이래 10번은 고쳐 지었고 낙석으로 건물이 허물어진 적도 있으며 오늘날 우리들의 눈앞에 있는 것은 1949년에 복원된 건물이다. 이 교회의 최대 구경거리는 대대로 보존되어 내려온 보물이다.

이것은 유럽의 크리스트교 교회 중에서 최고의 절품이 갖춰진 것이라고 한다. 놀랄 만큼 섬세한 조금(彫金)과 보석세공을 수놓은 상자(메로빈가왕조), 12세기경의 성 칸듀스의 은제의 두부상(頭部像), 9세기의 금 주전자 성배(聖杯) 등 중세 이전의 귀중한 보물들을 구경할 수 있다. 견학은 교회의 가이드가 30분 정도 안내한다.
7, 8월은 9시 30분, 10시 30분, 14시 30분, 15시 30분.
　5, 6, 9, 10월은 10시 30분, 15시, 16시 30분,
　11월 상순~4월은 15시, 16시 30분.
　일요일 오전 중 축제일의 제식 중에는 견학할 수 없다. 견학희망은 교회에 직접 신청하든지 미리 전화로 신청하도록 한다. 전화 025-651181.
　이 마을에는 이외에도 발레주 군사박물관이 있는 성, "요정의 동굴"이 있다. 동굴에 들어갈 때 입구에서 비닐봉투에 넣은 설명서와 회중전등을 빌려준다. 이 동굴은 1863년 상 모리스의 수도사가 발견했다고 한다. 들어가서 2분쯤 안으로 더 들어가면 계단이 있고 그 후평의 앞쪽에 "기적의 샘"이 있다. 왼손을 샘에 담그고 소망을 기원한다고들 한다. 샘의 위에는 요정의 모양을 한 바위가 있다. 끝나는 지점에는 약간 널찍한 못이 있으며 당 뒤 미디의 고봉을 원천으로 하는 물이 50m 위에서 떨어지고 있다. 왕복 약 25분, 5프랑. 상 모리스에서의 숙박은 Ecu Du Valais 전화 025-651386.
　식사는 Buffet De la Gare 전화 025-651218이 좋다.
　① Grand—Rue 47 전화 025-652727.

페레 코스

페레~아르드수목장~쇼산장~창의 호수~페레의 창~2,823m(몽푸르송 암릉길)~페레의 창~창의 호수~쇼산장~아르드수목장~페레

⊙ 산중호수와 전망좋은 암릉 코스

이 코스는 페레 마을을 출발해 '창의 호수'와 '페레의 창'을 오르고 페레로 되돌아오는 것으로 환상적인 산중호수의 수려함을 만끽할 수 있는 코스다.

론강이 갈라지는 어귀에 위치한 마르티니는 발리스에서 가장 오래된 도시 중의 하나다. 이 도시는 옛날 괴테, 쿠퍼, 스탕달, 디킨즈, 바이런과 같은 명사들이 여행의 기착지로 유숙한 것으로도 유명한 곳이다. 그들의 발자취를 흠모하는 사람들을 지금도 이곳에서 만날 수 있다.

마르티니는 19세기까지만 해도 론강의 범람으로 자주 괴롭힘을 당했다. 그래서 교회의 사제들은 여름거처를 시온(Sion)의 양지바른 곳으로 옮겼을 정도였다. 당시 시온은 1788년 대화재로 마을 전체가 재바다가 되었으나 그후 오히려 새롭고 훌륭한 도시로 변모했다.

마르티니의 중앙로를 따라 서 있는 플라타너스의 나뭇잎이 어찌나 빽빽하게 들어차 있는지 비 오는 날에 걸어도 빗물을 피할 수 있을 정도다. 그래서 플라타너스의 도시라고 일컫는 마르티니에는 17세기에 세운 대성당이 눈길을 끈다. 특히 양쪽으로 젖혀 열게 돼 있는 날개문이 아주 인상적이다.

그리고 이 고장의 관광단지인 그랑 셍 베르나르고개로 가는 버스가 이곳에서 출발하므로 관광철에는 많은 사람들이 모여든다. 수려명미한 샹펙스의 산중호수 부근에 있는 레발레트와 셍 브랑세르도 이 마르티니가 시발점이 된다.

레발레트와 셍 브랑세르를 찾아가는 길가에는 투명한 빛깔로 반짝이는 암산이 하늘 높이 솟아 있고 양지바른 동쪽의 산비탈에는 포도를 재배하는 밭들이 점점이 누워 있다. 이 동쪽 방면으로 거슬러 올라가는 바뉴계곡의 가장 깊은 곳에 아름다운 휴양지 베르비에가 있고 그 상부의 수려한 산군에 에워싸인 모부아셍의 저수지

작은 페레고개가 화면 중앙에 있고, 오른쪽으로 알로브로지아 암벽이 보인다.

가 있다.

오르시에르(Orsieres)에 이르면 그랑 셍 베르나르고개가 가까운 곳에 있음을 알게 된다. 이 고개는 이탈리아의 아오스타계곡과 오른쪽의 빙하계곡과 그랑 콜리아의 산록 위로 뻗어 이어내리고 있는 안그로니에트 빙하를 거느리고 있다.

페레계곡은 오르시에르에서 당틀몽계곡과 합류한다. 이 계곡 위로 발달한 암석지가이 몽블랑산군과 그랑 콩벵산군 사이에 화강암 암봉들을 형성하고 있다.

솜라프로(968m)는 이 계곡의 첫번째 마을이며 석조건물들이 이채롭다. 이셀(1,074m)의 마을길은 좁고 집집마다 처마 끝에 덧붙인 나무차양 때문에 골목길은 하늘을 가릴 정도로 비좁다.

레아라세(1,117m)의 작은 촌락은 물이 흐르는 계곡의 오른쪽에 위치하고 있다. 이 촌락은 솜라프로 마을과 달리 대조적으로 목조건물들이 들어서 있다. 그리고 아름답고 다채로운 꽃들을 집집마다 꾸며 놓은 풍경이 마을의 아름다움을 더해 주고 있다. 1.5km 사이에 점점이 들어서 있는 이 산촌풍경은 알프스에서도 고즈넉하고 평화스런 분위기로 이름나 있다.

다음이 라 풀리 마을이다. 앞에서 언급한 것처럼 작은 산마을이며 사람들은 외부의 영향을 별로 받지 않은 양 순박하고 시골다운 멋이 흐른다. 이제 마지막 마을인 페레에 닿으면 목조와 석조건물이 몇 채 서 있을 뿐 한적하기 그지없다.

높이 1,707m의 산비탈에 세워진 작은 산간교회가 홀로 서 있는 모습이 퍽이나 애처롭다. 이름하여 노트르담(Notre Dame). 파리의 노트르담과 이름이 같다. 이 마을이 바로 버스의 종점이다. 하이킹은 여기서부터 시작하는 것이다.

페레에서 아르드수(1,802m)목장을 향해 그늘진 숲길을 30분 가량 걸어가면 드 수의 산막에 도달한다. 동쪽의 목초지는 서쪽의 아르장티에와 트리앙의 화강암과 큰 대조를 이루고 있다. 그리고 실낱같은 계류가 모여 페레계곡으로 흐르고 있다.

길은 목장에서 반다레이(2,763m)의 깊은 계곡으로 이어진다. 오른쪽으로 라페 울의 목초지를 보며 계속 직진해 좁은 오르막을 오르면 쇼산장(2,041m)을 지나 가파른 암장으로 이어진다. 출발점에서 쇼산장까지는 1시간 14분 거리.

이 암장의 슬랩을 오르면 또 하나의 슬랩이 나타난다. 이 슬랩을 올라서면 갑자 기 환상의 산중호수가 눈앞에 나타난다. 이름하여 '창의 호수'(2,456m)라고 부른 다. 뒤바람이 불어도 갈바람이 불어도 항상 유리처럼 잔잔한 창의 호수는 이 코스 의 명소 중의 명소다. 쇼에서 호수까지는 1시간 15분 거리다.

여기서 다시 얼마 더 가면 두번째 호수를 만난다. 짙푸른 수면에 산바람이 스쳐 가면 다소곳이 잔잔한 물결이 일고 햇살에 반짝이는 광채가 춤을 춘다. 서쪽 하늘 아래 푸른 초원 너머로 그랑드 조라스의 칙칙한 갈색 암벽이 솟아 있고 그 옆으로 트리올레봉과 몽돌랑이 그 위용을 자랑하고 있다.

⊙ 코스정보

시즌 : 7~10월

고도 : 등하산 1,130m. 그랑 셍 베르나르고개로 하산할 경우 고도차는 780m 정도.

소요시간 : 6시간 15분. 그랑 셍 베르나르 고개로 하산할 경우 1시간 정도 단축.

지도 : 스위스 지도 282호(Martigny)와 292호(Courmayeur)

등산기점 : 페레에 호텔과 여인숙이 잘 갖춰져 있음. 우체국은 라 풀리에 있고, 환전
은 오르시에르에서 할 수 있다.

인근코스 : ① 페레~쇼산장~바스티용고개~그랑 셍 베르나르고개(4시간 반 소요)

② 샹펙스~라포르클라(6시간 소요)

③ 셍 브랑세르~모부아셍 인공호수(바뉴계곡 하이킹 코스)

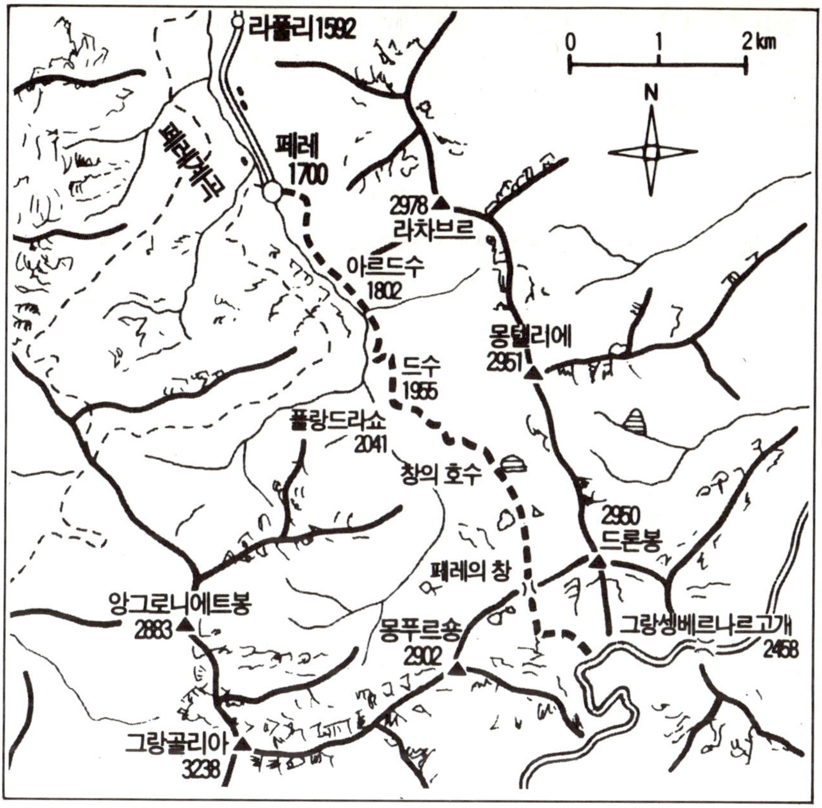

라풀리 1592
0 1 2 km
N
페레 1700
페라계곡
2978 라차브르
아르드수 1802
몽텔리에 2951
드수 1955
플랑드라쇼 2041
창의 호수
2950 드론봉
페레의 창
앙그로니에트봉 2883
몽푸르숑 2902
그랑셍베르나르고개 2458
그랑골리아 3238

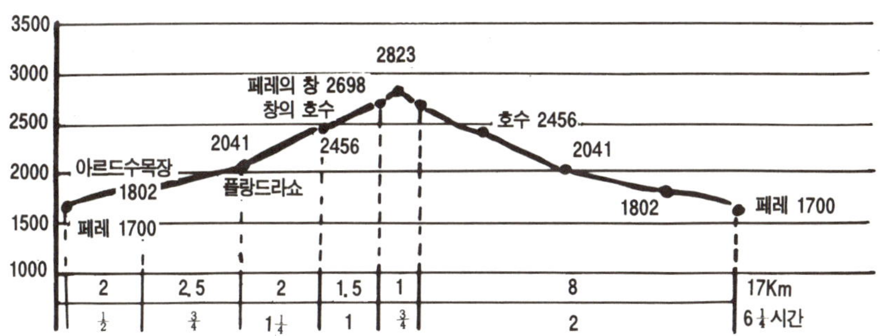
3500
3000
2500
2000
1500
1000
2823
페레의 창 2698
창의 호수
2041
2456
호수 2456
2041
아르드수목장
1802
플랑드라쇼
1802
페레 1700
페레 1700
페레 1700
2 2.5 2 1.5 1 8 17Km
½ ¾ 1¼ 1 ¾ 2 6½ 시간

창의 호수에서 1시간 정도 더 오르면 '페레의 창'(2,698m)에 도달한다. 이곳에 오르면 창문을 열어 젖힌 듯 사방이 확 트이고 산바람은 우리를 거칠게 다룬다. 남쪽 발 아래에는 그랑 셍 베르나르 고개가 아름다운 호수와 수도원을 거느리고 있다.

또한 아오스타계곡 너머 멀리로 그랑 파라디소가 우뚝 서 있다. 그랑 파라디소는 4천m급 독립봉으로서는 유일하게 이탈리아령에 솟아 있는 산이다. 여기서 스위스와 이탈리아의 국경을 이루고 있는 남서릉의 발자국을 따라 높이 2,823m 지점까지 올라가 본다. 아기자기한 암릉길을 약 30분 오르게 되는데, 이 암릉을 몽 푸르숑의 암릉길이라고 부른다.

이 암릉이 페레 코스 중에서 전망이 제일 좋다. 몽블랑~그랑드 조라스~몽돌랑~그랑 콤벵~몽벨라으로 이어지는 명봉들이 한눈에 들어 온다. 그리고 하산할 때 그랑 셍 베르나르고개로 내려가고 싶은 사람은 페레의 창에서 남쪽 하산길을 따라 내려가면 된다.

이 고개는 여러 번 언급했듯이 유서깊은 고개로 겨울이면 가혹한 추위와 위험이 항상 따르지만 알프스산맥을 넘는 고개 중 가장 유리한 고개였으므로 옛날에는 상인, 순례자, 군대, 심지어는 왕이나 황제까지도 이 고개를 이용했다. 1898년 부설한 수도원의 건물은 1925년부터 호텔로 활용되고 있다. 이 호텔에는 이 고개의 역사를 한눈에 볼 수 있도록 영사실까지 갖춰 놓고 있다.

페레 마을로 하산할 경우에는 2,823m 고지에서 2시간 15분쯤 걸린다. 마침내 부드러운 산골바람이 소리없이 내리는 안개 속으로 스쳐 지나가는 해질녘에 페레 마을에 도착하는 것이다.

부 록

주요 등산기지의 접근

하이킹 어드바이스

후 기

주요등산기지의 접근 방법

알프스에 들어가는데 가장 편리한 공항은 스위스의 취리히 국제공항(Flughafen Zürich Kloten)과 주네브공항(Aéroport de Genève Cointrin)이다. 공항 출입구의 지하에 스위스의 국철이 들어와 있으므로 이것을 이용하면 된다. 일단 공항의 지하역에서 취리히 중앙역(Zürich Hauptbahnhof 10분 거리) 또는 주네브 중앙역에 해당하는 코르나뱅(Cornavin 6분 거리)역으로 나와서 행동을 개시한다. 단 오전과 같이 이른 시간대인 경우는 당일에 공항지하역에서 직접 인터라켄 그린델발트 또는 샤모니, 체르마트에 갈 수 있다.

이때는 목적지의 도착시간을 잘 살펴야 한다. 늦은 저녁이나 밤에 도착하면 하이시즌의 경우 숙소를 구하기가 아주 힘들 때가 있다. 아무튼 지하역 내에 교통관광안내소가 있으므로 문의 후 행동을 개시하는 것이 좋다. 스위스의 철도는 대개 아침 6시에서 밤 11시까지 운행한다.

① 체르마트

주네브에서 로잔으로, 여기서 갈아타고 브리크에 와서 등산전차편으로 체르마트에 진입한다. 단 주네브에서 브리크행 또는 밀라노행을 탈 수 있는 경우라면 로잔에서 갈아탈 필요가 없다.

또 브리크 바로 전역의 피스프(Visp)에서 기차가 정차하는 경우는 여기서 내려 체르마트행 등산전차를 탈 수 있다. 브리크발 체르마트행은 아침 5시대와 6시대를 제외하고 매시 23분발, 다음 정차역인 피스프는 매시 35분발이므로 알아두면 편리할 것이다.

취리히에서 갈 때는 베른에서 갈아타고 브리크까지 간다. 취리히 공항역에서 브리크까지의 직행열차도 하루에 몇 번 있다. 브리크에서 체르마트행 등산전차를 타

그린델발트역의 모습.

면 된다. 주네브에서 브리크까지 2시간~2시간 30분 소요. 취리히에서 브리크까지는 3시간~3시간 30분. 브리크에서 체르마트까지는 1시간 30분이 걸린다.

② 그린델발트

그린델발트의 관문은 인터라켄 오스트(Interlaken Ost)이다. 취리히발 인터라켄 오스트행은 베른에서 갈아 탄다. 시간대에 따라 슈피츠(Spiez)에서 갈아타는 경우도 있으며 직행열차도 있다. 인터라켄 오스트에서 그린델발트로 가는 열차는 도중의 츠바이뤼치넨(Zweilütschinen)에서 나눠진다. 반반이 각각 그린델발트와 라우터브룬넨으로 향한다.

주네브에서 갈 때도 베른에서 갈아 타고 인터라켄 오스트까지 간다. 취리히에서 인터라켄 오스트까지 2시간 20분~2시간 40분. 주네브에서는 3시간~3시간 20분. 인터라켄 오스트에서 그린델발트까지는 40분. 라우터브룬넨까지는 23분.

③ 체르마트에서 그린델발트에의 이동

체르마트에서 그린델발트로 이동할 때는 브리크, 슈피츠, 인터라켄 오스트에서 갈아 탄다. 소요 시간은 갈아 타는 시간을 포함하여 4시간 정도.

④ 상 모리츠

취리히에서 쿠어(Chur)까지 가서 쿠어에서 갈아 탄다. 취리히에서 쿠어까지는 1시간 30분. 쿠어에서 상 모리츠까지는 2시간 걸린다.

⑤ 체르마트에서 상 모리츠에의 이동

체르마트~상 모리츠는 인기있는 빙하특급이 다니므로 이것을 이용하면 좋다. 상 모리츠까지 갈아타는 번거로움없이 갈 수 있는 빙하특급은 여름 시즌 중 하루에 2번 다닌다. 좌석은 예약이 필요하다. 보통 표를 살 때 좌석권을 신청한다. 소요 시간은 8시간 정도이다.

⑥ 샤모니

주네브쪽이 가깝다. 샤모니까지는 여러 역에서 갈아타는 철도보다는 직행 정기 버스가 편리하다. 주네브 중앙역에 해당하는 코르나뱅역에서 몽블랑다리를 지나서 몽블랑가도를 1백m 가까이 가면 오른쪽에 교회가 보인다. 이 교회의 뒤편의 광장에 관광버스터미널 "Gare Routiere"이 있다. 여기에 매표소가 있다. 되도록 2시 이전이 좋다. 시즌에 따라 늦은 오후엔 표를 팔지 않는 경우가 많다. 편도 40SFr(스위스 프랑)정도로 소요 시간은 약 2시간 정도다.

⑦ 샤모니에서 체르마트로의 이동

스위스의 관문이 마르티니(Martigny)이다. 샤모니에서 먼저 마르티니행 기차를 탄다. 도중에 Vallorcine(프랑스) 혹은 Le chatelard(스위스)의 국경역에서 갈아 타고 마르티니에 간다. 여기서 브리크·밀라노 방면행의 기차를 탄다. 그리고 피스프 혹은 브리크에 내려서 체르마트행 등산 전차 타면 된다. 샤모니에서 마르티니까지는 1시간 40분, 마르티니에서 브리크까지 약 1시간, 브리크에서 체르마트까지 1시간 30분이 소요된다.

체르마트에서 샤모니로 들어갈 때는 이 역코스를 택하면 된다. 취리히 또는 그린델발트방면에서 샤모니로 들어갈 때도 일단 마르티니에 온 다음 샤모니행 기차를 타면 된다. 취리히에서 출발할 때에는 주네브에 와서 샤모니행 정기 직행버스를 이용해도 된다.

⑧ 루체른

피어발트슈테터호(Vierwaldstättersee) 부근의 산행을 할 때는 취리히 쪽이 낫다. 취리히 중앙역에서 루체른(Luzern)행 기차를 탄다. 소요 시간은 48분(68km)이다. 이 루체른을 기점으로 엥겔베르크의 티틀리스 또 루체른의 필라투스, 리기 또는 슈비츠의 미텐산 방면의 기차나 버스를 이용하면 된다. 미텐산의 경우는 취리히에서 아인지델른에 온 다음 버스편으로 홀첵에 와서 케이블 카를 이용하면 접근시간을 더 줄일 수 있다.

취리히에서 아인지델른까지는 57분 소요(44km).

⑨ 보첸-돌로미테

섹스테너 돌로미테나, 가이슬러, 랑코펠, 셀라산군의 돌로미테를 산행할 때는 보첸(Bozen)을 기점으로 하는 것이 좋다. 취리히발 오스트리아드의 비엔나행 국제특급 EC(Eurocity)열차를 타고 인스부르크에서 뮌헨에서 로마로 가는 EC열차로 갈아탄다. 보첸(돌로미테 자치주의 주도이며 일명 볼차노라고도 부른다)역에서 하차하여 역내의 안내소 또는 관광안내소(역에서 도보로 5분거리의 중앙광장에 있음)에서 문의 후 방향을 설정하면 된다. 섹스테너 돌로미테의 경우는 토브락(Toblach), 인니헨(Innichen) 또는 섹스텐(Sexten)에서 가이슬러, 셀라, 랑코펠산군의 경우는 그뢰드너계곡의 성 울리히(St. Ulrich) 또는 볼켄슈타인(Wolkenstein)에서 숙박하는 것이 좋다. 섹스테너 돌로미테의 경우 관광도시인 코르티나 담페초도 좋다. 하지만 물가가 의외로 비싼 것이 흠이다. 취리히에서 아침 일찍 출발하면 당일에 모두 도착할 수 있다.

⑩ 철도

스위스의 경우 기차는 보통열차(Regionalzug), 급행열차(Schnellzug), 국내특급 IC(Intercity의 약어), 국제특급 EC(Eurocity)가 있다. 이중 주축을 이루는 것이 IC이고, 시간당 한편꼴로 다니며 시속 140km이다.

중요한 것은 열차시간표. 역마다 황색의 시간표가 붙어 있다. 황색은 출발시간표, 백색은 도착시간표다. 이때 시간과 함께 마지막 숫자의 플랫폼 넘버를 꼭 확인할 것. 기차를 바꿔 탈 수 있으므로 주의를 요한다.

장기체재의 경우는 스위스 파스(Swiss Pass), 반액 여행카드(Half Fare Travel

Card), 유레일 파스(Eurailpass)를 이용하는 것도 좋다. 스위스에서는 큰 도시역에
서만 취급한다. 스위스 파스는 8일간, 15일간, 1개월간의 3종류, 국철, 사철, 호
선(湖船), 포스트버스까지 모두 통용된다. 또 등산철도 로프웨이 등은 25% 전후
할인. 상 모리츠 지역에서는 50%선까지 할인해 준다.

⑪ 버스

　스위스에는 PTT(Postautomobil/Automobile Postale)버스가 있다. 철도가 닿지 않
는 곳은 이 PTT버스가 거의 커버한다. 사람과 우편물을 운반하는 이 PTT는 우정
국 관할이다. 철도가 들어가지 않은 약 1천6백의 산간마을이 이 PTT에 의하여 철
도와 연결된다. 스위스철도는 유럽에서 고밀도를 자랑하는 철도망을 가지고 있는
데 PTPTT철도망의 1.5배 규모의 네트워크를 가지고 있으니 정말 대단한 교통망
이다. 버스정류장 푯말에는 지명 뒤에 Talboden — Post — Dorf 를 표기해 놔서 우리
에겐 혼동이 올 수 있으므로 운전기사에게 목적지의 하차지점을 물어두는 것이 좋
다. PTT의 정류장이 무려 6천5백개소나 된다하니 혼동될 수밖에. 스위스 내국인
도 묻는 경우를 종종 볼 수 있다. 황색 차체에 나팔마크를 붙이고 빨간 띠를 칠한
포스트 버스는 여행자나 하이커에게는 정말 소중한 존재이다. PTT원래 포스트 즉
우체국을 뜻하며 Poste Telegramme Telephone의 약어(스위스 · 프랑스)이다.

하이킹 어드바이스

계획과 준비

이 책에서 소개한 것은 대부분 사람들이 잘 찾아가는 스위스의 알프스 하이킹 코스이며 일부 몽블랑산군(프랑스)과 돌로미테(북부 이탈리아)의 하이킹 코스이다. 그러므로 교통이 편리하고 하이킹 코스도 잘 정비되어 있는 편이며 길을 안내하는 푯말도 알기 쉬우므로 가벼운 마음으로 쉽게 하이킹을 즐길 수 있다. 그러나 보다 안전한 마음으로 하이킹을 즐길 수 있도록 몇 가지 참고사항을 조언한다.

① 이 책에 소개한 소요시간은 일반 성인이 정상적으로 걷는 순수 워킹시간만을 나타낸 것이므로 휴식이나 식사시간 등은 포함되어 있지 않다. 그러므로 5, 6시간 이상의 장거리를 하이킹할 때는 귀로시의 교통수단을 잘 체크하고 아침 일찍 출발하는 것이 바람직하다. 알프스의 여름은 저녁 8시경에도 환하므로 느슨하게 행동하다가 막차를 놓칠 수 있으므로 신경을 써야 한다.

② 하이킹 코스의 난이도 : 알프스를 중심으로 한 유럽의 여러 나라에서 출판한 안내책 중에는 하이킹 코스의 난이도를 Ⅰ·Ⅱ·Ⅲ급(이것은 등반에서 말하는 6급, 9급…데시밀의 등급 등과는 다르다)으로 나눠 설명하고 있는 것을 볼 수 있다. 대체로 하이킹에는 하산코스, 수평코스, 고개코스, 등산코스로 크게 구별할 수 있는데 Ⅰ급의 경우는 등산전차나 케이블 카를 타고 오른다음 쉽게 내려올 수 있는 하산코스나 수평코스를 말하며, Ⅱ급은 가파른 고개를 넘거나 바위길을 하이킹할 때나 빙원과 설원 그리고 빙하를 횡단하는 경우를 말하고, Ⅲ급은 등산코스를 하이킹할 때 등산때와 같은 장비를 갖추고 경우에 따라서 확보를 필요로 하는 코스를 말한

다. 이 책에서는 대부분 I, Ⅱ급의 코스를 다뤘고 일부 Ⅲ급의 경우는 본문에 그때 그때 필요장비와 주의사항을 설명해 두었다. 그러므로 코스의 선정은 자기 취향에 맞도록 선택하면 좋을 것이다.

③ 시간표는 하이킹을 계획할 때 중요한 역할을 하므로 잘 살펴둬야 하고 행동할 때도 반드시 지참하여야 한다. 시간표는 철도역, 우체국, 교통관광안내소에서 쉽게 구할 수 있으며 설명을 들을 수 있다. 독일어·프랑스어 표기이므로 간단한 사전을 지참하는 것이 바람직하다.

장비전반

④ 복장을 포함한 장비 전반으로서는 우리나라의 봄·여름·가을 수준의 등산장비이면 별 지장이 없을 것이다. 즉 등산모, 선글라스, 스웨터, 위아래의 일반등산복, 우의, 장갑, 양말, 스타킹, 1박 2일용의 배낭, 수통, 식기 및 나이프, 화장지, 비닐봉지, 일반등산화, 선 크림, 스톡, 간단한 약품(복통, 두통, 아스피린, 상처 등), 가이드북, 지도, 카메라, 비상식…등을 준비하면 좋을 것이다. 만일 잊었거나 더 필요한 장비를 구하고 싶으면 웬만한 알프스산록의 마을 등산구점에서 구입할 수 있으므로 크게 걱정할 것은 없다.

⑤ 그러나 3, 4천m급 의 산을 등산할 때에는 장비에 각별한 신경을 써야 한다. 이와 같은 고산의 경우에는 여름이라 하더라도 날씨의 변덕이 있을 뿐더러 예기치 않았던 무서운 추위를 만날 수 있고 또 설·빙·암의 세계를 접촉하게 되므로 체력과 등산의 기본기술이 필요하게 된다.

따라서 ④항에서 말한 일반적인 장비 외에 버너, 연료, 헤드 램프, 헬멧(경우에 따라), 고글, 겨울용 등산복(방한복 포함)및 내의, 피켈, 아이젠, 오버트라우저, 스패츠, 겨울용 등산화, 하니스(또는 안전 벨트), 자일, 슬리핑 백, 소형 텐트(쩨트)등 우리나라 겨울 등산수준의 장비가 필요하다.

⑥ 따라서 대형 배낭이 필요하게 된다. 그러나 실지 행동할 때는 대형 배낭은

고산등반에 필요한 등산장비를 만드는 사람.

숙소에 맡기고 상황에 따라서 짐을 최소화하여 소형 내지는 중형의 배낭을 사용한다. 다음은 슬리핑 백과 텐트가 문제인데 몽블랑 일주코스(8, 9일 소요)와 같은 경우에도 웬만하면 산장이나 민가에서 방과 침낭을 얻을 수 있으나 하이시즌 때 간혹 그렇지 못할 때가 있다. 그러나 일반적으로 하이킹은 등산 기지마을이나 산장을 중심으로 이뤄지기 때문에 텐트와 침낭(산장에서 대여)은 출국시 지참할 필요는 없다.

⑦ 피켈, 아이젠, 슈토크(또는 스키스틱)은 비교적 싼 값으로 등산기지 마을, 예컨대 샤모니, 체르마트, 그린델발트, 상 모리츠의 등산구점에서 빌릴 수 있으므로 특별한 경우를 제외하고는 출국할 때 지참할 필요는 없다고 생각한다. 몇 사람이 팀을 이뤄 떠날 때는 자일을 하나쯤 가지고 가는 것도 좋으나 이것도 현지에서 가이드를 고용할 때는 필요없다.

⑧ 지도와 가이드북
간단한 산책길을 걷고 싶은 경우라면 마을의 관광국(ⓘ 라는 표시는 관광, 교통안내를 취급해주는 곳이므로 참고)이나 로프웨이역에서 얻을 수 있는 팜플렛, 조

감도 정도로 충분할 것이다. 그러나 장거리를 하이킹할 때는 정확한 거리나 지형을 이해할 필요가 있으므로 역시 지도가 필요하다. 코스정보란에 후기해 두었으므로 참고바란다. 이 책에 소개한 하이킹 코스는 대표적인 코스 중에서 선정한 것에 불과하다. 넓은 알프스인 만큼 현지에는 가이드북도 많다. 그중에서 스위스의 포스트버스 PTT(Postautomibule)에서 발행하고 있는 소형 가이드북이 좋을 것이다. 지역에 따라 단행본으로 엮어져 있으며 내용도 간단명료하게 프랑스어·독일어·영어로 나란히 설명이 돼 있다.

⑨ 도표의 식별

알프스의 하이킹 코스에는 길을 안내해 주는 도표가 잘 정비되어 있다. 이 도표에는 대개의 경우 황색과 적색의 표지(Wanderwege)가 표기되어 있는데, 운동화를 신고도 걸을 수 있는 쉬운 코스는 '황색', 일반등산화가 필요한 다소 까다로운 코스는 '적색'으로 표시되어 있다. 이외에도 바위나 나무에 표시해둔 도표가 있으므로 참고해야 한다. 그러나 의외로 있을 법한 곳에 없거나 있을 만한 갈림길에 없는 경우가 있다. 당황하지 말고 지도를 살펴봐야 할 것이다.

⑩ 날씨

알프스에서 하이킹에 적합한 시즌은 역시 여름일 것이다. 여름 중에서도 날씨가 가장 좋은 시기는 7월 중순에서 8월 중이므로 7월 중순부터 한달 사이가 최적의 시기라고 할 수 있다. 그렇다고 겨울에 하이킹을 전혀 즐길 수 없는 것은 아니다. 겨울의 알프스는 온누리가 눈덮인 은의 세계로 바뀌고 많은 스키어와 겨울관광객이 모여든다. 그러므로 스키리조트에는 하이커를 위해서도 2, 3시간 걸을 수 있는 코스가 마련되어 있다. 썰매를 타고 오르내리는 것도 즐거운 추억이 되리라. 스키 시즌이 끝나가는 5월은 시즌 오프시기이므로 대부분의 업소나 숙소가 휴업상태이다. 그러므로 교통이 불편하고 적절한 숙소를 구하기가 힘들다. 그리고 1천~1천5백m부근에서는 눈이 녹기 시작하는 해빙기에 접어드므로 하이킹이나 등산에도 위험이 따른다. 6월 중순이 지나가는 무렵에는 그동안 설선 아래에 뒤덮여 있던 눈이 거의 사라져 가고 아름다운 알프스의 고산화가 그 모습을 내민다.

9월 중순이 지나면 알프의 목장에 방목한 소떼를 몰고 목동들이 산에서 하산하는 시기다. 그러므로 산장이 하나 둘 문을 닫게 된다. 10월이 오면 하루가 다르게 가을이 깊어가고 단풍이 붉게 물드는 아름다운 홍엽의 계절이 된다. 그러나 10월 초순이 지나면 대부분 케이블 카의 가동이 중지되므로 장거리 하이킹에 어려움을 겪을 수가 있다.

하지만 이러한 애로를 극복할 수만 있다면 초동(初冬)의 하이킹도 더없이 즐거울 것이다. 10월 하순부터 11월 중순의 초동의 계절에는 높이 2천m 이상의 고산이 완전히 은백의 세계로 바뀐다. 신설 위를 사뿐 사뿐 걷는 기분, 동물들이 남긴 발자국을 발견하고 따라 걸으며 주변의 풍광을 바라보는 기분은 초겨울의 하이킹을 더욱 즐겁게 하리라.

단, 빙원과 빙하는 피하는 것이 바람직하다. 신설에 뒤덮인 크레바스나 작은 빙하천을 식별 못하고 큰 변을 당할 위험이 있기 때문이다. 아무튼 효과적이고 즐거운 하이킹을 하기 위하여 TV, 라디오, 마을의 게시판에 붙인 기상도를 매일같이 체크하는 것이 바람직하다.

알프스에서 일단 날씨가 무너지는 날이면 여름에도 3천m이상의 고산에서는 폭풍설을 만난다는 것을 잊어서는 안된다.

후 기

　세계에는 히말라야, 천산, 안데스 등 여러 산맥이 많이 있다. 그러나 유럽에 있는 알프스만큼 우리에게 잘 알려져 있고 접근하기 쉬운 산맥도 드물 것 같다. 그것은 세계 역사에 지대한 영향을 끼치고 있는 유럽의 문화와 문명이 알프스에 있을 뿐만 아니라, 근대등산과 관광의 발생지였기 때문일 것이다. 최근에 와서는 우리나라에서도 본격적인 등산과 하이킹, 관광 여행에 이르기까지 다양한 목적으로 유럽 알프스를 찾는 사람이 증가하고 있다.

　필자는 이러한 실정을 감안하여 유럽 알프스를 걷는 산행과 하이킹을 원하는 사람들의 일조를 위해서 그동안의 알프스 산행과 등산의 체험을 중심으로 유럽 알프스의 대표적인 하이킹 코스(일부는 등산)를 소개하는 것이다. 사실 넓은 알프스의 산군에는 수많은 하이킹과 등산코스가 있으므로 어느 것이 대표적인 코스라고 한마디로 잘라 말할 수는 없겠지만, 사람들이 비교적 쉽게 접근할 수 있고 많이 찾아가는 곳을 선정하여 소개한 것이다.

　그리고 필자는 이 책을 펴냄에 있어서 다음 사항을 밝혀둔다.

　이책에 소개한 데이타는 1992, 1993년도의 자료에 준하고 그동안 월간 「산」에 연재한 "알프스 하이킹 가이드"(1992, 1993년)를 중심으로 보완 가필하였으며 아래 문헌을 참고하였다. 이 분야에 관심이 더한 분들에게 도움이 되기를 바란다.

독일어 문헌

1. 「Die schönsten Bergwanderungen der Alpe」:Horst Höfler. Gerlinde M. Witt.
2. Die schönsten Höhewege im Wallis:Rose Maria Kaune, Gehard Bleyer.

3. Die schönsten Höhewege im Berner oberland:Rose marie Kaune, Gerhard Bleyer.

4. Die schönsten Höhewege im Engadin:Rose marie Kaune, Gerhard Bleyer.

5. Appenzell und Vierwaldstätter See:Rose marie Kaune, Gerhard Bleyer.

6. Die schönsten Höhewege der Dolomiten:Helmut Dumler.

7. Die schönsten Hüttenwege der Dolomiten:Gerd Bürger, Wilhelm Nußstein

8. Die schönste Höhewege in Südtirol:Luis Trenker, Helmut Dumler.

9. Südtirolen Wanderwege:Helmut Dumler.

10. Alpenwege:Luis Trenker, Helmut Dumler

11. Bergell Engadine:Giuseppe Miotti, Alessandro Gogna.

12. Die großen panoramaplätze der Alpen:Ernst Höhne.

13. Viertausender der Alpen: Helmut Dumler, Willi P. Burkhardt.

영어 문헌

14. adventuring in the Alps:William Reifsnyder.

15. 100 hikes in the Alps:Harvey Edwards.

16. Walkings Austria′s alps:Jonothan Hurdle.

프랑스어 문헌

17. Sentiers et Randonnées:Jean Couvry, André autour du Mont-Blanc. Gorgnes.

18. Tour du Mont Blanc Randonnées:Federation Française de la Randonnée Pédestre.

19. Vallée dans la d'Arve:Pierre Millon, Pascal Boutron.

일본어 문헌

20. ヨーロッパ アルプスを 歩く：ダイヤモンド社

21. スイス アルプス ハイキング案内：小川清美

22. スイスの旅：加太宏介

김 성 진

서울대 공대 졸업
유럽 알프스에서 등산 활동.
인스부르크 등산학교에서 연구 활동.
전 바자울 산악회 대표.
전 대한산악연맹 부회장.
현재 한국산서회 회장.
UIAA국제산악연맹 한국대표 역임.
역서 : 메스너 「모험으로의 출발」
　　　쿠쿠츠카 「14번째 하늘에서」 공역.
　　　「제7급」, 「살아서 돌아왔다」 외 다수.

유럽 알프스

지은이 · 김성진
펴낸이 · 이수용
편집, 교정 · 김선연, 김수경
전산조판 · 맥프로
본문인쇄, 제판 · 홍진 프로세스
제책 · 민중문화사
표지제판, 인쇄 · 홍진 프로세스
펴낸곳 · 秀文出版社

1995년 6월 25일 초판 인쇄
1995년 7월 1일 초판 발행
출판등록 1988. 2. 15 제 7-35호
132-033 서울 도봉구 쌍문3동 103-1
전화) 904-4774, 994-2626 FAX) 906-0707

ⓒ 김성진 , 1995

＊ 파본은 바꾸어 드립니다.

ISBN 89 - 7301 - 044 - 1